谨以此书的出版纪念我们的蒋勇律师，

请关注和支持中国法学交流基金会蒋勇律师专项基金。

天同办案手记

陈耀权　杨骏啸 | 主编 |
天同律师事务所 | 编著 |

分享与传承　提升与进阶　致青年律师

中国法制出版社
CHINA LEGAL PUBLISHING HOUSE

序言

Preface

2014年初，天同律师事务所的微信公众号《天同诉讼圈》正式开通，天同也成为最早开设公众号的律所之一。当时微信公众号还是一个新鲜事物，天同内部也曾经就是否需要这个传播平台发生过很激烈的争论。因为在公号创立初期，每一个栏目和每一篇文章几乎都是天同律师们的原创作品，表面上看确实增加了律师们的工作量，尤其是这一陌生的传播平台到底能起到何种效果，在互联网时代的初期确实引发各种质疑。但是最终天同合伙人们一致决定进行尝试，因为开设公众号与天同价值观中"开放""分享"是完全契合的，这相当于我们把天同开放日搬到了微信平台上。天同希望自己是一个更加开放的律所，希望更广泛地分享自己的知识和经验，促进法律行业尤其是诉讼业务的发展。

过去这6年多的事实证明，天同诉讼圈的创立与发展确实起到了当初天同合伙人所期望的目标。天同诉讼圈紧紧围绕开放、分享的主题，从一开始均由天同律师原创文章，到现在吸引法律行业中各群体的投稿；天同诉讼圈的栏目和选题也在一步步多元化，很多栏目都有了自己的"粉丝"。可以说天同诉讼圈不单纯是天同律师事务所的官方公号，更多的是一个法律人互相交流、互相分享的平台。也正因为如此，天同诉讼圈的关注数和互动情况在法律行业的公众号中一直是名列前茅的。

本次我们将天同诉讼圈中《办案手记》栏目中的文章结集出版，是继我们将"每周蒋讲"栏目复刻为图书后的再一次尝试。主要原因有以下两点：

第一，办案手记栏目的每一篇文章都是天同律师的原创作品，体现的也是天同律师办案过程中亲身经历的各种经验的汇集，具有鲜明的天同特点；第二，办案手记的文章作者都是天同优秀的青年律师，很多办案经验的总结体现了年轻律师的思维方式的转变，这对于有志于投身律师行业的法科学生和刚入行的青年律师有极大的参考价值。当然，办案经验本身就是个性化比较强的内容，很多文章中的做法和想法都是天同律师们在特定案件中总结而来的经验，并不是什么通用的准则。我们更多的是希望这些经验能够给读者们思维方式上的启发，在自己办案过程中更善于总结运用，以达到自身水平的提高。

近年来中国的法律行业面临的变革越来越大，也越来越深入。从司法体制改革的不断深化，到九民纪要、民法典的出台，很多律师都有一种感觉，就是诉讼业务越来越要求律师自身的专业化和技术化。疫情期间线上学习分享的如火如荼就是律师行业持续学习、终身学习的一个缩影。天同律师事务所作为一家坚持开放、分享的律所，在继续坚持高度专业化的道路上，也会更好地利用天同诉讼圈这个平台，为同行们分享更多自身的经验。

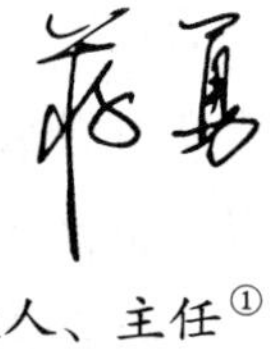

北京市天同律师事务所创始合伙人、主任[①]

2020年11月8日

① 注：2021年6月22日，蒋勇律师离世。2021年6月29日，天同合伙人一致决议蒋勇律师为北京市天同律师事务所永久名誉主任。

目录

Contents

第四章　证据运用篇

第五章　庭前准备篇

第六章　出庭技巧篇

第七章 类案研究篇

第八章 法律文书篇

第九章　办案实操篇

第十章 理论探讨篇

第十一章 实用贴士篇

第十二章 心路历程篇

后 记

CHAPTER I

第一章

法律检索篇

你应该建立的法律检索书库，这里都有

吴陶钧

做好法律检索的核心，在于理解检索之道、熟悉检索之术、掌握检索之器。其中，了解检索器具是法律检索的基础，在常用的检索工具库——综合库、文章库、咨询库、书籍库、法规库、案例库和其他库[①]中，书籍库发挥着最为基础性的作用，本文先就此予以介绍。

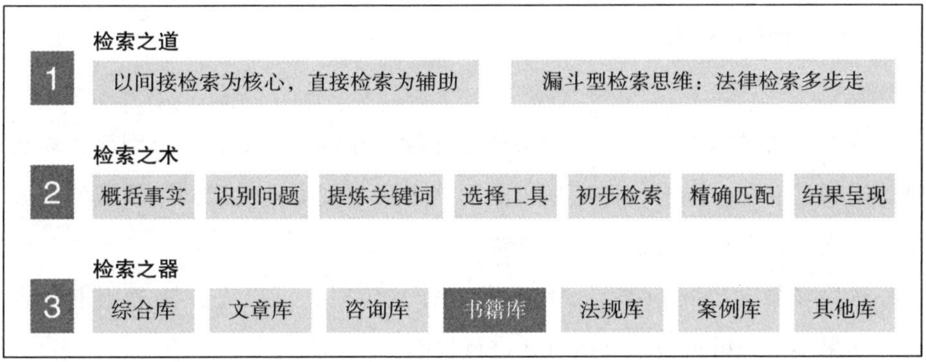

所谓书籍库，包括法考用书、经典教材、专题研究书和实务书籍等形形色色的书籍类型。相较于零散的文章，高质量的书籍不仅内容具有一贯性，

---

① 综合库是指百度等综合搜索引擎。文章库和书籍库是以文章和书籍为主要内容的数据库。前者包括搜狗、微信、北大法宝期刊库、中国法院网、法信、无讼阅读、威科先行等实务文章库和学术文章库，后者包括法考用书、经典教材、专题研究书、特色实务书。咨询库是相对形象的说法，具体是指在遇到疑难复杂问题时我们可请教的同事、师友等。法规库、案例库是各种法律法规及案例数据库。其他库是除上述数据库外的其他法律检索数据库。

可直接省去在甄别资料方面的用时，而且书本中的知识成体系、有目录，查找非常方便，解决问题更加高效。在间接研究优于直接研究的检索指导思想下，处理法律问题时，我们不妨首先向最为成熟的间接检索数据库——书籍库寻求帮助，从而最大限度地提升我们的检索效率。

一般而言，分析法律问题的思路，在于首先了解法律规定，然后研究法律规定应如何理解。所需关注的不仅是实务中的一般做法，也有学术上的理解。在法律并未明确规定之时，则更需要对学术研究和实务做法加以关注。不同类型的书籍，可在这个过程中的不同阶段发挥作用。同时，在书籍存在不足时，还可通过其他工具予以补充。

下文将分类就书籍的用途进行介绍，同时也将就如何将书籍库与其他工具库结合起来综合运用作一简要说明。

一、法考用书①

特点：法考用书是对某一领域核心法律法规的高度凝练，个别部分涉及理论通说的介绍。同时，法考用书在形式上为不同类别但属同一领域的法规增加了索引，查找法条原文非常方便。

适用场景：当我们需要了解现行法律规定时，可以先在法考用书中查找，如果不足，可再通过其他方式进行检索。

比如，在某债务纠纷中客户咨询，“债务人怠于履行其对次债务人的债权”应如何理解？债务人在代位权诉讼中处于什么地位？对此，客户仅仅想了解法律相关规定，此时通过法考用书并配合法条书查找法条是解决问题最

① 司考已改为法考。有同学会有疑问，过了法考还需要再看法考书？需要，太需要了！第一，通过法考，只需要我们掌握60%的知识；并且，只要我们凭借模糊记忆能够做题即可。但实务操作中，仅仅了解是完全不够的。第二，法考前夕，绝对是我们法条储备量的巅峰。随着记忆的消退，我们需要不断复习、重复记忆，只有这样我们才能信手拈来。

有效的方法。

再如，某检察监督案中，再审申请人在再审驳回判决作出之后将其权利义务转移于乙，我们接受乙的委托申请检察监督，请问监督申请书中的申请人应是甲还是乙？对于该类有法律明确规定且争议不大的问题，我们亦可直接查阅法考用书。

二、经典教材①

特点：该类书籍对民商法基本理论进行了详细梳理，依作者研究领域不同，个别章节会涉及对具体问题的研究。

适用场景：适合在法律规定不明确或者无法律规定时，学习基础理论。

比如，某应收账款质权纠纷中，从质债权先于主债权到期，问此时质权人应如何行使应收账款质权？由于无相关法律规定，笔者自身也无应收账款质权的知识储备，因此在前期学习阶段笔者选择谢在全老师的教材（谢在全著:《民法物权论》，中国政法大学出版社2011年修订5版，第1042页）进行学习。在了解相关理论之后再进行更深层次的检索，以防思路跑偏。

再如，某票据纠纷中，乙为获得融资以出票人甲签发的银行承兑汇票质押给丙，后乙未能如期还款，丙请求出票人甲付款。请问出票人甲能否以乙未能履行其票据基础关系项下的交货义务为由对抗丙？针对该问题，由于法律并无相关规定，因此在前期可选择经典教材（王小能编著:《票据法教程》，北京大学出版社2001年第2版，第198页）进行学习，锁定关键词后再进行更深入的研究。

① 此处的经典不仅包括内容方面的高质，还包括法律检索方面的实用。其他书籍，如梁慧星老师的《民法总论》（第六版）、王军老师的《中国公司法》（第二版），虽不适合用来法律检索，但却是通篇阅读学习的经典读物。

1. 民法总论

朱庆育著：《民法总论》，北京大学出版社2016年第2版。

王泽鉴著：《民法总则》，北京大学出版社2009年版。

2. 债法总论

崔建远、陈进著：《债法总论》，法律出版社2021年版。

王泽鉴著：《债法原理》，北京大学出版社2013年第2版。

3. 合同法

韩世远著：《合同法总论》，法律出版社2018年第4版。

崔建远著：《合同法》，北京大学出版社2021年第4版。

4. 侵权责任法

王泽鉴著：《侵权行为》，北京大学出版社2016年第3版。

程啸著：《侵权责任法》，法律出版社2021年第3版。

5. 物权法

谢在全著：《民法物权论》，中国政法大学出版社2011年修订5版。①

刘家安著：《物权法论》，中国政法大学出版社2015年第2版。

6. 担保法

曹士兵著：《中国担保制度与担保方法》，中国法制出版社2017年第4版。

高圣平著：《担保法论》，法律出版社2009年版。

---

①《民法物权论》分为上、中、下三册，是我国台湾地区物权法领域的经典教材。该书作者谢在全老师，从事台湾司法实务逾40年，教授物权法逾30年。

7.公司法

朱锦清著:《公司法学》(修订本),清华大学出版社2019年版。①

胡田野著:《公司法律裁判》,法律出版社2012年版。②

8.证券法

朱锦清著:《证券法学》,北京大学出版社2019年第4版。

彭冰著:《中国证券法学》,高等教育出版社2007年第2版。

9.票据法③

谢怀栻著、程啸增订:《票据法概论》,法律出版社2017年增订2版。

王小能编著:《票据法教程》,北京大学出版社2001年第2版。

10.民事诉讼法

王亚新、陈杭平、刘君博著:《中国民事诉讼法重点讲义》,高等教育出版社2021年第2版。

张卫平著:《民事诉讼法》,法律出版社2019年第5版。

张卫平著:《民事证据法》,法律出版社2017年版。

---

① 朱锦清老师的《公司法学》(修订本)和《证券法学》(第四版)有着共同的特点:第一,书中所提出和解决的问题都是真问题,没有半句虚无缥缈的废话。第二,朱锦清老师有会计、经济等多学科知识背景,有深厚的美国法理论功底。《公司法学》书中,朱老师多次使用美国法理论解决中国法问题。第三,书中引用大量美国经典判例,且都有深入翔实的分析。

② 胡田野老师是国家法官学院的教授,据胡老师介绍,"《公司法律裁判》一书的疑难问题均来自司法实践。有些来自培训法官直接提交,有些是地方法院寄送而来"。正因为该原因,当笔者在办案中遇到公司法问题时,虽然经常在一些学术著作中无法找到资料,但在该书中往往能找到答案。

③ 除此之外,中国政法大学的研究生游冕同学强烈推荐吕来明老师的《票据法学》(第二版),他认为该书在票据实践方面的阐述非常全面。

三、专题研究书

特点：内容繁杂，篇幅较长，但全方位深入研究某一法律问题。

适用场景：用于解决一般检索工具无法解决、非常具化、非常理论化的法律问题。

比如，预期违约的法律效果是什么？非违约方可否要求合同加速到期直接请求违约方立即履行合同？对于该问题，《民法典》第五百七十八条的规定并不明确，在查阅相关经典教材无法解决并在相对了解葛云松老师的相关专著（葛云松著：《期前违约规则研究——兼论不安抗辩权》，中国政法大学出版社2003年版，第219页）的情况下，笔者选择通过查阅专题书籍解决问题。

崔建远著：《准物权研究》，法律出版社2012年第2版。

葛云松著：《期前违约规则研究——兼论不安抗辩权》，中国政法大学出版社2003年版。

程啸著：《保证合同研究》，法律出版社2006年版。

……

与其他类书籍相比，专题类书籍一般较为生僻，往往需要通过检索获知。检索路径一般包括：a.学校图书馆；b.京东（次日达）、当当、淘宝电商平台；c.国家图书馆；d.孔夫子旧书网（绝版书籍）；e.豆瓣读书（通过评分可辨别书籍质量）；f.读秀（电子书）。

四、特色实务书

特点：针对实务问题，全方位梳理法律法规，提炼案例裁判要旨，总结最高院等法院实务观点。

适用场景：用于查找已总结的法律法规、案例裁判要旨及实务观点等。

比如，某以贷还贷纠纷的核心争议是，认定以贷还贷是否需以债权人与债务人间有书面以贷还贷协议为必要，应以何种标准认定以贷还贷。由于该问题主要涉及实务操作，在前期学习曹士兵法官的《中国担保制度与担保方法》后仍需检索相关案例时，笔者选择首先查找天同出品的《天同码：中国民商事诉讼裁判规则——天同十八部》（以下简称《天同码》）。

又如，某执行案件中，如果临时被委派与法官、评估师赶赴外地评估股权，请问在专业知识储备方面我们应做哪些准备？我们需要快速了解执行程序中关于评估的相关规定，以应对客户提出的各种问题。其中，法考用书和经典教材当然可以帮助我们了解相关规定，但其内容太过粗糙，不能有效解决问题。最高院执行局编著的《人民法院办理执行案件规范》（人民法院出版社2017年版，第163–170页），对执行相关的法律法规进行了全方位总结，用它来查找执行相关规定非常方便。

再如，以物抵债纠纷是否为不动产纠纷，是否应适用民事诉讼法关于专属管辖的规定？该问题主要涉及《最高人民法院关于适用〈中华人民共和国民事诉讼法〉的解释》（以下简称《民事诉讼法解释》）第二十八条中“不动产纠纷”的理解，前期阶段可选择查阅最高院的理解与适用丛书。如需了解相关案例，则可进行进一步检索。

1.经典实务类

无需多言，该类书籍很经典，很常用。

蒋勇、陈枝辉编著：《天同码》，法律出版社2015年版。

最高人民法院执行局编：《人民法院办理执行案件规范》，人民法院出版社2017年版。

最高人民法院民事案件案由规定课题小组编著：《最高人民法院民事案件案由规定理解与适用》，人民法院出版社2011年修订版。

2. 常用实务类

该类书籍特别是理解与适用类书籍，是律师在实务中使用频率最高的书籍，每个律所都应该准备一套，以备不时之需。

（1）最高院理解与适用类

最高人民法院修改后民事诉讼法贯彻实施工作领导小组编著：《最高人民法院民事诉讼法司法解释理解与适用》，人民法院出版社2015年版。

（2）法工委条文说明类

全国人大常委会法制工作委员会民法室编：《中华人民共和国物权法条文说明、立法理由及相关规定》，北京大学出版社2017年第2版。

（3）司法观点集成类

人民法院出版社编：《最高人民法院司法观点集成（商事卷）》，人民法院出版社2017年第3版。

（4）案件审判指导类

最高人民法院民事审判第二庭编：《公司案件审判指导》，法律出版社2018年增订版。

3. 特色实务类

该类书籍都是专题型且实务性极强的书籍，能够帮助我们快速查找相关领域的法律法规、实务观点及案例。

云闯著：《公司法司法实务与办案指引》，法律出版社2019年第3版。

高杉峻主编：《民商法实务精要》（修订本），中国法制出版社2018年版。

五、书籍库与其他工具库的选择

当然，这并不意味着书籍应当成为法律检索的全部内容，也不意味着我们应当在穷尽书籍之后再转向其他检索资源。相反，应当根据检索目标灵活运用数据库资源。

为了能够更高效地完成检索工作，我们需要根据待检索的问题及该问题所处情景①，选择与其特点最相匹配的工具。具体选择的方法有两种：单刀直入法和由浅入深法。

单刀直入法，是指我们在对待检索命题需研究的深度有相对准确的预判时，可直接选择与该问题的特点相匹配的工具。比如，针对二审审限是多久的问题，由于法律有明确规定，我们可以直接查阅法考用书及法条原文；再如，针对土地使用权转让纠纷是否为不动产纠纷的问题，由于主要涉及法律条文的理解，我们可以直接查阅理解与适用丛书。

由浅入深法，是指我们在无法预判检索命题需研究的深度时，由浅入深并结合检索目的选择检索工具。其中，由浅入深，是指先检索研究程度较浅的资料，后检索研究程度较深的资料；先检索法律规定，后检索法律规定应如何理解；先通过间接检索学习他人已完成的成果，后通过直接检索在前人成果的基础上进行完善。而结合检索目的，是指当我们想要了解权威机关、资深法官观点时，需要着重检索实务资料；当我们想要了解基础原理时，需要着重检索学术资料。具体操作层面，由浅入深法大致可遵循以下次序：

（1）法考用书；

（2）搜狗、微信（初步检索）；

（3）经典教材、实务书籍、北大法宝期刊库、中国法院网、威科先行、无讼阅读、法信；

① 工作中我们所遇到的检索问题各不相同。有的问题法律有明确规定，如二审审限是多久；有的问题法律是否有规定我们并不清楚，如再审审限的起算时点为何时；有的问题法律规定并不明确，如土地使用权转让纠纷是否为不动产纠纷；有的问题法律虽无规定但司法实务已形成确定的裁判规则，如以物抵债协议属诺成合同还是实践合同；有的问题不仅法律无规定而且理论争议巨大，如应收账款质权应如何行使。并且，同一问题在不同情景下需研究的深度也并不相同。比如针对代位权纠纷中“债务人怠于履行其对次债务人的债权”应如何理解这一问题，在前期磋商阶段客户简单咨询时与在办案中法庭将其作为争议焦点时我们需要研究的深度并不相同。再如，针对合同条款效力的问题，在开庭前对方答辩文书中未将此作为核心抗辩点时，与在开庭后法官着重关注此问题时，我们需研究的程度也不相同。

（4）专题书籍、学术文章、法规库、案例库；

（5）咨询库。

该等排序，暂列于此供读者了解书籍库在检索体系中的位置。至于如此排序的原因，待相关数据库介绍完毕时笔者再做详细介绍。需要说明的是，该检索顺序并非绝对。因为由浅入深法往往需与单刀直入法结合使用。在我们能够判断问题特点时，随时选择与其特点相匹配的工具。

检索效率太低？或许可以试试这个数据库

吴陶钧

在“以间接检索为核心、直接检索为辅助”的指导思想下，书籍库与文章库可并称为法律检索的两翼。熟练掌握它们，或许可以大幅度提高我们的检索效率。前文对书籍库已做介绍，本文将就文章库进行介绍。

一、内容形形色色、质量千差万别的各文章子库

所谓文章库，包括搜狗微信文章库（以下简称微信）、北大法宝期刊库（以下简称法宝）、中国法院网、无讼阅读（以下简称无讼）、威科先行专业文章库（以下简称威科）、法信等实务文章库和法宝、中国知网、万方数据、维普网、百度学术等学术文章库。[①]以上文章库中，各个子库虽皆有文章之名，但其实彼此在内容上形形色色，质量上千差万别。在此，我们需要明晰各个子库的特点，如此方能在遇到问题时选择与其特点最相吻合的工具，提升检索效率。

---

① 关于百度、Bing等综合搜索引擎，笔者很少将其用作检索专业文章的数据库，更多是在遇到相对陌生的法律问题时将其作为了解背景信息的工具。实际上，它们扮演着链接问题和其他数据库的桥梁角色。故此，本文将它们独立出来，作为与文章库等数据库并列的工具库。笔者将在后文中对此进行详细介绍。
至于微博、博客、知乎、贴吧、论坛（如天涯论坛）等工具，笔者亦认为它们更适合用于背景检索，而非专业文章的检索。

实务文章

威科	法院网	法宝	微信	法信	无讼

学术文章

百度学术	万方	法宝	知网	维普

匹配度、质量是衡量文章库检索效能的核心因素。其中，匹配度，是指文章所拥有的资料与我们欲检索的资料（法律法规、裁判要旨及相关实务观点等）的匹配程度。根据该指标，我们可对各文章子库作如下分析：

1. 实务文章的匹配度优于学术文章的匹配度

实务文章和学术文章虽都在通过解释法律、阐释法理帮助我们理解问题，但两者的侧重点却各有不同。前者侧重于在总结法律法规、案例、实务观点等资料的基础上进行简要说理，内容与我们工作中所需要的资料高度匹配，便于解决工作中的问题；而后者专注于法律背后法理的探讨，虽能更加彻底地帮助我们理解问题，但由于篇幅较长，一般不适于在追求效率的实务工作中使用。

不过，学术文章在理论深度、文章质量等方面具有其他资料不可比拟的优势。在涉及我们的知识盲区时，学术文章也往往起着方向性、指引性作用。说学术文章不适合在实务工作中使用，其实是在时限方面有严格要求、亟待出具法律意见或马上要开庭的“办案中”的语境下所考虑的，在该语境之外并无此种说法。同时，本文对法律检索文章库的分析，也是在该语境下的分析。

2. 实务文章中，微信拥有快速筛选高质量文章的方法，法宝文章的质量一般优于其他文章库

实务文章虽然匹配度较高，有时一篇文章能够解决所有问题，但在实际工作中我们却往往对该种资料望而却步。其根本原因在于，各种实务文章库

中文章质量参差不齐。相较而言，微信可通过“按阅读量排序”等方法快速筛选出高质量的文章[①]，因此在一定程度上缓解了实务文章库的缺陷。此外，法宝所收录的期刊文章，质量一般优于其他实务文章库。

综上，以文章匹配度、质量等因素为标准，可将文章库划分为微信、法宝、其他实务文章库及学术文章库四类。

二、微信：检索效率最高的实务文章库

微信文章的最大特点是匹配度高。大多数文章是律师所写，内容往往包括法律法规、案例、权威机关（如最高人民法院）观点及资深法官观点等我们想要的实务资料。通过微信检索，往往会发现检索到的这篇文章就是为了解决我们遇到的某个问题。对于常见的实务问题，微信绝对是法律检索的首选工具。

但微信文章的一大问题是文章质量良莠不齐，如何筛选出高质量的文章是使用该工具进行检索的核心。笔者认为，解决该问题的方法至少有以下三种。

1.按阅读量排序，筛选高质量的实务文章

操作方法：在微信顶端搜索框限定搜索内容为“文章”，输入关键词并进行检索，选择“按阅读量排序”。

示例[②]1：未经审批的国有资产转让合同的效力如何？

---

① 阅读量受文章主题、标题及内容等多方面因素影响，文章阅读量高并不等于文章质量高。但在同一主题之下，通过阅读量往往可以筛选出大部分高质量的文章。

② 本文所举示例皆为笔者在办案过程中遇到的法律问题，相关文章皆为对相关问题的解决非常有帮助的文章。

示例2：以物抵债合同是诺成合同还是实践合同？

2. 在特定公众号内检索，查找特定实务文章

操作方法：打开特定公众号，选择右上角的小人标识，下拉至底部点击

"全部消息"，通过页面顶端的搜索栏即可实现在特定公众号内检索。

（1）高质量的法律法规及裁判要旨总结类实务文章

可推荐的微信公众号：天同诉讼圈（天同码）、小甘读判例、民商事裁判规则、法客帝国、保全与执行、高杉LEGAL、金杜研究院。

示例1：在刑民交叉类案件中，法院一般在何种情形下会裁定中止审理？

示例2：在司法实务中，未在解除异议期内对无解除权人提出异议的解除效力如何认定？

（2）高质量的办案手记类实务文章

可推荐的微信公众号：天同诉讼圈（《办案手记》栏目）、法秀、法悟。

示例：如果我们检索出庭经验类实务文章，可在iCourt法秀中检索。

3. 在文章内搜索，快速锁定关键信息

操作方法：通过点击文章右上角的“…”，选择“搜索页面内容”，即可输入关键词检索我们想要的信息。

通过以上方法，在一定程度上可以解决微信文章质量良莠不齐的问题。不过，在现阶段及可预见的未来，精品文章不足是微信文章库的硬伤。微信搜索一下即可解决问题还是个梦想。问题并非完全没有出路，可行的路径有两个：第一，退而求其次，选择匹配度稍弱，但平均质量更高的经典书籍库进行检索。第二，退而再求其次，选择各方面稍弱的其他实务文章库进行补充。

三、法宝：匹配度稍低，但质量较高的文章库

法宝包含《人民司法》《法律适用》等最高人民法院机关刊，相关文章大多是各地资深法官一线办案经验的总结，不仅可以帮助我们理解法律背后的理论、了解实务动态，还可以成为我们检索案例的一大路径。另外，由于该类刊物由最高院主办，文章观点对法官具有较大影响，在办案中我们往往可以直接使用。

四、其他类实务文章：可作为补足力量的文章库

1.《人民法院报》、中国法院网：法官类文章的主要平台

《人民法院报》是最高人民法院主办的、集中反映人民法院审判工作的报纸，其下辖的中国法院网，连接着全国各地区、各级别的法院官网，各地法官的文章皆在该网站发表。如果想要了解司法实务、检索法官观点，该两个网站不失为不错的选择。

需说明的是，《人民法院报》自带的搜索引擎并不好用，中国法院网并没

有自己的搜索引擎，在检索时我们需借助百度高级的站内搜索功能辅助检索（即在百度高级中限定搜索网站为“rmfyb.chinacourt.org”“chinacourt.org”）。

与同为法官文章的《人民司法》《法律适用》相比，该网站的文章质量稍逊一筹，建议在法宝无法满足需求时选择该网站进行检索。

2. 法信：法律知识和案例大数据融合服务平台

法信是最高人民法院立项建立的综合性数据库①，具有以下特点：

（1）实务资料丰富，包括法律法规、案例及各类实务观点。其中，法规包括各地方高院司法政策，部分案例已总结裁判要旨，收录期刊包括《由最高人民法院民事审判第一庭编著的《民事审判指导与参考》（以下简称《民指》）《人民司法》《山东审判》等权威机关刊，收录书籍包括最高人民法院研究室著的司法解释理解与适用丛书等实务类书籍。

（2）数据总量大，但每个问题的平均数据量不足。比如，在案例领域数据量低于威科，在文章领域数据量低于微信。

（3）收费高，查看权威期刊需要购买全库，每年2020元。

鉴于以上特点，法信适合在微信、法宝等数据库无法解决问题时作为补足工具使用。

3. 威科、无讼：实务文章纯度最高的数据库

与微信文章类似，威科、无讼收录的文章大多为律师所写，内容往往包含各类实务资料，匹配度较高。相较而言，微信中包含大量的非法律类文章，而后者基本皆为法律类实务文章，纯度较高。

不过，不足之处在于，威科仅收录约2万篇文章，数据量较低，大多数问题均无对应数据，检索无效的情况经常出现。另外，威科中的文章虽然平均质量较高，但不乏个别质量低下的文章，整体检索效能较低。

---

① 法信是一个集法律法规、案例、文章及著作于一体的综合类数据库。将其放入文章库中，一方面是因为法信中包含各类期刊文章，有文章库的属性；另一方面是因为法信与一般的文章库相同，属于网络检索资源，有别于纸质形式的书籍库。

无讼目前亦有难以快速筛选高质量文章的问题，此在一定程度上影响了检索效率。

鉴于以上特点，威科及无讼适合在通过微信等工具无法满足检索需求时使用。

五、学术文章：不求效率，只求有效解决问题的文章库

“学术文章不宜在追求效率的实务工作中使用”，是在时限方面有严格要求、亟待出具法律意见或马上要开庭的办案中的语境下所说的。在办案之外，或者在办案中无相关实务资料，抑或相关问题被作为案件争议焦点需深入研究时，学术文章则发挥着不可比拟的作用。

如何检索学术文章？法宝仅收录法学类核心期刊，相比知网等数据库数据更是精华、更权威，是我们检索学术类文章的首选。不过，精华并不代表全面，当法宝无法满足我们的需求时，知网、维普、万方、百度学术等数据库则可以进一步补足。

六、中国审判指导丛书等纸质类文章库

相比于《人民司法》、《法律适用》、中国法院网、《人民法院报》，由《民指》、最高人民法院民事审判第二庭编著的《商事审判指导》（以下简称《商指》）及审判监督庭编著的《审判监督指导》对律师办案更具指导意义。

笔者未将如此重要的资料放入文章库的原因在于，该类期刊几乎无法检索。具体来说，目前上述期刊并无电子版本①，无法实现全文检索；而且其

① 除法信收录了《民指》的相关案例外，其他期刊目前均无电子版本。并且，通过法信查看相关案例需要购买法信全库。

不似其他书籍具有一定体系，不可以快速查阅。如果工作中实在需要专门检索此类资源，则可以通过全文检索电子版期刊目录进而查阅纸质书的方式实现。希望法宝、法信等数据库未来能够收录该等期刊，以发挥其更大价值。

七、文章库与其他工具库的选择

当然，这并不意味着文章库应当成为法律检索的全部内容，也不意味着我们应当在穷尽文章库之后再转向其他检索资源。相反，应当根据检索目标灵活运用数据库资源。

为了能够更高效地完成检索工作，我们需要根据待检索的问题及该问题所处的情景，选择与其特点最相吻合的工具。具体选择的方法有两种：单刀直入法和由浅入深法。

单刀直入法，是指我们在对待检索命题的特点及需研究的深度有相对准确的预判时，直接选择与其特点最相匹配的工具进行检索。

由浅入深法，是指我们在无法预判检索命题的特点及需研究的深度时，由浅入深并结合检索目的选择检索工具。具体操作层面，由浅入深法大致可遵循以下次序：

（1）法考用书；

（2）微信（初步检索）；

（3）经典教材、实务书籍、法宝、中国法院网、法信、威科、无讼；

（4）专题书籍、学术文章、法规库、案例库；

（5）咨询库。

该等排序，既遵循了研究资料由浅入深的排列顺序，如法考用书＞经典教材、实务书籍＞专题书籍，实务文章＞学术文章；同时也遵循了检索效能由高到低的排列顺序，如微信＞法宝＞中国法院网、法信、威科、无讼。需要说明的是，该检索顺序并非绝对。因为由浅入深法往往需与单刀直入法结合使用。在我们能够判断问题特点时，随时选择与其特点相匹配的工具。

八、法律功底：高效法律检索的根本

法律检索中，微信并不能帮我们快速解决问题，因为微信中的精品文章还很少。经典书籍库也不能，一方面，经典书籍少有涉及司法实务，匹配度稍低；另一方面，经典书籍往往晦涩难懂且篇幅稍长，无法满足在时限方面有严格要求的法律研究。

与此不同，我们个人的法律功底涉及面广、匹配度高、解决问题高效。只要拥有相关储备，我们往往无需检索即可快速解决问题。更重要的是，法律功底的深度及广度直接决定了我们“识别问题”的效能、“提炼关键词”的准确度以及确定问题特点的速度，因此也从根本上决定了我们进行法律检索的效率。

在执业初期，大量阅读经典书籍，并辅以高质量的实务文章（天同诉讼圈、高杉LEGAL等微信公众号文章，《民指》《商指》等文章）、高质量的学术文章（中国民商法律网），是快速提升法律功底的捷径。

乘风破浪的律师也需要一份详尽的法律检索报告

曲金亮

一般来说，事实、证据与法律是处理争议案件时必备的三要素。凡案件必检索，是我们在处理复杂诉讼案件工作中所应遵循的一项基本要求。如果说足够熟练地掌握一个案件的所有事实、证据及法律关系是处理案件争议时的底气的话，则检索报告相当于为这份底气增添了一层BUFF加成。

一、检索报告的用途：不止于解决法律适用问题

那种认为检索报告只有在解决案件存在的法律争议时才有用的想法应当是值得警惕的。就笔者有限的经历而言，检索报告在处理诉讼案件全过程中都能发挥极为重要的作用。

1.总结裁判观点

总结裁判观点是检索报告最外在的功能。通过对各层级法院对某一事实及法律问题的认定和解决方式进行梳理，检索者可以较为快速地掌握涉案问题的最新裁判思路，这也是与裁判者进行思想理论交流的一种方式（当然交流仅是单向的）。

2.评估案件风险

在总结法律及裁判观点后，可以较为明确地评估在办案件本身的风险。

在全面细致的检索下梳理出各种于己有利与不利之处，对于案件办理者而言，能够较为全面地掌握案件存在的各种可能；对于当事人而言，也能使其较为清醒地认识到自身案件存在的各种风险，从而不至于对承办律师作出各种相对任性的要求。

3. 确定代理思路

从检索报告中寻找有利的法律与裁判观点，形成可行的案件代理思路是检索报告发挥出的最有价值的作用之一。

4. 预判案件走向

在案件提交法院之后，通过对处理案件的法院及承办法官以往针对相似案件的裁判倾向的梳理，其实可以较为明确地预判案件可能的走向与最终结果。

5. 辅助庭审材料

庭审时备上一份详尽的检索报告，在法庭调查及辩论时将与涉案问题有关的检索结论信手拈来，在增强自身信心的同时，也能使法官对承办律师的专业能力与可信度增加一些认可。

二、检索报告的形式：依据使用对象不同，形式可有所调整

1. 律师自用版

大部分情况下，检索报告的制作仅是为了律师团队内部办理案件时使用。在此情形下的检索报告应当充分详尽收集各种有利与不利的法律与裁判观点，并通过归纳梳理，整理出在办案件各种可能的结果，从而筛选出对在办案件而言最佳的代理思路与可行性方案，或在充分评判各种风险的基础上

有针对性地提出相应的解决方案。

2.提交客户版

对于提交至客户的检索报告，相应内容应当与律师自用版检索报告有所区别。在该类检索报告中，制作者可依据代理思路总结裁判观点，并通过概括归纳检索结论，向客户传达出清晰明确的代理倾向性意见且充分披露相应风险，辅以通俗易懂的语言，让客户对自身案件有一个较为明确的认知。

3.提交法院版

拟提交法院的检索报告与律师自用版及提交客户版还应当有所区别。由于法官一般工作较忙，细致全面地翻阅当事人一方提交的检索报告的概率较低，所以此时的检索报告应简洁明了，结论清晰，不宜篇幅过长，如内容过长时则应添加必要的摘要及目录索引。应当明确的是，作为代理人，律师在与承办法官沟通案件时需带有一定的目的性。因此，提交至法院的检索报告在内容上应重点展现主审法官、合议庭、同级及其上级法院在对同类或相似案件处理中的裁判思路，且主要提取于己方有利的法律及裁判观点。而对于裁判观点和思路不利于本方的案例，我们应当根据具体案件情况，找出个案与本案之间事实基础不同的地方，论证该裁判观点不能直接适用于本案，如果对方当事人举示相关案例时，我们可以及时作出回应。

关于检索报告的提交时机，如庭审过程非常理想，一切皆如庭前预料，则可在庭审结束时即向法庭提交，并可向法庭简述检索结论，再次加深法官印象；如庭审过程与准备材料有所差异，则可在庭下补充检索后将检索报告与案件代理意见一同提交。

三、检索报告的内容：详尽是原则，实用是目的

一份形式完备、内容翔实的检索报告应至少涵盖检索概述、检索结论、

法律法规、典型案例整理、针对检索问题的相关学术争议（必要时）及必要的背景信息等内容。

1.概述部分

（1）检索背景

检索背景为待检索问题的基础，检索背景一般为案件涉及的事实。在天同团队配置模式下，检索报告一般由辅庭律师制作，供出庭律师或合伙人在庭前案件准备及庭审时使用。所以在检索报告的制作者并非检索报告的使用者的情况下，展现必要的检索背景就显得很有必要，一方面可供检索报告使用者快速了解检索报告针对的内容，另一方面也可供出庭律师及合伙人在背景描述的基础上判断检索问题是否准确，是否需要补充检索等。

（2）检索主题

检索主题一般为案件争议焦点所涉及的事实或法律问题。检索主题的归纳考验检索者对案件整体的熟悉程度及对涉及事实与法律问题的总结归纳能力，检索主题提炼精确与否将直接影响检索结果的准确性与可适用程度，因此归纳提炼检索主题之前需全面掌握待检索案件的基本事实及所涉及的法律问题。检索主题的罗列需清晰准确、简明扼要，内容或形式一般为若干短句或短语。

（3）检索条件

检索条件的内容可包括关键词（如无法提炼关键词，可以法条为检索内容）、法院层级与案件审级等条件。

关键词一般为案件涉及争议焦点的单词或短语化表达。有时可以直接以检索主题为关键词进行检索，但有时需在检索主题的基础上进一步归纳提炼进行检索。

对于裁判案例涉及的法院层级，可根据具体检索要求进行筛选。在非定向检索时，一般优先选择层级较高的法院；在需要定向针对某一法院或法官进行检索时，可仅检索该法官过往审判案件的裁判逻辑及其上级法院对案涉问题的审理思路。

在法律法规的检索上则应以全面详尽为原则，并可根据案件地域或行业特点有针对性地辅以地方省级法院发布的一些特色的司法裁判精神及地方政府相关部分的规章性文件。

（4）检索工具及日期

当前我们常用的检索工具一般为无讼案例、威科先行法律信息库、中国裁判文书网，检索网站各有利弊，各位律师可依自身喜好选择；此外，随着微信公众号上发布的实务及学术专业文章越来越多，搜狗、微信在快捷检索方面也有独特的优势之处，比如发布本篇文章的天同诉讼圈即有很多对某一问题涉及的法律争议及不同裁判观点进行总结与梳理的专业文章。

此处的日期为检索日期，记载日期的作用在于方便后续更新补充检索。

2. 检索结论

检索结论是检索报告的核心内容，是整篇检索报告的精华部分所在。检索结论是对整篇检索报告最核心的部分所进行的提炼总结。

检索结论的整理可分为总结归纳型与分析演变型。总结归纳型即为在本篇检索报告涉及的内容的基础上，分类整理不同的观点，观点之间可能会存在冲突，但各个观点一般应当是具体明确的。分析演变型即为当检索报告涉及的某一问题并无固定结论，且存在明显的变化过程时，需对变化的具体过程及每个阶段的倾向性观点进行分类整理。

如检索内容涉及当前尚有争议的法律问题时，可对检索结果进行初步分析。分析过程中应关注该问题存在的理论争议，梳理不同学术观点对该问题的看法，以寻求不同途径的解决方式。鉴于检索报告以实用为原则，在此部分可重点关注知名学者发表的涉及检索问题的理论争议与前沿发展的学术文章，以及最高人民法院出版的各个法律规定的理解与适用。相对而言，包含立法释义与最高人民法院法官的理解与适用系列书籍更有参考价值。

3. 法律法规

法律法规的整理方式一般依据其效力等级自上而下罗列（效力等级最高

的宪法在涉及民商事案件检索报告中一般无需罗列），且需列明具体条款及本条款所涉及的解释、理解与适用观点等。

如检索出的部分有利条款处于失效状态，应列明失效的时间以及是否被其他法律更新替代等。

此外，如前所述，依据办理案件所处地域及行业不同，除全国通用的法律法规司法解释外，各个地方存在的司法规则、政府部门规章、地方行业规范等也可根据具体需求进行罗列，在办理案件时参考使用。

4. 典型案例

典型案例的整理与排列方式并无明确统一的格式，一般文字叙述式与表格式罗列为最常用的方式。但无论采用哪种方式，均需注意：

（1）案例也分等级：指导案例、公报案例作为最有参考及适用价值的案例应优先整理；裁判日期越往后应越优先排列。

（2）裁判法院等级：案例的裁判法院的等级，最高院案件优先，其次为各地省高院，再次为中院，基层法院的案例除非是为了针对该基层法院而进行的检索，否则一般不引用其裁判案例与观点，并非不重视基层法院，而是一则基层法院案件最多，整理较为复杂；二则基层法院数量最多且区域范围有限，导致基层法院的法官可能不会互相引用同级基层法院的裁判观点。

（3）区分不同审判程序：一般来说，二审裁判观点优先于一审；最高人民法院判决文书的观点优先于再审裁定文书。

（4）定向检索：案件事实与法律关系的定向检索。选取一个案例应至少关注其“本院经审理查明部分”及“本院认为部分”。本院经审理查明部分关注的是案件事实，在此可关注该案例与在办案件案情是否存在相似之处；本院认为部分一般是法院在认定案件事实后，适用法律前对案件法律关系所进行的说理，在该部分中可研究选取案例与在办案件法律关系是否存在相似或可取之处。

（5）全面检索：检索案例时需以全面详尽为原则，既要充分检索对代理方有利的观点，也要依情况检索对对方有利的观点。于己有利的观点可引用，于己不利的观点需做好应对方案。

（6）整理选取的内容：案件内容的整理选取以简洁但不失其原意为准则，内容可包括案件名称、案号、审理法院、审理程序、裁判日期、合议庭人员、案情简介、裁判观点等。其中在截取裁判观点时要善于运用加粗、标黄及下划线的方式突出显示较为有价值的内容。

5. 必要的背景事实检索

严格来说，背景检索并非法律检索的内容，背景检索是作为法律检索的辅助与补充内容而存在的。所谓背景检索一般是针对当事人所涉及的案件有关的事实问题进行的整理归纳，例如在与公司有关的诉讼案件中，对于公司的股东变更、股权调整过程、公司涉诉情况及在其他诉讼中是否包含与在办有关的案件事实情况进行梳理。虽然该部分并不涉及法律争议问题，但有时对于查证案件事实，还原争议事实焦点也能发挥极为重要的作用。

检索报告作为处理诉讼案件几乎必备的材料之一，对于律师树立案件办理的全局观发挥着重要的作用。形成一份完善可使用的法律检索报告一般来说也较为不易，其间，可能耗费较多的时间与人力，所以应避免使检索报告成为一次性用品，善于整理归纳检索报告，形成相应的知识管理，积累检索报告也是积累知识的一种绝佳而有效的方式。

类案检索，你利用好了吗？

张奕婕

《最高人民法院关于统一法律适用加强类案检索的指导意见（试行）》（以下简称《类案检索指导意见》）第一条规定，类案是指与待决案件在基本事实、争议焦点、法律适用问题等方面具有相似性，且已经人民法院裁判生效的案件。

一般而言，类案的基础性作用在于了解法院裁判观点、预判案件走向、评估诉讼风险等方面，天同诉讼圈此前已有文章从不同角度阐述了类案检索方法和案例检索报告制作。[①]本文则进一步着眼于类案如何在案件评估、办理的全过程中体现其价值。尤其是对于缺乏实务经验的新人律师，有必要深入挖掘类案的价值，以便起到“借他山之石，琢己身之玉”的效用。

一、案件评估阶段，用高层级法院的典型类案建立案件知识体系

新人律师虽经历过法学教育和职业资格考试的磨炼，但仍旧可能对形形色色的案件有无从下手之感。这些案件可能涉及律师本人非熟知的法律领域

① 例如2016年华轶琳著《手把手教你如何制作一份合格的案件检索报告》，2019年10月13日吴陶钧著《法律检索结果呈现的双重维度和相应要点》，及2020年6月27日曲金亮著《乘风破浪的律师也需要一份详尽的法律检索报告》等微信公众号文章。

或本专业领域新问题，或涉及法律空白。

此时，有必要通过检索最高院及高院层级的在先类案，了解法院是否对类似案件形成较为统一的裁判观点，并了解法院处理类案时适用的重点法律规范，从而迅速建立起与案件相关的知识体系，全面掌握案件脉络，对案件办理和可能走向成算在心。

【案例引入】甲国有企业与乙银行的合作建房合同约定，甲国有企业提供国有土地使用权、乙银行提供资金，建成房屋双方各分一半。其后，在甲企业改制的过程中，在国有股权转让资产评估时，将合同中属于乙银行的部分房产误评为甲企业资产并错误登记至甲企业名下，甲乙双方因之成讼。

实践中一些疑难案件产生的根源在于，虽然法律对有关问题已有较为详尽的规定，但由于当事人对合同条款的约定不清晰或履约行为不规范、关键性证据缺失等原因，导致在探求当事人的真实意思，判断合同性质、合同效力等问题时呈现出模棱两可的局面，前述案例即为例证。

根据有关规定，利用国有土地合作建房的合同可能被法院认定为土地使用权转让合同、房屋买卖合同、合作开发房地产合同、租赁合同等，对案涉合同的有效性认定亦有不同。此时，通过检索基本事实相近的类案，能够了解法院处理类案时如何选取和认定复杂案件中的关键事实，从而在后续案件办理阶段能有的放矢地说服法院，依法维护当事人的权益。

二、诉讼准备阶段，重视管辖法院的类案检索

在诉讼准备阶段，对原告一方的代理律师而言，类案在确定案件的具体案由、确定管辖法院、判断案件审理可行性以及精准表达诉讼请求等方面具有重大意义。

1.判断案件的主管机关

以公房使用权纠纷案件为例，根据《最高人民法院关于房地产案件受理

问题的通知》及有关规定，因单位内部建房、分房等而引起的占房、腾房等房地产纠纷，均不属于人民法院主管工作的范围，[①]即不在人民法院受理的民事案件范围之内。然而随着“公房入市”改革进程，公房租赁合同纠纷、公房买卖合同纠纷的数量也日益攀升，但各地法院对于类似争议受理与否却存在不同的认定，因此在处理类似案件时有必要对管辖法院的类案进行检索，以避免案件无法正常启动。

【案例引入】四川省高级人民法院（2020）川民申5057号陈某、肖某芳排除妨害纠纷再审审查与审判监督民事裁定书[②]

法院认为：案涉房屋争议的实质还是粮食集团公司如何落实公房租赁政策的问题，由此产生的房产纠纷属于历史遗留问题和单位内部占房、分房问题，符合《最高人民法院关于房地产案件受理问题的通知》规定的不符合民事诉讼受案范围的条件。

【案例引入】浙江省高级人民法院（2019）浙民再553号浙江某商贸职业学院、姚某虹物权保护纠纷再审民事裁定书[③]

法院认为：从案涉房屋不动产登记、房屋租金收款收据、帅某华向某商贸学院提交的延期半年腾房报告、帅某华写给姚某虹的书信等证据看，案涉房屋系某商贸学院出租给该院教师帅某华使用。案涉房屋租赁关系在帅某华1999年辞职后终止，但因姚某虹、帅某华继续占用案涉房屋而引发纠纷，故系平等民事主体之间租赁房屋民事纠纷，属于人民法院受理民事诉讼的范围。

2. 确定纠纷性质及案由

以土地争议案件为例，可能出现案件纠纷性质认定分歧的情况，以及行政争议与民事争议交叉的情况，因此有必要有针对性地检索管辖法院及上一级法院相关类案。确定纠纷性质和具体案由，直接关乎法院是否受理案件，

---

① 参见《最高人民法院关于房地产案件受理问题的通知》第三条。

② 来源于裁判文书网：四川省高级人民法院（2020）川民申5057号裁定书。

③ 来源于裁判文书网：浙江省高级人民法院（2019）浙民再533号裁定书。

当事人的诉求能否实现；而确认类案中行政争议与民事争议交叉时法院的处理次序，则有助于案件顺利推进，避免法院以民事/行政案件没有审结为由，裁定中止本案审理。

【案例引入】河北省高级人民法院（2016）冀民终495号唐山某房地产开发有限公司与建设用地使用权纠纷二审民事裁定书[①]

法院认为，本案为建设用地使用权出让合同纠纷，《最高人民法院关于审理涉及国有土地使用权合同纠纷案件适用法律问题的解释》对审理涉及国有土地使用权合同纠纷案件作出了规定，《民事案件案由规定》亦将“建设用地使用权出让合同纠纷”列为“合同纠纷”的下级案由。原审裁定以本案所涉国有建设用地使用权出让合同属于其他行政协议，不属于民事案件受案范围为由不予受理欠妥。

【案例引入】海南省高级人民法院（2019）琼民终969号某工业发展有限公司建设用地使用权纠纷二审民事裁定书[②]

法院认为，琼海市自然资源和规划局系行政机关，其将案涉土地使用权出让给某公司系代表国家履行土地行政管理部门行政职责之行为，故案涉《协议书》及《国有土地使用权出让合同》具有行政法上权利义务内容，应属于行政协议。而且，最高人民法院于2016年12月28日发布的指导案例76号[③]亦将国有土地使用权出让合同定性为行政协议。根据《行政诉讼法》第十二条第一款第十一项“人民法院受理公民、法人或者其他组织提起的下列诉讼：……（十一）认为行政机关不依法履行、未按照约定履行或者违法变更、解除政府特许经营协议、土地房屋征收补偿协议等协议的”的规定，行政诉讼法已将政府特许经营协议、土地房屋征收补偿协议等行政协议纳入行政诉讼受案范围。虽然该规定并未明确列举国有土地使用权出让合同，但其

---

① 来源于裁判文书网：河北省高级人民法院（2016）冀民终495号裁定书。

② 来源于裁判文书网：海南省高级人民法院（2019）琼民终969号裁定书。

③ 来源于最高人民法院官网：指导案例76号萍乡市某房地产开发有限公司诉某市国土资源局不履行行政协议案（最高人民法院审判委员会讨论通过2016年12月28日发布）。

中有一个“等”字，该规定系对行政协议类型的不完全列举，国有土地使用权出让合同作为行政协议亦应纳入行政诉讼受案范围。因此，本案不属于人民法院受理民事诉讼的范围。

3.精准表达诉讼请求

实践中，许多当事人自身并不具备明确的诉求，此时便需要律师基于案件情况设计出明确诉讼请求并在起诉状中精准表达。尤其是在复杂的合同纠纷案件中，案涉合同的性质、效力及可能的责任承担问题都直接关涉原告代理律师诉讼策略的展开。

此时，律师可通过精确检索管辖法院新近发布的类案裁判文书，以及知名律师事务所、知名律师在类案裁判文书中体现的诉讼请求和诉讼策略作为自身在书写起诉状、组织诉讼请求的参照。

【案例引入】江西省高级人民法院（2018）赣民终243号袁某生、某房地产开发有限公司合伙协议纠纷二审民事判决书①，最高人民法院（2019）最高法民申1016号某房地产开发有限公司、袁某生合伙协议纠纷再审审查与审判监督民事裁定书②

袁某生一审提出的诉讼请求为：1.请求确认袁某生为某公司的股东，确认袁某生持有某公司18%的股份，并责令某公司在10个工作日内完成袁某生股东身份及持股比例的登记工作；2.若上述诉请不能得到支持，则请求判令某公司支付拖欠袁某生的股权转让款1013.39万元、利息719.51万元，合计1732.9万元，并请求责令某公司向袁某生支付该1732.9万元的相应利息。

二审法院判决：宜春市某房地产开发有限公司于本判决生效之日起15日内向袁某生支付转让款9142199元及利息3266812元。

最高人民法院再审阶段维持了这一裁判结果。

---

① 来源于裁判文书网：江西省高级人民法院（2018）赣民终243号判决书。

② 来源于裁判文书网：最高人民法院（2019）最高法民申1016号裁定书。

三、案件审理阶段，根据案件争议焦点检索类案并向法院提交

案件进入审理阶段，并不意味着类案检索的结束。律师作为诉讼代理人，有权向法院提交类案检索报告，用一份客观、全面、准确的类案检索报告帮助承办法官更加准确地认定案件争议焦点的性质。此外，在案件审理过程中针对争议焦点更有针对性和更加精细化的类案检索，也有助于律师对案件后续走向和可能结果作出更为准确的预判。

【规范引入】《〈最高人民法院关于案例指导工作的规定〉实施细则》第十一条第二款

公诉机关、案件当事人及其辩护人、诉讼代理人引述指导性案例作为控（诉）辩理由的，案件承办人员应当在裁判理由中回应是否参照了该指导性案例并说明理由。

【规范引入】《最高人民法院关于统一法律适用加强类案检索的指导意见（试行）》第十条

公诉机关、案件当事人及其辩护人、诉讼代理人等提交指导性案例作为控（诉）辩理由的，人民法院应当在裁判文书说理中回应是否参照并说明理由；提交其他类案作为控（诉）辩理由的，人民法院可以通过释明等方式予以回应。

律师向法院提交类案检索结果也得到部分地方司法文件的认可。在《最高人民法院关于统一法律适用加强类案检索的指导意见（试行）》的基础上，湖南省高级人民法院及江苏省高级人民法院率先出台地方司法文件，进一步加重了诉讼代理人提交类案时，承办法官的类案检索义务。

【规范引入】《湖南省高级人民法院关于规范法官裁量权行使保障裁判尺度统一的实施意见（试行）》第九条

承办法官审理个案，具有下列情形之一的，应当对类案进行检索：（一）当事人及其诉讼代理人、辩护人、检察机关对裁判尺度提出异议，且已提交相关案例作为诉辩理由的……

【规范引入】《江苏省高级人民法院关于建立类案强制检索报告制度的规定（试行）》第二条

正在审理的案件有下列情形之一的，应当进行类案检索：……（5）案件当事人及其辩护人、诉讼代理人或者公诉机关提交类案生效裁判支持其主张的案件……

此外，《南京市中级人民法院关于引导律师进行类案检索的操作指引（试行）》明确建议律师进行类案检索的案件类型、检索顺序、报告形式以及对承办法官的回应要求等内容，并要求南京市全市法院为律师进行类案检索提供便利。

综上，律师有必要在动态的案件审理过程中随着案件审理进程持续进行类案检索，并及时向法院提交类案检索报告，便于承办法官公正高效办理案件，与类案保持法律适用的一致性。

四、结论

在《类案检索指导意见》出台前，许多实务界人士基于实务经验形成的类案检索观点是，即使更高层级法院作出了相反的类案判决，承办法官一般也不会违背其自身以及上一级法院作出的类案判决。

《类案检索指导意见》出台后，《〈关于统一法律适用加强类案检索的指导意见（试行）〉的理解与适用》明确的效力层次却与实务界人士此前的认知截然相反：最高人民法院发布的指导性案例拘束力最高；《最高人民法院公报》发布的案例、其他典型案例及裁判生效的案件，本省（自治区、直辖市）高级人民法院发布的参考性案例及裁判生效的案件拘束力次之；上一级人民法院及本院裁判生效的案件拘束力最低。[①]

---

① 参见微信公众号《人民司法》2020年9月7日发布的微信文章《刘树德、胡继先丨〈关于统一法律适用加强类案检索的指导意见（试行）〉的理解与适用》。

因此，律师在未来的案件办理中，应当注意识别和比对不同层次的类案裁判观点，以便根据《类案检索指导意见》的精神选取最具有参照性的类案，作出更加准确的案件预判，发挥自身维护当事人合法权益、促进司法公正的积极作用。当律师发现承办法官可能作出违反类案适用层次的不利判决时，也应注意向法院提交具有较强拘束力的类案检索报告，以便承办法官规范行使裁量权。

初年级律师开展案例检索的目的及类型

李开宇

笔者在从事法律工作将近3年的今天，回顾往昔，仍然会记起初入职场在案例检索时的迷茫。笔者一直试图去弄明白，案例究竟有何种价值，竟引得律师们锲而不舍地钻研。年轻的读者，或许你和笔者一样，都曾经或正在经历着对案例检索的困惑：

或许你是在校学生，无法理解在成文法的国度中，一群法律人为什么对案例如此重视；或许你是初入律所的新星，在上级律师要求你提交案例检索报告时，总是无法快速而准确地定位合适的案例并提交一份令人满意的答卷；又或许你是在草原上驰骋已久的战马，看透了尘世间的乏味，利用经验赢得了世界，却发现马背上的法律精神已荡然无存。

这些困惑归根结底是在追问：案例检索究竟是为了什么？天同的律师们已经通过多篇文章，从结构、框架及层次上指出，应当如何做一份完美的法律检索报告。但根据笔者曾经因无意义的案例检索工作而几乎放弃从事法律职业的经历来看，对于有志于投身诉讼行业的学子以及刚刚接触诉讼业务的实习生、助理而言，最为紧迫的不是明白如何进行案例检索，而是先明白案例检索对于法律职业及诉讼律师的意义何在、案例检索应当什么时候展开、案例检索应当实现何种目的、案例检索适用于何种场景。

以下，笔者借用人生三问来展开本文的探讨：

（1）我是谁？

（2）我从哪儿来？

（3）我到哪里去？

一、我是谁？我是法律实务工作者，应当出于经验，归于实践

立场问题，是根本问题，只有明确我们不仅是法律人，更是法律圈中专职从事实务工作的群体，才能明白我们在做案例检索时，应当从经验出发，而回归实践。

作为实务工作者，我们必须无比尊重、信赖我们的经验。换言之，无论是面对何种法律问题，我们不应当或者不仅仅只将自己理性的一面带入，意图建立起一套颠扑不破、逻辑自洽的完善体系。相反，我们应当首先充分发挥自己经验的优势，调动起自己一切关乎公平、正义、人性、悲悯的感官，对每个法律规则做尽可能详尽的理解。由此，笔者获得了一条经验：一切法律规则，都可能存在不同解释，差别在于你能否发现。

例如，在我们大谈非法证据排除规则所规制的非法性主要是针对证据取得环节时，有人却在《民事诉讼法解释》第一百零六条“对以严重侵害他人合法权益、违反法律禁止性规定或者严重违背公序良俗的方法形成或者获取的证据，不得作为认定案件事实的根据”的规定中，读出了最高人民法院不仅希望规制非法取得的证据，亦试图规制非法形成的证据（如通过胁迫签订的合同）；而当人们试图忽略“非法形成”的应用性时，法院在（2016）鲁民终19号①、（2015）株中法民二终字第45号②等案例中，却将以胁迫手段签订的合同认定为非法形成的证据，并据此不将相应合同作为认定事实的依据；尤其是在（2016）鲁民终19号一案中③，撤销权已过除斥期间，法院通过非法证据排除的方式间接地实现了合同撤销的效果，维护了个案中司法机关希

① 来源于裁判文书网：山东省高级人民法院（2016）鲁民终19号判决书。
② 来源于裁判文书网：湖南省株洲市中级人民法院（2015）株中法民二终字第45号判决书。
③ 来源于裁判文书网：山东省高级人民法院（2016）鲁民终19号判决书。

望实现的公平正义。

但是，切不可将经验的一面走向极端，切不可据此认为，既然法律的理解根源上全部来自自身，何必要进行案例检索，只需“仰天大笑出门去，我辈岂是蓬蒿人”。相反，经验只是告诉我们，在案例检索中，千万不要怀疑案例观点的多样性；在经验之后，我们仍然要回归实践之中，即通过案例检索，促使自我经验与实践相互融合。其中隐含了案例检索的三重作用：

（1）风险评判：在案例检索中，了解自我经验与实践的一致与区别，以评判自我经验潜在的风险并及时进行调整；

（2）说服法院：通过案例检索，促使自我经验在实践中呈现得最大化，并促使实践向自我经验的统一；

（3）自我宣传：借由案例检索，更全面地了解与熟悉特定问题项下的各式各样的法律观点及意见，并通过批评与自我批评的方式，实现特定问题的融会贯通与举一反三，从而创建自身的品牌影响。

二、我从哪儿来？我从规则适用的争议之处而来

有人说，案例检索应每案必做；还有人说，案例检索是诉讼律师应当时刻握在手中的武器。但是，作为法律职业的初学者，一定要明白，所谓“每案必做”不等同于一个案件中的全部问题都需要进行案例检索。对于一些无谓问题的检索，不仅会因为检索不到结果而丧失自信，也会白白浪费宝贵的时间。

具体而言，案例检索是为案件服务的，而办理案件不是单纯的学术研究，更重要的是追求个案妥善的处理结果。因此，我们需要明白，案件最基本的工作不在于研究，而在于对基本事实的梳理和分析，而在纯粹的事实问题上，切勿开展所谓的案例研究，只有在涉及关键的规则适用问题时，才应当开展检索工作。

典型例子就是个案合同解释的问题。例如，甲乙双方签订了一份合同，

其中甲方承担的合同义务系为乙方销售电脑，乙方的合同义务系为甲方员工提供团建组织工作，在合同中双方没有约定乙方义务的履行以甲方履行义务为前提，相反约定只要市场上出现了乙方生产的电脑，乙方就应当履行组织团建的义务。现在甲方没有开展任何工作，反而由于乙方自己的工作，市场上确实流通了大量乙方电脑，甲方能否要求乙方开展团建活动呢？这实际上是单纯的合同解释问题，其根本上是要解决甲乙双方合同义务是否存在对价关系，关键取决于当事人的真实意思表示而非案例中法院的裁判思路。因此，我们需要做的，不是通过案例检索，寻找在销售电脑或者组织团建的合同纠纷中，法院如何认定合同的对价关系，而是应当回归事实材料本身，从签约背景、签约材料、履约材料等各种文件入手，探究当事人的真实意思。

但是，这并不意味着，在合同解释的场合就必然排斥案例检索工作，对于同时涉及规则适用的情形，仍然有检索案例的必要。例如，甲乙双方约定，任何一方均不可单方擅自解除合同，否则应当承担违约金50万元，那么甲方可否以向乙方支付50万元为由解除合同呢？这既是对合同条款本身的理解，同时也是对规则适用的讨论，即解除权条款、解约定金条款等条款的约定方式，在实践中究竟表现为哪些形式。此时，当然应当对解除权条款、解约定金条款进行案例检索，以穷尽两种条款司法实践中的具体表现形式，以明确诉争的合同条款，能否适用约定解除权或解约定金的法律规则。

三、我到哪里去？我到律师应当实现的社会价值中去

律师的作用主要体现在三个方面：一是对于客户，要通过专业的法律服务维护客户的合法权益；二是对于法院，要通过高效的法律工作协助法院更全面地查明案件事实，更充分地研判各种相关的法律依据和类似案例，最终做出最贴合客观事实与司法实践的法律判断；三是对于律所，要不断吸引客

户、开发业务，从而使得更多的人能够进入律所的范围中，扩大律师这个行业对社会的影响与帮助。

而律师上述的三个作用，正好对应着案例检索的三种目的及用途，并衍生出三种典型的案例检索类型：

第一，案例评估型。对于客户而言，其不仅希望律师告诉他发生了什么纠纷，有何种法律途径，还希望律师能够告诉他法律途径的可行性有多少，法律风险有多大，有无解决方案。对此，我们需要就案件最为核心、最具争议的法律问题，在受理法院及其上级法院检索案例，以明确在相关司法地域中主流及边缘的司法意见，以明确我们为客户提出的方案在司法实践中被法官接受的程度，并明确对方当事人在相关法律问题上可能会提出何种主张，而对于相关主张又当如何组织反驳意见。这就要求我们在关键词设定上应当尽量宽泛，以接触尽可能多的事实变形、司法观点。

第二，说服法官型。对于法官而言，其不可能审阅与诉争案件相类似的全部案件，因此我们需要帮助法官挑选出与我们希望主张的法律观点最为相近的案例递交法院，在尽可能短的篇幅中向法官说明其所在法院或其上级法院曾做过何种对客户有利的认定，相关事实与本案存在何种相似性，在利益衡量上两个案例也存在共性。这就要求我们在关键词设定上尽可能详细、集中，可优先考虑从关联法条本身出发检索案件，并且措辞可带有一定的倾向性。

第三，业务拓展型。对于律所而言，吸引客户很重要的途径是长期、持续地在特定业务领域上发力，通过高质量的文章输出吸引特定需求群体的关注；开发业务很关键的因素是在相关领域拥有业务能力，而对于相关法律问题的理解则是业务能力极为关键的组成部分。因此，初年级律师应当充分发挥自身的法律功底，帮助律所和团队拓展客户或业务，就客户关注的领域或律所希望开拓的业务进行深耕，通过更广泛的法院范围、更宽泛的关键词设定，获取更全面的事实变形与司法观点，从而得以更为深入地掌握各种观点形成的原因、发展的趋势、实务中的优势、学理上的批判。

类型	法院范围	案例范围	关键词	用途
案例评估型	受理法院及其上级法院（根据具体情况，各省高级法院及同一地区的其他法院亦可纳入）	有利及不利的案例（不包括观点过于偏颇、奇葩的意见）	宽泛的用词，尽量使用单词而非词组，尽量使用一般的法律用语	案件评估时；准备庭审提纲时
说服法官型		有利的案例（即使论理存在偏颇、奇葩的因素）	详细、集中的用词，优先考虑从关联法条本身出发检索案件，可考虑使用词组，且措辞可带有一定的倾向性	起草提交给法院的检索报告时
业务拓展型	全部法院（可根据业务需要选择关联地域、层级或类型的法院开展重点研究）	全部案例（应当确保检索案例论证的合法、合理及详尽）	宽泛的用词，尽量使用单词而非词组，尽量使用一般的法律用语	吸引客户、开发业务时

为更加形象地说明上述三种案例检索类型的区别及具体操作，现试举一例供读者参考：

对于一家在上海地区登记的有限责任公司，其召开股东会依照《公司法》第四十条中“有限责任公司设立董事会的，股东会会议由董事会召集，董事长主持”的规定，应当由董事会召集，但如何理解所谓的董事会召集，是指董事会必须召开会议决定召集股东会，还是只要董事长以董事会名义召集即可？客户实际上采取的是后者，并由此发生了决议效力的争议。

为了评估案件风险【案例评估型】，我们需要告诉客户在上海地区客户的做法是否符合司法实践主流要求，被否定的法律风险是否较大。因此，我们通过设定关键词“董事会、股东会、决议、召集”，并限定法院为上海地区的法院后，很快就找到（2016）沪02民终4436号[①]、（2012）沪一中民四

① 来源于裁判文书网：上海市第二中级人民法院（2016）沪02民终4436号判决书。

(商)终字第775号[①]等诸多案件，这些案件中法院以召集股东会事宜未经董事会决议为由，认定股东会召集程序存在瑕疵。据此，我们认识到，在上海，客户的做法存在较大被否定的风险。同时，我们应当深入这些案例中去研判，法院之所以强调必须由董事会决议的原因和关键因素是什么，以分析在客户的案件中是否存在必须具备董事会决议的因素，并据此组织反驳意见。

为了起草检索报告【说服法官型】，我们需要告诉法官实践中存在支持客户做法的操作，并且相关案例具有关联性。因此，我们通过设定关键词“股东会、董事长召集、召集程序违法”，并限定法院为上海地区法院后，找到(2013)沪一中民四(商)终字第809号[②]一案，在该案中，法院明确表示，董事会决议并非股东会召开与否的法定前置程序。而后我们需要就该案的基本事实和法院观点进行归纳和总结，并说明其如何与客户的案件具有相似性，并据此指导、影响客户案件的审理工作。

为了扩展相关业务【业务拓展型】，律所需要告诉客户我们在相关领域内的储备及能力，此时就需要初年级律师更全面地检索案例。因此，我们通过设定关键词“董事会、股东会、决议、召集”，在上海地区的案例基础上，又找到北京地区(2017)京02民终6137号[③]一案。该案例提出在会议通知上若有足够比例的董事签字即可视为董事会召集，这是完全不同于上海地区案例的司法观点(虽然该案因为再审审查阶段各方当事人同意调解结案而被提审，但仍不失为一个说明业务拓展型案例检索模式必要性的例子)。而后我们应当对所找到的各种观点一一检视，分析各种召集方式在商业效率、小股东利益保护等价值上的不同影响，从而确定在个案中评判股东会召集方式合法性的各种重要的因素，并建立起自己独特的规则和标准。

---

① 来源于裁判文书网：上海市第一中级人民法院(2012)沪一中民四(商)终字第775号判决书。

② 来源于裁判文书网：上海市第一中级人民法院(2013)沪一中民四(商)终字第809号判决书。

③ 来源于裁判文书网：北京市第二中级人民法院区(2017)京02民终6137号判决书。

CHAPTER II

第二章
案件评估篇

可行性与风险——案件评估的两个基本面向

游　冕

天同41步标准化流程当中，案件评估居于第7顺位，前承案件材料之接收，后接呈报文件之撰写，可谓是正式代理案件的必经程序与基础工作。案件评估的两大基本面向是可行性与风险，前者用以确定案件是否具有代理价值，后者用以判断案件的可能走势。下文将尝试从两大基本面向分享案件评估的心得体会。

一、可行性评估

可行性评估重在确定案件的代理价值，应从客户预期出发，恰当运用裁判思维与请求权方法，作出可靠判断。

1. 客户预期：基本起点

案件可行性评估存在一个基本起点，即客户预期。当客户将案件基本材料交给律师的时候，一定伴随了相应的诉求与目的，这也为案件的可行性评估确立了基本方向。客户给出的一般是商业目标，律师应将其“翻译”为争议解决目标，必要时向客户核实。客户希望收回理财投资，最低限度应为合同无效以后的财产返还，更佳策略则是在合同有效的前提下收回投资并主张可能的违约责任。

案件的可行性评估还需顺应综合性的争议解决发展趋势，全面把握客户的商业目标，不能仅限于庭审的法律分析。比如，复杂的金融纠纷案件一般具有多种诉讼路径，但基于维护商业关系、促进后期谈判的现实考量，选取被告时应有所斟酌，反过来也可以委托诉讼地位更为有利的友好一方代为起诉。又如，债券违约案件的重点是执行回款，案件的可行性评估不能忽略财产调查，还要持续关注债券持有人会议与债权人委员会的动向。

2. 法律分析：裁判思维

通读基本案件材料以后，建议优先进行法律分析开展可行性评估。因为案件评估阶段的证据材料是有待补充和挖掘的原始材料，不可过分限制律师思考。基本材料与有关线索的作用是激发律师的“想象力”，进而拓宽法律分析的思路，列出尽可能多的诉讼策略。

接下来的工作是对可能的诉讼策略进行裁判思维的检验，中立的裁判立场最适于客观判断案件的可能裁判结果，可用于评价不同的诉讼策略。[①]在天同，裁判思维的检验一般采取分组讨论的方式，主要执笔呈报文件的律师将对可能的诉讼策略进行论证，部分成员以对抗立场发表观点，其他成员则进行居中裁判式的第三方评估。但不论方式如何，裁判思维的意义都在于客观审视诉讼策略的可行性，明确不同诉讼策略的差异。

不同审判程序的可行性评估应有不同的标准与尺度。一审程序涉及诉权的合理行使，法律分析应全面把握仲裁条款、管辖权、保全与诉讼时效等细节问题；二审程序法律分析的关键在于指出一审判决的错误，且要准备充分理由消除二审法院遵循一审思路的思维惯性；再审等审判监督程序在司法体系中的功能定位是“通过纠错实现救济”[②]，是一种严格启动的特殊程序，法律分析也应从严把握，寻找到推翻性依据才具有可行性。

---

① 参见龚孟轩：《案件风险评估的实用技巧》，载微信公众号《天同诉讼圈》2018年6月30日。

② 参见张俊楠：《再审申请书撰写的六项作业》，载微信公众号《天同诉讼圈》2019年6月8日。

3. 事实分析：请求权方法

相较于重视裁判思维的法律分析，事实分析则需要灵活运用请求权方法。对于提出主张的一方，在确立可能的请求权基础之后，即应当根据请求权基础的构成要件寻找要件事实，用以支持自己的请求。[①]比如，债券持有人主张发行人交叉违约而要求发行人提前兑付本息，图示如下：

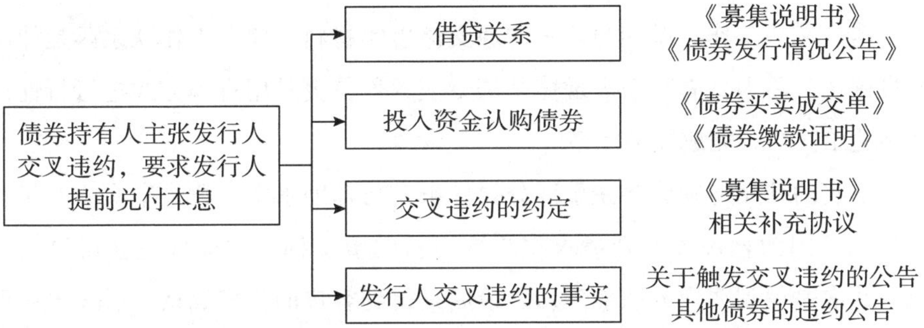

同样，对于提出抗辩的一方，应在全面预测对方的可能诉讼主张之后，为每一项主张的相应抗辩寻找事实依据。律师不可过早退守防线，切忌预设对方就某一事实不能提出证据，亦不宜在评估阶段径行讨论对方举证难以达到证明标准的问题。作为提出抗辩的一方，律师应尽力进行诉讼抗辩并列明支撑事实，包括否认对方请求权存在的抗辩与实体法上的抗辩权[②]，前者旨在攻击对方的要件事实，如发行人可在上例中举证已经兑付债券，否认债券持有人请求权的存在；后者包括诉讼时效抗辩权与合同约定抗辩权等，则需完全举证抗辩权的“要件事实”，此时与提出主张一方的思路一致。

---

① 参见王亚新、陈杭平、刘君博著：《中国民事诉讼法重点讲义》，高等教育出版社2017年版，第17页。

② 参见朱庆育著：《民法总论》，北京大学出版社2016年第2版，第516页。

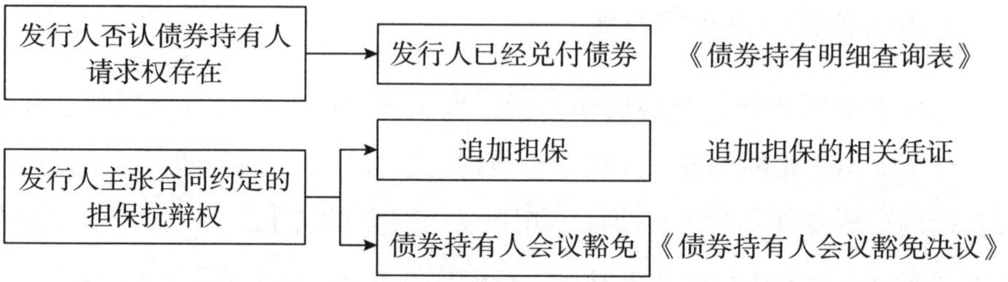

由请求权方法检验现有证据以后，便可以基本了解欠缺的事实材料。就此，建议采用工作联系函与客户沟通交流事实材料。使用工作联系函是律师的良好工作习惯，有利于表现律师的专业素养，更是用直观方式把可行性评估传达给客户，完成预期反馈。

事实的补充与确认要注重区分要件事实与辅助事实、背景事实。对于要件事实，因为直接关系到请求权与抗辩权的事实构成，最好先获得事实补充，其次是得到客户的明确确认，最后是得到客户的模糊确认，后续再协助客户寻找佐证材料。对于辅助事实（证据是否系伪造等用于证明证据能力或证据力的事实[①]）与背景事实（双方发生纠纷的前因后果与动机情绪等[②]），如能在案件评估阶段全面把握当然最好，但其中相当部分需要律师在正式代理案件后进行深入挖掘，在此阶段不宜向客户过多纠问。

二、风险评估

可行性评估与风险评估可谓是硬币的正反两面，可行性的欠缺一般意味着风险的存在。实际上，案件代理风险的真正隐患往往就埋在案件评估阶段。律师如果不能在案件评估阶段准确识别出案件风险，不仅会在案件风险暴露时惊慌失措，而且对委托人也难言勤勉尽责，更是对案件敬畏不足的体现。

---

① 参见张卫平著：《民事诉讼法》，法律出版社2016年第4版，第228–229页。

② 参见王亚新、陈杭平、刘君博著：《中国民事诉讼法重点讲义》，高等教育出版社2017年版，第20页。

1.识别真正的法律风险

法律风险的评估包括诉讼策略的分析与法律适用的分析。在可行性评估部分，可能的诉讼策略已经列明，律师还应就不同诉讼策略的利弊发表意见。律师不能代替客户进行商业衡量，评估工作推进至此已足，最终策略还应交由客户抉择。而就具体的法律适用问题，律师应在案件评估阶段进行全面检索，并将法律适用的有利支持与不利解释体现出来。如何做到全面法律检索？可参阅本书第一章。

如前所述，不同程序的案件评估有不同的要求，在风险评估上要特别注意二审程序与再审程序的法律风险。二审程序与再审程序的评估重点是原审裁判，律师很容易完全沉入裁判解读，挑出其中语句大加批判。但是，正如辛正郁老师所说，在民商事裁判尤其是重大疑难复杂案件裁判当中，"裁判者苦思冥想难以决断的魔鬼事实，在正向逻辑推演时，只需简单案情设计即可轻易解决甚至忽略"[①]，仅从论理瑕疵或类案异判的角度反驳原审判决并不足够，也没有发现真正风险所在。法律行为无效事由之适用即是典型例证：效力性规定的识别为何因案而异，恰在于效力判断渗透着法官的综合价值评判，交易行为的负面效果若超出缔约双方，乃至波及公共利益，法律风险的评估便不能仅限于规范属性的讨论；"以合法形式掩盖非法目的"的深层逻辑在于法官从某项证据探知了当事人存在缔约的决定性违法动机，如果仅是提出另一种规范见解，恐怕难以触及真正的风险领域，此类案型的法律风险应在于能否提供一个更有力的缔约动机与交易目的；通谋虚伪表示的论证几近于证据对峙，证据规则与意思表示解释贯穿其中，原审判决寥寥数语的背后是微妙事实的反复推敲。原审裁判的自在逻辑潜藏在表述之下，二审与再审的评估需仔细研读一审证据，从裁判涉及的细节事实捕捉法官埋下的"草蛇灰线"，找到真正动摇法官判决的关键问题。只有发现案件的风险根源，才能做出有效的风险评估。

---

① 辛正郁：《通谋虚伪表示之实践把握》，载微信公众号《天同诉讼圈》2018年4月24日。

2. 准确评估材料存在欠缺的风险

评估材料存在欠缺的原因可能包括：第一，因为律师尚未正式代理案件，基于保密的考虑，客户提供的案件材料不全；第二，随着案情的具体发展，可能出现其他的重要事实。

对于第一个原因，可行性评估中已经提及，建议采用工作联系函与客户沟通交流证据材料。对于要件事实与重要的辅助事实、背景事实，只要没有获得客户发来的证据材料，原则上都应在呈报文件等书面文件中予以披露。

对于第二个原因，律师则应发挥专业预判能力，对可能情况进行说明。比如监管部门、公安部门可能介入调查，某项可补正的批文可能在诉讼阶段下发，公司管理层可能发生变化等，这就要求律师基于长期积累的经验进行判断，并对相关风险进行说明。

3. 风险评估反馈与客户预期管理

客户预期既是可行性评估的起点，也是风险评估反馈的终点。天同41步标准化流程当中，第一次与客户正式会谈排在案件评估之后的第9顺位，便是希望在会谈时向客户全面阐述案件的可行性与风险。

客户的预期管理直接关系到客户对律师工作的评价。当客户的需求与案件实际情况不相匹配时，律师应当从案件评估出发，将可能的诉讼结果告知客户，逐步引导客户调整预期。至于引导客户，依靠的还是律师对事实证据的全面把握和对法律重点的透彻理解。

综上，案件评估的两大基本面向是可行性与风险。可行性评估从客户预期出发，秉持裁判思维审视可能的诉讼策略，借助请求权方法分析现有证据材料。此呼彼应，风险评估的关键则是识别出真正的法律风险，并对材料欠缺的风险进行准确把握，最终向客户反馈，实现预期管理。

解锁案件评估报告的制作要点

马海涛

案件评估报告是天同标准化办案流程中的必备文书，其集案件事实梳理、拟定代理思路及其可行性与风险性分析、争议焦点归纳等于一体，可为团队负责人作出下一步的抉择提供客观、可靠的支持。本文旨在结合笔者制作案件评估报告的经历，分享一些自己的心得。

一、制作目的与呈报对象

案件评估是天同标准化办案流程中至关重要的一环，其主要流程包括证据事实的固定、所涉法律问题分析及争议焦点分析等，通过该程序，我们可以预判案件的可能走向与工作量，从而确定案件是否具有代理价值，亦可作为与客户洽谈的依据。案件评估结束后，为固定评估成果，我们通常会将团队的讨论成果形成具有特定格式的书面文件，即案件评估报告。

案件评估报告的撰写，除了固定案件评估成果外，另一个考虑在于使未参与案件评估的同事快速地了解案件的基本事实及团队评估结论，以达到团队内部信息同步的目的。天同采取团队化的办案模式，基于团队内部的分工问题，合伙人很难做到参与团队的每一次案件谈论与评估。鉴于此，为使合伙人快速了解案件情况，做出决策，制作案件评估报告便成为行之有效的手段。此外，对于较为复杂的诉讼案件，天同会充分调动各个分所的资源优势，采取跨地域联合办案的模式，该情形下，先接触案件的团队撰写的案件评估报告便可以作为其他分所同事快速了解案件的依据。

二、前期准备

（一）化繁为简、胸有成竹

案件评估报告在天同41步标准化流程当中，居于第7顺位，尽管在该步骤之前并不要求制作详尽的案件大事记、可视化图表、相关法律法规及案例检索报告，但为保证案件评估的质量及结论的可靠性，尽可能地降低评估偏差，仍需要针对接收的案件资料进行梳理，化繁为简，并向客户核实重要证据及案件事实，在此基础上制作初步的案件大事记及相关图表，并进行初步的法律法规及相关案例检索，对于关键法律问题的认识做到胸有成竹。

（二）各抒己见、充类至尽

上述前期工作完成后便进入案件评估阶段，我们对于案件评估往往会采取“两造对峙”的团队讨论模式。为提高讨论的效率，我们通常采取“罗伯特议事规则”，即由高年级律师负责主持，具体负责案件材料处理的辅庭律师进行案件汇报，然后团队成员轮流发言，发言时首先明确对所讨论问题的立场，然后说明理由，其他人不能打断其发言，团队成员全部表达完意见之后进行充分的辩论与发言。

案件评估的范围应涵盖对证据事实的固定，核心法律问题分析、诉讼代理方案的可行性及风险，该阶段案件评估的立场应坚持可行性与风险并重。对于如何进行案件风险评估，可参阅本书前文《可行性与风险——案件评估的两个基本面向》。

三、主要内容及写作要点

案件评估报告的内容主要分为四个部分，一是案情简介，二是初步法律分析，三是初步分析结论，四是案涉法律法规及相关案例的汇总。对于前三部分，不同的审判程序写作要点不同，二审与再审程序建立在原审判决认定的案件事实及裁判观点的基础之上，相对来讲，其侧重于案件法律问题的分析与论证。一审案件则需要根据请求权基础，从众多繁杂的案件事实中梳理法律要件事实，在此基础上，对案件的争议焦点进行归纳、分析，并得出结论性意见。下文将逐一对评估报告各部分的写作要点进行说明。

（一）案情简介

制作案件评估报告最重要的目的在于为“读者”短时间内了解案件情况提供便利。为达到该目的，案件评估报告就有必要先就基本案情进行简要说明，以使“读者”知道发生了什么事，纷争由何而起及意向委托人的诉讼目的与预期，此乃案件评估的基础。

1. 案件基本情况介绍

对于该部分，首先，需要说明案件的由来及所处阶段。其次，需要梳理当事人的基本情况，明确意向委托人。再次，需要对案件的基本情况进行梳理。不同的审理阶段该部分的写作要点不同，对于处于再审或抗诉阶段的案件，重点在于对原审情况进行梳理，包括一审当事人的诉求、一审法院认定的基本事实、一审法院的主要裁判观点及裁判结果、二审程序中意向委托人为上诉人的需要明确其上诉请求、二审法院另查明的案件事实、二审法院的裁判观点及裁判结果；与再审案件不同，对于一审案件，则需要对案件事实进行全面的梳理，重点突出与当事人请求权基础相关的案件事实，并对关键的证据进行说明；另外，还包括意向委托人陈述的与案件有关的情况及补充的新证据，再审的诉求或心理预期。最后，需要明确我们的代理阶段、目标及建议的代理方案。

2. 完整客观地呈现案件事实

该部分对原审或案件事实的还原必须保证完整、客观、准确，以确保“读者”接收信息的准确性，但完整并不意味着对原审判决或证据材料的简单复制，对于较为复杂的材料需要进行适当的总结与归纳，以使重点更加突出。以建设用地使用权出让合同纠纷为例，案涉合同条款繁杂，但当事人仅对出让土地的条件产生了争议，对其他条款并无异议，那么我们在摘录合同的关键条款时可重点摘录合同中关于土地出让的条件及违约责任的相关约定，对于其他条款，进行简单的概括即可，无需赘述。此外，为辅助“读者”全面了解案件，可在案件评估报告后附上案件大事记。如何制作案件大事记？可参阅本书后文《办案法宝！用好你手中的案件大事记》。

（二）“评”——初步法律分析

1. 可行性论证

案件评估主要是对可能的诉讼策略进行全面的分析探讨，需对团队最终确定的诉讼策略进行详尽的分析与论证，并呈报合伙人。对于再审案件，该部分的写作主要是在原审及当事人补充陈述的基础上，根据《民事诉讼法》第二百条规定的再审事由，对再审中我们拟提出的主张逐一进行分析论证；对于二审案件，该部分主要围绕意向委托人拟提出的上诉请求或答辩理由展开论证；对于一审案件，则主要是将当事人的请求权基础进行拆分，对请求权基础的各个构成要件展开分析论证。该步骤主要是论证拟提出的代理思路及诉讼方案的可行性。

2. 风险披露

“可行性评估与风险评估可谓是硬币的正反两面，可行性的欠缺一般意味着风险的存在。”[①]为使“读者”客观了解案件代理思路的可行性，我们还需要充分披露其可能存在的漏洞及风险。此处所述的风险可以分为两个层次：其一，案件代理方案本身存在的法律风险，其又可以分为法律适用上的风险与证据规则上的风险；其二，案件代理的风险，包括客户的期望值与隐性的代理工作成本。

（1）案件代理方案本身存在的风险

不同程序的案件其风险披露侧重点不同，再审案件已经过法院两次以上审理，当事人可以提交的证据原审中业已提交，案件事实基本可以固定，双方当事人争议不大，即便存在争议，也因举证问题在再审中难以扭转。因此，对于再审案件，其诉讼风险主要在于对法律事实的理解及法律适用问题。此外，再审作为审判监督程序，除非原审判决存在重大错误，导致双方当事人之间的权利义务严重失衡，否则再审法院出于对已生效判决即判力、稳定性的考虑，不会轻易改判。因此，再审案件的风险相对较大，不能简单地将原审法院的论理瑕疵或类案异判作为再审的重点。对于一审案件，由于案件事实不固定，当事人提供的证据材料有限，评估出现偏差的风险较大，鉴于此，对于一审案件的风险披露应更加重视举证风险及对方当事人可能提出的抗辩，对于重要的证据可以在事前与当事人核实，对于不确定的事实可在风险披露部分进行特别说明。

（2）案件代理的风险

案件代理的风险，主要在于识别案件是否存在虚假诉讼的问题，或客户预期过高难以实现等。对于前者，司法行政机关严令禁止律师参与虚假诉讼，我们在案件代理过程中应特别注意当事人诉讼的真实目的，对于存在可能被认定为虚假诉讼的案件，应作特别风险提示。对于后者，若我们经评估后认为客户的预期难以实现，则应披露我们认为的合理区间，以此作为调整客户预期的依据。

---

① 游冕：《可行性与风险——案件评估的两个基本面向》，载微信公众号《天同诉讼圈》2019年6月15日。

此外，该部分的风险披露还应考虑案件的执行问题，应对义务人的履行能力进行初步分析，并给出是否需要进行财产保全的建议。

（三）“估”——初步分析结论

案件评估报告的“估”重在得出初步的结论，包括对案件争议焦点的总结与归纳，团队对争议焦点的结论性认识，以及团队对是否代理本案的建议。

1. 争议焦点的归纳

对于该部分的写作，我们通常会以这样的语句开头，“我们认为，最高人民法院针对本案的再审审查可能主要集中在 × 个焦点”。对于争议焦点的总结，二审及再审案件已经经过法院审理，我们可以通过庭审笔录或判决书了解原审中双方当事人的主张及法院对此的态度，争议焦点较为容易确定。而对于一审案件，由于尚不知晓对方当事人可能提出的证据及抗辩，往往需要通过“两造对峙”的团队讨论模式，模拟庭审，以推测对方可能提出的抗辩事由，以此来确定案件未来可能的争议焦点。

2. 结论严守客观、中立原则

案件评估阶段，对于争议焦点的分析应严守客观原则，排除合伙人或案源推荐人对案件态度的影响，站在居中裁判者的角度进行分析论证。对于争议焦点的分析可以参考判决书中“本院认为部分”的写作思路，鉴于初步法律分析部分已经详细论证了我们的主张，本部分可重点写结论，避免进行反复论证，造成篇幅冗长。此外，需要注意的是，该部分的结论仅仅是根据现有资料得出的初步结论性意见，不宜使用过于绝对性的表述，否则会误导“读者”的判断。

上述案件所涉法律问题、风险及争议焦点分析结束后，我们需要对上述方案是否可以实现我们的代理目标及本案是否具有代理价值做出判断，以供合伙人决策时参考。

（四）辅助性资料

一份有价值的案件评估报告一定是建立在充分、高效的案件评估基础之上的，而案件评估的前提是参与讨论的团队成员已将案件材料全部吃透，并完成案件所涉法律法规及相关案例的检索。因此，案件评估报告中应适当援引我们所检索到的相关法律规定及案例，以支撑我们的分析与论证。对于法律法规或相关案例较多的案件，我们可以制作独立的检索报告作为案件评估报告的附件，以方便“读者”查阅。对于如何做到全面的法律检索，可参阅前文吴陶钧律师文章《你应该建立的法律检索书库，这里都有》《检索效率太低？或许可以试试这个数据库》。

四、小结

团队办案模式下，案件评估报告是团队负责人快速了解案情、案涉核心法律问题及团队评估意见的重要文件。基于该目的，案件评估报告的撰写应尽可能以简洁的语言还原案件事实及原审法院的态度（如有），在此基础上提出团队的代理思路，并客观、中立地分析其可行性及风险。最后，判断当事人的预期及我们的代理目标能否实现，并给出是否建议代理本案及可参考的代理方案。

案件评估的思路拓展与转化

虞震泽

律师在评估案件时，面对众多的案件材料，已有裁判文书的裁判理由部分通常而言无疑是评估阶段关注的重点，往往也是评估思路的切入点。当裁判理由涉及明显法律问题的适用时，似乎就可从裁判理由中直接判断案件的可行性。然而，仅仅识别分析裁判者的裁判观点并不能完全反映案件的全貌，如何从对裁判观点的分析拓宽思路，形成全面体系的案件承办策略，才是律师工作细微之处真章之所在。

评估思路的拓宽一定要以准确识别案件主要问题为基础，通过对主要问题的分析，在思维进路上探寻可行性。如遇阻无法继续前进，则可退而抓住次要问题，如次要问题也难以入手，则需要试图转化与客户诉求相关的分析思路，或有可能涉及请求权基础的变更。上述分析方法最后还需综合考虑客户利益，为客户解决问题寻求最优解，而不宜在法律方法上剑走偏锋，一意孤行。笔者以自己承办评估的一起案件，详细解释上述思维进路之运用方法。

案例：消费者购房人A向房地产企业B购买一处房产，双方签订《购房协议》，并且购房人A依约向B支付了合同约定购房款的40%。但在《购房协议》签订前，B就已经将该房产抵押给金融机构C，目前法院已依据C的申请查封了该房产。购房人A遂向法院提出执行异议，但被法院驳回，理由是购房人A已付购房款未超过合同约定总价款的50%，不符合《最高人民法院关于人民法院办理执行异议和复议案件若干问题的规定》（以下简称《执行异议和复议规定》）第二十九条排除执行的第三项条件。购房人A拟向法院提出执行异议之诉。

一、识别、分析主要问题，绞尽脑汁

毛主席同志曾在其著作《矛盾论》中谈道，“研究任何过程，如果是存在着两个以上矛盾的复杂过程的话，就要用全力找出它的主要矛盾。捉住了这个主要矛盾，一切问题就迎刃而解了”。本案的主要问题可清晰识别于执行异议裁定书之中，即购房人A支付的购房款仅为合同约定总价款的40%，未超过50%，法院适用《执行异议和复议规定》第二十九条是否正确。

从法条的文义解读来看，裁判者对该条的直接适用并无问题。想要进一步理解探寻该条文有三种常见的方法，一是查阅最高人民法院编写的对该条文的理解与适用，探明当时制定该司法解释的背景；二是查询是否有最新的法律规范对此问题作出变更或是新的解释；三是检索现有裁判案例，探寻司法实践中实际的理解与适用。当然查阅理论文章通常也是方法之一，不过该问题的实操性过强，仍应以探寻司法实践为主。

首先，最高人民法院执行局编著的《最高人民法院关于人民法院办理执行异议和复议案件若干问题的规定理解与适用》一书中，明确限定了第二十九条第三项排除执行的条件为“交付了50%以上的购房款”，只要购房人缴纳的购房款超过50%，就应保护。[①]但其并未绝对否认未交付超过50%购房款的购房人不应受到保护，对该理解无法作完全的否定解释。

其次，2019年最高人民法院发布的《全国法院民商事审判工作会议纪要》（以下简称《九民会议纪要》）对该问题有进一步的理解。《九民会议纪要》第一百二十五条第三款规定，“如果商品房消费者支付的价款接近于百分之五十，且已按照合同约定将剩余价款支付给申请执行人或者按照人民法院的要求交付执行的，可以理解为符合该规定的精神”。《九民会议纪要》扩大了

① 参见最高人民法院执行局编著：《最高人民法院关于人民法院办理执行异议和复议案件若干问题的规定理解与适用》，人民法院出版社2015年版，第433页。

对于支付购房款超过50%的适用范围，创设了接近于50%的适用条件，并且增加了购房人交付剩余购房款的要件。最高人民法院民事审判第二庭编著的《〈全国法院民商事审判工作会议纪要〉理解与适用》一书对这一观点进一步作出解释，认为对于《执行异议和复议规定》中价款支付数额不宜作机械的理解，如果支付的价款接近于50%，但买受人按规定或约定交付剩余购房款的，法院还不予支持购房人的主张有失公平。[①]新的问题由此产生，如何判断接近于50%，支付40%是否属于接近于50%的范畴？

最后，为进一步分析实务观点对于“接近于50%”的理解，通过检索裁判案例发现，虽未明确检索到对支付购房款的40%左右能否认定为接近于50%的裁判案例，但在最高人民法院2020年裁判的一起案件中，购房人支付购房款至33.68%未被认定为接近于50%，16%的差距无法被认为是接近。[②]《九民会议纪要》发布施行前，西安中院[③]、惠州中院[④]均不认可购房人支付购房款的40%可以排除执行，由此本案评估的第一处关键要点及风险点就在于论证40%能否解释为接近于50%。但该问题并非涉及法律理论层面，而更多依赖于法官的自由心证，如何寻找更多有利弹药影响法官的自由心证，仍需进一步地挖掘。

二、拓展次要问题，倾筐倒庋

在上述检索购房人交付未达到50%以上购房款，法院仍支持购房人排除执行的案例中，还有一种裁判思路，即购房人对未能继续支付购房款不存在

① 参见最高人民法院民事审判第二庭编著：《〈全国法院民商事审判工作会议纪要〉理解与适用》，人民法院出版社2020年版，第628–629页。

② 参见最高人民法院（2020）最高法民申3105号民事裁定书，来源于裁判文书网。

③ 参见西安市中级人民法院（2019）陕01执异788号执行裁定书，来源于裁判文书网。

④ 参见惠州市中级人民法院（2017）粤13执异155号执行裁定书，来源于裁判文书网。

过错。[①]此种裁判观点进一步扩大解释了《执行异议和复议规定》第二十九条第三项条件的适用，将过错因素纳入排除执行异议的考量范畴，也可尝试作为购房人排除执行的辅助论点。然而，在向购房人A询问其未能支付购房款的原因后，得知暂停支付购房款系由其自主判断决定，故该条进路暂时无法发挥作用。

购房人A未交付至50%以上购房款系既定事实，是否可以绕开这一事实从而进行权利主张呢？《执行异议和复议规定》第二十八条作为一般买受人排除执行的请求权基础，是否可以在本案中得以适用？虽然目前主流观点仍认为一般不动产买受人原则上不能排除抵押权人的执行，[②]但当抵押先于买卖，抵押权人同意出售抵押物的情形下，仍有可能排除抵押权人的执行，例如最高人民法院在（2018）最高法民终490号案中就曾持有此种观点。[③]这也与初步接洽时购房人A称，抵押权人C同意房地产企业B销售已办理抵押登记的案涉房屋，并设立专门监管账户存放购房款的情形相符合，《执行异议和复议规定》第二十八条似乎有适用之可能。但可惜的是，进一步询问购房人A是否在法院查封之前已合法占有该房产，其答复因房屋不具备居住条件，所以并未实际占有房产，该条进路也无法继续前进。

除了排除抵押权人C的执行外，还存在一个延伸的问题，即使排除了C的执行，但是担保合同没有因此被确认无效或撤销，该抵押权并非当然消灭，购房人A是否可以在申请排除执行的同时请求涂销该房产上的抵押权，从而获得无负担的商品房。此处存在两种不同观点：

第一，若认为购房人A不得涂销房产上之抵押权，则抵押权人C在购

---

① 参见最高人民法院（2018）最高法民申4266号、（2019）最高法民申6849号民事裁定书，来源于裁判文书网。

② 具体分析参见曹琳：《关于〈执行异议和复议规定〉第二十八条、第二十九条能否排除担保物权等优先权的法律适用分析》，载微信公众号《天同诉讼圈》2019年11月15日；马骏驰：《执行异议之诉中不动产受让人与优先权人的权利对抗》，载微信公众号《天同诉讼圈》2021年2月26日。

③ 来源于裁判文书网：最高人民法院（2018）最高法民终490号判决书。该部分案例及思路来自天同内训郭遥远律师文章：《执行异议之诉疑难问题解析》。

房人A转让房产后是否可以向受让人再行主张抵押权，从而实现抵押权，但此时抵押权的行使受到房屋权属性质的影响，也会引发抵押权行使期间的疑问。

第二，若认为购房人A可以申请涂销房产上之抵押权，但并无明确抵押权消灭之请求权基础，并且从《执行异议和复议规定》第二十九条保护商品房消费者生存利益的角度出发，对商品房消费者不具有效力的抵押权存在于房产上并不会当然影响消费者的生存权益，仅当消费者处置该房产时才发生效力。

对此，实务界有观点认为商品房消费者能够要求涂销抵押权并办理过户登记。[①]实践中也有法院认为，“第三人同意涉案房屋在抵押状态下销售即意味着其对抵押物丧失了物上追及效力，在抵押物的交换价值实现之后，抵押权的效力仅及于转让所得的价金，而非抵押物本身”[②]。但目前司法实践对此问题并无统一的裁判观点，本文也无意讨论具体观点的对错与否，仅就案件评估思路方法进行阐述。依此，是否能够在执行异议之诉中另行提出涂销抵押权登记的诉请，也是本案评估的重点与风险点之一。

三、转换关联思路，另辟蹊径

依据上述评估思路，购房人A想要排除抵押权人C的执行面临一定的困难，是否可以为购房人寻求其他的救济途径。若请求对房产排除执行不被法院支持，能否就已付购房款对房屋的变价款请求优先受偿，经询问购房人A，其也愿意选择拿回已支付的购房款。此处分析思路的权利客体已发生了变更，

① 参见万强：《执行异议之诉可导致抵押权消灭并涂销》，载《人民法院报》2020年12月3日，第8版。

② 参见北京市朝阳区人民法院（2020）京0105民初52622号民事判决书，来源于裁判文书网。

不再是对原审裁判执行标的的房屋主张权利，而是转变成对房屋变价款主张权利，请求权基础也随之发生相应转变。

但在查阅相关法律规范之后，并未检索到对应的请求权基础。唯在《最高人民法院关于人民法院办理执行异议和复议案件若干问题的规定理解与适用》一书中，在对第二十九条的理解处找到一段如下表述，“在具体执行中……有的消费者可能并不主张排除执行异议，而是主张就其购房款对房屋变价款优先受偿。……我们认为，购房人在本来可以排除执行的情况下，放弃物权期待权，转而就价款优先受偿，有利于执行，应予支持”[①]。从最高人民法院执行局理解的角度看，应当是支持在符合第二十九条规定的排除执行情形下，消费者购房人可以主张价款优先受偿，但就交付购房款未超过50%的情形是否得以适用仍未能明确。

在检索司法案例的过程中，桂林中院在（2019）桂03民初138号[②]案件中就认为，即便购房人支付购房款占已付购房款的50%或以下，为特别保护弱势购房户的生存权亦有必要赋予优先权。抵押权人通过收购债权而获得抵押权，其作为处置不良资产的国有公司所享有的经营权不应优先于公民的生存权。以此确认购房人就商品房变价款享有债权优先权。

由此，通过上述步骤的初步检索，就已付购房款对房屋的变价款请求优先受偿也可成为本案延伸拓展的思路之一，成为帮助购房人A实现权利救济的途径之一。尽管在我们内部讨论的过程中，对此问题仍有持不同意见的观点，主要争议焦点在于购房款的性质能否与《执行异议和复议规定》第二十九条语境下的物权期待权作相同性质认定，以及已支付的购房款是否属于第二十九条所需保护的生存利益，但对空白法律适用的探索自然可列为案件评估的风险，并不妨碍其成为拓展思路的重点解决问题。

---

① 最高人民法院执行局编著：《最高人民法院关于人民法院办理执行异议和复议案件若干问题的规定理解与适用》，人民法院出版社2015年版，第436页。

② 来源于裁判文书网：广西壮族自治区桂林市中级人民法院（2019）桂03民初138号判决书。

四、综合考量客户利益，条理分明

一个案件无论法律关系多么复杂，法律理论多么深邃，律师的工作就是在合法的范围内尽可能帮助客户争取更大的利益，而非在法律研究上炫技。在案件评估阶段，需要对案件整体包括事实及法律问题有大致综合的分析判断，在围绕客户诉求的前提下，准确抓住案件的主要问题，尽可能全面地顾及次要问题，同时适当转化评估思路，最后综合形成体系化的案件初步评估方案。基于案件的可行性，明确地向客户阐述诉讼方案，提示相应的风险，毕竟案件评估的两个基本面还是需要立足于可行性与风险。[①]

以上述案件为例，客户诉求明确，要么排除执行，要么拿回购房款，因此，两条思维进路均可使用。一方面，在“要房”排除执行的思路下，论证40%接近于50%无疑是主要问题，但是进一步深入挖掘房地产企业B对于购房人A未能支付购房款是否具有过错，案涉房屋对于购房人A生存利益保护的重要性，帮助购房人涂销房产上的抵押权，都是该思维进路下最大化客户利益所需思考的次要问题；另一方面，在“要钱”优先受偿的思路下，难度无疑更大，如何配合“要房”思路，怎样提出诉讼/参与分配请求，何时提出，如何避免执行异议之诉中裁判观点的不利影响，同样也是该思维进路中值得进一步深入思考的次要问题。

总而言之，案件评估思路的拓展或转化，仍需结合客户的具体诉求进行，有时会出现矛盾的诉讼策略“二选一”“多选一”的情形，在研究清晰案件事实与法律问题，充分提示诉讼风险，全面考虑客户利益之后，尊重客户的选择，形成体系自洽的诉讼方案，才能在具体案件承办过程中做到提纲挈领、有的放矢。

---

① 参见游冕:《可行性与风险——案件评估的两个基本面向》，载微信公众号《天同诉讼圈》2019年6月15日。

CHAPTER III

第三章
会见客户篇

律师与客户首次正式会谈的Q&A

晋威 杜欣

在复杂的民商事诉讼案件中，律师与客户进行会谈有着重要意义，尤其是首次正式会谈，不仅在很大程度上影响客户的委托决定，还会左右律师对于案件风险、代理思路预判的准确性。在天同41步标准化办案流程中，与客户的首次正式会谈是律师前期工作中的关键环节。那么，律师应该如何利用好首次正式会谈，在提高案件签约率的同时控制案件风险呢？下面，笔者结合自身的相关经历，以问答形式浅谈一下对于案件会谈的心得体会。

Q：为什么要进行案件会谈？

A：在案情烦琐、法律关系复杂、涉案金额较高等类型的案件中，客户会谈十分必要。首先，对客户而言，针对上述案件其对于律师选聘往往十分谨慎，“货比三家”的情况时有发生。而一次成功的客户会谈不仅可以充分地向客户展示专业水平，且便于深入地洽谈代理事宜，更有利于促成目标案件的签约。其次，对律师而言，这类案件中客户的诉讼目标、代理思路、法律风险常常难以确定，需要通过与客户面对面地交流与观察，更为全面地把握案件全貌，了解客户需求，评估和把控诉讼风险。因此，律师对于自己所认为的重要案件，特别是客户委托意向尚不明确的案件，建议尽可能在接触案件初期与客户进行一次正式会谈。需要注意的是，并非所有的案件都必须进行客户会谈，对于一些案情清楚、客户诉求明确抑或法律关系简单的案件，律师可以通过电话、邮件等方式更为高效、便捷地处理案件，以提升工作效率。

Q：案件会谈的主要内容包括哪些?

A：对律师而言，案件会谈的首要目的在于取得客户的案件委托，同时需要通过案件会谈明确客户的诉讼目标、评估案件代理风险、合理调整当事人预期以及确定案件报价方案。基于此，案件会谈的内容具体应当包括：1.介绍律所及案件承办团队，阐明在专业领域的业绩及案件承办的优势；2.汇报案件的初步分析意见，包括案件的背景调查、基本事实、法律适用及风险提示等内容；3.向客户核实重点案件事实；4.询问客户预期诉讼目标；5.提出报价方案。

Q：案件会谈前应当做哪些准备工作?

A：1.背景调查。充分地了解客户是建立客户对律师信任的第一步。因此，在案件会谈前，我们建议律师对客户的行业背景、经营状况等信息进行检索，以便更好地把握客户的切实需求。另外，对案件所涉及的其他当事人、关联案件等背景信息也需进行充分的调查，从而向客户提供更全面的法律方案。

2.案件汇报材料。第一次与客户进行案件会谈时，我们建议律师的案件汇报结合PPT演示的方式进行，这一方面体现了律师对客户案件的重视，另一方面也便于客户充分理解律师的汇报内容。

3.重点问题清单。一般情况下，律师在前期接触案件时了解的事实有限，但一些重要事实往往影响着整个案件的走向。为了在准确地评估案件的同时提高会谈效率，我们建议律师在会谈前准备一份重点问题清单，在会谈中向客户进行核实。需要注意的是，一些细枝末节的问题应当略去。

4. 报价方案。与客户的前期会谈中，经常遇到来访的客户代表并无决策权，委托决定需由其上级领导作出的情况。因此，一份正式的报价方案，既有利于促进客户代表的汇报工作，又彰显了律师工作的严谨与专业。

5. 必要的商务礼仪。律师第一次与客户正式会谈，应当着正装出席，准备好名片以及此前整理的案件卷宗，并尽量不要携带手机参会。另外，合适的欢迎标语、温热的茶水等提升客户体验感的细节，均有助于会谈的顺利进行，帮助律师获得客户委托。

Q：案件汇报PPT的制作，需要注意什么？

A：PPT作为案件会谈中律师汇报的重要载体，其核心作用在于：让客户更为充分、全面地理解律师的分析意见，提升汇报效率、降低双方的沟通成本。基于此，律师在制作PPT时，在形式上应当力求简洁，一切以便于客户理解为核心；而在内容上，应当尽可能全面与深入，以保证律师向客户进行法律汇报的广度和深度。具体如下：

1. 在文字表述方式上，应当尽可能简明扼要，例如对于案涉主体、法院等表述均应采用简称，法律条文、案例的引用截取核心内容即可，标题不宜超过三级等，以减少客户阅读PPT所费精力，使其能将注意力放在律师的案件分析上。

2. 在展示形式上，如果所要汇报的法律事实、法律关系等内容较为复杂，可结合时间轴、关系图、表格等可视化形式向客户进行展示，以便于客户理解。

3. 在汇报内容的选取上，律师可以根据来访客户的身份对PPT进行相应的调整。如客户系相关法律事务的具体经办人员，对于案件事实往往已经比较清楚，则无需在事实梳理上花费过多时间。如果客户系公司领导，对相关事实不够清楚，则律师可以先在较短的时间内向客户简要地介绍案件事实。

4. 在汇报体例的选择上，需要结合案件所处的诉讼阶段、客户的诉讼地位以及案件的特殊性予以确定。一般而言，对于一审案件，律师首先需要根据客户提供的材料梳理案件的法律事实，明确各方的法律关系以及对应的权利义务，如果客户是原告一方，应当将重点放在诉讼策略的分析、诉求的确定等方面；如果客户是被告一方，则需要分析原告的诉讼请求是否合法有据以及相对应的诉讼策略。对于二审及再审案件，如果客户是上诉或再审申请一方，律师需要对原审法院裁判思路、客户败诉原因进行分析，同时对于上诉或再审突破点进行重点分析，向客户充分揭示上诉或再审的可行性以及存在的风险；如果客户是被上诉或被申请一方，律师同样需要对原审裁判的合理性及风险性进行分析，同时，结合对方的上诉或再审请求及理由，向客户阐述应对策略。

Q：如何在案件汇报中取得良好的效果？

A：当面向客户进行案件汇报，是前期磋商中律师直接向客户展示专业能力的最佳机会，是对律师综合能力的一次挑战。为了取得良好的汇报效果，律师应当注意以下几点：

1. 充分熟悉汇报内容，对于重要的案件事实、核心的法律问题应当熟练记忆，尽可能在脱稿或半脱稿的状态下完成汇报。一方面，这有利于给客户留下律师十分重视案件、准备充足的良好印象；另一方面，有利于律师充分观察客户在汇报过程中的反应，便于律师掌握客户所关注的重点。

2. 注意根据客户的身份调整表达方式，如果客户系非法律人员，律师的汇报中应当尽量避免使用过于专业的法律术语，对于一些较难理解的概念，可以适当予以解释；而对于一些复杂的程序性问题，亦可以图表的方式予以展示。

3. 汇报应当以已经掌握的事实为基础展开，避免脱离案件材料做过多的假设。一些案件中，律师为了尽可能多地向客户提供诉讼方案，可能会假设一些情形进行分析。但是，由于客户对于法律事实认知与作为专业法律人的律师往往存在偏差，加之客户在诉讼中都存在一定的趋利避害属性，可能会按照律师的有利假设作出一些与事实不符的陈述，进而导致律师对案件风险作出不准确的评估。

4.汇报应当做到详略得当，重点突出。对于案件事实、原审观点等内容，律师不宜做过多阐述。但是对于核心争议焦点所涉及的法律问题以及对应策略，应当从法律法规、类似判例、权威观点等多角度进行分析，尽可能做到全面、深入。如前所述，虽然汇报的程度过深会带来一定的风险，但我们相信更多的客户会因为律师对案件准备得充分而认可其专业性，进而选择建立委托关系。

5.汇报应当注意分寸，不轻易下论断。在第一次客户会谈时，律师一般并未掌握全部案件事实，因此，在律师与客户会谈中，我们建议律师谨言慎行，下结论前需有充足的依据，在没有完全把握的情况下，不要下过于确定的结论。

Q：汇报后的客户沟通，律师需要注意什么？

A：在律师完成案件汇报后，可以就案件的一些问题与客户进行沟通，此时律师需要注意两点：一是掌控节奏，高效地引导客户回答相关问题；二是合理调整客户对案件的预期。

首先，律师必须掌握与客户沟通的节奏，这是因为客户对案件事实的阐述往往会比较具体，事无巨细，不利于律师进行提炼。这就需要律师结合事先准备的问题清单，引导客户对律师所关注的问题进行回答。

其次，律师需要合理调整客户对案件的预期。我们就曾遇到不少客户对于案件盲目自信，或者要求律师对案件作出一些不切实际的承诺。对此，律师坚持自己对于案件的专业判断，通过全面、细致地分析，引导客户客观地评估案件，对案件结果有一个良性的预期。

Q：完成案件会谈后，还有哪些后续工作?

A：1. 客户会谈完成后，律师团队应当立即组织复盘，对于会谈中掌握的客户诉求及关注点、案件关键事实、诉讼风险等问题进行梳理，同时对会谈中表现的不足予以总结，以便于后续工作的开展。

2. 会谈过程中，应当安排一名律师助理负责会议记录，并在会谈结束后的第一时间形成会议纪要，对律师的汇报内容、双方的沟通情况等内容予以整理并在会谈当天发送给客户。

3. 根据会谈的情况，决定是否发送工作计划、补充资料及问题清单、法律分析意见等书面文件。

一次成功的客户会谈，往往会搭起客户与律师合作的桥梁，成为客户委案工作良好的开端。但客户会谈的内容因个案的不同涉及面甚广，远非本文可以完全涵盖，笔者希望借由以上心得体会，为律师同仁在客户会谈中带来一些思考或帮助，也期待律师同仁就此提供更多的经验分享。

如何与客户沟通——决定律师工作质量的重要因素

康 健

律师是为当事人提供法律服务的执业人员，这是《律师法》的定义。既然是“法律服务”，那么在扎实的法律功底、优秀的专业素养之上，与客户沟通也是非常重要的环节。在竞争日趋激烈的法律服务界，律师不仅要通过沟通去了解案情、核查细节以至把握客户的真正目的，安抚客户的情绪、取得客户的信任和支持乃至让客户真正感受到其支出的律师费物超所值，也是非常重要的技能。毕竟，法律是处理人与人关系的行业。借此机会，与大家分享一些在办案过程中的经验和教训，不成体系，只期有所启发。

一、与客户的口头沟通——独立的专业顾问

无论是诉讼还是非诉律师，都会遇到大量与客户口头沟通的场合。从签约前的首次接触客户起，直至持续提供法律服务过程中，客户往往会对律师大量发问，其中也会包括很多与案件本身无关的问题。很多年轻律师或律师助理怯于发表意见，一味地推给合伙人或者高年级律师；或者顾虑过多，不敢正面给出回应。下面就谈谈笔者认为在与客户口头沟通中最核心的四个要素。

1. 独立的专业顾问

首先，律师不应拒绝回答或者回避问题，否则会徒增客户的忧虑或怀

疑。我们首先应该有“我是专业人士，在这个问题上我的意见就是权威的意见”这样的自信和气魄。而支撑起这种自信的是律师应具有的扎实法律功底和优秀逻辑思维能力，以及在同类法律事务中积累的经验，不能给出违反法律规定或基本法理常识的意见。这是所有律师的职业基础，自不待言。

其次，应该熟悉并使用该领域、行业的惯用商业概念。行内人说行内话，律师不应是两耳不闻窗外事的“法匠”。譬如代理一宗与资管计划有关的案件，尽管笔者并非资本市场的专业交易律师，但必须对这种交易模式常用的架构、术语以及行业惯例有充分的学识和了解。互联网时代是一个信息爆炸的时代，如何有效地吸纳并整理所需要的信息，决定了律师在与人谈话时给人的“专业感”。这也取决于律师私下的积累和学习。“专业”之体现，不仅在于法律，也在于行业。

再次，在确保自己采用准确的法律术语的前提下，采用多种方式让客户能够明白律师的意思。简而言之，就是“说人话”。好比你的医生一直跟你讲各种医学术语，你的投资顾问满嘴瀑布式分配法、美元全球波动走势，你不会觉得他们是一个好“顾问”，其实你只想知道这个病严不严重，你不能吃什么，或者这个理财产品收益率多少，怎么退出等。“顾问”的一大特征，就是让非专业领域的人士能够准确理解专业事务。

最后，在并非自己执业的领域问题上坦然地告知客户，并采用多种方式最终帮助到客户。比如在与客户出差的路途中，客户有时会问笔者婚姻家庭或者刑事方面的问题，那么笔者首先会坦然告知该领域并非自己的执业领域，给出的意见不是专业意见。其次，可以先运用笔者的法律常识尝试解答客户的问题并给出大致的理解。如果客户仍需要进一步的详细信息，笔者随后会进行详细研究，并根据情况向客户推荐该领域的专业人士。

2.控制谈话节奏

在与客户的沟通中如何控制谈话节奏决定了在律师有限的时间内如何高效地获取信息。需要寻找律师的客户，往往面临着现实性的危机或者诉讼压迫，不可避免地会有倾诉欲望。一些自然人客户可能还会词不达意，逻辑混乱。放任客户倾诉，对推进代理工作并无裨益。在充分给予客户尊重的前提下，应由律师来控制谈话的主题和进展。

笔者在接待客户时一般会让客户先介绍其面临的问题，让客户有机会先“一吐为快”，笔者也可以借此了解客户的核心诉求。随后，会适时地引导客户对案件的背景和基本事实进行阐述，这期间我会根据客户之前提出的其面临的问题，整理出解决客户问题所需关注的核心法律关系和事实。比如，客户希望的是合同相对方进行赔偿，那么笔者所要了解的核心点就可以拆解成：（1）合同相对方是否负有特定义务；（2）合同相对方是否违反了该等义务并给客户造成了损害；（3）合同相对方是否有抗辩事由；（4）损害的计算依据。其后，笔者会引导客户去阐述上述要素的事实依据，例如具体签订的合同及内容、双方履行合同的情况、对方具体的违约行为、我方怎么进行的交涉、我方有没有损害的计算依据等。采用以时间轴为基础、以问答为形式的方式，可以有效地发掘出案件的框架和疑点。随后，应明确指出前述沟通中的疑点和重要细节，与客户就此进行讨论。

3. 确保沟通前对案件细节的了解

在与客户当面沟通前，律师应充分熟悉案件的材料乃至每个细节。客户是案件的切身利害者，对案件的材料和交易细节（尤其是二审、再审的案件）是无比熟悉的。律师如果对案件材料，尤其是合同约定、付款情况、时间先后等不够熟悉就去与客户沟通，会给客户带来疑虑和不信任感。笔者的经验是，在与客户沟通前充分地梳理案件事实，采用案件大事记和关键事实时间轴的方式来构建案件细节。大事记根据不同情况可简可繁，而关键事实时间轴可以充分展示各个主体之间的法律关系变化、权利义务变化。携带这两份图表与客户会谈，会极大地提高会谈效率，也会给予客户充分的信心。

4. 给予客户安全感

之前看过一个开玩笑的段子——要像对待女朋友一样对待客户，给予其充分的安全感。事实上，给予客户安全感，是律师服务的一项非常重要的要素。人的不安全感往往来源于“信息中断”，想象你的恋人常常夜里不回家，微信不回、电话打不通，这时你的脑海中势必在上演着越来越悲观离谱的画面情节。相比于夜晚焦虑的恋人，客户的处境往往更值得他们提心吊胆——他们往往身处现实性的危机或者诉讼压迫之中——资产被查封、债主咄咄逼人，抑或是公司资金链断裂、多年苦心经营的企业要落入他人之手。因此，无论是什么时候，律师都应该尽力回答客户的问题，采用多种方式安抚客户。

如果说随时的口头沟通所给予客户的安全感像是随时保持联系的恋人，是一种被动的回应，那么与客户的书面沟通就是主动向恋人发送的情书。下面谈一谈采用律师工作报告等书面文件方式与客户进行沟通。

二、写给客户的文件——以读者为导向

与起诉状、代理意见等写给同为法律专业人士的法官的法律文件不同，律师工作报告及其他向客户发送的文书（例如包含报价、初步法律分析等的呈报文件等）应该是货真价实的商务文书，要充分以读者为导向。律师工作报告并非我们律师炫耀法律知识、罗列复杂的法律概念以及纷繁的诉讼技巧的舞台。以读者为导向决定了商务文件要聚焦于客户的商业需求，结构上应简洁明了、直击要点，并且采用一个没有受过专业法律训练的人也能够读懂的语句。

首先，律师工作报告等商务文件的价值体现在多个方面。

1.让客户知晓案件的进展、情况

现在的诉讼中，律师一般都是法律文件的受送达人，也往往是法院的联系对象。与之相对，作为当事人的客户则置身于诉讼程序之外，不直接了解诉讼进程、接收信息或参加庭审。如果律师再不能时常、有效地向客户传递信息，客户势必产生置身事外之感，对案件产生焦虑情绪及不安全感。

定期向客户发送的律师工作报告（或者符合律师行为习惯的其他类似文书）是一项有用的让客户与律师置身于同一平台的工具。天同在与客户正式签约之前，会向客户发送工作联系函，以向客户简述案件，或核实信息，或请求补充资料，或提出初步的法律分析意见、委托代理方案等。在签约之后，则会定期、定阶段发送律师工作报告，向客户汇报该阶段的案件进展信息以及律师工作内容，以及下一步将要进行的工作，给予客户充分的预期。

2. 体现律师的工作成果

前面说到，客户并不直接参与到诉讼进程中，因此无法直观地了解律师对案件进行了多少研究、查阅了多少案例、与法官进行了多少沟通。有时律师做了大量工作，但并不直接体现在最后的法律文书中。譬如笔者曾经代理一个案件，在管辖权异议阶段我们进行了大量的研究，参加了法院的谈话，向合议庭提交了多份说明、解释等。最后管辖权异议申请被撤回，如果只看最终的法律文书，那律师在这一两个月中的工作是不会体现出来的。律师工作报告可以让客户直接了解这一阶段律师所做的大量工作，明白律师费花在了什么地方。

3. 提示风险

案件推进过程中会遇到各类风险，比如对我方不利的证据、选择某种诉讼策略所隐含的风险等，在律师工作报告中向客户提前披露这些风险，有助于帮助客户形成心理预期，也是律师对客户负责的体现。

4. 方便客户公司的内部汇报

即使第一手收文对象是公司里的法务人员，他们也往往并非这些文书的终端读者——他们需要凭借这些文书向他们的上级，往往是公司的高管或者董事，进行汇报。这也体现了律师工作报告的另一个价值：我们客户的法务人员经常需要向他们的上级汇报案件进展情况，而一份好的律师工作报告则可以令他们轻松完成这项任务。

其次，在撰写律师工作报告等商务文件时，应注意三个层次：

其一，它的语言应该是严谨的、准确的。例如，在多次采用的缩写词首次出现时进行准确的全称书写，并进行缩写词定义，其后便采用这样的缩写词。而缩写时，根据其他近似词语的情况选择缩写要点。比如，如果本文只涉及“天同银行股份有限公司深圳分行”，那么缩写成“天同银行”便是简明有效的方法，而如果还有“天同南京分行”“天同重庆分行”，那么分别缩写成“天同深圳”“天同南京”等则方便读者阅读。在对法律专业事项，例如诉讼程序的安排、各方的法律关系、合同的定性等概念进行阐述时，律师工作报告不能前后不一致或者犯基本的法律错误。

其二，它应该具备商务人士所关注的信息。大部分客户不会在乎侵权行为的四个要件或者三个阶段理论，也不会关注每一份证据的三性如何、证明力如何。反之，希望快速解决战斗的客户（往往是原告或上诉人）会关心保全推进的情况、开庭的安排以及庭审后的合议进度；债务人会更关心他是否要承担高昂的逾期利息或者违约金；正在上市阶段的企业会在意诉讼会不会对其上市产生影响；而在行政诉讼案件中，比起免除罚金，有的企业更看重撤销行政处罚的名义（例如被认定为“偷税”）。那么，在写给这些客户的文书中，就需要回应客户所关注的这些问题。例如，在金融借款类纠纷中，银行客户往往关心如何能快速向客户汇报提交保全申请的情况，与法官就保全范围、标的所做的沟通，以及下一步何时能完成保全措施。那个商务文件就应着重聚焦于各种保全的方案优劣、如何快速推进保全以及完成保全措施、取得胜诉判决后如何尽快执行等内容。

其三，它应该简洁易读，并且符合商业交流习惯。简洁易读意味着应该直接向客户给出相关的结论，而不是长篇累赘地阐述得出这个结论的过程；同时律师的意见应该是结论性的，而不是模棱两可、左右皆成。在内部评估案件时，律师当然要充分讨论各种不同的理解或者解释空间，但呈现给客户的，应是具有明确结论的意见，否则会令客户摸不着头脑。符合商业交流习惯则要求律师多阅读其他类型的商务文件，比如公司年报、招股说明书、商业信函等，从中掌握商务交流的惯用词和搭配语句。

我们常常在律政剧或者其他电视剧中看到这样的情节：主角或者反派潇洒地丢下一句话“和我的律师去谈吧”，然后扬长而去。这句话背后律师的形象暗含着：冷静、专业，作为客户的代理人为客户的利益而行动，让人绝对信任。而这样的形象建立，离不开律师的专业素养以及时刻为客户利益着想的工作方式。与客户沟通是这种工作方式的重要组成部分，而又与法律技能不同，难以用知识学习的方法短时间内快速掌握，只有在日常积累中逐渐总结、体会。这是笔者的一些浅薄理解，希望能对大家有所裨益。

制作会谈笔录六步法

蒋　帅

一般情况下，我们在接案前或办案过程中均会与当事人就案件事实进行沟通，以便详细了解案情，进而确定代理方案。在实践过程中，这种沟通有时仅限于语言交流，以书面形式记录并不普遍，这种没有痕迹的“无纸化”办公显然无法满足后续工作的要求。另外，在没有做前期准备的情况下，律师对于案件事实的询问缺乏系统性，提问基本靠经验，时常在当事人介绍完案件背景后便草草结束，会谈之后还需要多次联系当事人询问案件情况，给当事人亦带来不必要的负担。

为了提升办案效率和客户体验，笔者建议在与客户对于案件事实进行详细沟通时应当制作会谈笔录，必要时可以向客户确认记录的内容。

一、为什么制作会谈笔录

（一）对律师：保证承办案件接收到的事实信息真实准确，避免代理工作出现失误

律师的代理工作均基于对案件事实的充分了解，在掌握案件事实的前提下对案情进行分析，从而确定代理思路，如在和当事人沟通时未将案件信息固定，不排除案件信息在以下情况下出现内容失真，从而直接影响代理效果。

1.案件信息量巨大，待证细节较多

有些案件时间跨度大，重要事件较多，如《甄嬛传》的宏大背景和错综复杂的人物关系，如果在当事人陈述时没有进行书面记录，代理律师可能在会谈后想不起那些“重要集数”，导致在代理过程中遗漏关键细节，从而对案件作出错误判断。

2.案件参与人数较多，案件事实仅通过口头告知

复杂案件需要律所倾注大量的人力精力，参与人数较多，甚至组成律师团队进行服务，如没有对于当事人陈述案情的书面记录，团队内部的案件交流只有沟通靠吼，比画靠手了，在这种方式下，极有可能存在传递不准确的情况，参与案件的人数越多，出现误传的风险就越大，最终李逵变李鬼。

在以上案件事实可能失真的情况下，代理工作的质量难以保证，甚至影响到最终的代理结果。

（二）对团队：保持信息对称，提高工作效率

律师团队承办案件时，一般会指定一名至两名律师作为与客户的主要对接人，以保持信息入口和出口的统一。利用会谈笔录将信息进行固定，可以最大限度地保持律师团队成员之间的信息对称，减少团队内部的沟通成本，提高工作效率。

（三）对客户：我们最后的宠爱就是让客户“手放开”

会谈笔录将避免不同律师重复向客户求证相同或类似的案件事实，在事实沟通方面做到藕断丝不连，使客户在案件中投入最小的精力，最大限度减少客户方的负担，提升客户体验。

二、制作会谈笔录的六个步骤

笔者认为，虽然会谈的主要部分系由当事人进行陈述，但为了更加贴近法律事实，整个会谈过程应当由律师进行适当的引导，或者在当事人介绍完整事件后由律师对于待落实的细节以提问的方式进行核实。

此外，会谈不仅是我们向客户了解案件信息的渠道，也是我们向客户反馈初步代理思路的途径。因此，会谈绝不仅仅是“临时起意”的询问，而应当是“处心积虑”的设计。

在会谈前，律师应当做好充分的准备工作。笔者认为，制作一份会谈笔录，至少应当做好以下几个方面。

（一）案件框架的构建

在阅读完当事人提供的初步资料后，承办律师应当基于现有资料对案件事实进行梳理。这个阶段的工作不仅包含梳理案件的时间顺序、人物关系，还需要根据以上信息确定案件的基础法律关系以及制定潜在可供选择的代理思路。

（二）思路要点的整理

由于在此阶段案件部分事实尚有待发掘，因此可能会存在多种代理思路，律师需要在会谈时对每个代理思路的关键点针对性地提问。在会谈前，律师可以用思维导图或类似形式针对每项代理思路的关键点进行梳理、罗列，根据选择的提问逻辑安排具体问题的顺序，从而把握会谈节奏，有的放矢。

（三）提问逻辑的确定

由于每个当事人对于法律的知晓和理解程度不同，我们可以根据当事人的特点，选择不同的逻辑顺序进行提问。

1. 逻辑线条顺序

如果负责对接的客户代表系企业法务工作人员或具有一定法律专业知识的当事人，代理律师可以按照梳理的法律逻辑顺序提问，在每个问题提出时阐述不同的案件事实可能导致的案件走向，及其产生的不同的法律后果。通过问题的设计展现律师的代理思路，亦可以让当事人感受到律师的专业性以及代理前期的工作成果。

2. 事件时间顺序

如果负责对接的客户代表并非专业的法律工作人员，我们可以将问题按照事件发生的时间顺序进行设计。一方面，时间顺序是在生活中运用最普遍的叙事方式，当事人最为容易接受；另一方面，我们采用时间顺序提问，也可以起到帮助当事人回忆案情的作用，避免问题的碎片化，能够让事件展现得更为完整。

3. 主体关联顺序

如果案件牵涉的人物较多，主体关系错综复杂，我们可以选取以主体为中心，将案件事实以实施主体作为标准进行划分，按照主体关联顺序设计问题，对于每个主体实施的法律行为逐一提问及分析，进而就待核实的案情查漏补缺。

（四）法律语言的转化

我们使用的法律语言一般较为抽象，在与客户沟通时，我们应当注意将专业的法律语言转化为日常用语，尤其是在向客户提问时，使用晦涩的法律语言往往让客户无法清楚明白地回答我们提出的问题，有时甚至答非所问。这时就需要我们将专业的法律语言转化为日常的交流语言进行表达。例如在买卖合同案件中，当律师询问负责供货的当事人是否对付款进行过催告，当事人可能不明白“催告”具体的法律含义，这时如果将问题转化为当事人是否用电话、微信或者类似的方式追要过货款，对当事人而言，后者的询问方式显然要比前者更易于理解，且给出的答案也会更加明确。而在后续进行案件分析时则需要将客户的回复提炼成法律语言，判断是否符合某种法律行为的构成要件。

（五）会谈信息的罗列

我们在制作会谈笔录时应当记录每次会谈的时间及参与人。对于较为复杂的案件，在承办过程中，我们一般会多次与客户进行沟通，由于每次与我们对接的客户代表可能不同，不同代表由于信息不对称，不排除阐述案情存在出入的情况，在如实记录每位客户代表的叙述后，我们需要罗列出存疑或描述不一致的地方进一步核实。在时间跨度较长的案件中，通过会谈笔录，代理律师也可以从中梳理出本案代理思路的转换过程，从而快速回顾选择最终代理方案的原因。此外，每次会谈记录亦可体现律师的工作成果，并纳入提交给客户的结案报告。

（六）会谈内容的确定

由于当事人叙述案件情况时可能存在口误，以及记录人员在会谈时可能存在误记、漏记的现象，因此，在会谈结束后，如有必要，可以要求当事人浏览会谈笔录，对于记录人员无法确定的内容进行核实，以保证笔录内容的完整性和准确性，为之后的代理工作奠定基础。

三、结语

会谈笔录看起来只是漫长代理程序中的一个小步骤，但却凝结着律师大量的工作成果。会谈往往很快就会结束，但是一份合格的会谈笔录将贯穿代理始终。

如何签订“双赢”的委托代理协议

何雅婷

在委托人与律师达成代理意向后，委托人会与律所签订一份委托代理协议。[①]实践中，委托代理协议通常为格式合同，条款简单，较少考虑个案因素，由此引发的争议亦不鲜见。笔者根据自身签订委托代理协议的经验，结合相关规定和案例，就委托代理协议的签订事项提出如下建议，供读者参考。

一、及时签订协议，固定前期服务内容

一般而言，律师系在委托代理协议签订后方提供法律服务。但在极少数情况下，或因委托事项紧急，或因委托人内部审批流程长等原因，律师可能在合同尚未签订时就已提供服务，甚至完成了代理出庭等主要服务事项。

对委托人而言，如果事先合意全风险收费，律所在事后未能实现委托人诉讼目标却主张收取固定费用，而委托人又无法举证此前收费合意的，不排除法院支持律所主张的可能。而在委托多起案件的情况下，是否每一个案件均需支付律师费也可能发生争议。例如在（2017）苏0583民初6113号[②]案中，委托人主张委托律所代理三起案件，双方口头合意就第三起案件不收费。但法院认为，双方实际确存在委托代理合同关系，委托人理应支付律师费用。

① 本文仅限讨论民商事诉讼代理情形。

② 来源于裁判文书网：江苏省昆山市人民法院（2017）苏0583民初6113号判决书。

委托人未能举证双方曾经达成不收费的合意，结合双方未签订的合同中的相关修订痕迹可证明双方曾就委托代理事项进行协商，对委托人的主张不予采信，最后判令委托人参照当地律师服务收费标准中涉及财产民事案件最低值支付律师费。

对律所而言，委托人事后不签订协议，律所将面临法律服务关系和律师费数额无法充分举证的风险。例如在（2019）苏0312民初11760号[①]案中，律所主张“情况紧急、当事人处于破产边缘”而未签订协议，并提供了九份裁判文书证明其已指派律师作为委托人的代理人参与了相关诉讼，要求委托人偿付律师费。但法院认为，律所收取律师费应当遵循公开公平、自愿有偿、诚实信用的原则，严格履行委托代理手续，及时签订法律服务合同，明确个案收费标准或数额。在长达一年多的时间内，律所都没有签订书面合同，无法确认律师费是否收取或收取多少，也没有任何的收费说明，与其作为律所的诚实信用、严密审慎、尽职尽责的律师职业规范不符，因此不予认同其主张。

因此，笔者建议，在确因客观原因导致无法及时签订协议时，律师可先行向委托人发送代理费方案的邮件，请委托人就邮件内容确认回复，委托人也可以在回邮中明确付款条件等核心条款，降低未来发生争议时的举证风险。

另外，如律所在签订协议前已为委托人提供服务的，建议双方在协议中明确前期服务是否构成协议中对价的一部分。对委托人而言，避免事后律所主张前期服务需另行付费而陷入争议；对律所而言，也可以减轻事后主张前期服务律师费的举证责任。例如在（2019）粤01民终24576号[②]案中，律所提供邮件证明已提供服务，但委托人主张其中两份邮件发送于协议签订前，律师提供的前期工作不产生费用。而在（2016）苏05民终10343号[③]案中，协议中明确约定该协议系事后补签，协议内容对律所在签订协议前提供的法律服务事项进行了详细列举和确认，法院据此认为律所已经完成合同义务。

---

① 来源于裁判文书网：江苏省徐州市铜山区人民法院（2019）苏0312民初11760号判决书。

② 来源于裁判文书网：广东省广州市中级人民法院（2019）粤01民终24576号判决书。

③ 来源于裁判文书网：江苏省苏州市中级人民法院（2016）苏05民终10343号判决书。

二、明确委托代理范围、服务期限、服务内容、授权范围

如代理案件一审、二审的，常见的委托代理范围会表述为“代理范围为一审、二审（如有）程序”。笔者建议，除正向表述外，再通过反向表述以强化代理范围的准确性，例如增加约定“不包括执行程序以及本案生效裁判作出后，当事人或者案外人可能另行提起的第三人撤销之诉、审判监督程序、检察监督程序或者申诉程序等”。在代理范围确定后，服务期限即可确定，例如代理一审、二审程序的，服务期限可约定为“收到一审判决书或者二审判决书（如有二审）/驳回起诉裁定/准许撤诉裁定/调解协议或者调解书/和解协议之日”。

实践中关于代理范围的约定更加值得注意的是“反诉”：协议未明确代理范围包括反诉，委托人“本以为包括”，但律所提出“就反诉另行协商收费”时却苦于无明确约定而陷于尴尬境地。或者代理协议虽约定代理范围包括反诉，但是并未具体区分反诉和本诉的律师费或者未明确约定反诉不再另行收费：在反诉未发生的情况下，委托人可能主张律师费包含本诉、反诉，既然律所未就反诉提供服务，就应退回部分律师费。在反诉发生的情况下，律所可能主张因代理协议未明确约定反诉的收费标准，因此发生反诉后应视反诉具体情况收费。

笔者认为，反诉属于独立于本诉的诉讼，建议签订协议时明确代理范围是否包括反诉情形。而在反诉远比本诉复杂、疑难的情形下，如果一并代理反诉，确实可能大幅增加律所的工作成本。因此，律所应当在和委托人磋商之初就对案件做好充分评估，如果因案件材料掌握不足等原因确无法对可能的反诉做出准确评估的，明确出现反诉情形另行就收费问题进行磋商并就反诉案件签订新协议（或者约定反诉标的额超过本诉标的额的部分另行收费等），避免后续出现争议。如双方已经明确约定就反诉不另行收费的，律所仅凭反诉情形大幅增加工作成本主张就反诉另行收费的，难以得到法院支

持。例如在（2019）沪02民终1336号[①]案中，律所与委托人约定代理范围包括“反诉应诉”，同时约定“不收取反诉应诉代理费”。但后续律所主张就反诉另行收费，二审法院认为，“律所作为专业团队，与委托人前期沟通中也明知所代理案件会出现反诉情形，仍作上述约定，应承担相应的法律后果”，并驳回律所的诉请。

对于服务内容，在委托代理协议中常让委托人与律所犯难的是，部分委托人可能要求律所按月汇报案件进展，尤其是在委托人的具体对接人需要定期向上级汇报案件进展的情况下更多采此约定。而律所则会提出诉讼案件受限于法院排期开庭、审理、下判等流程安排，并非每一诉讼案件均可达到“每月汇报”的程度，委托人对诉讼的发展和流程本就应有一定的心理预期。但作为律所，换位到委托人的角度思考，其实委托人并非苛责律所“每月”汇报，而是期待律师能在每一个流程中尽职履责并及时汇报。因此，如委托人要求定期汇报案件情况的，不妨尝试作出“律所应当及时地向委托人报告本案的最新进展情况，在涉及开庭等事项时，律所应书面报告”等约定，以平衡案件实际情况与委托人的正当需求。

在确定委托代理范围和服务内容后，合同可能会一并约定委托人的授权范围，也可能约定授权范围以委托人出具的授权委托书为准。《最高人民法院关于民事诉讼证据的若干规定》（2019年修正，以下简称《新民诉证据规定》）出台后，授权范围对委托人和律师的影响越发明显。其中第五条第一款规定：“当事人委托诉讼代理人参加诉讼的，除授权委托书明确排除的事项外，诉讼代理人的自认视为当事人的自认。”且第三条第二款扩大了“自认”的场合，将“证据交换、询问、调查过程中，或者在起诉状、答辩状、代理词等书面材料中”也一并纳入“诉讼过程”的范围。因此，为了保护委托人的合法权益，笔者建议在授权委托书中对授权范围作出限制，排除可能构成代委托人自认的情形。例如可以增加“在诉讼过程中（包括但不限于证据交换、询问、调查过程，或者在起诉状、答辩状、代理词等书面材料中），

---

① 来源于裁判文书网：上海市第二中级人民法院（2019）沪02民终1336号判决书。

对委托人不利的事项，诉讼代理人无权认可”等表述，以事先向法官表明委托人以及代理人在不利事实自认层面的态度。但《新民诉证据规定》理解与适用对第五条第一款中的“明确排除的事项”进行了举例说明：“如当事人在授权委托书中记载‘不得代为承认对方当事人陈述’的，诉讼代理人承认的事实对当事人不具有约束力，不产生自认的效力。”可见，《新民诉证据规定》要求“排除的事项”应指向具体、明确、无疑义，“对委托人不利的事项”这一笼统表述是否可构成第五条规定的“明确排除的事项”，仍待验证。

因此，为更好地服务委托人，也为尽可能避免律师的执业风险，除了在授权委托书中强化授权范围外，不妨在委托代理协议中约定，在代理人陈述不符合实际情况下委托人的纠正义务以及委托人纠正后代理人失职情况下律所的违约责任：从律所层面，可以约定，“委托人系案件事实的亲历者，代理人对案件事实的认识均来源于委托人的反馈或者委托人提供的案件材料，委托人明确知悉律师对案件事实的认识可能与实际情况存在偏差。有鉴于此，对于代理人向委托人提交的工作汇报文件、拟提交争议解决机构的法律文件等书面材料，以及代理人与委托人沟通过程中，出现的与实际情况不符的事实表述，委托人应及时告知并修正该等错误，否则因此产生的不利后果由委托人承担”。从委托人层面，也可以要求约定“委托人要求代理人修正相关错误后，代理人仍做出错误陈述导致委托人利益受损的，律所应承担相应的赔偿责任”。一方面，律师应当与委托人及时沟通案情，尽可能保证对案件事实的掌握符合当事人意思和实际情况；另一方面，如出现律师理解或者表述错误的情形，委托人及时纠正也有利于维护自身合法权益。

三、明确服务团队及更换条件、指定联系人

委托人出于对特定律师（例如A律师）的了解和信任，可能会期待律所指定A律师提供服务，起码是在出庭等重要事项上由A律师提供服务。但若

该等期待未转化成书面约定，委托人也无法就律所未指定A律师提供服务而主张律所构成违约。

话说两头，如果协议中约定律所指定A律师负责办理案件，如未获委托人同意更换律师的视为律所违约，律所也难以接受：难道去向委托人送份材料也得由A律师独立完成吗？通常而言，案件办理过程中涉及非常多的具体事项，律所不可避免地需要指派其他律师或者律师助理辅助A律师完成部分工作。在协议约定律所指定A律师提供服务，又未予明确其他服务团队成员的情况下，很可能导致后续委托人与律所之间对A律师是否已经履职发生争议。例如在（2019）沪02民终1336号[①]案中，合同约定律所指派A律师为案件代理人。但实际办案过程中，律所与委托人的日常联系人主要是B律师。双方发生争议后，委托人主张A律师未完全履职，要求退还律师费。

因此，笔者建议在协议中约定“A律师负责出庭，律所有权指定其他辅助工作人员为委托人提供服务”，或者明确约定办案团队的全部成员，例如“律所指派A律师、B律师、C律师、D助理作为本案的承办团队，并由A律师作为代理人出庭”。一方面满足委托人就A律师提供核心服务的诉求，另一方面也减轻律所的办案成本和A律师的办案压力，以便为委托人提供更优质高效的法律服务。

如未在协议中作出上述明确约定的，笔者建议通过汇报文件等形式向委托人说明办案团队成员。在前述案件中，律所与委托人曾开会形成案件策划书，其中载明A律师等人负责分析案情、起草起诉状、参加庭审、申请保全、执行等诉讼工作。因此法院认为委托人明知律所为履行合同义务，安排其他律师及律师助理协助A律师参与相关工作，而且律所这一安排亦能更好地为委托人提供服务，对委托人主张返还律师费的请求不予支持。

另还需注意的是，由于律所和委托人签订协议时案件往往尚未排期开庭，可能出现协议中指定A律师出庭，后出现开庭排期冲突而后排期的法院又不同意改期的情况。因此，笔者建议协议中增加特定条件下律所有权更换

① 来源于裁判文书网：上海市第二中级人民法院（2019）沪02民终1336号判决书。

代理人的约定，例如“A律师因其他案件先行排期开庭与本案开庭冲突，或者出现其他特殊情况无法履职的，律所在将情况报告委托人后，可以另行指派其他律师开展本案代理活动”。如果委托人确实基于对A律师个人的信任而无法接受由其他律师提供服务的，也建议委托人在协议中明确限制律所更换律师的权利，例如约定“律所在将情况报告委托人并经得委托人的同意后，可以指派其他律师开展本案代理活动”，或者约定在此情形下委托人有权解除代理合同（当然，笔者建议如约定委托人有权选择解除协议的，应进一步约定律所已提供的服务的律师费支付事宜）。

在一个案件存在多名服务成员的情况下，对委托人而言，明确律所方的指定联系人及其联系方式（包括电话、邮箱、微信），以确定日常发送文件、发送工作要求以及相关指令的对象至关重要。否则，如果委托人向B律师个人邮箱发送指令，而B律师并非代理协议明确约定的服务团队成员，在B律师未将该指令反馈给服务团队导致委托人利益受损且B律师事后离职的情况下，委托人可能难以就曾对律所发出相关指令进行举证。

而对律所而言，委托人系公司的，通常指派特定人员与律所进行日常联系，但该人员不一定与委托人具有直接的法律关系，也可能是委托人关联方的员工。委托人系自然人的，也可能委托他人与律所进行日常联系。此时，律所同样需要委托人指定联系人。例如在（2019）粤01民终24576号[①]案中，律所提供四份邮件证明已提供的法律服务，但委托人认为律所无法举证三份邮件收件人为委托人员工，不予认可律所的主张。因此，笔者建议在协议中明确约定委托人的指定联系人及其联系方式，同时约定该联系人向律所发出的指令或者提出的要求、对律所代为起草文件的审核确认或者对协议履行情况的确认等，均视为经过委托人事先的适当和完全授权。如委托人变更联系人的，律所在收到委托人书面通知前向原联系人提供的服务视为经过委托人的认可。通过此等约定，避免事后律所难以举证提供服务的对象、委托人是否曾经作出相关指令或者认可相关文件等问题。

---

① 来源于裁判文书网：广东省广州市中级人民法院（2019）粤01民终24576号判决书。

四、明确律师费及其他费用的计算与收取

（一）明确实现代理目标的情形

诉讼过程中可能出现判决、调解、和解、原告撤诉、裁定（驳回起诉）等多种情形，在签订委托代理协议时，如果仅约定“胜诉付费”，但对何为“胜诉”，何为“实现代理目标”未作详细约定的，可能因委托人和律所的认识差异，导致律师费应否支付的争议。因此，笔者建议在委托代理协议中详细列明各项实现代理目标的情形，以及不同情形下的收费标准，例如二审中也应注意可能出现裁定驳回起诉或者原告撤回起诉的结果。

实践中，由于《民法典》第九百三十三条赋予了委托人单方解除权，而一旦委托人行使单方解除权，律所将难以主张该条规定的“因解除合同造成的损失”，因此除了一般的胜诉情形外，为防止委托人任意解除合同，尤其是在风险代理的场合，委托代理协议常约定“委托人不得单方解除合同”，“委托人单方解除的按照已实现代理目标的情形支付律师费”。笔者认为，“委托人不得单方解除合同”系属于委托人通过特约方式放弃任意解除权，而“委托人解除合同应按照已实现代理目标的情形支付律师费”，性质上属于结算和清理条款，在不存在其他无效事由的情况下，两者均应认定有效。[①]

① 在《重庆市高级人民法院关于诉讼代理合同纠纷法律适用问题的解答》中，重庆高院就此问题认为：合同法第四百一十条（现《民法典》第九百三十三条）虽然规定了委托人或受托人可以随时解除委托合同，但当事人可以通过约定放弃自己的权利。诉讼代理合同中“委托人不得单方解除合同”的约定，是当事人对任意解除权的放弃，如该约定意思表示真实，不损害国家、集体、他人的利益，人民法院应认定其有效。“委托人解除合同应全额支付诉讼代理服务费”的约定，性质上属于结算和清理条款。根据合同法第九十八条（现《民法典》第五百六十七条）的规定，在该条款有效的情况下，其效力不因合同解除而丧失。亦即，委托人解除合同的，受托人可以请求委托人支付全部诉讼代理服务费。

但实践中多发争议的是，委托人可能主张上述约定均系格式条款，律所未通过合理方式提醒委托人注意，因此无效。例如在（2014）石民初字第4858号[①]案中，律所与委托人约定如委托人终止合同则视为律所完成委托事务，委托人应支付风险律师费。法院认为，该条款系格式条款，加重了委托人的给付义务，且律所未证明对此条款予以说明，对该条款不予确认。因此，笔者建议通过加粗、下划线等合理方式提请委托人注意，完成说明和告知义务，以避免该等约定被认定无效的风险。当然，对委托人而言，也不妨要求约定，在律所出现重大过错（例如泄露委托人商业秘密、未按照委托人的正当指示在法律规定期限内提交相关法律文件、无故缺席庭审等）损害委托人利益的情形下，委托人行使解除权后无需再支付剩余律师费，以平衡双方之利益。

与单方解除经常并列约定的是，委托人未与律所协商一致而进行和解、调解的，按照实现代理目标情形收费。该约定同样需要注意被认定为格式条款的风险。[②]但除格式条款的风险外，笔者同时也注意到，司法实践也有观点认为该约定限制委托人权利，违反社会公共利益，属于无效条款。例如在（2009）沪二中民四（商）终字第450号案（《最高人民法院公报》2009年第12期）[③]中，上海一中院认为该等约定限制了委托人的调解和和解权利，增大了委托人的诉讼风险，侵犯了委托人在诉讼中的自主处分权，不利于促进社会和谐，违反了社会公共利益，应认定无效。在（2017）最高法民申2833号[④]

---

① 来源于裁判文书网：北京市石景山区人民法院（2014）石民初字第4858号判决书。

② 在《重庆市高级人民法院关于诉讼代理合同纠纷法律适用问题的解答》中，重庆高院就此问题认为：诉讼代理合同中约定“签订调解、和解协议需委托人与受托人协商一致”的，只要当事人意思表示真实，人民法院应从其约定，但该约定系格式条款，且提供格式条款一方对此约定未尽说明义务的除外。委托人未与受托人协商一致，自行与他人签订调解、和解协议的，人民法院不得因委托人违反诉讼代理合同中的前述约定而认定调解、和解协议无效。但受托人以委托人违反诉讼代理合同的前述约定为由，请求委托人承担违约责任的，人民法院应依法予以支持。

③ 来源于最高人民法院官网：上海市第二中级人民法院（2009）沪二中民四（商）终字第450号判决书，《最高人民法院公报》2009年第12期。

④ 来源于裁判文书网：最高人民法院（2017）最高法民申2833号裁定书。

案中，最高人民法院同样持此观点。因此，笔者建议约定此等条款时，可尝试表述为案件通过和解、调解方式结案的，视为实现委托代理目标等，避免出现委托人需要与律所协商一致方可进行和解、调解等容易被认定为限制委托人诉讼权利的表述。

（二）明确律师费支付时点

在委托代理协议中，律所和委托人常以收到胜诉文书作为部分律师费的支付时点，例如约定委托人自收到生效判决书/裁决书之日多少天内支付律师费等。

但是实践中，部分委托人可能认为，仲裁裁决在符合《仲裁法》第五十八条的情况下可以申请撤销，根据《仲裁法》第五十九条，申请撤销仲裁裁决的期限为自收到裁决书之日起六个月。而判决、裁定在符合《民事诉讼法》第二百条的情况下也可以申请再审，根据《民事诉讼法》第二百零五条，申请再审的期限为判决、裁定发生法律效力后六个月。因此，文书“生效”应为六个月申请撤裁或者申请再审期限届满的次日，律师费支付期限的起算时点也应为六个月期限届满的次日。

对此，笔者认为，就仲裁机构作出的裁决生效日期，《仲裁法》第五十七条规定：“裁决书自作出之日起发生法律效力。”就法院所作出的裁判文书生效日期，目前尚未有法律作出明确规定，但各地高院均有相关规定可供参考。例如《广东省高级人民法院关于出具裁判文书生效证明的暂行规定》（粤高法办发〔2005〕12号）第四条规定：“确认裁判文书生效必须具备以下条件：（一）一审裁判的，法律文书全部送达，且上诉期限、抗诉期限已届满，没有上诉或抗诉的情形；（二）二审裁判的，法律文书全部送达。”因此，一审裁判文书送达各方当事人且上诉期限内无上诉的，在上诉期限届满之日的次日生效，二审裁判文书在送达各方当事人之日生效。且《民事诉讼法》第二百零五条也明确了申请再审的前提是“判决、裁定发生法律效力”，可见申请再审期限经过并非判决、裁定生效的前提。但鉴于委托人可能对相关问题确有理解上的偏差，笔者建议在委托代理协议中予以明确：就仲裁裁决书、和解协议、调解协议或者调解书，律师费支付期限的起算点为自收到文书之日；就判决书、裁定书，除前述关于收到判决书、裁定书后多少天内支付律师费的约定外，同时明确一审判决书/裁定书的生效时间为上诉期限届满之日次日（如无当事人上诉），二审判决书/裁定书的生效时间为送达各方当事人之日。

此外，律所和委托人约定以委托人回收债权之日作为律师费付款期限起算时点的，应区分不同的债权回收方式以明确定义“回收债权之日”。例如约定委托人如以现金方式回收债权的，付款期限起算点为委托人收到款项之日；如以不动产/股权方式回收债权的，付款期限起算点为转移登记之日；如以其他动产、权益方式回收债权的，付款期限起算点为依照各自财产的性质依法转移至委托人之日。

（三）明确律师费的计算基数

在涉金钱给付且委托人作为债权人的案件中，风险律师费经常约定以债权回收数额为基数，按照一定比例计收。但实践中不乏委托人以房产或者股权权益等财产回收债权的情形，如未就该等情形下律师费的计收基数进行约定，可能引发争议。例如在（2019）浙0783民初7355号[①]案中，律所与委托人约定按照回款数额的一定比例计收律师费，但委托人最终系通过债务人以房屋抵债的形式实现受偿。就律所应收取的律师费数额，法院认为由于合同对非现金受偿时代理费如何给付并未约定，最终以抵债金额（即债权金额）1.4亿元作为律师费的计算基数。[②]笔者建议，委托代理协议应明确约定委托人以现金、实物、股权等各类形式回收债权的律师费计收方式，尤其应当注意约定委托人通过非现金方式回收债权的，系以抵债的债权额还是以回收财产的实际价值作为律师费的计收基数。对于以财产实际价值作为基数的，还

① 来源于裁判文书网：浙江省东阳市人民法院（2019）浙0783民初7355号判决书。

② 该案中，房屋评估价值为2.5亿元但流拍，最终以流拍价1.6亿元抵偿债权，并由债权人返还债务人差额0.2亿元。

应考虑约定财产价值的评估时点、评估机构，以及第三方评估机构所收取费用的承担方等。

另外还需要注意的是，在涉金钱给付的案件中，委托人与律所约定风险收费时，常以回款额或者减损额为基数按比例计收律师费。但如基数包含利息/资金占用费/违约金等性质的款项时，基数将随着时间不断发生变化，因此笔者建议明确约定基数的确定时间，例如在委托方作为债权人的情况下，约定“利息计算至判决生效之日”或者“利息计算至债务人实际清偿之日”等。

（四）风险收费的限制

《律师服务收费管理办法》第十一条规定：“办理涉及财产关系的民事案件时，委托人被告知政府指导价后仍要求实行风险代理的，律师事务所可以实行风险代理收费，但下列情形除外：……”在（2014）闵民二（商）初字第153号[①]案中，律所与委托人在合同中约定：“根据《上海市律师服务收费管理实施办法》和《上海市律师服务收费政府指导价标准》的规定，甲方向乙方支付的律师代理费有……”双方成讼后，委托人主张本案系风险代理合同，律所未履行相应服务内容及收费计算标准的告知义务，故本案存在约定不明及重大误解情形。但法院认为合同中约定的收费方法已明确参考了政府指导价，并以较为明确的语言在合同中载明，不予认可委托人的主张。因此，笔者建议在实行风险收费的案件中，委托代理协议中明确约定“律所已明确告知委托人政府指导价，双方合意本案实行风险代理”或者“律所在签订本合同之前已经向委托人解释了相关收费规定及标准（包括政府指导价标准等）”。[②]

此外，《律师服务收费管理办法》第十三条第二款规定：“实行风险代理收费，最高收费金额不得高于收费合同约定标的额的30%。”对于违反该条

① 来源于裁判文书网：上海市闵行区人民法院（2014）闵民二（商）初字第153号判决书。
② 但该约定可能涉及格式条款的相关问题，此处不再展开。

是否导致风险代理约定无效，实践中多有争议，有观点认为该规定并非法律、行政法规，即使违反亦不引致合同无效；但也有观点认为该规定旨在维护法律服务业的正当竞争秩序和健康发展，涉及公共利益，违反该规定实际系因损害公共利益而导致合同无效。对于持无效说的观点，又区分部分无效和整体无效。一旦该约定被认定为整体无效，法院酌情裁判的律师费数额可能不符合律所的收费预期。对此问题，笔者认为可参考《重庆市高级人民法院关于诉讼代理合同纠纷法律适用问题的解答》第三条规定："……对于诉讼代理合同中约定的诉讼代理服务费超过规定收费标准的部分，人民法院不予保护。但委托人按照约定给付诉讼代理服务费后，又以超过规定收费标准为由请求返还的，有违诚实信用原则，人民法院不予支持。"但是在实际签订委托代理协议的过程中，笔者建议避免出现收费高于标的额30%的约定，防止该约定被整体认定无效的风险。

另值得注意的是，风险收费以委托人回收债权为前提的，和解、调解等情形下的风险收费时点和比例建议与裁判情形一致。在（2009）沪二中民四（商）终字第450号案中，上海一中院同时论述道："律师与当事人之间约定实行风险代理，如果律师收取费用的标准以案件最终的处理结果为依据，该处理结果不应以结案方式的不同有所差别。"①而在（2017）最高法民申2833号案中，最高人民法院也同时论述道，"从风险代理行为的本质看，风险代理收费能否实现与委托人的合法利益能否切实得到实现密切相关"，"委托人并未实际收回债权，不满足向律所支付风险代理费的约定条件"。②由此可窥见，由于风险收费与委托人权益实现密切关联，在约定风险律师费以委托人实际回收债权为基础时，法院在作出判断时的其中一个重要考量因素系委托人是否已确实回收债权。如果律所在委托人尚未实际回收债权的情况下主张风险费用，或者主张的风险费用高于委托人实际回收的债权数额，法院可能

① 来源于裁判文书网：上海市第二中级人民法院（2009）沪二中民四（商）终字第450号判决书。

② 来源于裁判文书网：最高人民法院（2017）最高法民申2833号裁定书。

更倾向于认定无效以实现利益衡平。[①]因此，笔者建议，在涉及此种情形时，委托人调解、和解情形下的风险律师费收取时点仍约定为回款后，而非收到和解协议/调解协议或者调解书时，收费比例也不应高于裁判情形。

（五）明确除律师费外其他费用的承担方

《律师服务收费管理办法》（发改价格〔2006〕611号）第二十二条第一款规定："律师服务费、代委托人支付的费用和异地办案差旅费由律师事务所统一收取……"《广东省物价局、司法厅律师服务收费管理实施办法》（粤价〔2006〕298号）第十四条第一款规定："律师事务所在提供法律服务过程中代委托人支付的诉讼费、仲裁费、鉴定费、公证费、查档费、翻译费、异地办案差旅费、跨境通讯费、专家论证费及律师事务所代委托人支付的其他费用（以下简称'办案费'），不属于律师服务收费，由委托人另行支付。但在实行风险代理收费中双方另有约定的除外。"律师在服务过程中，案件经常产生除律师费以外的其他办案费用，应在委托代理协议中明确该等费用的承担方。根据前述规定，一般情况下办案费用由委托人承担，在具备风险代理收费的特殊情形下，律所和委托人可以另行约定办案费的承担方。

对于差旅费的范围，可参照《中央和国家机关差旅费管理办法》（财行〔2013〕531号）第三条规定："差旅费是指工作人员临时到常驻地以外地区公务出差所发生的城市间交通费、住宿费、伙食补助费和市内交通费。"如委托人仅承担城市间交通费和住宿费的，建议在委托代理协议中予以明确约定。

---

① 典型例子如（2018）京01民终9563号案，来源于裁判文书网。在该案中，律所与委托人约定，在未经律所书面同意情况下，委托人撤诉、自行达成调解、经法庭主持达成调解、单方解除本协议、放弃或不行使民事权利或诉讼权利，均应支付代理费450万元。北京一中院在认定该条款无效时，依据的理由包括如委托人放弃了争议条款中约定的诉讼权利，则委托人无论实际获偿多少均需支付高达450万元的代理费，违背本案双方当事人对诉讼获益效果风险共担的缔约初衷，将全部风险仅置于委托人一方，从而使双方当事人的权利陷于严重不对等的状态，有违风险代理服务合同的本质特征，更有违民法典第六条所规定的公平原则。

五、律所特别注意事项

（一）委托人为自然人的，建议由第三方提供担保

如果委托人为自然人的，出于对自然人付款能力的担忧，律所可能会要求自然人提供第三方公司的保证担保。此时，应注意第三方公司除作为保证人在合同落款处签章或者另行签订保证合同外，还需由第三方公司出具股东会或董事会决议，以确保公司担保的效力。

（二）明确委托人应准确披露事实、不得有伪造证据等妨碍诉讼的行为

《民事诉讼法》第一百一十一条及《民事诉讼法解释》第一百一十三条、第一百八十九条等条文对伪造证据、虚假作证等行为作出了禁止性规定。但实践中仍不乏委托人为求胜诉目标，心存侥幸，向代理人捏造、歪曲案件事实或者提供虚假证据材料。这些行为不仅可能导致律所在与代理人磋商之初对案件基本结果作出误判，以致失去收取胜诉律师费的可能，更为严重者可能导致律师面临处罚。为防止类似风险，笔者建议在协议中作“委托人不得要求律师在提供法律服务过程中作出任何虚假、误导性陈述的行为”“委托人应当准确、客观地披露案情，不得作出虚假陈述或者伪造证据等妨碍诉讼的行为，因委托人捏造/歪曲案件事实或者提供虚假证据材料，导致无法实现代理目标的，律所不承担任何责任”“委托人有前述行为的，律所有权解除合同，不予退还已收取的律师费，收取代理目标全部实现情况下的律师费”等类似约定，以约束委托人准确披露事实、提供真实合法的证据，保障律所和律师的合法权益。

（三）招标文件等构成合同组成部分的，明确各个合同文件的解释优先顺序

在委托人通过招标方式确定律所的场合中，常见委托人要求将招标文件、成交通知书、响应文件等内容纳入合同组成部分的情形。由于委托人与律所的磋商过程和结果可能存在差异，各个文件也可能存在抵触或者矛盾之处，笔者建议明确约定组成合同各个部分的解释顺序，并将各个文件附后，以便随时复核。

委托代理协议作为明确委托人与律所权利义务关系的基础，其重要性不言而喻。在起草委托代理协议的过程中，既要考虑委托人的正当诉求，也要保护律所的合法权益。一份合格的委托代理协议，往往可以让委托人和律所实现合作共赢的结果，避免委托人和律所之间就委托代理协议再生诉累。

CHAPTER IV

第四章

证据运用篇

一审证据组织的体系化思维

郑博予

在过往的经验中，证据组织这一问题在天同律师眼里往往呈现出不同的面貌。因为所接触的案件大多处于二审或再审阶段，事实问题业已基本查清，证据的编排应围绕原审裁判确定的争议焦点进行。此阶段的证据组织更为重点突出，并试图通过对证据的重组及筛选，聚焦于法庭最关注的问题，从而达到逐个击破的效果。[①]近几年，随着天同全国布局落子六座城市，我们有更多机会代理一审诉讼案件。从摸索到熟悉，我们也深切体会到不同审理阶段证据组织思路的差异。

一、一审证据组织的整体思路

一审审查之重点是厘清案件事实全貌，这就对证据组织的全面性提出了更高的要求。律师试图从己方的诉讼请求出发，向法官讲述一个故事，并通过完整的证据链条使法官形成内心确认。英国首席大法官Charles Pratt曾说："A good corroborating chain，if they fail in the last link，the whole will fall to the ground.（一个好的证据链，一环既断，满盘皆输。）"[②]此言道出体系化组织证据，形成环环相扣证据链条的必要性。在一审案件初期沟通阶段，可能出现客户提供的材料不完整，或是材料未经筛选、杂乱无章的情况。律师如

---

① 参见李谦：《律师不可不知的证据编排技巧》，载微信公众号《天同诉讼圈》2014年11月6日。

② Charles Pratt，1st Earl Camden，L.C.J.，Wilkes v. Wood（1763），Lofft. 12.

何循着体系化思维指引客户补充材料，将复杂的证据材料按体系进行重排，形成完整、全面的证据链条，无疑是值得关注的问题。

常用的证据组织体系化思维包括依时间顺序进行、依争议焦点进行、依法律构成要件[①]进行。下文谨以我们最近办理的一起融资融券交易纠纷案件所获心得，试图呈现一审阶段体系化证据思维的运用。

二、破题：明确概念、流程及相关规定

客户初与我们取得联系时，并未对案件情况进行具体描述，亦未提供任何证据材料，我们所掌握的信息仅限于本案系一起融资融券交易纠纷。我国开展融资融券交易始于2010年前后，标的证券在2014年前几乎呈现指数级增长趋势，近几年发展趋于稳定。虽然融资融券并非一个全新的金融业务模式，但脑海中关于“借入资金买入证券、借入证券并卖出”的简单印象显然不足以支撑案件的顺利解决。

为形成体系化思维，我们从概念出发，从《最高人民法院民事案件案由规定理解与适用》中对“融资融券交易纠纷”这一案由的概念界定入手，检索《证券公司监督管理条例》《证券公司融资融券业务管理办法》及各大交易所融资融券交易实施细则对融资融券业务的定义，首先形成对概念的最初印象。同时按照效力级别由上至下全面检索融资融券相关法律规定，对其中涉及的效力性强制性规定与管理性强制性规定形成基本了解。

在具备前述理论知识储备后，体系化证据组织破题的最后一步即是全面了解业务流程。此阶段，我们登录全国各大证券公司官方网站个人金融服务栏目查询“融资融券”，了解实践中各证券公司对融资融券业务的定义、投资者教育中的“常见问题”及业务指南，并综合以上材料形成融资融券业务

---

① 参见王晓雨：《呈现复杂证据，应从五个方面入手》，载微信公众号《天同诉讼圈》2016年9月18日。

流程图表。其后，对应流程图表中投资者审查、风险揭示、交易指令下达、预警补仓、强制平仓等关键环节总结可能出现的法律风险，初步掌握此类案件的风险多发环节。

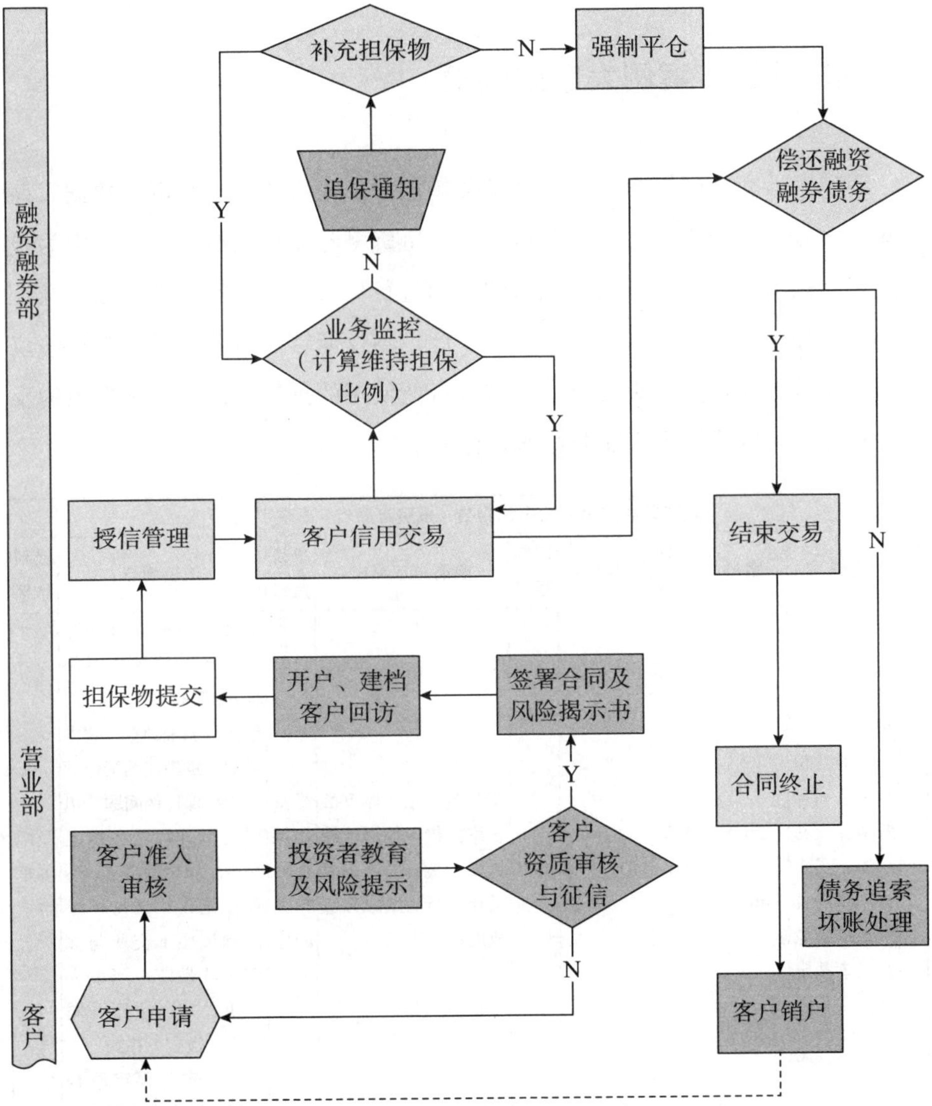

由上可见，证据体系化构建的破题阶段，应是根据特定案型、当事人诉讼地位、可能的涉诉风险等有针对性地收集材料。在金融创新大环境下，面

临并不熟悉的金融产品时，从业务流程切入可能更有利于体系化证据思维的建立。客户和律师对案件的理解并不相同，只有将业务流程与法律检索有机结合，才得以窥案件之全貌。

三、承题：案例大数据检索

明确案涉交易的概念、流程及相关规定后，我们依托于案例大数据以鸟瞰司法实践中可能出现的争议焦点。以“融资融券交易纠纷”这一案由为检索路径，由上至下在各审级人民法院层面进行检索，并以投资者为原告及证券公司为原告分别制作检索报告。基于此，不仅能够了解此领域中常见争议焦点、法院裁判观点，更可以知晓被告可能使用的抗辩理由、经常提出的反诉请求等，对后续体系化证据处理大有裨益。

融资融券交易纠纷案例报告－投资者原告－高院审级									
序号	案例名称	案号	审理法院	审判日期	审判程序	申请再审事由	争议焦点	法院观点	裁判结果
1	张某英、中天证券股份有限公司融资融券交易纠纷、买卖合同纠纷再审与审判监督民事裁定书	（2018）辽民申940号[①]	辽宁省高级人民法院	2018.3.26	再审	张某英主张，原审被告维持担保比例计算错误，被告应承担因其违约行为给原告造成的损失。	维持担保比例计算问题	案涉融资融券合同已经明确约定被告不保证融资时能融到资、融券时能融到券。被告对此不承担违约责任。关于担保比例问题：担保比例计算是按照上交所、深交所规定，不存在错误。维持担保比例按照上交所与深交所的规定由当事人自由约定，按照合同约定，被告无违约。一审、二审与再审原告的诉讼请求均被驳回。	驳回再审申请

① 来源于裁判文书网：辽宁省高级人民法院（2018）辽民申940号裁定书。

续表

融资融券交易纠纷案例报告－投资者原告－高院审级									
序号	案例名称	案号	审理法院	审判日期	审判程序	申请再审事由	争议焦点	法院观点	裁判结果
2	胡某文与光大证券股份有限公司、光大证券股份有限公司桂林中山中路证券营业部融资融券交易纠纷再审申请民事裁定书	（2017）沪民申2605号[①]	上海市高级人民法院	2018.2.26	再审	1.被告8日向原告发出《平仓通知》要求原告在后一个交易日向担保账户提供足额的保证金，否则进行强制平仓。 2.关于《平仓通知》中在原告提供保证金的期间，被告有权自主决定是否平仓侵犯了其权利，且属于格式条款，因此无效。 3.被告公司职员曾向原告承诺9日不平仓，最终却平仓的行为属于违约。	强制平仓操作问题	1.《平仓通知》明确载明在原告恢复担保比例的期间，被告有权决定是否平仓。 2.原告对上述职员并非被告职员的事情是明知的，因此职员的承诺不能约束被告。	驳回再审申请

四、起讲：围绕业务流程起草体系化证据材料清单

在此阶段，我们的工作习惯是先形成一份理想状态下的完整证据材料清单，并在客户提供初步证据后，对照该清单查缺补漏，确定待客户补充收集提供的证据。

体系化证据材料清单的形成与前述两个环节密不可分：对业务流程的了解使我们能够根据规范化流程分阶段收集证据材料；通过案例大数据检索获得的判决书中所载裁判机构认定事实的证据内容，使我们能够高效定位此类案型常见证据。不同案例之间证据材料区别，以及据此导致的法律裁判结果差异，更会成为我们挖掘关键证据的重要线索。

① 来源于裁判文书网：上海市高级人民法院（2017）沪民申2605号裁定书。

上述事实，有[redacted]券公司融资融券投资者教育签字页》、《融资融券业务申请书》、《客户风险承受能力评估问卷》、《融资融券交易风险揭示书》、《融资融券合同讲解工作底稿》、《信用开户申请表（个人）》、《创业板市场投资风险揭示书》、《融资融券合同》、信用账户成交记录明细、流水清单、客户通知信息查询明细、平仓金额流水单等书面证据及当事人当庭陈述在卷佐证，并经当庭质证，足以认定。

五、入手：审阅客户提供的全部证据

（一）重视细节

首先需要明确的是，向客户收集证据并非一蹴而就的过程，客户眼中的事实与证据体现的事实不尽相同。通常情况下，客户展现的事实主观色彩更浓，并且多集中于争议发生的特定环节，缺少对整个交易流程的全面把握。以本案为例，即使在事先已根据清单要求客户补交材料，在审阅这些证据的过程中，我们亦发现了很多细节问题需要补充说明。

例如，在《融资融券合同》对融资利率仅以范围表述的情况下，客户提交了个性化利率审批表，试图说明为维系客户，将原有融资利率进行下调，但对原有利率的确定却未见任何依据。

又如，在维持担保比例低于平仓维持担保比例时，证券公司依次发送风险提示通知、追保通知、强行平仓通知、强行平仓结果通知。客户初步提交的证据只包括强行平仓通知，却忽略了其前的风险提示环节与其后的结果通知环节。

再如，《融资融券合同》在交易综合业务系统中有另外的合同编号，与纸质合同所载编号不同，这就导致直接从交易系统打印出的交易记录在合同编号上无法与案涉交易对应。客户可能很难注意到这一点，但确是构建完整证据链的关键一环。

（二）攻守相合

证据审阅应同时站在自己和对方当事人的立场，将攻守相结合。通过之前的案例大数据检索，我们确定被告的抗辩大多集中在投资者适当性审查、风险提示义务、未按合同约定方式或期限发送强平通知等方面，故在审查证据时应着重留意对应环节。从双方立场同时出发，可以使律师更加接近法官的立场，对有利于己方的证据充分展示，对不利于己方的证据提前进行完善，并作出合理解释。

（三）证据筛选

证据的审阅还包括对证据的筛选过程。证据的体系化构建不等于把全部案件事实无差别纳入。如按照法律构成要件组织证据，则围绕要件事实进行挑选；如按照时间、流程等组织证据，则遵循法律逻辑，挑选有意义的事实，去讲述一个有利于己方的故事。

（四）形式梳理

对客户证据的审阅还包括对证据形式、取得方式、固定载体的检查。例如本案所涉及的电子数据证据，律师应注意提醒客户提供完整版本，并保留原始介质。同时核对电子数据所涉主体及其联系方式（如电话号码、电子邮件地址等）是否符合合同约定，协助客户将录音录像内容整理成文字稿件。

对全部证据材料的审阅和筛选是证据呈现之前的最后一步，此阶段的审查应以体系化思维贯穿始终，在其指导下确定证据组织的大方向，同时留意每份证据的细节，最终形成紧密连接且简明扼要的证据链。

六、成文：证据目录的呈现

证据目录是体系化证据结构的外在体现，是律师表达观点、引领法官思路的具化过程。

从内在逻辑上看，应根据证明目的分组叙述，按照法律逻辑逐项排列事实。以本案为例，我们最终呈现的证据目录紧扣业务流程关键环节，按照证券公司主体资格、风险揭示和客户资质审核、合同订立、款项发放、交易过程中对维持担保比例的监控直至最后强制平仓环节分组阐述，相较于将所有证据铺陈罗列，更有逻辑也更具体系。

从外在体现上看，证据目录分为文字式和表格式两种，文字式的格式较为简单，但不如表格式逻辑清晰。鉴于本案证据材料较多，需要分成10余组进行展现，我们最终选择了表格式，并只保留编号、证据名称、证据内容及证明目的、页码四列，组内边框采用细线，外边框进行加粗，在最大程度上直观表达。同时准备文字式证据目录一份，提供法庭以便庭审记录。

一审阶段的证据组织无疑考验着律师的体系化表达，曾经我们眼里的证据可能仅限于“证据”本身，经此一案，笔者逐渐体会到体系的构建并非有定式之规，而是在于对业务本身、法规检索、司法实践的全面掌握后的独特呈现。《庄子·天道》有言，“不徐不疾，得之于手而应于心”。愿我们都能“不徐不疾”地逐步了解背景知识，将体系化思维“应于心”，并通过证据目录使这种思维“得之于手”，助力案件的圆满解决。

带你看一场证据交换庭审背后的博弈

胡雅蓓

老子《道德经·第六十三章》载“图难于其易，为大于其细。天下难事，必作于易；天下大事，必作于细”。即容易之时谋求难事，细微之处成就大事。天下难事，须从容易时做起；天下大事，须从细微处着手。在庭审举证质证环节，繁复的证据及有限的时间直接考验着每一位律师的庭审技能，自庭前至庭中，律师须从各种细节处精心准备，方能演绎一场精彩绝伦的证据博弈战。

前情提要

介绍本次证据交换庭审情况前，须向读者简要介绍案件背景。A银行依据之前与B公司形成的民事调解书向法院申请对B公司的某标的物行使优先受偿权。C公司闻讯以该标的物实际系其所有为由向法院提出案外人执行异议之诉，该案已历经多次庭审。之后，法院认为A银行申请执行的执行依据民事调解书应予再审，随后裁定再审，C公司作为第三人参加再审程序。

因未参与该案办理，所以，此次庭审让笔者有机会以更客观中立的立场看待本案各方律师的表现，也让笔者换了一个视角体悟如何通过举证质证让法官快速、全面了解案件事实。（为便于表述，下文以“红方律师”代指A银行、B公司代理律师；以“蓝方律师”代指C公司代理律师。）

场景一：战前之备

《孙子兵法·九变篇》载“故用兵之法，无恃其不来，恃吾有以待也；无恃其不攻，恃吾有所不可攻也”。即不寄望于对手不来或不攻，而应做好充分准备以保万无一失。就证据进行举证质证之前，律师除须全面收集、合理取舍、细致组织编排证据外，庭审正式开始前的10分钟仍有可以注意的小细节。

红方律师

1.因有新证据提交，提前按参加庭审各方人数准备新证据份数，于当庭递交各方。

2.未能当庭向书记员提供电子版证据清单，书记员要求庭审结束后3日内提供。

3.身前桌面堆放大量证据材料。

蓝方律师

1.向合议庭成员、红方代理律师各提供一套完整证据册。

2.除纸质版的证据清单外，主动向书记员提供电子版的证据清单。

3.整理放置材料：将证据册统一放在离身体稍有距离的左手边，桌面中间偏上方放置《案情大事记》，正中间放置举证质证意见大纲，右手边放置空白的稿纸与笔（黑色+红色）。

场景精华提炼

首先，如前情提要中所述各方当事人在本案之前已历经多次庭审，即便案涉证据非常多，且红方律师已经于另案中见过同样编排的证据册，蓝方律师仍然为红方律师携带完整证据册，以确保合议庭成员、各方当事人每人均持有一份证据。

其次，庭前主动向书记员提供电子版证据清单，以便书记员进行庭审记录，节省庭后庭审笔录校对时间。

最后，《案情大事记》将全案证据按时间顺序排列，能全面、准确、简明反映案件事实，法官若询问案件细节问题，可快速翻看《案情大事记》查找。举证质证意见大纲集“全案证据之精华”系证据交换的关键武器，其上突出载明重点证据、重点证据中需强调的内容、该内容所在证据册的具体页码和行数、证据间的关联呼应、法官和对方可能就该证据提出的质疑及回应等信息。也正因有该份举证质证意见大纲使得蓝方律师左手边的证据册实际成为“演戏”道具，被放置于不重要的位置，但仍有其作用（具体使用方式详见场景三）；举证质证过程中的重点内容即用红色笔醒目记录于稿纸，为庭审辩论做好准备。

场景二：掌控力

（一）心中应有计时器

法院将本案证据交换安排于下午2点30分进行，待法官、各方律师到庭，律师递交委托授权手续、书记员做好庭前准备后已下午3点左右。因红方律师当庭提交了新证据，法官建议各方可先用1小时阅览新证据并初步准备质证意见。

红方律师

对法官建议的证据阅览时间未表示异议。

蓝方律师

主动向法官提出仅需30分钟阅览新证据。

场景精华提炼

其实就蓝方律师提出的要求，当庭笔者只是感叹其眼速快，以为并无其他玄机。而笔者有幸旁听了蓝方律师的庭后复盘，方知蓝方律师因已预估举证需耗时1个半小时至2个小时，所以才请求尽早开始证据交换，争取在法官精力良好的时间段完成举证。若阅览新证据时间延长为1小时，则导致下午4点才开始举证质证，时间拖得晚则无法保证向法官高效输入观点及信息。实际上，蓝方律师确实也按预估时间完成举证。而就新证据，蓝方律师大致翻阅后评估除法官预留的30分钟外，在红方律师举证之时仍有时间阅览，故综合衡量后，及时向法官提出缩短预览时间的要求。

（二）争取最有利的表达形式

在本次证据交换之前，其实就案涉证据各方已经在另案中进行过举证及质证，并形成庭审笔录。因案涉证据复杂且多，法官当庭告知各方律师以之前另案形成的庭审笔录为基础进行本次证据交换，即一方阐述证据名称后，无需阐述具体举证意见，相对方也无需发表详细质证意见，各方均直接阐述举证及质证意见在原庭审笔录中所载页码及行数即可。若有除原庭审笔录外的补充意见，再另行详述。

红方律师

尊重法官提出的证据交换形式。

蓝方律师

坚持向法官提出："除法官建议的方式外，我们须对证据作简明扼要的阐述。"

场景精华提炼

当法官已经明确建议了本次举证质证的表达形式，而蓝方律师仍向法官争取须对证据作阐述时，笔者其实很担心庭审中会出现法官打断蓝方律师发言，表示其已明确知晓该观点，蓝方律师无须赘述的尴尬场景。而且笔者个人也觉得因本案证据多且之前已形成过相应的举质证意见，所以各方庭上仅补充新意见，法官庭后对照庭审笔录了解原意见的方式更有助于提升庭审效率。

但接下来蓝方律师对证据的示例讲解、引导法官关注证据重点内容、适当回应对方质证意见等操作，让笔者发现原来本案证据不仅多而且较复杂，当庭对证据的简释能让法官更快速了解整个案情及争议焦点，也能让法官对证据有初步印象，从而节省法官庭后自行阅读庭审笔录的时间。而且原庭审笔录也没有完全记录各方之前对证据的全面陈述，无法确定法官能从原笔录中充分了解各方意见。但庭后，蓝方律师也解释道“最有利的表达形式”也需要尝试及观察情况后确定。今天如果他在首次尝试简述证据时发现法官并未同步翻阅证据或直接打断他发言，表明法官已完全谙熟全部证据材料，他无须再作论述，会按照法官建议的方式完成后续的举证质证。

场景三：举证环节——你需要生动地讲述“故事”，而法官才是你最重要的听众

红方律师

阐述举证意见在原庭审笔录中所载页码及行数，并简要补充相应意见，补充意见时多低头念稿纸内容。

蓝方律师

除阐述举证意见在原庭审笔录中所载页码及行数外，主动向法官举例讲解复杂证据，并引导法官实际翻阅证据册，尽量保持脱稿陈述，有时还会拿

起证据，用笔指证据内容再陈述观点。

场景精华提炼

1.向法官举例讲解复杂证据

本案证据涉及较多的表格、单据及报告。每一份表格、单据及报告中都记载着各类不同数据，且这些表格、单据及报告中的各类数据又可能相互联系。

举证时，除证明目的的阐述外，蓝方律师都会主动从证据中具体选出一例向法官讲解，让法官快速明白某类表格、单据及报告中数据记载方式、数据含义及各数据之间的关联性，无需法官自行研究。即当证据较复杂并涉及某领域专业知识时，可主动向法官举示实例细致讲解。

2.就重点证据举证或质证过程中，引导法官翻阅证据

如本文开头所述，因有庭前精心制作的举证、质证意见纲要或证据清单，律师其实可以仅宣读前述纲要或证据清单的内容即可完成举证或质证工作，但这样的简单宣读则无法确保法官同步在听取律师发表的意见。此时，左手边放置的证据册则可发挥“道具”作用。

本次举证过程中，蓝方律师其实通过提前制作的举证意见纲要就可以直接向法官阐述证据重点内容及证据在证据册中的具体位置。但他在举示重点证据时仍向法官说：“请法官翻看证据册第几页第几行……”与此同时，左手边的证据册即成为蓝方律师的“道具”，蓝方律师也会实际开始在证据册中翻找证据，待看到法官已经查找到证据所在位置后，他才开始阐述相应观点。如此让法官的眼、耳同步输入律师想要传达的信息。

3.保持与法官的“交流感”，关注法官的微表情

本次证据交换庭中，蓝方律师坐姿主要朝向法官，其视线也基本聚焦于法官。在其阐述意见及观点时也尽量脱稿，有时还会拿起证据，用笔指证据内容再陈述观点。通过复盘环节，笔者才知道庭审中脱稿陈述观点的目的并不在于秀炫高超的记忆能力，其一方面目的在于促使律师能保持一种“交流感”陈述观点，而非僵硬低头朗读预先已准备好的材料；另一方面旨在能时

刻注意到法官的表情，通过法官间或可能出现的点头、皱眉等判断法官是否已经理解、是否认同各方想要表达的观点。

场景四：质证环节——借力打力

红方律师

阐述质证意见在原庭审笔录中所载页码及行数，并简要补充相应意见。

蓝方律师

除快速发表证据三性及证明目的质证意见外，引导法官当庭阅览对方提供证据中利于己方的内容。

场景精华提炼

首先，质证环节的核心原则系重点围绕证据合法性、真实性、关联性及证明目的发表意见，意见须简洁明确，切记勿把证据三性质证环节演变成庭审辩论，很多律师在质证环节展开与证据三性及证明目的无关的大篇幅论述，由此导致法官频频打断其发言的尴尬局面。

其次，就证据真实性质证时，需注意不能仅凭证据上所载签章并非伪造就断然判定证据真实性，还需考量证据中所载具体内容是否虚假。不论任何情况均全盘否认证据三性及证明目的的质证方法并不可取，对不能否认的证据应及时承认。同时，质证最佳境界系从对方提供的证据中，发现对己方有利的内容并引导法官当庭查阅该证据。此类证据系对手在庭审中馈赠的大礼，此时一定要物尽其用，不能只顾一味否认证据三性，白白浪费了借力打力的良机，要借机让法官当庭查阅，加深法官印象。

场景五：庭审笔录的校对

红方律师

庭审结束后，迅速在庭审笔录上签字后离开。

蓝方律师

不着急收拾桌面的庭审案卷材料，在核对庭审笔录时，翻找相应资料就庭审笔录中仅记载了相应页码而未完全记载内容的部分进行统一核对。

场景精华提炼

核对庭审笔录时不仅需要核对己方庭上所述重要内容，也要查阅对方在庭审中所作出的利于己方的陈述是否被记载。若无记载，则应及时向书记员、法官反映情况，予以更正。

同时，因庭前向书记员提交电子版的举证质证意见，书记员可直接进行复制粘贴，庭审笔录记载的内容则更翔实且不易出错，可减少庭后校对笔录的时间。

最后，在各方在庭审笔录上签完字后，一定要及时对庭审笔录拍照，以便庭后复盘和及时回顾庭审情况。

以上内容均系在观摩证据交换庭审时学到的小技能，但这些小技能的运用则完全脱离不了庭前律师对案件证据全面深入的把握。唯有庭前对全案证据了然于心，庭上才能挥洒自如，攻守兼备。

法官更喜欢这样的再审申请证据清单

史凯贤

证据清单是当事人为支持其主张或抗辩，证明其所陈述的事实而按照一定逻辑编制的包含证据名称、证据内容、证明目的等信息的文件。每一位诉讼律师对证据清单都不陌生，如果说起诉状、答辩状、再审申请书是律师拿在手中的一柄长剑的话，证据清单则是别在律师腰间的一把匕首，它不像前者那样一马当先，将观点主张直面对手给其当头一击，而是像一支后方部队，将作为证据的各种武器弹药灵活配置，从而再一次给对方一力重击。证据清单运用广泛，从主体上讲，原被告、第三人等均会用到；从程序上讲，一审、二审、再审程序中也都会用到，但不同诉讼阶段的证据清单的编制原则及侧重点均不相同。天同在代理向最高人民法院申请再审案件方面经验较为丰富，故本文中笔者结合自己亲历的向最高人民法院申请再审案件，从再审申请人一方如何编制再审申请证据清单角度谈一下自身见解，求教于同行。

一、再审申请证据清单的重要性

1.内容方面：直接支撑再审申请书

根据《民事诉讼法解释》第三百七十八条的规定，再审申请书应当记明下列事项：（一）再审申请人与被申请人及原审其他当事人的基本信息；

（二）原审人民法院的名称，原审裁判文书案号；（三）具体的再审请求；（四）申请再审的法定情形及具体事实、理由。其中（一）、（二）分别属于当事人信息、其他资料范畴，虽需提交法院，但不是以证据形式体现；“（三）具体的再审请求”由“（四）申请再审的法定情形及具体事实、理由”支撑，而“申请再审的法定情形”系根据具体事实、理由分析归纳所得。那么作为基石的再审“具体事实、理由”由什么支撑？答案当然是再审申请证据清单及证据，可见再审证据清单的重要性不言而喻。再审申请证据清单是直接支撑再审申请书所提出主张的依据，一份高质量的再审申请证据清单，发挥着使法官迅速掌握案件事实及加深法官对再审申请人观点主张理解的重要作用。

2.程序方面：避免书面审产生遗漏

根据《民事诉讼法》第二百零三条的规定，当事人提出再审申请后，人民法院“可以”要求申请人补充有关材料，询问有关事项。而按照《民事诉讼法解释》第三百九十七条的规定，人民法院根据审查案件的需要决定“是否”询问当事人。新的证据可能推翻原判决、裁定的，人民法院“应当”询问当事人。《最高人民法院关于适用〈中华人民共和国民事诉讼法〉审判监督程序若干问题的解释》第二十条规定，人民法院认为仅审查再审申请书等材料难以作出裁定的，应当调阅原审卷宗予以审查。

因此，再审申请阶段最高人民法院一般采取“书面审为原则，补材料、调卷宗、听证为例外”的做法，即除法官认为申请人提交的证据等材料中遗漏关键材料导致关键事实不确定而需补充材料，或认为仅审查再审申请书等材料难以作出裁定的而调阅原审卷宗，或认为存在新的证据可能推翻原判决、裁定而应进行听证的情形之外，原则上法官可以根据再审申请人初次提交的资料进行书面审理。故，为了避免能够证明案件基本事实的关键证据被遗漏或证据内容挖掘深度不够，诉讼律师需要认真打磨再审申请证据清单。

二、制作再审申请证据清单的原则

1. 紧扣再审申请

再审申请书、再审证据清单均是再审申请阶段中带有强烈主观倾向和己方观点的核心法律文件，其阅读主体主要是法官。如前所述，再审证据清单支撑再审申请书中的“具体事实、理由”，两者之间是服务和被服务的关系。合格的再审证据清单需达到法官阅读证据清单时会逐一解决阅读再审申请书过程中产生的各种疑问，同时增加法官对申请人所主张事实的内心确信，只有这样两者结合起来才能共同服务好法官的阅读、审查。为此目的，编排再审申请证据清单时，需在逻辑、顺序、分组等方面和再审申请书保持一致，而不能呈现出散乱、跳跃的状态。例如，再审争议主要涉及法律关系性质的，则证据清单中最好着重引用合同、函件等证据中有关双方权利义务的证据内容原文；再审申请书中存在多个并列的再审理由，则证据清单原则上应相应地进行证据分组；再审申请书按照时间顺序叙事，则证据清单也最好以时间顺序为主展现证据。可以说再审证据清单在紧扣再审申请层面没有一成不变的规则，唯有灵活运用的技巧。

2. 凸显“新的证据”

新证据是再审申请中的明珠。《民事诉讼法》第二百条再审申请法定情形的第一项即是“有新的证据，足以推翻原判决、裁定的”，且此种情况下人民法院也“应当”询问当事人。再审新证据不仅能引起法官的兴趣，再审申请人也可借助由此取得的听证机会进一步说服法官，所以有再审新证据往往能够增加再审成功的概率。我们在利用证据清单呈现再审新证据时一般会做到以下几点：（1）单独制作再审新证据清单，不论新的证据是一份还是多份，均单独编制清单以与其他原审证据清单相区分；（2）注明新证据的类型及原审未能提供的理由，《民事诉讼法解释》第三百八十八条规定了再审申请新证据的四种情形，即“新发现”“新提供”“新形成”以及“原审未质证未作为裁判依据”的证据，证据清单中应予以注明，同时最好根据该条规定注明原审未能提供的合理理由；（3）指明新证据与原判决、裁定认定的基本事实和裁判结果的冲突，即仅形式上有新的证据尚不足以再审成功，根据《民事诉讼法解释》第三百八十七条的规定，新的证据必须能够证明原判决、裁定认定的基本事实或者裁判结果错误才可能再审成功，故证据清单中应直接明了地指出新的证据与原判决、裁定认定的基本事实和裁判结果之间的联系及冲突。

3. 呈现案件全貌

拟提起再审申请的案件往往已经历时多年、历经多个程序，原审已经存在大量证据，其间也已经形成多份裁判文书。因此，是事无巨细地将原审证据等资料都纳入证据清单，还是仅仅将涉及再审事实理由的关键证据纳入证据清单，这是个“度”的问题，既要避免事无巨细而淡化再审主题，又要防止简单列举而难窥案件全貌，而这恰恰就是实践中最难以把握的。根据《民事诉讼法解释》第三百七十七条的规定，再审申请人应提交“反映案件基本事实的主要证据及其他材料”，而“基本事实”根据《民事诉讼法解释》第三百三十五条的规定是指用以确定当事人主体资格、案件性质、民事权利义务等对原判决、裁定的结果有实质性影响的事实。所以，我们通常会将原审中能证明双方主体资格、法律关系、权利义务、民事责任的相关合同、函件等作为证明案件基本事实的证据材料纳入证据清单，同时将涉及申请人再审理由的原审证据、原审争议证据、新的证据作为关键证据纳入证据清单。

4. 挖掘原审证据

挖掘原审证据不仅仅是再审申请书的任务，再审证据清单也要用好原审证据，尤其是缺乏再审新证据或者原审法院未采纳申请人证据的时候，能否挖掘出原审证据中与原判决、裁定认定的基本事实、裁判结果存在的冲突将成为再审申请能否成功的关键。为此证据清单在利用原审证据时应做到以下两点：一是做好原审证据筛选，虽然再审证据的编排需呈现案件全貌，但对于与案件基本事实无关、原审认定无争议、与再审请求无关的证据可予以排除；二是做好冲突呈现，如果说再审申请书中的冲突呈现偏重逻辑思维和说理，那么证据清单中的呈现则偏重简明和直观，我们可以省去各种语言修饰，用简单句直接指明原审证据与原判决、裁定认定的基本事实、裁判结果存在的冲突。

三、制作再审申请证据清单实操要点

1. 适当引用证据内容

当前司法背景下，法官案件数量多、结案压力大，可能很难做到逐字逐句阅读证据，难免在认证时出现疏漏，故在证据清单中专设一栏引述证据关键内容的原文至关重要。再审申请书受其文书功能所限，不便于大量引用证据中的内容原文，而再审证据清单则可以很好地弥补这一不足，尤其在证据较多、证据中与案件关联内容篇幅大的案件中证据清单的该种优势更为突出。在引用内容时应注意两点：一是原文引用，切忌凭主观理解变换表述；二是限制篇幅，否则无异于未引用。

2. 证明目的有统有分

在证据清单按照一定逻辑对证据进行分组的情况下，不仅每组证据有一个总的证明目的，组内重要证据最好单独列明证明目的，这主要是避免法官误认为该组的证明目的系对该组证据间接归纳所得，从而忽略了该组中部分重要证据的直接证明作用。此外，不论是该组证据总的证明目的还是重要证据的单独证明目的，都不应该是再审申请书中相关内容原文的复制粘贴。

3. 申请书中设置链接

再审申请书中设置通往证据清单的链接有利于法官即时解决阅读时产生的疑惑，而无需再带着各种疑问从证据清单中寻找答案。具体做法为，在再审申请书中需要由证据支持的主张、观点、事实处加括号标明相应证据在证据清单中的具体编号。

4. 排版装订应方便翻阅

美观的排版不仅便于法官翻阅和了解申请人的主张，更有利于法官对申请人律师形成敬业的良好印象。在排版装订方面我们应做到证据清单形成表格；字体、序号、颜色统一；以是否加粗或字体大小区分证据组别关系；段落、行间距、页边距适当；为证据编序号、页码并显示到证据清单中。

综上，我们都知道“打官司就是打证据”，证据清单正是对“打证据”的集中体现。如果说一审、二审是对证据的初次加工、简单编排的话，申请再审尤其是向最高人民法院申请再审中的“打证据”就属于深加工、精编排，再审申请证据清单逻辑上需和再审申请书呼应，内容上需挖掘与原审裁判的冲突，形式需方便法官的翻阅，唯有如此方能提高再审申请成功的概率。

如何收集“高利转贷”的证据

瞿　虹

根据2020年12月修正的《最高人民法院关于审理民间借贷案件适用法律若干问题的规定》（以下简称新规）第十四条第一项之规定，套取金融机构贷款转贷的，人民法院应当认定民间借贷合同无效。民间借贷合同无效，利率条款当然无效，债务人仅需按照银行贷款利率支付资金占用费，故“高利转贷”[①]成为借款人一方对抗高额利息的一把“利器”。

根据新规，“高利转贷”有两个构成要件：一是资金来源，即借款资金来源于金融机构；二是转贷行为。对借款人而言，证明借款资金来源于金融机构是取胜的核心。但实践中，债务人作为合同订立时的弱势方，难以取得资金来源相关证据；诉讼中，基于保护债权人的价值考量，法官又天然地偏向债权人一方，债务人往往只能凭一己之力收集证据。鉴于此，本文通过对实务经验的总结以及司法裁判现状的考察，归纳整理了五种收集“高利转贷”证据的方法，以供大家参考。

① 关于“高利转贷”概念的说明：《最高人民法院关于审理民间借贷案件适用法律若干问题的规定》（2015年版）第十四条第一项规定为“套取金融机构信贷资金又高利转贷给借款人，且借款人事先知道或者应当知道的”，明确要求高利；2019年11月，《九民会议纪要》第五十二条规定，从宽认定“高利”转贷行为的标准，只要出借人通过转贷行为牟利的，就可以认定为是“高利”转贷行为，至此，高利转贷中“高利”不再是大家普遍理解的“高额利息”之含义；2020年8月，新规彻底删除了“高利”二字，故实践中不应再称此情形为“高利转贷”。但笔者考虑到实践中多是通过“高利转贷”概念识别该情形，以及行文用语之方便，本文仍沿用这一概念。

一、向法院申请调查取证/律师调查令

根据《民事诉讼法》第六十四条以及《民事诉讼法解释》第九十四条之规定，当事人因客观原因不能自行收集的情形，可以向人民法院申请调查取证。实践中，直接向法院申请调查取证或申请开具律师调查令，往往是借款人一方的首选。从节约成本以及证据的准确性、证明力角度考量，笔者亦建议先尝试向法院申请调查取证或开具调查令，申请书样式如下图所示。为达到案涉借款资金系金融机构贷款的证明目的，当事人可以根据案件情况向法院申请调取以下证据材料：

（1）若知晓案涉借款源于某一特定金融机构，可以申请法院调取“出借人在该金融机构开立的所有账号于×年×月×日至×年×月×日（案涉借款关系发生前一段期间）的往来明细”。

（2）若不知晓案涉借款源于哪一特定金融机构，可以申请调取出借人的企业信用报告/个人征信报告。以企业信用报告为例，贷款信息作为报告的核心部分显示了企业每一笔贷款的详细信息，包括但不限于授信机构、金额、放款日期、到期日。

然而，实践中，若不能提供债权人资金来源的初步证据，借款人一方向法院申请调查取证或开具律师令的成功率并不高。在民间借贷纠纷中，法院通常认为，案涉借款合同的签订及履行等属于案件基本事实，债务人申请调取的债权人的贷款情况，不属于认定本案基本事实必须查明的事实，因而其申请法院调取的证据不属于《民事诉讼法》第二百条第五项规定的审理案件需要的主要证据。[①]在此情形下，当事人不宜过多纠缠原审法院未准许调查取证正当与否的程序问题，而应主动出击，积极寻找出借人高利转贷的证据。

---

① 来源于裁判文书网（2019）最高法民申3787号，姜某辰、庞某华民间借贷纠纷再审审查与审判监督民事裁定书。

调查取证申请书

申请人：×××，男/女，××××年××月××日出生，×族……（写明工作单位和职务或者职业），住……联系方式：……

法定代理人/指定代理人：×××……

委托诉讼代理人：×××……

被调查人：×××，男/女，××××年××月××日出生，×族……（写明工作单位和职务或者职业），住……联系方式：……

（以上写明申请人、被调查人的基本信息；当事人是法人或其他组织的，写明名称住所，另起一行写明法定代表人、主要负责人及其姓名、职务、联系方式）

请求事项：

申请贵院调查收集……（写明证据名称或证据内容）

事实和理由：

就贵院（××××）……号……（写明当事人和案由）一案……（写明需要由人民法院调查收集证据的原因及其要证明的事实以及明确的线索）

此致

××××人民法院

申请人（签名或盖章）

××××年××月××日

律师调查令申请书

当事人：×××

申请人：×××，×××律师事务所律师，执业证号：×××

接受调查单位或个人：×××

请求事项：因×××（原告/上诉人/申请执行人）与×××（被告/被上诉人/被执行人）×××（案由）一案（案号/收件编号：×××）中存在因客观原因不能自行收集证据的情形，特请求贵院开具律师调查令，以便申请人能够持律师调查令前往×××调查收集如下证据材料：

1.

……

事实和理由：

1.

……

此致

××××人民法院

申请人：×××

×××律师事务所（公章）

××××年××月××日

二、查看《借款合同》《承诺书》等文件是否暗含资金来源

《借款合同》《承诺书》《保证合同》《还款计划表》等文件系在双方借贷过程中形成的，通常是借款人一方能掌握的证据材料，然而在寻找“高利转贷”的证据时，这些基础证据材料往往容易被忽略。笔者建议，借款人一方应优先查看现有的上述文件材料并逐条审查，可能会有意想不到的发现。比如，在（2019）云民终155号①案件中，借贷双方签订的《借款合同》对借款利息约定为“按照禄县农村信用社金山分社贷款的四倍利息计算”，即表明案涉借款资金极可能来源于禄县农村信用社金山分社贷款，借款人一方可以此为出借人“高利转贷”的初步证据向法院申请调取证据。

除了双方签字的《借款合同》外，《承诺书》《还款计划表》等借款人向出借人单方出具的文件亦应当予以关注。例如，在（2018）最高法民申4378号②案中，法院查明，柏盈公司（出借人）和金地公司（借款人）签订借款合同之日，金地公司向柏盈公司出具了《承诺书》，承诺因银行续贷需要而产生的融资利息由金地公司负责。最高人民法院认为，这足以说明柏盈公司的出借款项来源于银行资金，且金地公司是明知的，进而认定柏盈公司取得金融机构信贷资金又高利转贷给金地公司，并根据《最高人民法院关于审理民间借贷案件适用法律若干问题的规定》（2015年版）第十四条第一项规定，认定案涉借款合同无效。本案中，凭借《承诺书》中这一条款，借款人的再审请求获最高人民法院支持，最终免予承担高额利息。

① 来源于裁判文书网：云南省高级人民法院（2019）云民终155号判决书。
② 来源于裁判文书网：最高人民法院（2018）最高法民申4378号裁定书。

三、查看对方提交的银行流水

出借人向人民法院提起民间借贷诉讼时，为了证明借贷法律关系存在，不仅会提供《借款合同》、借据、收据等债权凭证，通常还会提供每笔借款的流水信息，这也是借款人寻找“高利转贷”证据的一个重要突破点。以银行流水为例，一般而言，银行流水以表格形式呈现，显示的是该账户一段期间内款项进出情况。我们可以逐笔查看，在案涉借款关系发生前是否有银行贷款进入该账户。如下表所示，以大熊与小熊2018年2月2日5000万元借款为例，查看银行流水有以下几个技巧：

123456789账户交易历史								
交易日期	经办银行	账号	户名	对方账号	对方账户	交易种类	交易金额（元）	摘要/备注
2018.2.1	××××银行	123456789	大熊	—	个贷系统平账专户	贷款开户	50,000,000.00	贷款
2018.2.2	××××银行	123456789	大熊	987654321	小熊	单笔借贷	-50,000,000.00	借款
2018.2.21	××××银行	123456789	大熊	—	—	—	-1,000,000.00	贷款利息
2018.3.21	××××银行	123456789	大熊	—	—	—	-1,000,000.00	贷款利息
2018.4.21	××××银行	123456789	大熊	—	—	—	-1,000,000.00	贷款利息

一看对方账户信息，一般而言，银行发放贷款的流水不显示账号信息，但可能显示账户名称，账户名称不会写明银行名称，一般显示为“个贷系统平账专户”之类；二看交易种类，银行贷款的交易种类一般显示为“贷款开户”；三看摘要/备注，查看是否存在“贷款”“贷款利息”“收回贷款本息”等信息；四看利息支付规律，大部分银行的贷款付息日为每月20日/21日，且利息金额一致，支付时间和金额均存在一定规律。若对方提交的银行流水具备以上特征，借款人就找到了借款资金来源于金融机构的直接证据。

四、查询出借人对金融机构提供担保的情况

根据2015年《最高人民法院关于审理民间借贷案件适用法律若干问题的规定》，只有转贷信贷资金的，民间借贷合同才会被认定为无效，司法实践也普遍认为担保贷款不能纳入第十四条第一项规制的范围。①2020年新规颁布后，条文用语发生变化，“信贷资金”变为“贷款”，意味着“高利转贷”的认定不再区分资金类型。这一变化对于转贷关系中借款人一方是利好消息：一是出借人不能再以转借资金系担保贷款作为抗辩理由；二是为借款人寻找转贷证据提供了一条全新思路，即通过查询出借人对金融机构提供担保的情况锁定借款资金的来源。

实践中，我们可以通过以下途径查询出借人对金融机构提供担保的情况：

（1）若出借人为公司，通过天眼查、企查查、启信宝等企业信息查询工具，借款人一般能查询到该公司股权质押历史记录。

（2）若出借人为上市公司，借款人可登录巨潮资讯网、交易所、上海清算所等网站，查询该上市公司公告。一般而言，上市公司贷款或担保情况会以公告形式予以披露。

（3）若案件已被法院受理，借款人一方可持应诉通知书/受理通知书（律师还需持律师证、当事人授权委托书、所函）前往不动产登记中心，查询借

① 比如，在（2017）最高法民申2583号案中（来源于裁判文书网），最高人民法院认为，债权人以本公司的资产抵押取得的贷款，不属于第十四条所规定的套取金融机构信贷资金的情形。同样，在（2019）最高法民终172号案中（来源于裁判文书网），最高人民法院认为即便债权人的贷款系来源于证券机构，从类型上看，因该贷款存在股权质押担保，不属于信用贷款，故不能纳入第十四条第一项规制的范围。

款人的资产状况，通常包括资产数量、名称、是否存在抵押等担保措施。[①]

（4）在我国部分地区，借款人一方可持应诉通知书/受理通知书（律师还需持律师证、当事人授权委托书、所函）前往市场监督管理局，调取对方在该部门备案档案。根据备案情况，可能查询到该公司对外签订的贷款合同、公司内部决议等文件。

五、在案例数据库检索出借人的涉诉情况

对于借款人来说，通过公开渠道，如裁判文书网、Alpha数据库、威科先行、北大法宝等检索出借人的涉诉案件，不失为一个低成本、高效率的方法。考虑到“高利转贷”案件中多涉及民刑交叉问题，刑事判决往往是法院认定“高利转贷”成立的“终极武器”，因此，我们在检索相关民事判决时，不能遗漏刑事判决。

1.关于民事判决的检索

首先，查询出借人与金融机构（包括但不限于银行、城市信用合作社、农村信用合作社、农村资金互助社、财务公司、信托公司、金融资产管理公司）之间的金融借款合同纠纷，然后将贷款时间与贷款金额与案涉借款时间、金额对比梳理，判断两笔款项之间是否存在关联。

其次，查询与案涉借款有关联的另案判决。例如，在（2020）豫04民

①《不动产登记资料查询暂行办法》第四条：“不动产权利人、利害关系人可以依照本办法的规定，查询、复制不动产登记资料。不动产权利人、利害关系人可以委托律师或者其他代理人查询、复制不动产登记资料。”第十九条：“符合下列条件的利害关系人可以申请查询有利害关系的不动产登记结果：（一）因买卖、互换、赠与、租赁、抵押不动产构成利害关系的；（二）因不动产存在民事纠纷且已经提起诉讼、仲裁而构成利害关系的；（三）法律法规规定的其他情形。”

终2279号案[①]中，法院认为，关于款项来源，出借人在（2016）豫0481民初2604号案中陈述出借资金来源为“一部分为自己的储蓄，一部分是银行贷款，银行贷款有手续，如果需要的话可以提交”，出借人虽在本案中予以否认，但并未提交充足有效证据推翻其在另案中关于款项来源的陈述，故认定出借人提供的借款款项部分来源于银行贷款，借款合同部分无效。

2. 关于刑事判决的收集

首先，查询出借人涉高利转贷罪的刑事判决。根据《刑法》第一百七十五条，行为人以转贷牟利为目的，套取金融机构信贷资金高利转贷他人，违法所得数额较大的，构成高利转贷罪。从构成要件上看，高利转贷罪一旦成立，在民事诉讼中，借款合同关系就会被认定为无效。

除了高利转贷罪，骗取贷款、票据承兑、金融票证罪等亦值得当事人关注。例如，在（2016）最高法民再235号[②]案中，最高人民法院认为，刑事案件确认的犯罪（骗取贷款、票据承兑罪）事实涵盖本案民事案件争议的事实，即恒泰公司将讼争款项由银行借出后，又出借给海盛公司，并由大东吴公司提供担保，基于此，本案所涉借款合同及担保合同的效力应重新审理认定。

民间借贷案件中，若能证明存在新规第十四条第一项所规制的“高利转贷”情形，民间借贷合同无效，对借款人一方极为有利：借款人无需再承担高额利息或违约金，在借款人或第三人提供担保的场合下，担保合同亦无效，担保人承担民事责任的部分不会超过债务人不能清偿部分的1/3。但同时，借款人一方承担的举证责任重，直接获取出借人贷款信息难度大。在此困境中，借款人一方应先着眼于现有的证据材料，包括自身掌握和对方提供的证据材料，并逐一排查；更应开阔寻找证据的思路，通过公开、合法途径查询出借人对金融机构提供担保及涉诉情况。

① 来源于裁判文书网：河南省平顶山市中级人民法院（2020）豫04民终2279号判决书。

② 来源于裁判文书网：最高人民法院（2016）最高法民再235号裁定书。

建工案件证据材料组织：如何做好故事的二次创作

张晟冬

多年以后，经验丰富的律师站在数箱建工案件证据材料面前，准会想起合伙人带他去参观工程项目资料库那个遥远而闷热的下午。当时，项目资料库是个潮湿且逼仄的小黑屋，一个个材料柜杂乱地堆放在房间里，灯光昏暗，沿着浩如烟海的文件向门外洒去，柜子上的材料粗糙、厚重，活像史前的巨蛋。

此处开篇致敬《百年孤独》的原因即在于，当第一次走进工程项目资料库梳理案件证据材料时，笔者感想数量如此庞大的材料也许足以阅读“百年”，而繁杂又凌乱的材料内容也足以让人的逻辑思维感到“孤独”。纵使马尔克斯本人也不会想到，建工案件的材料库竟能让一名律师回忆起《百年孤独》的开场白。实际上，面对恒河沙数般的建工案件证据材料，魔幻现实主义反倒是一个极具现实性的描述。然而作为问题解决者的律师却不会有“百年”的时间去办理案件，律师的专业性也不允许逻辑思维陷入“孤独”。他们必须从“魔幻”走回“现实”。至于这之间的道路是难于上青天的蜀道，还是可北拒匈奴南逐百越的驰道，正取决于证据组织的方法。

加入天同以来亲身参与办理建工案件的过程让笔者意识到，实际上，我们可以高效而准确地走完这从“魔幻”到“现实”间的道路。故借此机会写一些经验、心得，既做个人总结，也期抛砖引玉，与同仁共同探讨、进步。

一、导语：组织证据材料是一个故事的二次创作

“己所不欲、勿施于人”，不要让法官面对案件材料时与初次面对它们的你感同身受。律师如果不能成为信息的汇编者与挖掘者，却只能做材料的搬运工，结果必然是让法官也成为魔幻现实主义作品的“读者”。即使这样的“读者”足够优秀而能从晦涩的“作品”中发现当事人合理的主张和事实依据，作为创作者的律师也不要奢望能得到鲜花与掌声。因此，如果将建工案件的原始材料比作一个魔幻现实主义作品，组织证据的工作就是二次创作的过程。这个二次创作的过程中，律师作为创作者，经过步步雕琢，可以使得作品足够简练但依旧动人。

二、从“魔幻”到“现实”：二次创作的全过程

（一）确定筛选方向：勾勒故事主线

在筛选原始的证据材料前，需要明确证据的结构从而明确筛选的方向。故事的主线不可能是千篇一律的，案件的具体情况决定了不同的证据组织逻辑。

1. 请求权结构

一审案件在起诉前往往处于争议解决的初期阶段，争议焦点因在酝酿当中而未清晰地显现，此时当事人的诉讼请求即是最重要和清晰的故事主线。在这种情况下，我们应当明确当事人诉讼请求背后的请求权，以请求权的构成要件的内容为基础制作思维导图，划定材料筛选的基本方向。

以建工案件中最常见的诉求——请求依照合同支付工程款为例，该诉求

背后的请求权即继续履行请求权，请求权基础是《民法典》第五百七十七条。通过对该法条的检讨我们可得知，其构成要件为：

（1）不存在合同无效事由或效力瑕疵；

（2）对方未符合合同约定支付工程款。

与此同时，请求权得以成立除构成要件成就外，还需考虑是否有阻却其成立的事由，即抗辩。法律对继续履行请求权之抗辩的规定也是明确的：

（1）时效抗辩；

（2）顺序履行抗辩；

（3）不安抗辩。

在这个结构下，我们得到了至少5个材料筛选的方向。

2. 争议焦点结构

在二审和再审案件中，请求权构成要件的成就情况已经被充分地讨论过了，前序程序中的讨论将请求权这一故事下的情节进行了天然的筛选，请求权基础的主线已经被破坏。而争议焦点这条主线却因前序程序双方的互相讨论变得十分明显。因此，在二审、再审案件的证据材料组织过程中，将前序程序中的争议焦点作为证据的主体结构，可以为后续的材料筛选减小工作量且使其更有针对性。

3. 当事人视角结构

在此值得一提的是，无论是一审、二审还是再审程序，面对同样的案情，包括法官和律师在内的法律专业人士时常会与案件当事人产生完全不同的观感。例如，面对工程款的支付数额，法律专业人士依据目前的材料和法律分析得出的数额也许会远不及当事人的心理预期。

律师作为法律服务提供者不可将这种观感上的差异性视作理所当然。其一，回应当事人的诉求本就是律师工作的责任；其二，当事人这种看似无甚理由的心理预期背后往往存在最朴素的合理性。此时，律师需要努力地去引导当事人阐述其心理预期的内在理由，再将这些理由通过法律逻辑联系起来形成一个完整的逻辑结构，将这种心理层面的合理性转化为法律层面的合理性。这种结构当中的连结点也正是我们材料筛选的方向。

（二）确定关键词清单：总结争议焦点，设置故事情节

完成上一步筛选方向的确定后，我们需要制作关键词清单，以便于我们从案件的原始材料中提取律师工作的基础资料。值得注意的是，这些关键词并不仅仅是我们材料筛选的工具，它们同时也是证据结构下具体的证明目的，是我们为故事设置的情节。

然而此时我们所面对的关键词数量依旧是十分庞大的。以上文中请求依照合同支付工程款的继续履行请求权为例，其第一个构成要件——不存在合同无效事由或效力瑕疵，就涵盖了合同法第三章下全部条款的关键词。这意味着我们需要通过与当事人的沟通交流、类案检索等方式将大的筛选方向简化为具体的关键词。而这样的沟通与了解的过程本质上就是争议焦点的总结过程。

此处以上一节中的请求权结构为模板，展现通过总结争议焦点将筛选方向具体化为关键词的基本模式。

同样以上文中提到的请求支付工程款为例，通过与当事人的沟通和对案情的基本了解，对方是否符合合同约定支付工程款，是否存在时效经过的风险、顺序履行和不安抗辩事由往往是显而易见的，若预计这些构成要件不会成为当事人争议的焦点，此处的筛选方向就从5个减少到了1个，就仅余下了“不存在合同无效事由或效力瑕疵”这一个筛选方向。

紧接着，在构成要件层面，大量的信息点也可以被高效地舍弃。从不存在合同无效事由或效力瑕疵的角度分析，欺诈、胁迫、重大误解等关键词往往能通过争议焦点的总结快速地删减。删减至最后，建工案件中不存在合同无效事由或效力瑕疵这一构成要件下常常只会剩下唯一的信息点——不违反法律法规强制性规定。而这最后一个信息点，也很容易通过争议焦点的总结将其具体化为“招标”“分包”“转包”等关键词。

（三）材料的现场筛选：带上关键词清单去采风

关键词清单准备好后，接下来就需要正式进入材料筛选的阶段。首先即是现场筛选。这个阶段筛选的模式是将含有关键词的文件完整取回，不含关键词的文件整体舍弃。此处可以分享两个提高效率和准确性的原则。

1. 询问与引导工程技术人员，有理由地舍弃技术资料

建工案件的大部分材料实际上都可以被归纳为案涉工程的技术资料。其中虽然不乏可以用作证据的关键材料，但律师对此的判断能力必定存在不足。同时，大部分的技术细节可能与争议的解决关联性较小。在这种情况下，我们需要在现场对项目的技术人员和工程师进行仔细的咨询，并向他们清晰简练地阐述律师的诉讼策略、证明目的，以期在专业人员的指引下，有针对性地舍弃与获取材料。

2. 重视单位间的往来文件，尽量地整体性取回

争议必然是发生在多方之间的，单独的个体绝不可能产生争议。而单位间的往来文件则是不同主体尤其是争议主体间意思表示的直接体现。因此，这些往来文件材料中极有可能包含与争议相关的关键性信息。在现场筛选中，除非与清单上的关键词相去甚远，这些往来资料都建议整体性地取回。

（四）证据材料的最终敲定与归纳：故事定稿

经过证据结构的确定，我们已经有了一个令人满意的故事主线。通过争议焦点的总结，我们对故事主线下的情节做出了合理的安排和构思。现场筛选归来，我们通过采风为故事情节准备了丰富的具体内容。故事的创作现在终于走到最后一步：帮助材料完成向证据的关键一跃。我们需要对这些情节进行筛选，把最合理、最具证明力的材料敲定为最终的证据，完成我们的故事创作。

1. 按照关键词将材料纳入证据结构

现场筛选回的材料必定是杂乱分布的，此时我们前期的“证据结构—关键词”模式可以实现材料的重新排序。在材料录入时，注意通过关键词命名文件，以达到分类归纳的目的。

2. 检验材料证明力：紧贴主线剧情

不同的材料对待证事实的证明力之间存在客观差距。同时，很多现场筛选回的材料虽然包含关键词，却可能与待证事实毫无关系。证据材料的最终确定需要舍弃这些无证明力的材料，同时将剩余的材料依据证明力大小依次排列。

3. 检验证据的三性：舍弃不合理的剧情

具备证明力的材料完成到证据的一跃并不是当然的。例如，一些材料上缺少签章或签章明显系伪造，或是一些材料合法、真实且具有关联性，但却存在明显对我方不利的信息。以上的材料都需要在这一步骤进行舍弃。

4. 团队讨论的重要性

证据的最终敲定阶段与材料的现场筛选阶段间最大的不同在于，后者仅仅是一个考验眼力和耐力的阶段。而最终敲定阶段需要深入、细致地检讨材料的具体内容，并进行大量的逻辑思考。单独的个体面对大量的材料和连续性的工作，必然会产生思维定式、忽略材料细节。团队讨论是解决这个问题的唯一办法，不同的团队成员从不同的思维方式切入同一个材料，互相讨论、互相补充，可以避免细节上的缺失。

（五）工具推荐

1. OCR类软件

在材料的现场筛选阶段，我们获取材料的方式通常是扫描或拍照，而最终的证据文件却是文字性的。在建工案件材料数量巨大的背景下，若通过手工输入的方式将图片类文件转换为文字，工作量之巨大可想而知。OCR类软件可以轻松地解决这个问题，极大地提高证据组织的效率。

2. PDF编辑类软件

在材料的现场筛选阶段，我们通常会一次性拍摄或扫描大量文件，在团队协作模式下，这些文件通常是分散的。这些不同成员一次性获取的材料必须进行重新归纳、整理、拆分、组合之后方能使用。PDF编辑类软件可以高效简便地完成这些事项。

3. 思维大纲类软件

在证据材料组织这个二次创作的过程，律师需要构建清晰的逻辑主线并辅以丰富的具体材料。思维大纲类软件可以在做到逻辑结构的清晰组合排列的同时，完成具体材料的纳入。同时，很多思维大纲类软件还具备在线共享和协作的功能，可以完美地适应团队工作的模式。

三、结语：人间正道是沧桑

虽然我们能够依据经验和逻辑总结出科学合理的办法提高建工案件证据组织的效率，但绝没有多快好省的捷径。工程项目部的资料库也许是潮湿昏暗的、材料也许是粗糙陈旧的，但对于律师来说，它们都是珍贵的宝藏，它们之中必然隐含着可以力挽狂澜的关键性信息，需要仔细地阅读、分析与揣摩。从适睡的清晨到闷热的下午，又直至疲惫的深夜，证据组织的工作必定是辛苦的，但绝不会是枯燥的。故而，胜诉来之不易，但我们总能超越期待。

CHAPTER V

第五章
庭前准备篇

通过案件背景调查，在处理商事纠纷时做到知己知彼

尹　亮

诉讼作为一种争议解决途径，从来都不是最终目的。实际上，商事诉讼中鲜有单纯的“诉讼目的”，更多的是各方商事主体之间的利益博弈。作为商事争议解决律师，在接手案件的第一时间，除了根据客户提供的材料详细掌握案件基本事实外，同样重要的是通过背景调查，准确把握客户的商业诉求。在此基础上对诉讼案件的深耕细作，或许才更能达到事半功倍的效果。

在IPO、并购、破产这样的非诉法律服务中，经常会对目标公司的资产和负债情况、经营和财务情况、面临的机会与潜在的风险进行一次乃至数次尽调。类推适用这一工作方法，在处理商事争议解决案件时，同样可以考虑对涉诉相关主体、商业背景、客户诉求等进行翔实的背景调查。

一、背景调查之必要性

（一）明确客户的商业诉求

商事争议解决中，律师往往更为关注法律事实如何，法律关系如何，在个案中如何能够维护客户的合法权益。而客户作为商事主体，除了追求个案中的权利实现外，同样关注着个案处理与其商业利益之间如何实现衡平，又

或是说如何通过在个案中不断调整诉讼思路，才能为客户更好地实现商业诉求。从这个角度来说，只有先准确把握了客户的商业诉求，才能在个案的处理中切实以客户合法权益的最大化为出发点，提供优质的法律服务。某些情况下，客户出于种种考虑，并不会将其商业诉求和盘托出，这时候就需要律师发挥主观能动性，用自己的专业能力，洞悉客户“欲说还休”的真实诉求。

（二）了解涉诉案件全貌

从与客户沟通案件事实情况的经验来看，通常情况下很难通过一方的陈述与证据还原出涉诉案件的全貌。为了翔实地掌握案件事实，就要求律师对案件的交易背景、经济政策、行业交易习惯等背景事实进行了解。掌握了案件全貌才能更好地对所涉事实的法律关系作出准确判断，从而制定出行之有效的诉讼策略。

（三）排查潜在的诉讼风险点

无论是在诉讼中还是执行程序中，均可能存在不可控的风险，通过背景调查的方式可以尽可能甄别出案件风险点，并提前做出应对或诉讼策略的调整。比如说，诉讼程序中是否存在涉及先刑后民等导致民事案件审理期限、结果变化的可能性；或是执行程序中是否存在无可供执行财产的风险。通过前期的案件背景调查，不仅可以对案件办理工作量有较为清楚的判断，更加可以及时向客户揭示案件办理过程中可能存在的风险点，帮助客户做好案件结果的预期管理。

二、背景调查之不完全清单

（一）商业交易背景

商事主体间达成交易合意的内在逻辑总是五花八门，究竟是何种原因促成了客户与相对方之间交易的达成，对理解各方的真实意思表示有着重要的作用。由此，需要详细了解案涉各方的交易背景：各方主体之间是否存在长期的合作关系并有成熟的交易习惯，签订合同时的真实意思表示究竟是买卖还是融资，交易行为与特定时期国家政策有无关联，合同履行过程中出现分歧的核心原因是一方不履行主要义务还是市场价格变动因素等问题，都应该纳入背景调查的范畴。通过对新闻舆情、行业动态、政策法规的全面检索，可以对案件涉及的商业交易背景有清楚的认知，为下一步的诉讼策略制定及证据收集工作打下良好的基础。

（二）行业交易惯例

律师往往做不到全知全能，尤其是在面对特殊行业，不同的交易模式时，很难做到准确把握不同行业的专业知识。此时，就需要先行对某个行业或某些特殊标的物的交易惯例或专业知识进行了解与学习。比如，在处理涉及大宗商品交易或者融资性贸易的案件中，不同商品的交易习惯可能有所不同，只有在对交易惯例作出充分了解的基础上，才能对各方合同约定及履行情况的真实意思表示进行判断。

（三）市场价格波动

市场价格的变动，很多时候会成为合同履行过程中发生变数的诱因。比如2017年房屋销售价格上涨，因房屋买卖合同产生的解约纠纷数量骤增，甚至出现了开发商举报自己无证销售，并起诉业主请求确认合同无效的案件。不难看出，作为房屋出卖方，主动提起确认合同无效之诉，是为了追求价格上涨后带来的巨大利益，该种诉讼目的难说具有善意，法院在处理结果上也应考量诚实信用原则的适用。当然，除了生活中与我们息息相关的商品价格外，有很多大宗商品如煤炭、钢材等的价格变动也是我们缺乏关注的，只有通过更进一步的调查与检索，才能对市场价格变动与合同履行情况作出准确评判。

（四）工商登记信息及关联公司情况

工商登记信息作为公司法人对外具有公信力的公示信息，能够在一定程度上反映出公司的经营状况。同时，在这个数据大爆炸的时代，任何有关联的公司之间大概率会留下痕迹与线索。通过对案涉公司及其关联公司工商信息的调查，可以对案涉公司是否存在与关联公司的虚假交易或是转移资产情况以及合同履行过程中的事实情况更加准确地了解。

（五）涉诉案件及执行情况

通过对案件各方主体的涉诉案件及执行案件进行分析，尤其是对诉讼案件中被告方涉诉案件及执行情况的检索，可以对其是否具有充分的履行能力作出初步的判断。笔者亲历了一起合同纠纷，客户在起诉A、B公司履行债务的同时要求C公司承担共同支付责任。鉴于A、B公司长期经营不善而C公司履行能力较强，客户的核心诉求一直放在主张C公司承担共同支付责任上，但通过翔实的背景调查发现A公司对案外人D公司享有上千万元的债权。成功扭转了客户的定式思维，增加了实现其诉求的可能性。

三、背景调查之方法论

（一）百度高级+布尔逻辑运算符等传统搜索引擎

抛开检索的精确程度不论，作为国内为数不多的综合性搜索引擎，百度、搜狗、Bing仍然是我们进行相关调查和检索工作的重要工具之一。通过对案涉主体、案件关键词的粗犷检索，包括但不限于新闻舆情、百度百科、文库文档、图片、地图坐标中都可能蕴含着与案涉事实有关的细节，不排除通过某些细节的深挖，或许会收到意想不到的惊喜。

同时，结合下述搜索引擎自带的高级检索规则，可以在很大程度上提高检索的效率。

1.site语法，限定网站检索，比如“合同法site：gov.cn”就是限定检索政府网站中有关合同法的内容；

2.filetype语法，限定文件类型检索，“合同法filetype：doc”检索出来的全是与“合同法”相关的Word文档；

3.title语法，限定网页标题检索，“title：合同法”检索出来的全部是标题中带有合同法的内容；

4.布尔运算符语法，包括“AND、OR、NOT”三种符号，“合同法AND违约”结果是带有合同法及违约关键词的内容，“合同法OR违约”结果是带有合同法或者违约关键词的内容，“合同法NOT违约”结果是带有合同法但是没有违约关键词的内容；

5.“+、–”语法，从结果中添加或去除内容的检索，“合同法+违约–赔偿损失”结果就是包含合同法以及违约，但是不包含赔偿损失的内容；

6.引号语法，完整搜索，“合同法第一百条”结果就是包含完整短语信息的搜索结果。

（二）搜狗微信、微博等新媒体

随着互联网新媒体的兴起，越来越多的信息散布在了微信朋友圈或微博中。我们可以尝试通过对这些碎片化信息的检索，找到一些传统互联网平台难以搜寻到的信息。

（三）专门的信息披露网站

对于某些权威统计数据或者上市公司的披露信息，可以在巨潮资讯（http：//www.cninfo.com.cn/new/index）或者国家统计局（http：//www.stats.gov.cn）等专门的信息披露网站上进行检索。

（四）工商信息查询APP

通常情况下，我们建议选择市面上主流的工商信息查询APP，如企信宝、天眼查等，而不是直接在国家企业信用信息公示系统进行查询。主要原因在于通过第三方的数据抓取与整合，可以将公司的对外投资、受益所有人、控股企业、关联企业等进行一键查询，极大地减少了工作时间，提高工作效率。

（五）裁判文书数据库

目前市面上主流的裁判文书数据库包含裁判文书网、无讼案例、威科先行等，在最终数据的准确性与权威性上，应以裁判文书网中的文书为准，但出于使用便捷性、检索工作效率的考虑，可以选择最符合使用习惯的数据库进行裁判文书的检索。

（六）实地走访调查

在条件允许的情况下，对于案涉公司的经营状况、标的物现状可以采取实地走访调查的方式，深入了解客观现状。必要时还可以通过拍照、公证或由法院进行追记等形式固定证据。

四、成果呈现

（一）呈报文件

从工作成果有形化的角度来看，并不建议口头向客户汇报相关背景调查情况，因为口头汇报既不利于客户深入了解，也不利于工作留痕与风险把控。更多情况下，可以将背景调查的成果作为呈报文件的一部分，以书面形式提交给客户。一方面能够体现律师工作的专业性，另一方面能够及时地向客户进行风险提示。

（二）案件汇报PPT

在向客户进行案件汇报时，可以将背景调查作为PPT的补充内容，借助可视化的方式，进行简明扼要的阐述。

（三）作为辅助证据提交给法院

除了提交要件实事的基本证据外，可以将案件涉及的背景材料作为辅助证据一并提交给法院，帮助法官在审理案件的过程中，深入了解各方的真实交易意图，从而做出更符合公平、诚实信用原则的价值导向判断。

以上关于案件背景调查的探讨，仅是基于日常检索工作的部分经验所提出的，仍有待通过持续的权威数据与实际践行进一步完善和充实。商事争议解决中追求极致的道路是漫长的，唯有注重每一处细节，才能不负期待。

民事诉讼十二时辰——如何确定具体的诉讼请求

周俊南　曲金亮

我国《民事诉讼法》第一百一十九条规定的起诉条件之一为“有具体的诉讼请求”。围绕诉讼请求而进行的诉讼活动贯穿于整个民事诉讼程序的始终。对当事人而言，诉讼请求关系法院能否支持自己的诉讼权益或是否需承担一定的责任与义务。确立起一个明确可行的诉讼请求对于推进诉讼程序的顺利进行，保证民事权益的依法实现，具有极为重要的作用。

辰时，执徐，伏蛰之物，
而敷舒出，宜先行明确诉讼请求的意义

一、诉讼请求之于诉讼中各方主体的意义

1.对于当事人

原告向法院提起诉讼，请求法院维护自身的合法权益，以起诉状中具体的诉讼请求为权益主张的外在表现形式。原告进行的一切诉讼活动的中心即为了使法院支持自身提出的诉讼请求。

卢梭在《社会契约论》中曾言：“人生而自由，但无往不在枷锁之中。”对原告而言，诉讼请求的确定既是“自由”，又是“枷锁”。说其是“自由”，

是因诉讼请求为原告向法院提出的请求法院维护自身合法权益的具体主张，对于如何请求法院保护自己的何种权益，原告可以自由主张，其也有自由处分所能主张诉讼请求的权利；说其为“枷锁”，则是因原告的诉讼请求需建立在合法合理的基础之上，需具有具体的事实基础，需具有明确合理的请求权基础。反向思考，原告的“自由”和“枷锁”，又为被告的“枷锁”和“自由”。原告的诉讼请求一方面有可能成为被告应尽的义务、应负的责任；另一方面又为被告提供了抗辩的出发点和理由。因此，在诉讼的过程中，诉讼请求是原被告双方攻守交战的中心所在。

2. 对于法院

诉讼请求从本质上来讲并不是向诉讼相对方提出的请求，而是向法院提出的请求，请求的目的是让法院作出维护自身权益的裁决。依照我国当前《民事诉讼法》的基本理念，法院对于民事案件的裁判需在当事人的诉讼请求范围内进行，超裁和漏裁都不符合立法意旨。因此，当事人提出的诉讼请求其实具有限制法院裁判范围的效力，法院不得随意超出当事人的诉讼请求范围或遗漏当事人的诉讼请求进行裁判。

3. 对于律师

当事人可能会因为专业法律知识不足等原因，对于其发起案件的诉讼请求如何确定、怎样表述不甚了解。作为一名专业律师，应首先协助当事人确立起有效可行的诉讼请求。只有在诉讼请求确定以后，才能围绕诉讼请求进行具体的诉讼活动，包括制定诉讼策略、收集组织证据、撰写法律文书等。诉讼请求确定得合理、科学，不但能向当事人体现律师对于受托案件的熟悉与全局掌握程度，也更彰显律师的办案能力与专业素养。

诉讼请求对于民事诉讼各方参与主体都有着举足轻重的作用，一旦选择不当，可能会导致被法院裁定驳回起诉与判决驳回诉讼请求，也将直接决定当事人程序与实体利益的得失，更会直接影响律师的口碑和社会评价。

巳时，大荒落，万物炽盛而出，霍然落，确定诉讼请求需综合考虑

二、确定诉讼请求需综合考虑的因素

诉讼请求的提出无疑受到请求权基础、案件事实证据等客观因素的制约，诉讼请求的实现更是受法院认可与否、对方当事人抗辩有效与否、律师主观能动性发挥程度等主观因素的约束，因此，在确定诉讼请求之初，应对各方因素做全盘综合考虑，以实现去粗取精、去伪存真。

1.案件的基本事实和证据

案件的事实理由及具体证据，从客观上决定了当事人之间存在何种法律关系，以及可以提出的具体权益主张。诉讼请求是无法脱离案件客观事实而存在的，其必须源于案件事实并进行提炼加工。因此，在确定诉讼请求时，应首先做到全面了解并分析案件实际情况，梳理全案证据材料，并在此基础上提炼出稳、准的诉讼请求。

2.委托人的预期和需求

一切以实现委托人的合法权益为中心，是我们从事法律服务行业应遵循的重要理念。委托人寻求司法救济途径，一定伴随着利益需求，而且怀抱着实现的预期。因此，作为律师必须充分听取委托人的需求及目的，必要时基于案件客观事实，询问并挖掘委托人可以主张的潜在诉讼请求，以最大限度地确定出符合委托人预期的诉讼请求，全面地实现委托人的权益。当然，在具体操作中，律师要保持看待案件及委托人诉请的理性态度，对于委托人要求提出的明显不会被法院支持的诉讼请求，应当及时向委托人分析释明；若委托人较为坚持，则需向其预先进行风险提示。另外，委托人基于其他考量，或许只愿意选择主张一项或者几项诉讼请求，放弃主张其他可行的诉讼请

求，作为律师在询问确定委托人的意向后，应尊重委托人的意愿，协助其选择符合自身需求的诉讼请求，并帮助其作出贴近其预期的诉讼策略。

当然，是否符合委托人的预期，还包括委托人对于诉讼成本的接受程度。尤其是财产类案件，随着主张标的额的提高，相应的法院案件受理费及律师代理费也将依法提高，在委托人追求高标的额实现的同时，作为律师要适时作出提醒，以平衡委托人的预期。另外，诉讼的时间和程序成本也应提前纳入考虑范围。

3. 法院认可的概率及诉讼攻防的难度

在确定诉讼请求时，不但要考虑委托人的接受与否，也要从诉讼成功的概率着眼，换位思考，充分考虑法院接受的可能性及未来如何有效应对对方当事人的抗辩，从而实现最大限度地说服法院，驳倒对方当事人的主张，达到实现受托人的利益诉求的效果。鉴于法院审理案件及当事人参与诉讼围绕的核心内容是案件的事实基础和法律依据，因此诉讼请求应结合案件事实、法律具体规定等确定主张范围。

另外诉讼请求明确和具体的题中应有之义，还包括避免让法院在诉讼请求上做选择。虽然我国《民事诉讼法》规定了法官对于当事人变更或撤回诉讼请求的释明义务，但是，如果提出可供选择的诉讼请求，极容易被对方当事人提出诉讼请求不明确、不具体的抗辩，增加不必要的诉讼风险。

4. 诉讼的性质和策略

民事诉讼从理论上分为确认之诉、给付之诉与形成之诉。每一种诉讼所对应的诉讼请求均不相同，因此在确定诉讼请求时，也应从法律角度考虑发起诉讼的性质、依据的请求权基础以及诉讼策略的选定。诉讼是一场零和博弈，必定会有输有赢。当事人向法院发起诉讼是为了确认某种法律关系或事实状态，还是为了请求法院判令对方履行金钱给付或履行某种行为，抑或是为了变更某种法律关系，均是诉讼的法律动因之所在，也是法院审理诉讼的方向之所在。诉讼性质的确定也将影响法院审查的请求权基础是否合理合法，影响到律师为委托人后续制定行之有效的诉讼策略，也将决定证据如何进一步梳理、证据清单如何编撰、法律文书如何撰写、开庭如何呈现等。

午时，敦牂，万物壮盛，诉讼请求成

三、书写诉讼请求的步骤

1. 全面列举

应本着全局意识，在全面详尽分析案情，统筹考虑各类影响因素后，先行把所有可能提出的诉讼请求全面罗列。

2. 准确筛选

全面列出所有可能的诉讼请求后，应对其进行逐项分析，依据案件事实、证据材料、当事人要求、合理合法性等，筛选出明确、具体、可行的诉讼请求。

3. 层次关系

在案件可以提出多个诉讼请求的情况下，要充分考虑各个诉讼请求之间是否存在逻辑上的递进关系，或者语言表达上的连接关系，从而在排列时遵守一定的顺序。另外，由于诉讼请求嵌套在法律文书中，与案件证据编排相衔接，因此书写诉讼请求的内在逻辑层次和顺序应当与法律文书的行文脉络和证据事实的记叙存在对应关系。例如，在一方严重违约致使合同目的不能实现的情况下，另一方向法院诉请解除合同并要求违约赔偿，在文书写作和证据组织中应遵循先说明违约事实，守约方享有解除权，后说明损失赔偿范围等次序，也应注意多个诉请之间的层次关系，先罗列解除合同的诉请，再罗列要求违约损失赔偿的诉请，做到合理布局，层次明晰。

4.法言法语

诉讼请求要呈现给法官，以作为后续裁判的依据；也要展现给当事人，以作为体现律师价值的依据。所以，在正式书写法律文书中的诉讼请求时，应注意使用并不断调整具体的书面语表达方式，注意法律语言的转化，实现诉讼请求在法律意义上的“形神兼备”。

最后，关于诉讼请求还有一句不得不提的著名的通用型行业“黑话”，即“本案诉讼费全部由被告承担”。

民商事诉讼的基本功——律师应当如何阅卷

朱　赫

阅卷，是诉讼律师了解案件事实最直接的方式，也是每一位诉讼律师的必修课。诉讼律师的工作无非分为“输入”和“输出”两个过程，即将案卷材料录入大脑并梳理为法律事实，再对其进行书面或口头形式的表达，形成法律上的评价。本文主要结合笔者自身经验，谈一谈在阅卷的过程中，如何高效、高质地完成对案件信息的掌握。

笔者认为，律师在处理案件时，至少需要三次系统的阅卷工作。第一阅，按照合理顺序全面系统阅卷，同时制作阅卷笔录；第二阅，把控案卷材料之间的关联性，撷取争议焦点；第三阅，确定诉讼路径。

第一阅：按照合理顺序全面系统阅卷，同时制作阅卷笔录

第一次阅卷是重中之重，需要投入的时间、精力最多，因此笔者习惯利用完整的时间，高效率地完成第一遍阅卷，这种阅卷效果往往最好。打个简单的比方，一部3个小时的电影，如果分两三次欣赏完，会导致思维和记忆断层，观看的感受必然不如一次看完好。同理，若阅卷过程被分为几天，那么律师对案件的把握也是不连贯的，从而导致产生的理解与客观事实存在差异。因此，笔者建议大家选择在一个完整的时间段内完成第一遍阅卷，例如一个完整的上午或下午，时间尽可能不超过一天。

1. 按照一定顺序将案卷材料进行排列，再阅卷。

根据不同案件情况，律师可以按照时间、当事人之间的法律关系等顺序将案卷材料进行排列，其目的是使律师在阅卷时保持清晰的逻辑。如果是二审、再审案件，先仔细阅读原审裁判中认定的事实、裁判理由、裁判结果，以及双方当事人的诉讼请求和理由，找到其中的差别，形成对案件的初步把握，然后再带着问题阅读其他材料。第一次阅卷时，律师应当做到全面、系统阅卷，不遗漏任何一份材料。

2. 在阅卷的同时制作阅卷笔录。

俗话说，“好记性不如烂笔头”，人的记忆力是有限的。律师在面对庞杂的案件时，案卷可以堆成一座小山，如果不及时进行记录，就可能导致读了后面的又忘了前面的，遗漏案件的重要信息。若重新从案卷中找寻材料，既浪费时间，又无法形成对事实的准确把握。因此，把读到的信息记录下来，形成阅卷笔录，是阅卷过程中不可或缺的工作。

案卷记录的方式可以是用手写下来，也可以是电脑输入，其目的在于放慢阅卷的速度，留给律师一边阅卷，一边思考的时间，进而加深对重要信息的认知。需要进行记录的内容应当至少包括律师认为有价值的重要信息、可能对案件有影响的信息以及存疑的信息（如合同之间的矛盾差异等），例如：合同中重要的条款（如当事人权利义务、标的物、约定解除权、违约责任、签订日期等）、原裁判中双方当事人的主张和裁判结果、关键证据的陈述等，把存疑的信息记下来是为在读到后续有关的材料时，律师可以迅速地与事实关联起来。在阅卷的过程中，为了更好地理解，也可以将案件的大致流程以画图、制表的形式记录下来，为后续阅卷提供便利。

在记录的过程中，律师应当尽可能做到文字表述的精准，对于重要的信息，要做到一字不差地记载。记录的过程同时也是思考的过程，遇到可能产生不同解释、评价的记述，律师应当在当事人、律师、法官的身份中不断地进行角色转换，思考其对于该信息可能产生的不同理解。在一些复杂的商事案件中，当事人往往会订立数份合同，仔细阅读的话，我们会发现有时候不同合同的条款之间对于双方当事人权利义务关系的约定存在差异，可能只有两三个文字的记载不同，却会产生相去甚远的文义解释，此时律师需要做的是把不同合同中的相似条款提取出来，以图表的方式写在同一张纸上并形成对比，梳理当事人的磋商过程并与委托人进行确认，以判断合同双方当事人的真实争议问题。值得注意的是，有些时候律师会发现文件的性质并非“文如其名”，例如某合同的标题写的是“买卖/采购合同”，但是根据对条文中关于权利义务的约定、法律特征等进行理解和甄别，该合同可能是承揽合同、借贷合同等，因此在初次誊写阅卷笔录时，律师应当尽可能做到边记录边思考，理解该材料内容的本质，并进一步从中发掘当事人的真实意思表示。

在完成第一次阅卷后，律师应当能够初步厘清案件的事实脉络，掌握案件的背景，当事人的交易目的，合同的设立、履行、终止等情况，并形成详尽准确的阅卷笔录。关于案卷材料中不清楚的地方，律师要与委托人及时核实、沟通，对于缺乏的材料提示委托人进行补充，为下一次阅卷工作做好准备。

第二阅：把控案卷材料之间的关联性，撷取争议焦点

1.把控案卷材料之间的关联性。

在第二次阅卷的时候，律师需要把第一次阅卷阅读过的所有材料全部关联起来，将案卷中出现的人物、时间、事件等作出排列组合，重新整理阅卷笔录，形成完整的事实，并进一步对当事人之间的法律关系进行判断。在复杂的案件中可能存在多重法律关系，对此律师应当详尽列举，并一一作出判断。其后，根据当事人的主张，律师应当检查是否有相应的证据支持，证据是否具有真实性、关联性、合法性。在二审、再审案件中，律师应重点关注双方当事人举证质证过程、主张和抗辩的事实与理由，并就庭审过程进行图表形式的梳理，以便厘清双方当事人的主张与依据，亦可对双方证据做到全

盘掌握。最后，律师应当对法院认定的事实和裁判结果做到了然于心，熟谙法院对于双方当事人主张的回应，并进一步依据前述材料形成法律判断，为后续代理打下夯实的基础。

2. 根据材料，撷取争议焦点。

争议焦点是指当事人存在争议的具体事项，可能是双方对案件事实的理解差异、在适用法律上的分歧、诉讼程序上的错误。在民事诉讼中，案件的审理范围是有限的，法院很可能无法在庭审中全盘审理该案件的所有事实，而审理内容往往是争议焦点。即使是再复杂的民商事争议案件，其中涉及的争议焦点也是有限的，律师需要在阅卷的过程中准确找到争议焦点。争议焦点的撷取是有一定技巧的，首先需要进行排查的应当是诉讼中当事人是否适格、诉讼时效或除斥期间是否业已届满、诉讼程序是否存在瑕疵等程序性问题；其后律师应当进一步针对实体问题进行分析判断，如在合同纠纷中，应仔细查明合同中当事人对于权利义务的约定和履行情况；作为被告的代理律师，可以原告的诉求为线索，寻找双方当事人产生纠纷的症结，并从中梳理出法律意义上的争议焦点；在二审、再审案件中，律师可以从原审裁判中寻找争议焦点，但有时原审也会对争议焦点产生遗漏或偏差，这需要律师具有对全案事实综合掌握，与将民商事实务与法律规范进行有机结合的能力。

第三阅：确定诉讼路径

第三次阅卷的时候，律师需要做的是参照前述工作中提炼出的争议焦点，并寻找卷宗材料中是否有相应的证据支持，以便进一步确定诉讼路径。关于诉讼路径的选择律师首先应当准确判断委托人的诉求，并基于案件事实、法律关系作出初步判断，把可能提出的请求或主张的抗辩全部列示出来。众所周知，打官司就是打证据，在当事人诉称的基础上，律师通过对案卷材料的进一步确认，方可形成足以支撑当事人诉求的证据链。在诉讼路径的选择上，律师既要保证其符合当事人的利益需求，也要有足够的证据支撑，还要符合法律规定。律师需要给法官还原呈现的案件事实应当全部基于证据材料本身，因此要确定具体的诉讼路径，律师需要把目光重新回归至案卷材料上。

作为原告代理人，律师要仔细寻找足够的事实证据支持己方理由，对证据材料进行甄别，对对方当事人已经认同的事实则无需过多证明，但对互相矛盾的材料应当仔细确认，辨别当事人真实意思表示；对于对方提交的证据，律师更要着重确认其证明目的，并结合全案就其真实性、合法性、关联性作出判断。对于尤其重要的材料，要经常读、反复读，我们经常会发现，第一天读过的内容，到了第二天又有新的发现，或产生新的理解，这便是多次阅卷的价值所在。在多次阅卷后，律师对案件事实烂熟于心，对所有证据做到充分理解，此时再通过对争议焦点的归纳，进一步确定本案采用何种诉讼路径。

综上，阅卷是每一位民商事诉讼律师必须掌握的技能，只有把这项基础工作做好，律师才能在与当事人沟通时游刃有余，在面对法官的提问时对答如流，在庭审中对方作出不实陈述时做到及时回应。谨以此文抛砖引玉，希望能给读者些许启发，能为各位律师同仁在进行阅卷工作时提供涓埃之力。

案件汇报：如何在五分钟内讲好一个故事

范耀鲜

第一次在天同汇报案件的情景仍历历在目。彼时，虽已隐约听闻在天同汇报案件有个所谓的“五分钟规则”，但完全没有当回事——不就是五分钟汇报完案件基本情况吗？暑期实习期间向指导老师汇报民间借贷、离婚纠纷也就两分钟的事，哪用得上五分钟。但当笔者拿到案件材料，看到几十页建设工程施工承包合同、几十份工作联系函和晦涩难懂的表格数字，终于发现剧情并非如笔者所想。此时，若笔者是故事里的主人公，应是克服重重困难，顺利完成任务，自豪地得到满堂掌声。但故事只是故事，现实是残酷的：五分钟很快过去，笔者只讲完了一个开头。那时，笔者才真正意识到五分钟规则的严厉性。

为什么会有这样的要求呢？因为天同评估案件注重团队讨论，案件往往需由辅庭律师、出庭律师、合伙人共同讨论主要法律问题，而讨论的基础是清晰的案件事实、法律关系、争议焦点等，对这些要素的梳理和汇报就是辅庭律师的主要职责之一。同时，五分钟的严格要求也是为促使辅庭律师更准确地选择汇报内容，更简洁、精准地表达观点，培养辅庭律师的表达技能，为其成为主办律师、出庭律师奠定基础。

近一年以来，经历了大大小小数十次案件汇报，笔者逐渐适应了天同的“五分钟规则”，也基本能游刃有余地用这五分钟讲一个大家都能听得懂的故事了，故借此机会写一些经验、心得，既做个人总结，也期抛砖引玉，与同仁共同探讨、进步。

一、好故事需要厚底稿

讲故事之前，需要把足够多的素材做加法，形成厚底稿。

（一）制作案情大事记

讲好一个故事，首先需要了解它的起因、经过和结果，而案情大事记就是故事情节的真实写照：它源自案件事实，是按时间顺序排列全部案件材料，并对应标注日期、事项、主要内容等关键信息形成的表格，为确保无信息遗漏，原则上要求其中不得省略任何一份材料的信息，能够准确、简明地还原案情。通过制作案情大事记，我们作为故事讲述者，能对故事发展情节有清楚而详细的了解。

（二）制作法律法规摘录及案例检索报告

好的故事需要“引经据典”，法律法规摘录及案例检索报告就是我们故事中的依据和典故。笔者在准备法律法规摘录时往往奉行“相关、准确、宁多不少”的原则，即摘录内容应与案涉法律问题有一定关联性；摘录时列明法律法规名称、具体条款及内容，保证所摘的法律法规已是最新版本；对于某些具有一定相关度，但又难以确定能否援引的法律法规也依然纳入摘录中，以免遗漏细节。至于案例检索报告，其制作在往期文章中已有详尽介绍，此处不再赘述[①]。

（三）了解案件背景知识

脱离故事背景，情节发展总会显得空洞又苍白。案件材料中常常会出现一些特定行业的专属词汇，暗含了案件发生的背景情况，如果汇报时我们不

① 华轶琳：《手把手教你如何制作一份合格的案件检索报告》，载《天同诉讼圈》2016年2月2日。

对此加以说明，后续的情节往往让人觉得突兀又生涩。例如，某合同纠纷中出现了“地票”这一概念，因笔者未对其进行了解、阐释，后续案情中出现的所谓“地票损失”争议也让大家云里雾里。经此一役，之后的汇报准备中笔者再不敢忽视这一环节，而是有的放矢地了解相应基本概念和基础运作模式，及其与本案关系、对本案影响等故事背景，从而让笔者的故事更加丰富生动。

二、好故事需要精裁剪

五分钟无法一一述说细节，但可以讲完故事梗概。因此，好故事需要精心加工，在厚底稿的基础上做减法。

（一）从数百条大事记到一页纸案情简介

根据著名的帕累托法则，任何一组东西中最重要的只占其中20%，其余作为多数的80%却都是次要的，案情大事记中所包含的信息也是如此。因此，在“五分钟规则”之下，我们要把故事讲完整，就需要从大事记中找到最重要的那20%，分离出左右案件发展的基本案件事实，形成故事框架，最终把几十页案情大事记中的主要内容凝练到一页A4纸以内。

（二）并非所有争议焦点都需要被讨论

存在争议的法律问题是评估案件风险的重要依据，出庭律师和合伙人们一般会基于此展开深入讨论。但是，并非所有案件争议焦点都需要汇报和讨论。例如，股权转让纠纷中，双方就原股东是否存在抽逃出资而产生争议，但现有证据能清晰反映抽逃出资的事实，这一问题就无需再深入探讨；但若双方对于公司章程利用“另有规定”条款排除公司法适用是否具有法律效力产生争议时，因该法律问题本身存在较大争议，则需要我们在汇报时重点提及。总体来说，汇报的案件争议问题需要我们经过分析案件后进行筛选，应着重汇报争议较大、各界观点不一或可以作为突破口的关键争议。

三、好故事需要清脉络

好故事需要娓娓道来，起承转合，方能引人入胜。

（一）从主干到枝叶描绘案件事实

第一步，奠定故事基调。讲故事之前，需要告诉听众这具体是一个何种类型的故事，因此，笔者在汇报案件时，开场语一般是："本案为××纠纷，标的××××万元，我方是再审申请人××。目前本案已经××法院一审、××法院二审，现需向××法院申请再审……"基于此，出庭律师、合伙人们能对此案有基本印象，便于其后续进一步对案件作出判断。

第二步，勾勒故事框架。刚开始接触案件汇报时，我们总是习惯性地以先后顺序进行讲述，但对于案情相互交杂的复杂案件来说，这样的讲述方式很可能会导致内容前后不连贯，听者难以理解，所以合伙人们总是教导我们要"先画骨，后填充"，讲完主干再丰富枝叶。对此，可视化图表就是清晰传达故事脉络的一个好方法。常见的图表有流程图、时间轴等，关于图表的选择和制作，这在天同首席合伙人蒋勇律师主编的《诉讼可视化》一书中有详细介绍。

第三步，依次填充细节。框架搭建好之后，则需要逐步补充其中的详细内容及后续情况，出庭律师、合伙人们一般会在此阶段就某些案件细节提出问题，但这类问题常因我们未曾关注而难以招架。因此，除了在汇报前尽可能地熟悉案件资料、在汇报中翻阅案情大事记寻求答案以外，我们还应借此过程发现思维盲点，提升案件分析能力。

（二）梳理法律关系并点明法院观点

案件事实描述完毕后，我们需进一步梳理本案法律关系，同时点明当事人的诉讼请求、抗辩理由以及相关法律依据。对此，提前书写白板、制作法律关系图能给我们提供较大帮助。对于此前已经过法院审理或仲裁裁决的案件，应述明判决、裁决结果及其主要理由和法律依据。如果法院判决的案件经过了一审、二审甚至再审等诉讼程序，且其结果不尽相同的，还需强调法院改判的主要原因，或是各级法院对同一问题的不同观点，以便于出庭律师、合伙人们进一步判断案件风险。

（三）总结争议问题并提出倾向意见

对于再审或抗诉案件，因双方在此前的诉讼程序中已经过了多次争锋，通过前述汇报，一般情况下已能明确双方争议的关键所在，进而确定讨论的焦点，推进案件评估。但对于一审或仲裁案件，因此前并无法院判决或仲裁裁决以供参考，如果不按照总结好的法律问题一一推进、讨论，汇报过程容易就此陷入混乱状态：其一是出庭律师、合伙人们可能同时就不同的法律问题各抒己见，导致案件分析不成体系；其二是容易出现遗漏主要争议问题的可能，影响整体评估结果。因此，为保证汇报工作的顺畅，不论何种类型的案件，我们最好都在汇报前总结、归纳出案件的主要法律问题及倾向性意见，并据此在汇报过程中引导讨论，据此把握案件汇报节奏。

四、好故事需要好讲法①

（一）用词精练，慎用修辞

天同创始合伙人陈耀权律师在指导文书写作时提过，要“多用短句、简单句、主动句，少用转折”，这句话也同样适用于案件汇报的语言表达，烦冗的长句并不适合汇报表述和听众理解。除了语言凝练之外，我们还要丢掉

① 参考天同律师事务所郭佑宁律师：《如何汇报案件》，天同律师事务所内部培训，2018年7月19日。

无谓的口头禅，如果语句之间夹杂过多“那么”“然后”等连接词，就会显得拖沓啰唆，也会浪费宝贵的汇报时间。最后，我们还要注意避免使用多余的修辞手法，例如频繁使用倒装等，对此可以从日常文书写作中练起，时刻提醒自己让句子“正过来”，逐渐修正自己的表达方式。

（二）简化指代，明晰案情

某些案件中，当事人犹如《百年孤独》中的人物，人数众多且名字难以辨别，案情梳理和汇报都存在极大困难。对此，我们可以采用简化指代的方式以提高效率。例如，某案中涉及当事人中国某有限公司、中国某青岛公司、中国某青州公司、青州某有限公司、青州某建设公司，即使我们以公司简称进行指代，也极容易在汇报过程中绕晕合伙人和自己，但如果分别用A、B、C、D、E指代各公司，则可轻松解决这一问题。

（三）别咄咄逼人，也别紧张兮兮

除了对表达方式和时间的把控，还需要注意汇报时的状态和语速。正如笔者第一次汇报时，站到白板下，面对出庭律师和合伙人们的灼灼目光，内心崩溃。但我们却不能因此表现得瑟缩，虽然真正的从容需要时间累积，但根据笔者的经验，脱离背讲稿、让思维跟上嘴巴就是一种有效的速成方式。此外，不要让案件汇报变成自己的演讲，情绪激昂、语速过快并不利于他人听懂、听全。笔者也一度陷入这样的误区，认为更快的语速不仅能提高汇报效率，也能显得汇报过程更为流畅，但后续事实显示并非如此，过快的语速和激动的情绪只会让他人听得云里雾里。汇报案件和出庭一样，目的都是“被他人理解”，因此我们选择语速及表达方式应以听者适应为要。

五、余语：当一个听故事的人

把自己当成听故事的人，才能知道如何讲得动听。

（一）你的故事缺点什么？

案件分析过程中，细节问题往往会左右判断结果，因此，出庭律师、合伙人们在案件汇报中提出的“是否查过案涉公司股权结构”“合同金额和凭证是否一致”“判决依据的法律条款是否被废止”等问题，往往对案件分析产生一定影响。但我们汇报案件时，又往往会遗漏这些细微之处，主要原因在于分析案件时思考不够全面，未能看到细节问题可能引发的风险。基于此，汇报之后我们应当重点关注这些未能回答的问题，考虑其对案件分析的影响，提高对细节问题的敏感度，以期下次讲出一个完整的故事，真正达到“此时无声胜有声”（无人提问）的效果。

（二）故事立意是这样吗？

我们在汇报过程中给出的个人倾向性意见或团队倾向性意见就像是自己理解的故事立意，但这不一定就是案件的最终分析结果。因此，其最大作用就是便于我们核查自身分析案件的过程和结果，当倾向性意见与最终分析结果不一致时，我们需要在汇报后探求差异原因，找出分析过程中的偏差或遗漏，积累案件分析经验，从案件汇报过程中全面提升自己的专业能力。

CHAPTER VI

第六章

出庭技巧篇

IV

打造优秀开庭陈述　好的开始是成功的一半

晋　柠

在事实高度复杂而庭审时间极为有限的诉讼案件中，如何通过开庭陈述讲好己方故事，实属挑战。本文试将旁听及参与开庭陈述之体会进行分享，其中包括开庭陈述的方法论、不同类型案件开庭陈述的要点，以及准备的细节、技巧等。

一、开庭陈述之目的

如欲做好开庭陈述，应明确进行开庭陈述之目的，如此方能对准备的方向心中有数，进而在内容上与呈现形式上有所取舍。我国现有庭审以事实查明为主要目标，法官需在庭审中固定全部关键事实，法律问题可在庭后再行回顾思量。基于此，多数案件开庭陈述之目的，是讲好己方故事，让法官在短时间内大致了解案件的整个轮廓，从而为之后的法庭调查和辩论框定范围。

二、根据程序、案件类型构建陈述框架

开庭陈述的结构安排视案件情况及个人习惯而有所不同，使法官在短时间内进入律师搭建好的案件框架即可。以下区分案件特点，对不同案件中开

庭陈述的要点做简要梳理。

（一）常规案件：展示诉讼请求和法律观点

对于常规案件，即便庭审安排相对紧凑，由于案情相对简单且争点集中，法庭调查和辩论的时间仍较为充足，故开庭陈述一般以简洁克制为要，无需过于深入法庭调查及辩论环节之内容。

此类案件中，启动程序一方的任务是清晰地展示诉讼请求和相应法律观点，让法官了解面对的争议问题。较常见的结构是，首先，可通过类似于总结争议焦点的方式，站在己方当事人的角度概括本案是一个怎样的故事。其次，提出明确的诉讼请求，请求涉及金额时应当提供具体计算方式。最后，说明基础规范（具体法条），如有必要可进一步简单陈述己方主张（构成要件）。

对应诉一方的代理人而言，此类案件的开庭陈述系防御式答辩，关键在于稳准狠地挑出对方的问题。

（二）事实/法律复杂的案件：基于庭前预判有针对性地组织开庭陈述

1.事实复杂的案件：说出你的故事

（1）预判开庭陈述的详略程度

事实复杂的案件中，启动程序的一方开庭陈述难度最大。此时律师需根据和法院前期的沟通情况，预判法官态度。此处将两种较为典型的情况简述如下。第一种情况，法官对事实问题了解有限，需律师呈现主要争点，允许律师较为充分地进行开庭陈述。第二种情况，法官熟悉事实且形成了对我方不利的判断；同时案件已进入二审或再审程序，事实查明的任务已基本完成，故法官仅为庭审预留了极有限的时间，这种情况显然更为棘手。

上述第二种情况下，即使法官明确表示，基本意见和提交的法律文书一致则无需展开，也应尽量争取陈述机会，且开庭陈述应当更为详细。否则，在随后快节奏的调查和辩论环节很可能无法达到完整展示己方故事的效果。

此前参与的一起案件即属于以上第二种情况。该案争议集中于事实问题，双方诉讼中直接提交的材料近万页，另尚有大量背景资料。借由前期电话沟通，我们了解到承办法官的态度是：其对案情已有充分把握，考虑到该案是二审，希望用1个多小时完成庭审，之后还排有下一个庭。综合沟通过程，法官很可能已经形成了对我方不利的判断，且法庭调查及辩论的时间必然十分有限。由于该案争议聚焦于事实问题，为说明我方行为之合理性，须向法院完整解释案件的前因后果。如不能利用开庭陈述讲好完整故事，可能就失去了修正法官既有印象的最佳时机。而庭审调查及辩论环节的信息往往是碎片化的，假使法官强势，甚至此种信息传递亦将受限。

另值得一提的是，对庭审节奏的预判需要和法官建立良好的联系及充分的庭前沟通。庭前沟通除去在实践中积累经验，当然也有一些基本的dos and don'ts，比如打电话记好当事人和案号，沟通时务必简明扼要；下午给法官和书记员打电话避开午休时间（不同法院的午休时间需根据经验把握）；等等。

（2）讲清利益关系变化的故事

事实复杂的案件中，结构安排上首先宜向法官说清当事人的利益关系，包括利益关系是如何失衡的，最终是何种利益冲突导致冲突发生。说清利益关系后，再陈述己方主张。

如果基于庭前预判，认为有必要详细陈述己方故事，那么即使陈述过程中法官较为强势，也要与法官友好沟通，尽量保证故事的完整性。至于如何兼顾要点的完整性和法官对效率的追求，让法官真的能“听进去”，极为考验律师的抗压能力和庭审节奏的把握。

（3）逆向准备

准备事实复杂案件的开庭陈述，可考虑采取逆向准备方式。从结辩陈词开始思考，设想辩论环节对方的观点，法庭调查环节法官的问题，此间可反复比较某个点放在辩论或者调查环节而非开庭陈述是否效果会更好。理顺庭审的整体结构安排后，再检验庭审提纲是否涵盖了全部要点、详略是否得当，就相对容易。

2. 法律复杂的案件：给法官提供方向和判断标准

对于法律复杂的案件，开庭陈述更重要的可能是让法官了解其可以走哪几条路，至于具体走哪条路，法官通常有自己的判断。除了少数在法律适用上极为困难的案件，法官其实不需要律师详细地在庭审中，尤其是开庭陈述中，论述其观点在法律上的推演过程。

（三）策略性诉讼：谨慎表态

有些案件中，当事人的诉讼目的并不体现于请求本身，而是为实现其他特定目的，包括固定某些关键事实。例如，原告起诉借款，但意在让被告对款项的性质（比如是借款还是劳务费）作出表态。被告一旦表态，原告将通过另案诉讼行权。此种案件中，开庭陈述及后续庭审环节均应对基础事实谨慎表态，不要超出原告起诉范围。换言之，积极反驳，但不主动陈述。

三、开庭陈述的准备

如上所述，开庭陈述应以向法院有效传递信息为首要目标。对于年轻律师而言，如无法做到侃侃而谈且高效传递信息，那么更应有所取舍。而开庭陈述的核心就是清晰、易懂地把己方故事讲好。

1. 脱稿陈述，和法官保持“沟通”

既然开庭陈述的目的是让法官听明白己方的故事，陈述时当聚焦于讲述的内容本身，而非“口若悬河”之类表面上看起来炫目的特质。应以简洁、易懂的语言把故事说好，切忌读稿——书面化的法律语言因过于严谨工整，读稿对信息接收方体验实在不佳。同时，在组织语言时也不必过于追求语句的完美，对精准和工整的过度追求势必牺牲语言的表现力和易懂性。

脱稿之外，为便于法官理解，句式上可多用短句、简单句、主动句。陈述时不仅要注意法官的反馈，还需留心书记员记录的情况。如开庭前已经向书记员提供了法律文书的电子版，尽管开庭陈述内容和文书内容有所区别，多数情况下书记员也不会过于详细地记录，律师语速适中，注意停顿即可。如书记员在记录实时陈述的内容，语速则需更为舒缓。

2. 省略信息细节，备好图表

开庭陈述通常无需留恋事实细节。此类事实细节不仅无法达到让法官记住的效果，还会干扰关键信息的输入。可以简化的信息包括主体名称、时间、地点、文本等要素，除非相关要素对行为性质、责任的理解有重要意义，或者该等要素本身即是争议焦点。简化方式应尽量与法律文书保持一致；如果案件已有法院文书，通常应与法院文书中的描述方式一致。

简化表达的另一个有效的方式是采取图表等辅助手段，开庭时向法官主动提供。例如，在展示案涉主体的关联关系时，图表就远较语言简洁。需注意的是，不要为了作图而作图，图表本身必须达到能够直观展示所有必要信息的效果。

3. 简化层次，多用路标词

法官理解案件需要明确的结构和层次，而开庭陈述的层级划分和法律文书有显著区别。文书写作可用数级标题，但陈述时更好的方式是尽量简化层次，按照故事的发展进行讲述。当然，口头陈述的内容在结构上应与法律文书及证据的排序大体对应，否则反而会干扰受众的思路。

在使用常见的路标词之外，亦可采取“以上是××问题的第一个方面，接下来是第二个方面”等表述，帮助法官在听完一个要点之后回到原来的框架。

4. 准备“小抄”，反复演练

为了做好开庭陈述，准备庭审提纲并且反复演练显然是必要的。提纲的大致结构应与法律文书对应，但具体观点的先后顺序可根据演练的效果不断调整。演练是校对逻辑顺序、提升表现力以及流畅度的最好方式。当然，复杂案件的演练过程中，律师应当反复琢磨内容的分寸感，其中涉及协调法官和客户的不同需求等难题，这则属于更高级的层面。

一点体会是，反复演练的重要目的并非在于能说出最完美的版本，而是让自己做到在遇到突发状况时能迅速调整。此外，如脱稿陈述过于紧张，可考虑在使用幕布等工具准备正常的庭审提纲之外，另起草一份详细版的口语化“小抄”，以备开庭使用。“小抄”中可把每段的重点内容加粗，同时备注对应的法条、案例的基本信息、证据的编号及页码。只要对内容足够熟悉，采此种方式在结果上就可以达到和脱稿接近的效果。当然，准备稿件的意义不是为照着读，而是为尝试脱稿提供底气。

总体而言，尤其是对于年轻律师，衡量开庭陈述的根本标准，是把己方故事讲好，而非表达是否尽善尽美。然而，开庭陈述真正具有挑战性的，或许是为了更好实现庭审目标进行判断、取舍的思维和能力，这自然只能在实践中反复磨炼。自知经验尚浅，一点体会多有赖于周围人的指导与分享，以上小文，谨供讨论。

这样出庭更敬畏

俞雅琪

坊间流传过“庭审无用论”的观点，且部分律师对庭审的态度亦可总结为敷衍，给当事人留下的印象极为不专业。敷衍的庭审不会让庭审参加者和庭审旁观者产生敬畏感。

对于诉讼律师而言，怎样出庭让人敬畏？认真、尽己所能很重要。无论是初出茅庐，还是老马识途，最基本的就是责任感。认真办理每一个案件，认真对待每一次庭审，是基本要求。提升出庭的敬畏感，打造一个有态度、有观点的庭审，与外化的出庭表现密不可分；而出庭表现实则与庭前准备直接相关。

一、庭前准备：摩拳擦掌

离开充分的庭前准备，难以取得出彩的庭审效果，尤其对于出庭经验不丰富者，更是如此，但天赋异禀者除外。故，应对庭审的第一步为做好庭前准备。

如何做好庭前准备？庭前准备是否充分，如何评判？

第一维度：深入把握案件事实和法律适用。

任何案件均离不开两大模块内容：事实和法律，故庭审前应对案件涉及的事实和法律适用问题尽全力掌握。

首先，针对案件事实，在庭审前应当自查：对案件基本事实是否足够熟悉？对关键事实是否掌握透彻？提及细节事实，是否能够准确回答？如果案件事实非常复杂，涉及材料非常之多，那么对于每项基本事实，是否可以在庭审中迅速定位？各方无争议及有争议的事实分别有哪些？是否还有需要向当事人进一步询问的事实？是否还有需要穷尽可能途径查探的不明或争议事实？

其次，针对法律适用问题，应当考虑：案件所涉法律关系是否清晰？相关法律、法规等规定（直接适用优先、类推适用或准用次之）是否已全面检索？法律适用上存在哪些有利解读，又可能面临哪些障碍？司法实践中如有类似案例，存在哪些可能的法律理解和处理方式？

总之，案件事实和法律适用两手抓。同时，针对具体个案，准备应有所偏重。对于事实清楚、争议不大的案件，需在法律适用上多研究；而对于法律适用明确、争议点集中于事实层面的案件，则需在事实梳理、解释和说明上花费更多心力。如果事实和法律适用均存在较大争议，自然需在两个问题上付诸同等努力。

第二维度：围绕争议焦点思考立论和驳论观点，形成基本的庭审大纲。

庭审参加主体有三方：我方当事人、对方当事人、合议庭。基于三方的对应地位，我们需要做的即为：

其一，站在我方当事人的角度思考，如何让我方观点立起来，且立得扎实。立论的理想状态应像阶梯，分层次、层层推进，或者如圆圈，分角度、严格闭环。

其二，站在对方当事人的角度换位思考，对方可能关注和依据哪些事实，可能适用和援引哪些规定，可能会提出哪些抗辩及抗辩理由。换位思考的目的是思考、讨论我方应对方案。

其三，站在合议庭客观中立的角度思考，开庭的首要目的是查明案件事实，故需考量合议庭关注和询问的可能有哪些事实；开庭的另一目的是听取双方观点，故需顾及合议庭如何才会更愿意或者更容易接受我方主要观点。

因此，从不同角度发散再集中思维，形成基本的庭审大纲，尽可能做到观点可预期，方能更好实现“兵来将挡、水来土掩”之目标。

以我们代理的某件与公司有关的纠纷案为例，为做好庭前准备，透彻把握案件事实和法律适用，并形成有效庭审大纲，我们做了以下准备：

- 认真审阅案件材料之每一页内容，并通过文字、图形、表格等多种形式分别对案件基本事实、关键事实进行梳理、分析。
- 对案件重要事实不断、持续地拆分、整合、对比、重构。
- 认真识别、关注可能具有意义的细节，包括标点符号、字、词、语气等。
- 查阅立法背景以及相关参与立法学者观点，并尝试查阅外国法相关规定。
- 购买、阅读涉及相关问题的著作、书籍，同时赴高校图书馆查阅。
- 检索、研究知网和万方数据库中大量相关文章。
- 检索、分析高层级法院涉及核心争议的所有已公布案例、涉及相关重要问题的大多数案例，以及中基层法院涉及核心争议的公布案例。
- 从各方立场和角度出发，形成各方可能的支撑观点和抗辩观点。

虽然前述准备并非每一项都必然会对案件产生作用，但是只要我们全力以赴，尝试了所有可能的路径，就问心无愧，且能自信应对。

二、庭审过程：从容自若

经历正式庭审，感觉时间流过，忽然而已。庭审不是表演，也不是炫耀各种技巧，而是一个解决各种问题、说服案件决断者即合议庭的过程。故而，以何种态度、方式、内容去解题和说服，是关键。

1. 出庭时存在紧张情绪，怎么办？直接面对。

基于各种原因，或初次开庭，或经验有限，或压力大，开庭前或开庭时产生紧张情绪，是很有可能的，也是正常的。这种紧张情绪未必明显，有时自己也未必能感知到，可能是无意识的或潜意识的，但通过客观的非正常状态和反应也许可以发现或察觉。

面对紧张情绪，如何应对？有不同的处理方式：麻痹、逃避、转移、面对等。建议的处理方式是：首先，承认和直面自己有紧张情绪，“我现在确实有点紧张”，或许承认往往是最难的；其次，认识到紧张情绪本身不是一种负面、消极情绪，适当的紧张反而会调动兴奋感、集中力，无需排斥，只需稍加自我暗示和调整。简言之，面对紧张情绪，无需畏惧。其实，进入正式庭审后，通常注意力会非常集中，紧张情绪亦不复存在或忽略不计。

2.庭审注意哪些礼仪？至少基本的尊重。

庭审本身就是与合议庭、与对方当事人交流的方式。在交流过程中，基本礼仪的注意会让人如沐春风，否则易让他人心生排斥。故而，在庭审时，对合议庭法官和对方当事人、代理律师均应保有基本的尊重，也包括保持情绪的稳定。

在此仅举例示之。比如，不对庭审参与者进行人身攻击、语言攻击，不使用侮辱性、辱骂性词汇和语句。又如，遵循庭审秩序和规则，尊重合议庭控庭方式，经合议庭允许后再做发言，对合议庭为本案付出的努力表示感谢，等等。再如，无论面对何种不适情形和突发状况，都应控制和保持情绪的稳定，避免暴跳如雷、慌张不定，或者借助律师之外的其他特殊身份趾高气扬。

3.庭审如何表达？流畅、脱稿、中速、有力。

或许会有这样一个误区，庭审表达重要的是内容，而不必在乎形式。然而，表达内容实则依附于形式；表达形式引发最直观的庭审感受。试想，一段内涵丰富的论述，被传达者埋头快速地以怨愤语气，或磕磕巴巴或磨磨叽叽说出，信息受众的接受意愿、接受程度肯定不高。

表达的目的是希望自己的观点和论述能够被合议庭理解、接纳。切换角色，如果我们坐在合议庭位置，作为信息接受者，期待传达者以何种形式表述？浅白而言，包括但不限于：（1）表达流畅些，不要口吃结巴，偶尔磕绊可以谅解。（2）尽量脱稿，不要对着诉状、答辩状等埋头朗读。低头无交流观感不佳，而且朗读的文件已庭前提交，法官庭前基本已读，完全地重复表述合议庭不会再行关注。（3）控制语速适中。语速太快不容易跟上，难以抓取受众注意力。（4）音调和谐，声调尽量有重有轻，突出重点，坚定有力。

（5）伴随手势忌浮夸，手势动作幅度较大也不可取。

庭审表达形式的注意事项，许多律师也许未足够重视；即便重视，短时间内根本改变也比较困难，因为和音色、习惯等相关。但长期刻意练习可以达成目标，重要的是我们要一直练习。

4.庭审表达什么？逻辑、重点、精简、破局。

庭审表达什么，所指即为表达内容本身，是庭审的核心和精髓，应尤其重视。内容以简练语言表达清楚、到位，为理想状态。

内容表达要素之一在于逻辑。有逻辑的表述必然优于混乱不清晰的表述。要做到逻辑性强，既取决于对案件本身的熟悉和掌握，亦取决于专业功底和素养，还有赖于临场应变能力。难度系数较高，往往是虽不能至，心向往之。但仍应尽己全力，有逻辑地表达观点。比如开庭陈述，则需思考，如何在10分钟之内以具备逻辑层次的结构，直观、清晰、明确地表达出我方观点，且触动合议庭。

内容表达要素之二在于重点。认真研究每一件案子后，往往会觉得有许多观点和问题需要说明，但庭审时间毕竟有限，故应区分重点和边缘内容，挑重点内容、挑合议庭关注内容去论述、说明。比如，在前述代理案件中，我们的研究覆盖了争议主线上问题和其他几乎所有可能涉及问题，但庭审中我们必须放弃很多研究过但并不重要的观点，紧紧抓住争议主线、围绕争议焦点陈述。

内容表达要素之三在于精简。庭审表述时应尽量简要，以合议庭能够理解为限，如无必要、勿增实体，忌啰唆、重复。庭审中无论是在陈述阶段，还是在调查和辩论阶段，时常会遭遇合议庭“打断”，要求简要说明，重复的话无需再说，等等，即为印证。此外，如果遭遇对方大打感情牌的论述，或者哗众取宠的威胁和施压言论，亦无需过于执拗，沉默不变或点到即止地简单应对更合适。

内容表达要素之四在于破局。这点对于二审、再审案件更显重要。原因在于，从法官心态上看，原审如果没有错误，就没有改判必要。因此，代理原审败诉案件，想要翻盘，就必须明确告诉合议庭，原审判决错在哪里。

前述内容，并非经验之谈，更似自我期许。在他人的庭审中，我们都是旁观者。唯有作为亲历者，才能更好地实现关于庭审的认知升级、自我刷新，才能更深刻地体会到敬畏庭审的成就感，并拥有属于自己的庭审故事。每次庭审结束，繁华落尽；等待新的庭审到来，重新出发。以此轮回，献给初心。

最高院民事再审听证的那些事

赵颖慧

听证程序作为再审审查制度的重要组成部分，对民事审判监督程序的运行影响重大。笔者将结合自身参与最高院民事再审听证程序的相关经验，与大家分享最高院民事再审听证的那些事。

一、民事再审听证程序是什么

民事再审审查听证制度的概念是建立在听证制度本身和民事再审制度的基础上，是指人民法院在审理民事再审案件时，通知案件各方当事人到庭，听取当事人对有关申请再审事由、争议事实的说明和意见，通过举证、质证等程序，查明再审案件事实的一种审理方式[①]。

从法律层面上来讲，我国民事诉讼法中并未明确再审审查听证制度的适用问题，仅就民事再审申请的提出时限、提出方式、审查期限以及法定再审事由等方面进行了规定。在最高院2008年出台的《关于适用〈中华人民共和国民事诉讼法〉审判监督程序若干问题的解释》（法释〔2008〕14号）中，也仅明确了径行裁定、调卷审查和询问三种再审审查方式。此后，《关于受理审查民事申请再审案件的若干意见》（法发〔2009〕26号）第十三条中，首次确定了书面阅卷及询问当事人以外的又一种审查方式，即本文所述的听

① 周晖国主编：《民事再审制度理论与实务研究》，人民出版社2006年版，第119页。

证程序。该意见明确了适用审查听证制度的具体情形，并做出简要的程序性规定。

从当事人的角度来看，听证审查有利于保障当事人申请再审的权利。以合议庭的方式组织各方当事人充分参与、表达及辩论，有效避免了书面审查可能导致的不公正。通过听证，听取再审申请人的陈述并审查其提交的新证据，再经过被申请人的答辩、质证后，综合判断决定是否再审，对再审案件的实质审查起到了较好的作用。从司法公开的角度来看，相较于传统审查方式，听证审查程序是公开的审查，通过组织各方当事人参与，不仅实现了当事人迫切表达意愿的诉求，也增强了司法的公开透明度[①]。

二、民事再审听证程序在案件代理中的重要性

由于民事再审案件众多，最高院在案件审查第一阶段，通常先就当事人提供的再审申请书及主要证据等材料进行审查；若经过第一阶段的审查，认为原裁判可能存在错误，经合议庭评审后可以调卷审查。对于再审理由不涉及新证据和案件事实的案件，采用书面审查方式。对于再审申请理由涉及事实或提出新证据，有必要听证的案件，可能会组织听证[②]。

根据上述分析，听证程序并非再审审查的必经程序，但是若合议庭决定启动听证程序，则该程序对于再审案件的走向至关重要。原因在于，根据《关于受理审查民事申请再审案件的若干意见》第十八条规定："人民法院对以下列事由申请再审的案件，可以组织当事人进行听证：（一）有新的证据，足以推翻原判决、裁定的；（二）原判决、裁定认定的基本事实缺乏证据证明的；（三）原判决、裁定认定事实的主要证据是伪造的；（四）原判决、裁

① 殷金荣、杨宁：《民事案件试行复查听证的若干问题》，载《人民司法》2001年第9期，第26–27页。

② 刘学文：《再审审查程序的几个基本问题》，载《中国审判》2007年第1期，第54–56页。

定适用法律确有错误的。”可以组织听证的事由是在证据、案件基本事实和法律适用三个方面，均是原审判决可能存在实质性错误的情形。启动听证程序是为调查原审中的关键性事实问题，因此，听证程序与再审程序的启动和后续庭审的进行有着不可分割的联系。代理人能否通过听证程序引起法官对相关事实及法律问题的关注，将直接影响到法官接下来决定提起再审或予以驳回。

三、如何准备一场高质效的听证

（一）听证前的准备工作

根据《关于受理审查民事申请再审案件的若干意见》的规定，合议庭决定听证的案件，应在听证5日前通知当事人。作为代理人，若案件较为复杂，5日之内可能无法充分准备，建议可在递交再审材料后（或收到对方再审申请书后）即安排时间着手准备听证材料。主要可从以下方面着手。

1. 了解主审法官的听证习惯及裁判风格

《关于受理审查民事申请再审案件的若干意见》规定，听证由审判长主持。最高院民事案件再审听证通常由主审法官一人主持，较少出现合议庭全部成员参加的情况。鉴于不同法官的裁判思路及风格存在一定差异，同时考虑到当前法律法规没有对民事再审听证程序作出明确规定，听证程序如何进行在一定程度上取决于主审法官的办案风格及对案件的理解与把握，因此可在听证开始之前就主审法官的个人听证习惯进行了解，以便在听证程序中更好地进行表达。

了解的渠道包括研读主审法官对于同类案件的裁判文书把握其对相关法律问题的裁判观点，以便在庭审中做出有针对性的回应；询问其他同事是否有该法官主持的听证程序的相关经验，以提前了解可能采取的听证流程；致电书记员，询问此次听证的主要方向及大概流程等。

2. 根据申请再审的事由充分准备相关材料

听证通常不会对案件进行全面审查，《关于受理审查民事申请再审案件的若干意见》规定，听证应围绕申请再审事由是否成立进行。听证只是对申请再审的审查采用公开的方式进行，并未改变审查的实质性内容和当事人意思自治原则。可以说，听证的目的是查明再审申请的理由是否成立。因而通常来讲，听证的范围一般是在再审申请理由的相关证据上，在听证的过程中，合议庭会要求当事人围绕再审申请的理由、新证据、争议焦点进行陈述和辩论。

根据我们的经验，应区分申请再审的不同理由有针对性地进行准备。通常分为以下步骤。首先，全面研读原审诉讼材料，包括原审的全套庭审资料及判决；其次，就提出再审的事由进行确认，并整理相关证据材料；最后，准备听证程序需要的材料，通常包括：再审申请书（被申请人一方应准备答辩状）、新证据清单（如有）、质证意见（被申请人一方）、法律检索报告、案例检索报告、案件大事记、可视化图表、庭审提纲等。

3. 需要把握的原则

听证程序的准备工作应以“全面”为原则，且须紧紧围绕再审理由。原因在于，再审案件有诉必理，即只要当事人的再审申请符合受理条件，构成一个合法的再审之诉，即应当得到受理。这造成了最高院民事再审案件数量较大，法官工作量较大。在此情况下，法官很难有时间仔细研读原审材料，无法做到在听证程序开始前已全面掌握案情。因此，听证工作的准备需要尽可能全面，充分调查原审的庭审情况，能够做到将案件的始末还原。同时鉴于听证程序尚属于审查程序，未进入正式庭审，仅是确定是否具备法律规定的再审事由，因此听证程序的重点也应明确，须围绕再审理由，在有限的时间内打动主审法官，以获得较好的听证效果。

（二）听证过程中需注意的事项

1.根据法官的逻辑把握庭审节奏

如上所述，由于听证不属于正式庭审，现行法并未就听证程序作出详细规定，在此情况下，主审法官对听证的流程通常会做出特定把握。代理人应根据法官的节奏，避免自说自话，有针对性地进行回应。与此同时，也需尽可能全面展示自己的准备成果，在配合法官的同时，主动将己方观点明确阐述，避免过于被动的局面，导致未能充分表达。

2.充分记录法官及对方代理人的发言

代理人应在听证过程中做好听证记录工作。一方面，这样有助于代理人迅速厘清对方代理人的思路，以及时进行攻防；另一方面，通过记录可及时发现听证前准备不充分之处，避免遗忘，以便在听证程序结束后及时进行补充；此外，完备的庭审记录工作不仅包括各方主体的发言，也包括法官对于当事人回应某些问题时的微表情，有助于把握法官关注的焦点问题，对听证程序过程中与法官的沟通大有裨益，同时也对听证程序结束后的代理词撰写工作甚至可能进行的再审程序有较大帮助。最后需要提醒的是，听证程序结束后，应对听证笔录进行拍照，以对自己所做的记录进行查漏补缺，方便开展下一步工作。

3.争取当事人的参与

在听证程序中，应尽量争取当事人一同参加。原因如下：其一，主审法官通常着重于对案件事实的调查，以确定再审事由是否成立及再审的争议焦点。听证程序中，若当事人在场，主审法官可能允许其就相关事实问题进行发言。当事人作为案件的参与主体，对案件事实具有更为全面的了解，其参与到听证程序中可能会对事实调查起到积极作用。其二，再审审查程序中，从积极促进当事人化解矛盾纠纷的角度，主审法官会询问当事人是否愿意进行调解。此种情形下，若当事人在场，普通代理权限的代理人可及时与当事人沟通，就是否调解进行回应。

（三）听证程序结束后需要做的工作

1. 及时进行内部复盘

听证程序结束后，应及时组织复盘。主要应针对以下方面：

（1）庭审过程中各方的主张及证据；

（2）合议庭总结的争议焦点；

（3）庭审中是否进行了充分表达，有无未能明确说明的观点，总结得失；

（4）商讨代理词的撰写方向和思路。

2. 及时与当事人沟通庭审情况

无论当事人是否参与听证程序，均应该在结束之后及时就听证情况与其进行沟通。包括如下事项：

（1）回顾听证过程中各方的主要论点及法官的关注焦点，对听证过程中的代理工作进行总结；

（2）了解当事人对听证过程是否有疑问及补充说明；

（3）就下一步的代理工作进行梳理安排，若涉及调解，应与当事人就调解方案进行沟通。

3. 及时与法官沟通提交代理词

代理词的内容应围绕听证过程中主审法官确定的争议焦点，避免与再审申请书或答辩状雷同，同时可就对方代理人在听证过程中的主要观点进行回应。代理词的提交时间通常应控制在听证程序结束后5日之内。形式上来讲，一方面可以通过邮寄的方式向主审法官提交书面代理词便于阅读，另一方面可以再通过发送电子邮件的方式递交电子版的代理词方便法官使用。

以上是我们对最高院民事再审案件听证程序的理解以及参与过程中积累的一些经验，与各位法律同仁分享，欢迎大家批评指正。

庭审准备诀窍：辅庭律师的“小心机”

孙丽丽

有过庭审经验的人都知道，庭审好比一场“历劫”，虽然庭审本身只有短短的几个小时，但谁都无法预料庭审中会发生什么意想不到的事情。展现一场高水准的庭审，让客户满意，让法官赞赏，既离不开出庭律师在庭审中的出色表现，又考验着辅庭律师的庭审准备能力。

与出庭律师不同，辅庭律师的庭审准备工作大多烦琐，更多关注点是放在细节的考虑和完善上。因此，庭审准备工作是检验辅庭律师工作能力的重要标准。

一、如何为出庭律师准备卷宗？

卷宗是出庭律师的庭审必备，顺手的卷宗能够让出庭律师在庭审中迅速及时地翻阅到相关的内容，提高庭审的效率。事实上，辅庭律师从初次接触案件开始就已经制作卷宗了。但是随着案件的发展，法律程序的推进以及证据材料的补充，卷宗里的相关资料也要实时地增减、替换和变动。因此，在庭审前，辅庭律师需要仔细核对和复查卷宗里的所有材料。复查的基本原则：一是确保没有遗漏的材料，二是确保相关的法律文件为最终稿，三是确保卷宗材料的排列顺序符合阅卷习惯。

如何确保卷宗里没有遗漏的材料？辅庭律师需要对照案件办理过程形成的所有诉讼文件、证据文件、案件大事记、法律图表、案例检索报告等，然后复查这些文件及材料是否已经入卷。

如何确保卷宗里的文件为最终版？向法院提交的法律文书，案件在研讨过程中形成的大事记及法律图表，往往要经过出庭律师几次甚至十几次的修改才会最终定稿。因此，作为全程参与案件的辅庭律师要及时根据案件情况替换和更新卷宗里的文件，确保入卷的文件都是最终定稿版。

如何确保卷宗材料的排列顺序符合阅卷习惯？通常来说，卷宗材料的排序以“从后往前”的时间顺序入卷比较符合阅卷人通常的习惯。譬如，再审案件的入卷顺序为“再审材料—二审材料——审材料”，这样既能保证卷宗内容的完整性，又能将最重要的材料放在卷宗的首要位置，方便出庭律师翻阅。

如何让出庭律师从一本厚厚的卷宗里迅速且准确地定位到关键信息也是辅庭律师要考虑和解决的问题。因此，除了卷宗材料的检查外，辅庭律师还要对卷宗内容做相应的标记，可以通过贴便签的方式将关键证据、庭审笔录、原审判决等标注出来，方便出庭律师快速定位。

二、证据材料如何筛选、编排、装订?

许多人可能会认为，只要把证据一一罗列在证据清单里，让法官自己去看就可以了，不需要在证据的编排上花费更多时间。其实不然，言简意赅且思路清晰的证据清单既能够让法官迅速地捕捉本案的关键信息，又能够及时地了解我们的观点和主张。因此，证据清单的编排，是辅庭律师独立完成的一项重要工作。

无论是复杂的还是简单的案件，都可能有庞杂的证据材料，需要在编排前进行筛选。但是因为辅庭律师在专业能力及经验上存在诸多不足，筛选证据材料又是谨慎且重要的环节，故需要出庭律师的指导。

辅庭律师需要根据案件具体的情况，在证据编排前分析和解决以下问题：本案一共有多少证据？证据的种类有哪些？哪些证据应当提交？哪些证据不需要提交？证据应当分为几组？哪些证据为一组？每组证据为了证明什么？

各组证据如何排序？只有明确了上述问题，辅庭律师才能更好地开展下一步的证据编排工作。

对于二审或再审案件中新证据的编排问题，也是辅庭律师需要特别留意的。新证据是单独编排还是与原有证据一起编排，要根据案件的具体情况分析和判断。但无论如何编排，都需要在证据清单中以特别的方式标注新证据，或者在证据编号后面以星号加粗，或者将新证据的底色做一定的区别处理。总之，新证据是我们在庭审中特别强调且提示法官注意的，必须要清晰突出。

最后，证据册在装订时，封面颜色的选择也要尽量低调，还要避免与对方提交的证据册封面撞色。证据册装订完成后，辅庭律师还要对提交给法官的证据册再次进行完善，即用荧光笔将证据册中需要重点提示法官关注的内容勾画出来，这样能够让法官准确地定位到关键信息。

三、案例检索报告以何种方式呈现给法官?

（一）有效案例的选择

案例检索是辅庭律师的主要工作之一，但案例检索的目的并不是把检索到的所有案例不加筛选地提交给法官。有效案例的选择应该经历从“全”到“精”再到“准”的过程。

所谓的“全”，是指辅庭律师要地毯式地检索案例。通过变换搜索的关键词，使用不同的检索工具确保检索的无遗漏。同时，检索初期各个层级法院的案例都要摘录下来，不可仅摘录同级或上级法院的案例，而忽视对下级法院相关案例的检索。

所谓的“精”，是指辅庭律师需要对检索的案例进行精细研读。研读案例的目的是分析和论证检索的案例与本案之间的异同，并据此判断哪些案例能够适用于本案。在案例检索的“精细化”过程中，辅庭律师不仅要研读结果上对我们有利的案例，那些虽然结果上对我们主张不利，但判决的逻辑推理思路却与我们主张一致的案例更需要重点关注。

所谓的“准”，是指最终向法院提交的案例必须保证准确且有效地支持我们的观点。要做到这一点，离不开辅庭律师对案件事实及法律适用问题的熟练掌握，故如何选择有效案例提交给法院需要辅庭律师深入地研究和琢磨。

（二）案例检索报告的呈现方式

选择并确定有效的案例文本后，辅庭律师就要着手制作简短的检索报告。案例检索报告的作用在于让法官能够迅速地了解有效案例的主要事实、裁判思路及我们想要证明的事项。故案例检索报告的框架大致为：有效案例的基本事实情况，法院的裁判理由，有效案例与本案之间的关联性。当然，这项工作非常考验辅庭律师概括和提炼重点的能力。

如果向法院提交的案例较多，最好制作一个目录，并将案例检索报告装订成册，还要注意的是，案例检索报告的封面颜色要选择与证据册封面相同的。

四、其他材料的准备和检查工作

除了以上工作外，辅庭律师就庭审的其他准备工作还包括：一是为出庭律师准备好授权委托书及出庭函。二是将开庭所需的证据原件交与出庭律师以备庭审所需。三是对于未编排在证据册中的其他材料也要携带至法庭上，以备不时之需。

以上是笔者作为辅庭律师一年多来的小心得，愿与各位同仁分享。辅庭律师的工作虽然微小且琐碎，但笔者坚信，每一项看似微不足道的工作都会让我们离实现大律师的梦想更近一步。

律师代理工作不止于庭审

白鹤敏

有言道：法庭是诉讼律师的主战场。以战喻之，庭审准备可谓擂鼓进军，庭审表现可谓两军交击，而庭后工作，则是鸣金收兵。战之胜败，非仅以擂鼓之义勇，或交击之锋芒而定。观敌我之势，或一鼓作气冲破敌阵，或迂回辗转，再战破之。以鸣金之时，定进退之机，庭后工作的真正价值即在于此。在实践中，律师往往将精力集中于庭审准备和庭审表现，但庭后工作的扎实程度亦不可小觑。本文试与大家分享一些我们在庭后的工作与心得，以作引玉之砖。

一、知得失：庭后复盘

复盘原为围棋术语，意为下完一盘棋后再按原落子顺序重新走一遍，以检视对局中着法的优劣与得失关键。借鉴至代理工作中，这种检视方法于案件、律所或团队、律师均有裨益，应是庭审结束后的首要工作。于案件而言，复盘可知庭审准备的缺失、法官对案件的关注点，借此及时补漏和调整代理思路；于律所或团队而言，复盘有助于总结经验，优化方法，将庭审得失提炼成日后指导团队或律所办案的宝贵经验；于律师，尤其是年轻律师而言，复盘才能更好地觉悟代理和承办案件的关节和诀窍，否则，出庭次数的增多也仅是量的积累，而无法实现办案能力质的飞跃。

应如何进行庭后复盘？围棋的复盘可复原落子之顺序，推演局部攻防之法则，而庭后复盘却是对庭审全过程的情景重现和盘点，以及时、全面地对庭审过程进行回顾、反思和探究。所谓及时，即以庭后第一时间进行为佳；所谓全面，意指复盘之视角不可偏颇，应覆盖己方、对方与法官之表现。

就复盘事项，本文列举如下：

庭前准备的充分度：其一，携带的材料是否完备。律师开庭需要携带的材料既有重要的如卷宗材料、证据原件、委托书等，也有容易忽略的如电子光盘等，建议准备一份可反复使用的出庭装备清单，在庭审准备时用以核对，防止遗漏，再根据庭后复盘不断完善补充。其二，庭审内容的准备是否全面。庭审前需准备哪些内容，往期的《办案手记》文章中，天同律师已分享过心得，如深入把握案件事实和法律适用，形成完整的庭审提纲[①]。此时，可以根据庭审情况反思：是否存在庭前未核实清楚的事实问题？是否存在未查明的法律适用规则？举证、质证要点是否存在缺漏？等等。

庭前预判的准确度：好的庭审准备必能精准预判争议焦点，并围绕争议焦点确定立论和驳论的观点思路，该项内容的准备将极大影响庭审走向。因此，庭后复盘的重点即在于回顾探究法庭归纳的争议焦点、对方提出反驳的观点，双方的争辩思路以及法官关注的事实，并检视其是否与庭前判断得一致。如争议焦点或者法官关注的事实不在预判范围内，则需反复揣摩思考法官的逻辑思路以及遗漏问题的原因，并据此确定改进的方向。

庭审表现的满意度：庭审表现之核心为表达，表达需兼顾形式与内容，因此复盘的内容当然包括表达形式，如语速是否适中，语言是否流畅等，但更关键的在于表达的内容和效果，亦即表达是否清楚，是否准确、无误地向法官传达了关键信息。需格外注意的是，庭审中，法官往往会向双方发问，而发问必定关乎其审判思路，因此在复盘中可以推演发问环节，斟酌庭上的回答是否准确以及完整，是否还有更佳的回应方式，进而确定是否需要在庭后代理意见中进一步完善。此外，庭审表现还包括礼仪，如庭上情绪是否稳定，对待法官和对方律师有无做到有礼有节等。

另外，复盘的内容还包括对方代理律师的表现、法官的态度。观对方代

① 参见前文《这样出庭更敬畏》，俞雅琪。

理律师之表现，我们可以择善而从；观法官之态度，我们可知其庭审风格，在后续程序中施以不同应对。

就复盘方式，逐项对比记录应是最佳，如此可以避免复盘落于空谈，也可确保复盘内容完整。因而可以制作一张复盘记录表，该表格分为5列，N组。每一列从左至右的内容依次为："序号""庭前准备/要求""庭审情况""庭后总结""备注"，再根据复盘事项对每一行进行分类编组，如"第一组：材料准备""第二组：庭审内容准备"……如何填写每一项内容，以"庭审内容准备组"为例，参见下表：

序号	庭前准备/要求	庭审情况	庭后总结	备注
第×组：庭审内容准备				
×	可直接誊录庭审提纲，包括开庭陈述、争议焦点预判、对方观点思路等。	可由办案团队中旁听庭审的人员或出庭人员在庭上进行简要记录，再在复盘中予以详述。	根据复盘结果完成。	此处可记录通过分析总结形成的知识点。

需要强调的是，棋手的复盘是为了增长棋力，以期在下一次对弈中取胜。而庭审复盘之功效，一为总结经验，提升能力，为未来庭审中更加出色的表现做好注脚。二为本案下一次开庭或者庭后其余工作供给充分的准备和养分。[①]因此，为尽其功效，对于前者，应将复盘得到的认知知识化，通过归档管理，保留复盘的智慧和经验，以备回顾和借鉴；对于后者，应确定庭后补漏的方案和代理意见撰写提纲等，以走好诉讼这盘大棋的最后一着。

二、取信于人：汇报代理工作

律师的工作是为当事人的利益和诉求服务，维护当事人的合法权益，而

① 梁枫：《勤于复盘：完美工作的有效打开方式》，载微信公众号《无讼阅读》2017年6月19日。

案件结果与当事人休戚相关，当事人自是对庭审情况尤为关切。在此过程中，为获取当事人的信任，使当事人对律师的代理工作无后顾之忧，在庭后及时向当事人汇报庭审情况应是必要环节。庭后报告既可以使当事人及时了解案件进展，向当事人提示风险，又可以直观展现律师为案件付出的努力，从而体现律师的服务价值。一般而言，庭后报告包括口头和书面两种方式，我们认为，先以口头方式晓以大概，再通过书面方式翔实汇报，可取得更好的效果。书面的庭后工作报告可以包括以下部分：

第一，庭前准备。当事人能够看到的律师工作可能只是一次开庭或者一份法律文书。但是这一次的庭审背后却是整个律师团队的夙兴夜寐——为了此次庭审，律师四处奔波收集证据材料，团队梳理了海量文件，组织了多次讨论，辅庭律师绘制了数稿可视化图表，检索了上百个案例，等等。这些都是隐藏在庭审之后的巨大冰凌。因此，可以在报告中呈现庭审准备工作，让当事人知晓律师团队为本次庭审付出的努力。

第二，庭审情况。该部分并非对庭审笔录的复制，而应重点展示重要证据的举证质证内容、案件争议事实或焦点及双方各自的表态、合议庭特别关注或者强调的内容等。在介绍庭审情况时，按照庭审阶段的进展来展开是较为常用的撰写方式，但切勿事无巨细。以我们代理的一宗二审案件为例，在谈及法庭调查阶段时，我们对合议庭询问的问题进行了概括，并简略写明“……我们已作如实答复”。但是就案涉合同某一条款如何理解这一问题，因其属于本案争议事实，将直接影响履约条件的界定，因而我们在报告中特别作了描述，并列明对方和我方各自的表态。

第三，提示风险，适当调整当事人预期。庭审中可能遇到这样尴尬的情况：对方指出了我方当事人未披露，或者与我方当事人所述不一致的事实。庭后工作报告即应明确指出该情况，说明可能存在的后果。如该事实可能影响裁判结果的，应在工作报告中提出，以适当调整当事人对案件结果的心理预期，这也可以在一定程度上规避执业风险。

第四，请示及汇报后续工作。一方面，我们可以将下一步工作计划告知当事人，以使其了解和配合我们的代理工作。另一方面，根据案件具体情况，提出要向当事人请示的问题，以便于律师据此确定后续工作方案。

三、强化论证：补充材料和文书

为能取得诉讼胜果，围绕案件事实认定和法律的适用，以严密的逻辑，专业的分析说服法官接受我方观点，是庭后必不可少的工作。因此，应在庭后尽可能丰满证据材料和充实完善观点，并提交给法官。此举旨在强化论证，增强说服力，尤其是当法官在庭审过程中对我方观点或主张存在疑虑时，更需以此来最大限度地打消法官的疑虑，以巩固庭审优势或回旋庭审劣势。庭后需向法官提交的材料一般包括：

1. 补充材料

针对庭审情况，律师应于庭后及时补充提交证据或者其他材料，这既包括法官庭上要求补充的材料，也包括可能影响诉讼走向，有助于己方观点的其他材料。对于前者，律师应在法官通知或者自己承诺的时间内提交，如确实无法取得该材料，则应及时告知法官并给出合理解释。对于后者，则是律师较易于忽视的，这要求律师应对庭审各个环节和庭审中的细节保持敏感度，合议庭强调或者特别询问的问题，自当高度重视。而合议庭看似随意的一个问题，亦要多加留心，在复盘阶段推敲是否与其审判思路有关，思量是否需要提交相应材料。譬如，在我们代理的一宗案件中，我方律师为反驳对方律师提出的主张，提到最高院某法官在一次商事审判会议中就该法律问题的表态。审判长当庭询问该法官是何许人也？我方律师除在庭上予以解释外，庭后即提交了该法官在会议中讲话内容的材料。

2. 代理意见

在实践中，有的律师对代理意见敷衍了事，有的律师甚至不提交代理意见。笔者曾倾听过一位仲裁员描述其撰写裁决书的过程：左手边是申请人的代理意见，右手边是被申请人的代理意见，两相对比，再根据证据材料评判何方所称更有说服力。不可避免的是，可能确有裁判者对律师提交的代理意见视而不见，但可能有更多如前述仲裁员那般的裁判者，将代理意见作为其撰写裁判文书时的重要参考，如错过代理意见的提交，必然也错失一次说服裁判者作出有利于己方当事人裁判的良机。而代理意见的撰写应以法庭总结的争议焦点为核心，就重点问题所持观点进行系统化论证，而不是对起诉状或答辩状“换汤不换药”地重复。

法律研究或案例检索报告：针对庭审中法官提及的内容，或是代理意见中需着重分析的法律问题，律师可以在庭后研究并整理形成学理及案例研究报告，与代理意见一并提交给法官。

四、主动出击：及时跟进庭后进展

完成上述工作不意味着可以静候判决书的到来，一个对当事人负责，克尽厥职的代理律师应对案件的进展了然于心，如此，方能在当事人对案件存在相关疑问时予以回应，避免出现一问三不知的窘迫，也能及时发现并一扫案件进展中的滞碍。因而我们应“主动出击”，在庭审结束后适时致电法官或法官助理，沟通的内容包括：其一，询问法官是否对案件事实或律师提交的法律意见存有疑问，及时提供解答；其二，视情况表达己方观点；其三，反映案件现实状况，如当事人经营困难，迫切需要判决的款项维持经营。[①] 此外，律师亦可在沟通以上内容时，通过委婉的方式询问合意进展或者裁判文书制作进度，但切忌直接致电询问审理进展或者审理结果。

在沟通过程中，可以根据法官的反馈，及时补充材料和意见。尤其是庭审结束数月后仍未收到判决，或是通过与法官交流获知其在这数月中未再翻阅过案卷材料时，我们可以提交一份案情及各方观点的介绍，助其重拾对案

① 参考无讼学院出庭课培训，天同律师事务所杨骏啸律师。

件内容，尤其是对我方观点的记忆。

五、结语

律师的专业和尽职应凝之于庭审，更应贯之于庭后，庭后代理作为诉讼战场的最后一公里，不应有丝毫懈怠，如此方能始终如一，不负所托。以上仅是笔者的一些粗浅之见，见笑于方家。

庭审，这些细节你做到了吗？

程绍阳

常谓庭审是诉讼律师的主战场，作为案件审理的核心程序，庭审效果直接关系到案件事实能否查明，争议焦点能否明辨，法律应当如何准确适用等，自然也关系到案件判决结果的最终走向。裁判文书的最终形成也离不开对庭审过程的吸收与凝练，最高人民法院耿宝建法官就曾坦言："优秀裁判文书不仅仅是在裁判结论形成后'写'出来的，更是对庭审过程的精练和书面化。"对于参加庭审活动的律师而言，如果能紧跟庭审节奏，引导法官深入思考，把握案件争议的事实与法律问题，自然有益于说服法官作出有利于当事人的裁判结果。值得思考的是应当如何把握庭审节奏，让法官愿意"聆听"律师的发言呢？

欲致鱼者先通水，正所谓欲人施于己者，必先施于人。如果希望法官有足够的耐心和兴趣倾听律师的发言，律师们必须先转换思维，设身处地地站在法官角度思考一番。根据官方数据通报，仅2019年上半年，全国法官人均新收案件118.4件。其中北京法院法官人均收案超过210件。这仅仅是法官的半年新收案件数量，还不包括往年未结案件。面对如此巨大的案件数量，法官当然不愿意在每个案件的庭审中浪费过多时间，而是希望庭审能够按照既定的节奏有序进行，尽快完成法定程序，这是法官面对庭审的正常心态。因此，律师在法庭上需要和时间赛跑，努力让法官对律师发表的言论感兴趣，在有限的时间内表达清楚己方观点。

一、学会尊重

想要说服法官，必先学会尊重法官。这种尊重不是面子上的逢场作戏，也不是卑躬屈膝的笑脸相迎，而是体现在庭审细节上的谦逊与善意。当我们在做一件事之前总能够先换位思考，自然能够理解对方的很多做法，产生心理共鸣，达到让对方舒适的心理感。所谓尊重，说白了就是让彼此感觉舒适。尊重是相互的，如果律师能够在细节上尊重法庭、尊重法官，往往很容易赢得对方的尊重，这便离说服法官更近了一步，毕竟人们总是更容易被其尊重的人说服。

1.时间观念强

时间观念不仅仅应当体现在庭审过程中，还应当贯穿整个诉讼阶段。法官的时间通常非常有限，往往一天不止需要开一个庭，如果律师没有按时出庭，可能会影响法官后续的工作安排，也会让法官和当事人对律师失去信任，对案件产生不利后果。设想，如果在开庭时律师因为非不可抗力原因迟到，法官、书记员、对方当事人甚至我方当事人都已经到庭，不仅会给法官及当事人造成非常不好的印象，甚至可能产生程序法意义上的不利后果，比如缺席审判或者按撤诉处理，等等。正确的做法是，律师应提前到法庭，最好能够预留一定的准备时间。曾遇到一起案件，对方代理人提前10分钟就已经到达法院，但因为法院布局复杂，等该代理人找到法庭时，已经迟到15分钟。因此，为了避免类似情况的发生，律师应预留充分的时间进入法庭，这样既可以提交授权等材料，配合好书记员的工作，也可以提前适应法庭环境，避免正式开庭的紧张情绪。

2.善于倾听

法庭不是辩论场，不需要香港律政剧里的那种唇枪舌剑。庭审活动是在法官的主持下按照法定程序循序进行，因此法庭上不需要急功近利，彰显个人英雄主义。为了表达自己的观点，不惜抢夺话语权，打断法官问话，这些都是不尊重法庭的举动，我们需要学会倾听。专注倾听的目的在于获取有效信息，从而做出及时准确的应对。一名优秀的律师能够通过倾听法官的提问，了解法官潜在的疑惑和想要获取的信息，进而揣摩法官发问的深意，明白其法律思维和思考的逻辑。因此，律师在倾听时需要专注，避免因对问题的错误理解而错过一次很好的回应机会。同样，律师还需要学会倾听对方代理人或当事人的发言，通过他们的言辞，也许能够探寻到与案件有关的关键信息，甚至可以利用对方发言中的漏洞驳斥对方的观点。倾听过后，便是思考，如果经过思考我们有新的或者需要补充的观点，可举手示意法官，获得允许后再进行陈述。

3. 谦逊有礼

劳谦虚己，则附之者众；骄慢倨傲，则去之者多。无论执业了多少年限，无论何种学历，也无论来自什么律所，律师都不能因为觉得自己能力很强，而轻视对方代理人甚至轻视法官。如果仔细研究过不同律师参加的庭审视频，会发现大家的庭审风格不尽相同。有的律师为了凸显自己的独一无二，或者说为了表现给当事人看，在庭审中的表现非常浮夸，言辞过分犀利，这种略带表演性质的庭审或许只能蒙蔽不懂法律的当事人，并不能达到预期的庭审效果。反观之，有的律师虽然比较年长，但依然能够表现出一副谦逊的态度，庭审表达有礼有节，毫无盛气凌人之势，这样的律师反而能够更多地得到发言机会，法官似乎也更能听得进去。事实上，即使是同样一段话，不同的表达方式给人带来的感受却是完全不同的，听者的接受度也截然不同。如果我们能够在平时的每个细节中注意自己的言谈举止，把握律师执业的要求与使命，准确定位律师职业身份，将自己化身为维护当事人利益的服务者，为维护法律正确事实的践行者，或能够少许多戾气，多几分平和。律师只有在每一次庭审中表现得谦逊有礼，才能获得法庭的尊重。这既是我们自身成熟的体现，更是沉稳自信的彰显。

二、充分准备

相较于一个案件的漫长准备时间，庭审只不过是其中一瞬。不可否认临场应变是优秀律师应有的素养，但临场能力的发挥离不开庭前精细的准备工作。如果庭前做不到细致入微地研究与思考，庭审时面对突发情况，很难不会出现紧张、焦躁的情绪，自然不利于庭审的发挥。正所谓胜诉方往往是准备得更充分的那一方，虽然庭前准备工作相对复杂烦冗，但这是取得良好庭审效果的必由之路。

1. 熟悉案件事实

庭审的一项重要任务在于查清案件事实，只有在查明事实之后，法官才能运用法律的准绳进行裁判。律师虽然可能不是案件的亲历者，但作为诉讼代理人参加庭审活动，必须对案件事实了然于心。曾经一位法院的老法官告诉我，他在庭审时最讨厌遇到"一问三不知"的律师，白拿当事人的律师费却不做事，常见到律师拿当事人作为应对法官提问的挡箭牌，"不清楚、不知道、不了解"这"三不法则"似乎在实践中经常被运用于各类庭审活动中，并以一句"庭后核实"作为应付之词。这样的后果是法官认为律师缺少最基本的责任感，对案件、对当事人、对法庭均不负责，因此也不愿听取律师的其他法律意见。可见，事无巨细地掌握案件事实，不仅是对当事人负责，也是给法官留下良好印象的敲门砖。只有熟悉案件的每一个细节，才能从容应对法官的发问，帮助法官厘清案件事实，也使得法官更愿意倾听律师发表的法律观点，增强说服力。

2. 证据全面清晰，附加电子版

证据是用于证明案件事实和诉讼主张的重要诉讼材料，证据的组织也体现出律师的代理思路和法律逻辑。清晰全面的证据不仅能够提高庭审效率，也能够获得法官的认同。笔者旁听过一个发回一审法院重审的案件，在原审一审、二审程序中，双方代理人均分多次提交过数份证据，非常杂乱。在重审一审阶段，原告代理律师将原审分数十次提交的证据汇总，按照完整的诉讼思路重新整理，围绕诉讼请求重新编排成新的证据清单，并胶装成册。庭审时，法官阅读原告方的证据册，便能对其诉讼请求和依据一目了然。反之，被告方以为重审阶段无需重新提交证据清单，便围绕一堆原审证据举证，十分混乱，法官当庭责令其庭后提交完整版证据清单。可见，清晰全面的证据材料不仅会提高举证质证的庭审效率，也会给对方律师作出良好示范，赢得法庭尊重。此外，律师还应当考虑到书记员的感受，在胶装证据册之外单独准备一份未胶装的供书记员订卷使用，同时还可以将证据清单等诉讼文书的Word电子版刻盘提交给书记员，以免庭审时间紧张无法完整记录。这样既帮助书记员节省时间与精力，也有利于庭审记录的准确完整。

3. 熟知请求权基础

所谓请求权基础，即“谁得向谁依何种规范为何种请求”，律师作为当事人参加诉讼活动的代理人，应当熟知当事人诉讼请求或答辩主张的依据。如果当事人的请求权依据来源于法律的直接规定，律师则应当熟知该规定的条文序号及具体内容。法庭上常听到这样一种表述：“依据我国相关法律……”听者不免生疑，“相关法律”是何种法律？对法官而言更是如此，毕竟法官不负责替律师查找法律。更何况我国目前成文法律、司法解释等千余部，很少有人能够完整清楚地记忆每一部法律法规的具体内容。因此在庭审中，律师引用法律条文时，应当精准具体。同样地，若当事人的请求权依据来源于合同条款，则律师在庭审表达时也应当具体到合同约定的某一条，而不是泛泛所指合同约定如何。

三、善于表达

专业律师不仅体现在对法律知识的精通，庭审时能够流畅自如地表达法律观点也尤为重要。如果说庭前的准备、法律的学习、案例的检索是形成法律观点并内化于心，庭审时的表达则是将其外化于形。

1. 实事求是，客观陈述

正所谓君子耻其言而过其行，实事求是地进行客观陈述是律师执业的基本素养和道德要求。对于自己不清楚或者确实没有发生的事实，不胡说；对于对对方不利的事实，不捏造；对于对己方不利的事实，不篡改。这样才能守住律师诚实信用的底线，否则不仅可能达不到预期目标，甚至还有可能被司法惩戒或承担其他法律责任。因此，在陈述未经核实的事实时，要注意严谨性，避免使用绝对性语言，庭审结束后要及时向当事人核实，并第一时间反馈法官。这样既能够避免不客观陈述可能给当事人带来不利影响，也能够规避律师自身的执业风险。

2. 言简意赅，重点突出

庭审不是发表演讲，没有时间允许律师长篇大论地叙述。不可否认，每位律师的性格不同，表达方式不同，笔者旁听过一个很简单的买卖合同纠纷，律师在法庭上读起诉状整整半个小时，好在遇到的是性格比较温柔的法官，并没有刻意打断他。但是明显耽误庭审进程，拖延庭审节奏。如果是庭审掌控力较强的法官，通常会打断律师的长篇论述，要求简明扼要地发表观点即可。所谓简明，就是在事实的叙述中，不过多陈述背景事实和事实细节；在法律依据的陈述中，不叙述法律法规的具体内容，不论述相关的法学理论、既有判例。所谓扼要，就是要重点突出，紧紧围绕案件的争议焦点展开陈述。在有限的庭审时间里，律师不可能把长达数日甚至数月的庭前准备过程完整呈现，只需把需要强调的案件事实和高度凝练概括出来的法律观点表达清楚即可。对年轻律师而言，提前准备庭审提纲和庭审发言稿，未尝不是一个好的训练方式，利用最短的时间清楚、准确地表达观点，直击要害，既要做到简明扼要、言简意赅，也要注意条理清晰、逻辑顺畅。

3.调整语速，注意观察

有人开玩笑称律师不仅需要学习法学知识，还要学习播音主持、微观表情学、心理学等多种学科。虽是笑话，却是优秀律师的真实写照。律师在庭审中发表的观点都会被记录下来，如果不注意语速语调，可能出现两种极端。一种是语速过快、语调不清，法官不能理解律师需要表达的意思，书记员也无法准确全面地记录。另一种是语速过慢，语调过于平缓，这种表达方式确实充分照顾了书记员，但是为难了法官和自己。一方面语速过慢可能会导致自己的思绪中断，忘记接下来想要说的话。另一方面会导致听众走神，不知所云。因此，律师应当灵活把握，调整适当的语速和语调。如果在采用了语音识别系统的法院参加庭审，自然可以适当提高语速，保证表达的流畅性。如果在完全依靠手动录入的法院参加庭审，律师发言时要适当与法官、书记员有目光交流，对于重要的内容放慢语速，重点提示法官关注和书记员记录，这是对法官、书记员的尊重和体谅，无疑成为律师庭审表现的加分项。

简言之，完美的庭审往往是律师和法官的一次良性互动。如果能够学会站在法官、书记员的角度思考问题，理解法官组织庭审的逻辑思维，庭前做好充分的知识储备，熟悉案件事实，掌握法律规定，庭上做到谦逊有礼，表达言简意赅、繁简得当，学会控制自己的表达并且善于观察，必然能够呈现一场完美的庭审，实现事半功倍的庭审效果。

CHAPTER VII

第七章

类案研究篇

类案研究的意义和方法

沈　一

法律规范无法穷尽生活中的一切可能。当遇上疑难复杂案件，仅以法条为依据可能无法获得圆满结论，此时，求助于类案研究[①]，不失为一种好的选择。如何进行类案研究并以恰当的形式予以呈现，则是律师办案的基本功之一。借此机会，笔者拟结合部分经历，谈谈自己对类案研究的一些不成熟的感想，与诸君共勉。

一、类案研究的意义

在笔者心中，类案研究定位如下：类案研究并非评估案件时的首要选择，但随着案件进程的不断推进和深入，类案研究的重要性将不断增强。

一般来说，评估案件时能够做的并非类案研究，而是类案检索，意义在于了解，而非研究。类案研究较之于一般的类案检索，更具深度。在先期评估案件时，时间上并不允许我们进行深入的类案研究。此时，通过微信、北大法宝、威科先行等数据库，就案件争点问题检索实务文章，虽非第一手资

① 除了类案研究外，案例研究还包括个案研究和群案研究。就笔者目前经验来看，对于律师而言更重要且常见的案例研究方法即为类案研究，故本文仅以此为题谈谈自己的心得与方法。不过，从笔者自己的经验来说，个案研究与类案研究还是具有一定的相似之处的，类案研究的方法对于个案研究亦具备一定的准用性。

料，但或许是当下更高效、快捷的选择。

正式介入案件后，类案研究的意义则愈加突出。通过类案研究，可以归纳裁判规则，但笔者认为，类案研究的意义并不限于此。华东政法大学的孙维飞老师曾说，类案研究的价值在于发掘价值观。①笔者深以为然。成文法的背后体现了立法者在制定法律时所持的价值观，此种价值观如何具体作用于法律适用阶段，需借助于裁判者；成文法缺失时的裁判观点，更能反映裁判者的价值观。类案研究时，我们首先可以发现裁判观点。进一步深入分析，可以发掘出隐藏在裁判观点之后的价值观。通过价值观的发掘，我们就可以进一步明确法律应如何具体适用，发现分析说理的切入点，聚焦案件核心，拓宽诉讼思路，更好地回应法官关切的问题。

二、类案研究的前提：检索

类案研究的前提是获取研究素材。截至2019年1月6日，常用的案例搜索引擎“无讼”收录的案例达到了58522168件。如何从这浩如烟海的案例中找到素材，应掌握一定方法。

（一）明确拟研究问题

在类案研究之前，务必明确拟研究的法律问题。律师接触的每一个案件，都可能涉及少则二三、多则十数个争议问题，但并非每个争议问题都值得我们花时间进行类案研究。拿笔者近期接触的一个金融借款合同纠纷案件来说，其中涉及的争议焦点包括当事人主体资格、民刑交叉及其处理、被告是否违约等，但本案中或许只有民刑交叉这一问题值得进行类案研究。

那么，如何判断某一争议问题是否值得进行类案研究呢？从笔者为数不多的经验来看，此类问题一般具有如下特征：第一，是法律适用问题而

① 参见《讲座实录 | 孙维飞：类案研究的意义与方法》。

非事实认定问题；第二，成文法规定较模糊或缺乏成文法；第三，初步检索后发现司法实践裁判标准不一。若某一问题具备上述三个特征，一般即可认定其具有进行类案研究的价值；否则，简单的案例检索或法律检索即可解决。

（二）关键词的选取和提炼

关键词的选取和提炼意味着能否高效、准确地获取素材。

类案研究大体上存在如下三种情形：其一，具备何种要件方可发生某一特定法律后果，如“缺乏书面代持合意时的代持关系认定”；其二，特定情形下的法律后果，如“以股权转让形式进行房地产项目转让的合同效力”；其三，某一法条或制度在实践中的具体理解和适用，如“表见代理的构成要件”。当然，上述三种情形可能存在交叉。

在第一种情形，选取关键词时应围绕该特定法律后果，如在设例中可首选“代持合意”“代持关系”等词；在第二种情形，则应围绕该特定情形，并尽可能做到细化，如在设例中可同时以“股权转让”“项目转让”“房地产”等作为关键词；在第三种情形，直接以条文序号进行检索，辅以特定概念，或许是最高效的方式。如某一关键词下检索结果较多，则应进一步限缩关键词，或排除干扰项[①]。

此外，设定关键词应不仅限于法律术语，特定行业的术语也可能成为关键词。还应注意到关键词的替换问题，如“明股实债”可能被“名股实债”“名为股权实为借贷”“名为出资实为借贷”等替换。另外，随着检索的推进，我们也可能在已有的案例中发现新的关键词。比如笔者在研究“缺乏书面代持合意时的代持关系认定”这一问题时，发现法院裁判中可能会采用“代持股”“事实上的代持”等表述，可以此为关键词做进一步的检索。

当然，关键词的选取更多地依赖于检索者的归纳能力和实践经验，以及

① 在“无讼案例”检索框中输入“-某某”，检索结果中将不包含该关键词。

对法律概念的熟悉度和准确性。熟能生巧之后，对于关键词的选取和设定将得心应手。

（三）一个原则：全面而有针对性

进行类案研究的检索时，应尽可能全面，即努力发现对于拟研究问题的全部观点，通过关键词的变化，尽量做到样本不遗漏。不过，全面并不代表要把所有裁判文书全部看完。如果某一案件在最高人民法院审理，我们去研究高院、中院甚至基层法院的案件裁判观点或标准，参考意义和价值不大。但如果某一案件在某市中院审理，考虑到司法实践同样存在地域差别，某省高院、省内其他市中院的案例可能会比最高人民法院的一般案例更具研究价值。

三、类案研究的核心：分析

分析是类案研究的核心环节。通过分析，我们要从中发现价值观，并发现分析论证案件的思路和说服法官的角度。

（一）归纳

类案分析的首要工作是归纳事实。案件事实的归纳对于类案研究极为重要：严格来说，只有事实要素高度一致的两个案件，才可以称为类案；也只有在案件事实要素具备高度一致性的情况下，才可能抽象出裁判观点背后的价值观。

在归纳案件事实时，应把所有影响到裁判结论得出的事实均予摘出，而对一些并未真正影响法官价值判断的事实，则应剔除，以免产生干扰，分散聚焦。当然，干扰事实有时并不能轻易通过个案观察予以排除，更多时候还需要在案例比较时通过对照进行筛选。

在归纳时，建议采用表格的形式，不仅能清楚梳理案件事实，也能为下一步的案例比较奠定基础。

（二）比较

在比较时，可以通过两个方向进行。第一个方向是把案件事实相同的案例放在一起比较，观察在具备同样的事实下，法官得出的结论是否一致。第二个方向则是把得出同一结论的案例放在一起比较，分析各自对应的案件事实是否一致。通过归纳、比较，我们可以从类案中抽取出一定的裁判规则，并可初步确定裁判规则所对应的射程范围。

笔者在研究前述“缺乏书面代持合意时的代持关系认定”这一问题时，通过比较不同案件事实下法官对事实代持关系的认定，发现法院往往会从资金关系、经营管理活动、公司决策活动等多个事实维度予以考察，仅具备一个事实要件往往不足以使法官认定代持关系存在，但多个事实要件的并存以及主张隐名一方深度参与公司决策活动的行为，则可加强法官的心证。

当然，除了上述两个分析方向之外，还可以从时间维度进行比较。通过这一维度的考察，可能发现裁判者价值观的转变过程。

（三）分析

较之于单纯地提取裁判规则，探求、分析裁判规则背后蕴藏的价值判断，评价此种价值判断是否正当，或许是类案研究更具意义的一面。在笔者看来，价值观在最终意义上决定了类案研究结论的射程范围。

在分析时，要紧紧围绕事实要素展开。若法院在A事实下得出某一结论，而在B事实下则得出相反结论，那么我们要分析A事实与B事实的差异具体在于何处、此种差异对裁判观点的影响、该种影响又是基于何种价值判断、差异背后体现的是否是同一裁判逻辑和同样的价值判断。如在进行事实代持关系认定的类案研究时，我们就应当思考为何单纯的资金关系、经营管理行为均不足以证明代持合意，而为何参加公司决策则对于代持关系的证明更具意义。进一步地，我们可以分析法院在认定事实代持关系时的谨慎态度，或许与代持本身的避法性、被代持一方自甘风险等因素存在关系。

若两个案件事实要素几乎完全一致，但裁判观点却不同，那么我们应结合具体的裁判理由及其所承载的价值判断，去评价何种价值观更契合公平正义。

有时，不同裁判观点并非形成于同一时间段，那么近期的裁判观点更值得关注。譬如，就被代理人的可归责性是否属于表见代理的构成要件之一，法条未做明文规定。笔者在进行类案研究时发现，2015年以后的裁判文书中会更多地认可这一构成要件。这一转变背后体现的或许是裁判者对于风险归责原则的认可以及对公平正义理念的追求，而非机械适用法条。

有时，裁判理由并不能为我们理解和评价裁判者的价值观提供更多的帮助。此时，可能需借助于法学理论。此外，除单纯通过法律概念进行推演外，还可考虑一些法外因素，如成本—收益、情感、文化传统等。①拓宽分析角度，或多或少有助于发现新的观点。

更多时候，由于事实的不可复制性，没有特别契合的司法裁判能够与我们的在办案件对应。此时，就更应该从现有案例裁判观点的价值判断出发，去考虑在当下的这个案件中，应该以何种价值判断去审视当事人之间的法律关系。

四、类案研究的结果呈现

受众类型在很大程度上决定了类案研究结果的呈现形式。

如果目标受众是客户，那么在呈现时可重点突出结论，具体论证过程则可不必作为重点，并避免采用过于专业的术语。在呈现方式上，辅以一定的图表甚至数据统计，可能更为直观高效，便于客户理解和把握。另外，如果能够就客户关心的问题提供风险防控及风险应对策略，或许会让类案研究报告更受客户青睐和认可。

---

① 具体例子可以参见《讲座实录 | 孙维飞：类案研究的意义与方法》。

如果目标受众为法官，目的在于说服法官，以文书形式呈现应为上乘。文书应开门见山指出本案核心争点和类案研究结论，并列举若干与本案情形类似、观点支持、有参考意义的案例，重点陈述案情相似之处、裁判逻辑及价值观，借以说明本案为何在相应裁判价值观射程范围内。如有反例，也不可避而不提（因对方很有可能会引用），而应指出反例与本案的情形并不相似，或指出其观点背后价值观的谬误、过时等。考虑到法官的阅读体验，在篇幅上，应尽可能控制在3页A4纸以内，不宜过长。

如果目标受众为律师或其他专业人士，结果的呈现往往意在分享与探讨。此时，以专门文章的形式将研究问题、研究结论、思考分析与论证路径等娓娓道来，或能产生最好的效果。文章应重点呈现自己的研究结论和分析进路，说理充分，方可实现与他人就问题做进一步探讨之目的。

耶林曾写道，“理论家的天国没有阳光与空气，没有生命只有概念，甚至在太阳系之外，理论家像猫头鹰一样在黑暗中摸索”。法学不是纯粹的概念天国，各方利益如何平衡、应秉持何种价值观念，才是法学钻探的核心。类案研究的意义也正在于此。

回归案件研究的基本面

齐 昕

先说一部电影，叫作《决胜二十一点》，讲述的是一群美国麻省理工大学学生组成团队，凭借数学天赋，横行拉斯维加斯赌场的故事。这部电影改编自真人真事，现实当中的原型——华裔“赌圣”马恺文，揣着钢镚去赌场，回学校时拉着装钱用的旅行箱。

诉讼不在赌场，却日夜上演着同样的戏码。

辛正郁老师曾说：“诉讼律师80%的案子赢在法律人的共识。”而那另外20%的案子，在共识之外，在法律人经验的边缘，呈现着律师与法官在认识上的巨大分歧。律师所担负的责任不再仅仅是于两造之间完成对抗，更在于解决与法官之间的观念争议。这一意义上的“争议解决”，实与赌博无异。这便是天同眼中的“高端疑难”。

天同执着追求的，与电影中那群横行赌场的孩子们没什么不同，却又同中存异。

电影中，凯文·史派西扮演的教授曾说：“We are counting cards，not gambling，we’re following a specific set of rules and playing the system.（我们是在玩算法，并不是在赌博。我们遵循一套特定的规则，并充分利用它。）”

说“没什么不同”，是因为技艺加持的胜率，便不再是运气。马恺文曾描述算牌技术运用会对赌博结果造成的影响：“算牌只能提高3%的赢牌概率。虽然这是很简单的算牌技术，却足以造成很大的差别。”

说“同中存异”，是因为天同要做的、能做的，不仅是将胜率提高3%而已。

如何做到这种程度呢？如何“帮客户把道理讲清楚，让法官信服”，首先取决于律师自己能否把道理搞明白。“疑难复杂”案件当中，如何锁定“真”问题、把握问题的“真”核心，预先划定行动路线，按部就班直索答案？

一、回归案件研究的基本面

可视化与大数据是观点输出的技术加持，不是掩盖思维懒惰的遮羞布。没有在案件研究本身投入足够的成本，没有成熟思路、能动意识的有效调用、引导、塑造，可视化只是幅不具有艺术价值的绘画作品，案例大数据只是社会学意义上的实证统计。这便是肖峰老师所说的为用而用，纯为炫技，不过是徒增笑柄。

现在凡事都讲个基本面，炒股有炒股的基本面，案件研究也有。越是基本面的东西，越纯粹，越容不得矫揉造作。对于案件研究的基本面而言，肖峰老师归纳得很好，无非是事实、法律和用以勾连事实与法律的证据（文末附上提升基本面研究能力的终极秘籍，如若领取请随手点赞）。

资历有限，笔者只结合最近一段时间的办案经历，谈一谈自己对基本面的理解。

二、事实：“剪裁”应以法律为据

事实梳理是疑难复杂案件处理的深层次瓶颈。以前的老师喜欢用一种叫作“事实剪裁”的说法，笔者觉得很形象准确，事实梳理无非是个“化繁为简”的过程。而“剪裁”，必然会有所比照。所比之物，即恩吉施口中携事实一同“往返流转”的法律。从这个角度上讲，事实梳理不好，多半又是知识积累欠缺或者是释义学上方法论运用生疏的缘故（如拉伦茨所说，剪裁事实的第一步是"选择形成案件事实之基础法条"）。也正因如此，万不能撇开法律谈事实。

曾经遇到过一个案子。张三与客运公司签订承包经营合同，取得五年期限承包经营权。张三与王五就该条线路合伙经营达成协议，张三投入基于上述合同取得的线路承包经营权，双方出资购买车辆投入运营，共享收益。承包经营权到期后，张三与客运公司签订了新的承包合同，但张三与王五之间的合伙协议没有续期。事实上张三却仍然在持续向王五分配承包经营所得收益，直至张三向王五发出终止合作经营关系的通知。后续，张三陆续又取得了新的承包经营权继续运营线路。王五起诉基于合伙人身份要求张三分配后续利润。

王五的地位与权利取决于二人合伙的存续情况，因此争议的关键在于合伙关系何时终止。如果从略有关联的《合伙企业法》着手选择形成案件事实基础的法条，最终难免落脚到第八十五条以下关于合伙企业解散、清算的相关规定。案涉合伙并非合伙企业。单纯基于合同形成的合伙关系本不具有合伙企业一般的主体地位，类推适用《合伙企业法》相关规定是否妥当？我国法上未将合伙协议作为典型合同，因此未纳入《民法典》框架加以规定；但是合伙协议确为大陆法系民法债编中典型合同之一种。因此是否能从域外参考法例的思路中借鉴些许呢？

因合伙是"民法上具有团体性之契约形态……非债总有关契约总论之规定可尽为说明，规范构成上有时尚需援用团体法之规定，作为法律解释之依据"[1]。具体到合伙解散的问题，邱聪智先生写道："合伙解散之效力为何，民法并无直接规定。一般以为，合伙解散仅为启动合伙关系消灭程序之发动事由，合伙尚不因之消灭。亦即，合伙纵经解散，尚需经清算程序，于清算完结后，其合伙关系始归消灭。"[2]由此看来，就案涉合伙相关问题，类推适用合伙企业有关规定，应无问题。《合伙企业法》第八十五条第五项规定：合

① 邱聪智：《新订债法各论》（下），中国人民大学出版社2006年版，第5页。
② 邱聪智：《新订债法各论》（下），中国人民大学出版社2006年版，第142页。

伙协议约定的合伙目的已经实现或者无法实现的，合伙企业应当解散。那么，从何处可以寻得本案中的“合伙目的”？

合伙目的设定源于当事人合意，自然要从相关事实中找寻。但是本案的特殊之处在于，合伙协议终止后，张三仍在向王五持续分配线路经营所得收益，应视为双方以实际履行方式延长了合伙关系的存续期限。在前书面协议即便已经终止，考虑到双方并未形成变更在先交易安排的另外意思，仍然可以在先协议约定作为认定延长期限内合伙关系内容的依据。而就存续期限延长的时间，则受合伙目的限定。协议约定的合伙目的为何？是“经营客运线路”，还是“基于张三投入的承包经营权，经营客运线路”？如果是前者，则张三取得承包经营权可以认为是合伙事务的执行，张三取得承包经营权就有义务投入合伙经营；如果是后者，则“经营客运线路”的合伙目的存续以张三愿意投入承包经营权为前提，张三无意投入，则合伙目的不能实现。既然合伙目的的存续最终取决于张三的意愿，关键性的案件事实即在于张三是否表示过拒绝再向合伙投入承包经营权的意思，如此终止合伙协议的通知便成为定案的根本所在。

如若能从张三终止合伙协议通知当中推出其拒绝再向合伙投入后续取得的承包经营权之意思，则因合伙目的不达而已然解散。已解散之合伙虽因尚未清算而继续存续，但张三基于后续取得但未投入合伙的承包经营权进行的线路运营，并不构成原合伙人实际继续从事“合伙事务”，也因此不构成对合伙期限的继续延长。据此，王五请求分配后续经营所得利润没有依据。

上例中的法律问题着实称不上疑难，但其中的方法论意义却显而易见。事实与法律之间的“往返流转”，往往以基础法条选用作为起始。所谓的事实“看不透”“看不细”，在很大程度上可以归因于法律上有太多的“想当然”。无论是制度本身还是制度运用都已呈现出技术性、精细化趋势的今天，律师已难以单凭“法感情”招摇撞骗。

三、法律：为主张寻依据，最忌滥用“类推”

疑难复杂的案子，法条多不会明白写在纸面上。“法无明文，何处找法”便成了天同律师最常面对的法律问题。笔者在此想说一点，为主张寻依据，应对“类推适用”报以足够的敬畏。

“类推适用”是“法之续造”的一种形式，于无法之处找法，原本就是法学方法论中的一种高段位技术，笔者把它归纳为“识漏洞”“找不同”“作评价”三道工序。“识漏洞”是指识别法律中的开放性漏洞，这要求律师有对特定条款的法律解释能力，而对特定条款又必然要求律师对法律整体有体系化的认知。“找不同”是指将待判事实与待用规范构成相比较，进而锁定差异所在，这一环节看似简单，然而实践当中却常错漏百出。本该找“不同”，找来找去却发现“没什么不同”，错把冯京当马凉，还谈什么“类推”，直接用了才算痛快。“作评价”是指律师须就不同之处可能对法律适用造成的影响进行判断，这个环节涉及法评价，需要回归特定规范上层的原则，这也就要求律师具有扎实的理论基础，否则难以胜任这种向更高逻辑层次进行抽象的思维过程。你要是觉得我讲的复杂，那我告诉你，类推适用实际比我讲的还复杂。搞不懂，不要用；真要用，务必要花心思搞懂。

再讲一个案子，大致情况是：投资人与目标公司股东约定，投资人以明股实债方式进行投资，目标公司股东就投资人获得固定收益（每半年定期支付一次）承担保证责任；债权人希望主张相关保证责任，自何时起算保证期间？

很直观地，如有直接规定当然应自该等规定着手分析。然而，保证期间毕竟是“理论上最富有争议而实践中最为棘手的问题”[①]，从现行法粗疏的立

① 程啸：《保证合同研究》，法律出版社2006年版，第496页。

法框架之内找出直接依据的可能性微乎其微。大致检索之后，现行法上确仅有保证期间自履行期届满起算的概括规定。在此情况下，是否有可能类推适用关于诉讼时效的相关规定？

本案中明股实债收取的固定收益，本质与借款利息无异，因此应视为定期债权（而非《最高人民法院关于审理民事案件适用诉讼时效制度若干问题的规定》（2020年修正）第十四条规定“同一债务分期履行”）。就该等定期债权的诉讼时效起算问题，最高人民法院曾作出《关于分期履行的合同中诉讼时效应如何计算问题的答复》（法函〔2004〕23号）规定：“继续性租金债权的诉讼时效应自该期债务履行期届满之日的次日起算。”利息与租金债权，一者是资金占用引起的成本填补，一者是物之占用引起的成本填补，性质上皆为合同关系演进过程中生发而转化为独立债权，应作相同处理。该《答复》虽仅规定了租金债权，对于利息有类推适用余地。然而在2008年《诉讼时效司法解释》当中，却仅针对同一债务分期履行作出规定；而就在概念上相对应的定期债权却只字未提，未将上述答复确立的思路纳入司法解释框架。这是否意味着最高院在此问题上处理思路的转向？

如果说定期债权诉讼时效起算问题由于争议巨大而被司法解释搁置，至此，由于最高院在“诉讼时效”司法解释当中对该“保证期间”问题的盖棺论定，相关研究任务也“走运”地暂告段落。然而，笔者心头真正的疑问却未能因此消解：最高院在对两者的处理态度上，为何会有如此差别？更让人不可避免地回到一个更基础的问题上：诉讼时效与保证期间究竟是什么关系？此中纠葛不能厘清，怕是下一次便不会如此“走运”，相关类推适用的难题将难以化解。

四、证据与策略：在人民的汪洋大海中寻找真知

对于涉及陌生领域但类型高发的案件，如何在短时间内发掘出行之有效的证据线索和诉讼策略？答案是照葫芦画瓢。

既然是类型高发，对于同一个问题，必然已有无数律师为此绞尽脑汁，巧用群众的智慧，在人民的汪洋大海里寻找真知，高效而丝毫不可耻。从哪儿能窥见同行的证据收集思路和诉讼策略呢？比实务类文章内涵更为充实、具体的是案例，大量的一审案例，乃至刑事、行政案例。这是案例研究存在的一个惯常盲点。

当我们说起案例研究，都是往“上”找，原因在于“上面”的判决更稳定、更具权威性与指导意义。然而，案例研究的意义并不限于归纳法官既有的裁判思路，更在于发掘律师在类案当中闪现的在证据收集、诉讼思路上的创见，在此仅举两例供大家体会。在类案当中：

1.证据是如何组织的？提交了哪些自己之前没有关注但有必要进一步收集的证据材料？对于这些证据材料的意义，对方如何回应，法官如何认定？

2.为何会提起关联行政诉讼案件或者启动刑事案件，当事人希望通过这些关联案件推进哪些问题的解决？是否获得了预期的效果？

一个银行金融借款抵押合同纠纷的案子，涉及当事人合同中注明的“抵押金额”含义的解释问题。银行格式合同中对此既然有甚为广泛的运用，以至成为一种交易上的规范表述，其上必然有主管机关层面相关规定的塑造。但是以“抵押金额”为关键词遍查法律规定，发现即便是偶有提及的一些规范性文件，也并没有明确给出界定。既然这不是一例孤案，类案之中，同行又是如何对此表述进行解释的呢？运用了哪些依据？如果你往“上”找，多半一无所获，即便二审、再审判决能不惜笔墨地摘录当事人的相关主张，也不会附上当事人用以证明自己主张的依据吧。往“下”就不一样喽，一审法院总要列明当事人提供的证据，各方举证质证及法院的证据认定意见。如此一来，隐藏主张背后的逻辑脉络就凸显出来。就这么潜下功夫看他百十个案子，果真有一案当中抵押权人援用了2008年国土资源部《关于印发〈土地登记表格〉（试行）的通知》当中提及的“土地抵押金额”指“抵押合同约定的贷款金额”（对方未就此发表意见，法院依据该规定作出相关认定）。

再回头想想为什么以“抵押金额”作为关键词搜不到上述规定？这是因

为“抵押金额”一词的解释出现在该通知所附的《土地登记表格使用及填写说明》中，而该《说明》是作为Word文档形式附于该文件的。法律规定检索引擎在收录该规定时，直接把附件删去了；而用百度的关键词检索，只针对网页页面信息，而不能抓取Word文档当中的内容。

果真是人民群众多奇智，除去上述证据运用之外，就此问题你还能找到：抵押权人提起行政诉讼，要求地方国土局就登记信息当中的“抵押金额”予以说明的（该案中，此要求虽与实质争议无关，但国土局还是在庭上作出了答复）；还有刑事诉讼查明，银行内控要求借款人在《抵押核实书》中签字确认“抵押金额”，进而印证“抵押金额”即指“可贷金额”，亦即实际发放贷款金额的。

不是信息没有价值，而是有价值的信息都在视野之外，稍稍调整视野，便能发现财富。

五、复盘：案件之终，精进之始

去年看过一本书叫《黑匣子思维》，当中举过一个例子：“1912年，在当时仅有的14名美军飞行员中，8人死于空难，超过了总数的一半。早期军事航空学院的致死率高达25%。不过，现在已经完全不同了。西方国家制造的飞机在每一百万次飞行中仅有0.41次事故，也就是说，事故发生率为二百四十万分之一。”之所以在100年的发展历程中，航空工业能够在事故发生率与致死率两项指标上取得奇迹般的进步，皆源于“每架飞机都装有几乎无法破坏的黑匣子。一个记录发动机上的电子系统操作指令，另一个记录驾驶舱内的对话与声音。一旦事故发生，黑匣子将被打开，记录的数据将被分析，事故的原因也就一目了然。这样做保证了操作规程会得到修正，避免重蹈覆辙”。

复盘的意义不限于鲜明而决绝地对待失败，更在于冷静而谨慎地对待成功。谦卑地对待“胜之不武”，才有资格通往更高胜诉率的下一段里程。

案件研究中，有多少结论是误打误撞？庭审之上，有多少胜诉背后隐而未发的风险？在新的思维高度与经验阅历上，会不会有更好的探索路径、处理方式？

有价值的思考，都在掌声渐息之时、落幕之后。

执行案件中当事人及案外人的权利救济分析

马海涛　赵颖慧

现阶段在我国案件执行领域，侵害当事人及案外第三人合法权益的现象时有发生，如何保护利益受到损害的当事人及案外第三人成为民事诉讼立法中的一个重要问题。我国《民事诉讼法》及相关司法解释针对当事人及案外人权利受到侵害的不同情形设立了四种救济程序：执行异议、执行异议之诉、案外人申请再审制度及第三人撤销之诉制度。本文将通过一个笔者实践中处理过的案件，阐述在执行案件中，当事人及案外人权利受到侵害时可采取的救济手段。

2013年，甲公司将其开发的位于某市的龙港项目发包给乙公司施工。2016年8月，龙港项目竣工验收完毕，因甲公司拖欠工程款，乙公司将甲公司诉至法院，要求甲公司支付工程款，并确认其对该项目拍卖折价的价款在其享有的债权范围内享有优先权，诉讼中乙公司向法院申请查封该项目。2018年3月，法院支持了乙公司诉求，判决甲公司支付工程价款1亿元并且乙公司享有优先受偿权。判决生效后，因甲公司拒不履行判决，乙公司申请法院对甲公司强制执行，就案涉项目进行拍卖。

在执行过程中，出现以下主体对执行行为及执行标的提出异议。甲公司认为，执行法院对甲公司的龙港项目存在超标的查封的情况，龙港项目的价值远超过1亿元。A认为，其在2017年10月与甲公司针对案涉项目的部分房屋达成了以物抵债协议，并经法院调解，以调解书的形式确认了该协议的效力，对部分执行标的享有所有权，乙公司的执行行为侵犯了其合法权益。B认为，其所购买商品房虽然属于案涉项目的一部分，但其在2015年与甲公司签订商品房买卖合同，且支付了全部购房款，现该房屋为其唯一住房，并已实际入住，乙公司无权申请执行拍卖其已购房屋。

在执行过程中，甲公司、A和B分别可以采取何种途径进行权利救济？

一、甲公司超标的查封异议的处理

本案中，甲公司认为其被法院查封的在龙港项目价值远超判决所确定的工程价款，属于超标的查封，因而对法院的查封行为产生异议。

（一）该异议属于执行行为异议

执行行为异议是指在执行过程中，对法院执行的程序性工作有异议。根据《最高人民法院关于人民法院民事执行中查封、扣押、冻结财产的规定》（2020年修正）第十九条及《执行异议和复议规定》（2020年修正）第七条规定可知，查封属于执行行为，查封被执行人的财产价值不得明显超过生效法律文书所确定的标的额，当事人对超标的查封的异议属于执行行为异议。

（二）当事人可以通过向法院提出执行异议进行救济

对执行行为有异议，当事人可以向法院提出执行异议，如异议被驳回，还可以向上一级法院申请复议。根据《民事诉讼法》第二百二十五条规定，在执行过程中，当事人对执行行为有异议的，可以向负责执行的人民法院提出书面异议。法院应当自收到书面异议之日起十五日内审查，理由成立的，裁定撤销或者改正；理由不成立的，裁定驳回。当事人对裁定不服的，可以自裁定送达之日起十日内向上一级人民法院申请复议。

（三）判定执行实施案件是否存在超标的查封情形，应当先行查明案件执行标的数额，再判断被查封财产是否超过执行标的数额

在判断被查封财产的数额时，有法院认为应当采取资产评估方式确定

［参考最高人民法院（2015）执复字第54号执行裁定书］[①]，有法院认为可以根据其他辅助价格确定资产价值［参考最高人民法院（2016）最高法执监104号执行裁定书］[②]，比如已销售房产价值、周边房产价值等，具体判断标准应根据个人决定。

二、A对部分执行标的异议的处理

本案中，A认为，其在2017年10月与甲公司针对案涉项目的部分房屋达成了以物抵债协议，并取得了法院的调解书，对部分执行标的享有所有权，法院的执行工作侵犯了其合法权益。

（一）该异议属于执行标的异议

执行标的异议是指在执行过程中，案外人基于对执行标的物享有足以排除强制执行的权利而提出，对被执行人的财产的全部或一部分主张权利，要求法院停止并变更执行的请求。A认为，基于其取得的以物抵债调解书已经对部分工程享有物权，法院查封该工程项目影响了其物权的实现。鉴于判决主文是支付工程价款，A公司的异议与裁判文书内容无关，而是就执行阶段中查封标的物错误而提出异议，因而，该执行异议当属对执行标的的异议。

（二）A可以通过提起执行异议、执行异议之诉进行救济

若A对执行标的有异议，其基础路径是向执行法院书面提起执行异议，否则无法开启下一步救济程序，换言之，执行异议是执行异议之诉或案外人再审程序的前置程序。

若A所提起的执行异议被驳回，对法院作出的执行异议裁定不服，仍然

① 来源于裁判文书网：最高人民法院（2015）执复字第54号执行裁定书。
② 来源于裁判文书网：最高人民法院（2016）最高法执监104号执行裁定书。

对执行标的有异议的，且该异议并非认为因原判决、裁定错误所导致，可以自执行异议裁定送达之日起15日内向人民法院提起诉讼，以避免案涉标的物被错误执行。

值得注意的是，执行异议之诉与执行异议除了诉与非诉的区别之外，其最大的不同是审查标准的不同。根据最高院（2015）民一终字第150号民事判决书[①]所确定的裁判规则，执行异议之诉的审查标准应当不同于执行异议的审查标准，不满足《执行异议和复议规定》（2020年修正）第二十五条至第二十八条关于满足执行异议的规定所列条件的，异议人在执行异议之诉中的请求并非当然不成立。异议人的请求是否成立，应根据案件的具体情况和异议人所主张的权利、申请执行人债权实现的效力以及被执行人对执行标的的权利作出比较并综合判断，从而确定异议人的权利是否能够排除执行。

本案中，A的异议是针对执行标的提出，其仅可以通过“执行异议—执行异议之诉”路径来寻求救济。抛开本案情，假设A所提起的执行异议被驳回后，对法院做出的执行异议裁定不服，但认为执行行为依据的原判决、裁定、调解书内容错误且损害其民事权益的，可以自执行异议裁定送达之日起六个月内，向作出原判决、裁定、调解书的人民法院申请再审以纠正原判决、裁定、调解书中的错误，进而使得案涉标的物免予因生效法律文书的效力而进入执行程序。

案外人再审属于审判监督程序，其立法目的为纠正错误裁判，为合法权益受到生效法律文书侵害的案外人提供救济途径。案外人略过执行异议程序直接提起再审应当以满足“无法提起新的诉讼”为条件，意即在案外人满足提起执行异议的条件时，便无法直接提起再审。但实践中，案外人提起执行异议的条件较为宽松，“执行异议—案外人再审”的救济途径仍为普遍做法，而案外人直接提起再审程序属于对案外人权益的特殊救济途径，一般使用情况较少。

① 来源于裁判文书网：最高院（2015）民一终字第150号民事判决书。

（三）A的异议理由不成立

A的异议理由是否成立关键在于法院下发的以物抵债调解书是否产生物权变动效力。根据最高人民法院研究室的观点，《物权法》第二十八条[①]规定的“人民法院的法律文书”应当包括判决书、裁定书和调解书。但以物抵债调解书只是对当事人之间以物抵债协议的确认，其实质内容是债务人用以物抵债的方式来履行债务，并非对物权权属的变动，不宜认定以物抵债调解书能够直接引起物权变动。A的以物抵债调解书仅具有债权效力，对案涉房屋并不享有物权，无法产生足以排除强制执行的效果，不符合执行异议的成立条件，因而其异议理由无法成立。

三、B可提起执行异议，执行异议若被驳回可以提起执行异议之诉

（一）承包人享有的工程价款优先受偿权不得对抗买受人，买受人可向执行法院提出执行异议

《执行异议和复议规定》（2020年修正）对该问题作出了进一步的解释。其第二十九条规定：“金钱债权执行中，买受人对登记在被执行的房地产开发企业名下的商品房提出异议，符合下列情形且其权利能够排除执行的，人民法院应予支持：（一）在人民法院查封之前已签订合法有效的书面买卖合同；（二）所购商品房系用于居住且买受人名下无其他用于居住的房屋；（三）已支付的价款超过合同约定总价款的百分之五十。”

本案中B已于2015年与甲公司签订商品房买卖合同，支付了全部购房款，现今已实际入住该房屋。根据《执行异议和复议规定》第二十九条、《民事诉讼法》第二百二十七条，B可以基于其对所购房屋的权利向执行法院提出

① 现为《民法典》第二百二十九条。

执行异议，以对抗乙公司享有的建设工程价款优先受偿权。若人民法院对执行标的裁定中止执行，申请执行人在法律规定的期间内未提起执行异议之诉的，人民法院应当自起诉期限届满之日起7日内解除对该执行标的采取的执行措施。

（二）商品房买受人对执行异议不服可以向执行法院提起执行异议之诉

《民事诉讼法》第二百二十七条规定："执行过程中，案外人对执行标的提出书面异议的，人民法院应当自收到书面异议之日起十五日内审查，理由成立的，裁定中止对该标的的执行；理由不成立的，裁定驳回。案外人、当事人对裁定不服，认为原判决、裁定错误的，依照审判监督程序办理；与原判决、裁定无关的，可以自裁定送达之日起十五日内向人民法院提起诉讼。"根据该规定，执行过程中，案外人对执行标的提出书面异议，人民法院认为理由不成立，裁定驳回，案外人对该裁定不服，但该异议与原判决、裁定无关的，案外人可以向执行法院提起执行异议之诉。

根据该规定，若法院未支持B的执行异议，B可以自执行异议裁定送达之日起15日内向执行法院提起诉讼。对于执行异议之诉的当事人，应以申请执行人为被告，被执行人反对案外人异议的，被执行人为共同被告；被执行人不反对案外人异议的，可以列被执行人为第三人。对于B提起执行异议之诉后，是否中止执行的问题，执行异议之诉审理期间，人民法院不得对执行标的进行处分。申请执行人请求人民法院继续执行并提供相应担保的，人民法院可以准许。

（三）商品房买受人是否可以采取第三人撤销之诉的途径撤销原判决

《民事诉讼法》第五十六条规定："对当事人双方的诉讼标的，第三人认为有独立请求权的，有权提起诉讼。

对当事人双方的诉讼标的，第三人虽然没有独立请求权，但案件处理结果同他有法律上的利害关系的，可以申请参加诉讼，或者由人民法院通知他参加诉讼。人民法院判决承担民事责任的第三人，有当事人的诉讼权利义务。

前两款规定的第三人，因不能归责于本人的事由未参加诉讼，但有证据证明发生法律效力的判决、裁定、调解书的部分或者全部内容错误，损害其民事权益的，可以自知道或者应当知道其民事权益受到损害之日起六个月内，向作出该判决、裁定、调解书的人民法院提起诉讼。人民法院经审理，诉讼请求成立的，应当改变或者撤销原判决、裁定、调解书；诉讼请求不成立的，驳回诉讼请求。”

根据该规定，第三人撤销之诉针对的是已发生法律效力的判决、裁定、调解书存在错误，损害第三人民事权益的情形，而本案中乙公司申请执行所依据的判决书本身并没有错误，而是在执行过程中损害了B的合法权益，因此，B不能依据第三人撤销之诉主张权利。

四、小结：案外人对执行工作异议的实务指引

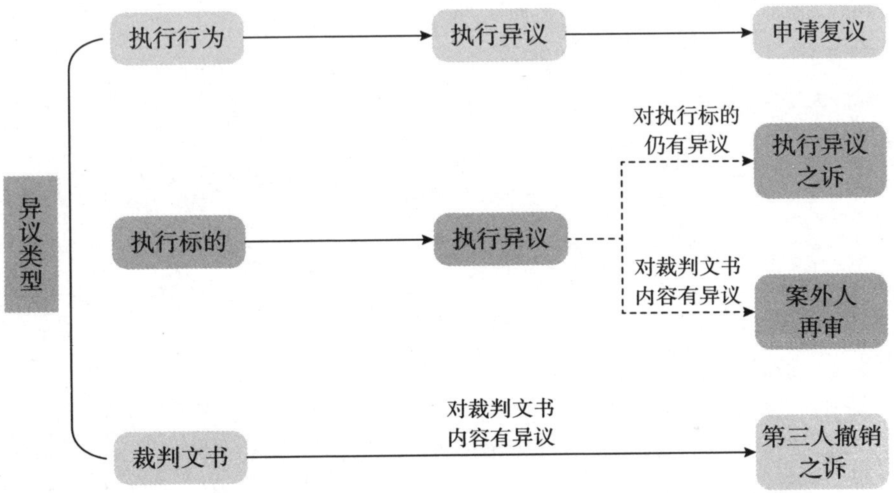

根据上述案例可知，若当事人认为执行程序、执行措施方法违反法律规

定的，可以请求负责执行的人民法院予以救济；若案外人在执行过程中，对执行标的提出了不同意见，并主张全部或部分权利，应先向负责执行的人民法院提出执行异议，以阻却对特定标的物的强制执行，若执行法院驳回当事人的执行异议，案外人可以提起执行异议；若案外人对裁判文书的内容存在异议，认为生效的判决书、调解书、裁定书等生效法律文书损害其合法权益，存在两种救济途径：一则先向负责执行的人民法院提出执行异议，再向作出生效法律文书的法院或其上一级法院申请再审；二则若是案外人（第三人）因不能归责于本人的事由未参加诉讼，但有证据证明发生法律效力的判决、裁定、调解书的部分或者全部内容错误，损害其民事权益的，可以自知道或者应当知道其民事权益受到损害之日起6个月内，向作出该判决、裁定、调解书的人民法院提起第三人撤销之诉。

基于请求权基础方法的一则矿权纠纷案例分析

吴陶钧

请求权基础理论目前在司法裁判中使用得越来越多，不少律师同仁也在钻研运用请求权基础的分析方式办理案件，尤其是对一个案件不同处理思路的选择问题上，请求权基础的分析方法更偏向于解决实际问题。本文是天同的年轻律师在运用请求权基础分析方法时的一个实例，供各位同仁参考交流。

一、设例[①]

2002年，甲公司取得土地使用权证并建成尾矿库[②]。2004年，乙公司探转采取得采矿权证。甲公司尾矿库库区与乙公司矿区相邻。

2011年，县安监局评估认为，尾矿库周边500米范围内不得采矿。其中，甲公司尾矿库设计标高1510米，纠纷发生时（2017年）尾矿库水面为1470米，此时尾矿库水位500米范围内无乙公司矿产资源，但即将涉及。由于甲公司不断排放尾矿，目前（2018年）尾矿库水面已经上升至1505米，尾矿库水位500米范围内涉及乙公司矿产资源60万吨，价值约1000万元。

---

① 案情改编自最高人民法院一则案例。

② 案涉尾矿库为山谷形，其工作原理大致为：从最低处排放尾矿，由于尾矿的沉积导致排放口处矿砂越来越多，达到一定程度时用砂石覆盖排放口处的尾矿，该行为称为筑坝，在筑坝过程中排放口升高并前移，由此循环往复以致尾矿库越来越高。

已知尾矿库标高1400米至1500米之间是林地，根据相关规定占用林地需履行审批手续，甲公司在使用尾矿库过程中存在违法超占林地的情形。

同时，乙公司的采矿权证于2014年到期，且未办理延续手续。

请问：乙公司对甲公司是否并享有何种请求权？

从以上案情来看，乙公司对甲公司可能享有的请求权有：物权请求权、相邻损害赔偿请求权及侵权损害赔偿请求权，以下笔者将逐一分析。

二、《民法典》第二百三十六条上的请求权：物权请求权

（一）《民法典》第二百三十六条上的请求权（妨害防止请求权）：停止排放尾矿

《民法典》第二百三十六条规定："妨害物权或者可能妨害物权的，权利人可以请求排除妨害或者消除危险。"在解释上，应当认为该条为妨害防止（消除危险）请求权的法律依据，其构成要件包括：（1）请求人是物权人。（2）对物权妨害的危险已经形成。此包括两种情形：第一，已经发生了妨害，但将来还有可能发生同样的妨害；第二，虽然从未发生实际的妨害，但综合有关事实，可以合理地认为妨害可能发生。（3）请求权针对的是有可能造成妨害的人。（4）物权人无容忍义务。[①]

本案中，乙公司的采矿权证于2014年到期，且未办理延续手续。因此，乙公司自2014年后不再享有物权。[②]在2014年之前，上述第1要件满足。不过，在2014年之前，甲公司排放尾矿的行为并未对乙公司的采矿权造成妨害的危

① 本文各请求权基础的构成均参考葛云松老师对北京大学法学院2011级本科生的授课讲义，在此特别感谢葛老师的倾情分享及谆谆教诲。

②《民法典》第三百二十九条规定，"依法取得的探矿权、采矿权、取水权和使用水域、滩涂从事养殖、捕捞的权利受法律保护"。学理上一般认为该条规定的探矿权、采矿权为准物权。参见崔建远：《物权法》，人民大学出版社2014年版，第373页。

险。上述第2要件不满足。甲公司是有可能造成妨害的人。上述第3要件满足。甲公司在其土地使用权内建设尾矿库并在标高范围内排放尾矿，属权利的行使，乙公司作为相邻关系人应负有容忍义务。[①]上述第4要件不满足。因此，无论是在2014年之前还是在2014年之后，乙公司对甲公司均不享有妨害防止请求权。

（二）《民法典》第二百三十六条上的请求权（排除妨害请求权）：降低尾矿库水面至不影响乙公司采矿权行使的高度

与妨害防止请求权相比，排除妨害请求权仅在第2要件方面稍有不同，即并非对物权妨害的危险已经形成，而是对物权的妨害已经发生且处于持续状态。

本案中，在2014年之后，乙公司由于不再是物权人，故不享有对甲公司的排除妨害请求权。在2014年之前，甲公司对乙公司物权的妨害尚未发生，即尾矿库水面高度500米范围内尚不具有乙公司的矿产资源，故乙公司亦不享有该请求权。

三、《民法典》第二百九十六条上的请求权（相邻损害赔偿请求权）：请求赔偿1000万元

（一）《民法典》第二百九十六条一般解释与案情分析

《民法典》第二百九十六条规定："不动产权利人因用水、排水、通行、铺设管线等利用相邻不动产的，应当尽量避免对相邻的不动产权利人造成损害。"对于该条规定的赔偿请求权的性质，理论上素有争议。笔者认为，相

① 妨害具有不法性，物权人才可以请求排除，基于相邻关系物权人具有容忍义务，即使具有妨害，物权人也不能请求排除。见尹田：《物权法》，北京大学出版社2017年版，第250页；崔建远：《物权法》，中国人民大学出版社2014年版，第122页。

邻关系的损害赔偿请求权产生于相邻一方行使其权利给相邻他方造成损害，该行为不具有违法性（或者说属于违法阻却事由），因此不属于《民法典》第一千一百六十五条第一款中的侵权损害赔偿请求权，而是一种独立的请求权。[①]依该条字面含义，基于相邻关系而产生的损害赔偿请求权的构成应包括：（1）相邻双方均享有不动产权利。（2）各方不动产相邻。[②]（3）相邻一方行使不动产权利对相邻他方造成损害。该要件可细分为：第一，相邻一方有行使不动产权利的行为；第二，相邻他方产生损害；第三，两者有因果关系。

本案中，显然上述第1要件、第2要件、第3要件全部符合。甲公司对尾矿库标高1510米之下的投影面积享有土地使用权，乙公司享有采矿权，两者的不动产权利相毗邻。并且，由于甲公司行使其土地使用权、不断排放尾矿致尾矿库水面上升，进而使乙公司的矿产被覆盖在尾矿库水面500米范围内，造成乙公司无法开采案涉矿藏。依此推论，乙公司应可基于《民法典》第二百九十六条向甲公司主张损害赔偿。

（二）对《民法典》第二百九十六条一般解释的反思与案情分析

不过，甲公司的权利取得在先，乙公司的权利取得在后，为何在先权利人行使权利给他人造成损害也要承担赔偿责任？比如，后建的建筑离先建的建筑太近，光照受到先建建筑的影响，难道后建建筑的权利人有权要求先建建筑的权利人承担赔偿责任？又如，相邻关系人把商品房建在铁路旁，难道

---

① 王泽鉴先生称权利的行使属违法阻却事由，该观点以“违法性”作为狭义侵权的构成要件为前提，参见王泽鉴：《侵权行为》，北京大学出版社2012年版，第226页。程啸教授则认为我国《侵权责任法》并不以违法性为要件，因此权利的行使属免责事由而非违法阻却事由。参见程啸：《侵权责任法》，法律出版社2017年版，第294页。两者虽表述不同，但法律效果并无不同。

② 此处的相邻只要双方相临近且对一方产生影响即可，并不需要不动产在地理位置上达到接壤的程度。王泽鉴先生对“邻地”的解释为，“民法所称邻地，不以直接毗邻的土地为限，凡因土地所有人经营事业及行使权利，应注意防免土地之损害”。见王泽鉴：《民法物权》，北京大学出版社2010年版，第146页。

其有权要求铁路改道或排除行车噪声?

笔者认为，相邻损害赔偿请求权除前述要件外，仍应包括第4要件，即损害系在后权利人权利的行使对在先权利人造成的，且在后权利人已经尽到审慎注意义务[①]。如果在先权利人权利的行使(且已尽到审慎注意义务)对在后权利人造成损害，此时在后权利人负有容忍义务，其无权要求在先权利人进行赔偿。就本案而言，当作为所有权人的国家为甲公司设立用于建设尾矿库的土地使用权后，其相邻土地的所有权便处于受限制的状态。即不能对尾矿库周边500米范围内的矿藏进行开采，国家负有相应的容忍义务。在国家将相邻土地的采矿权让与第三人时，第三人便继受了该容忍义务。对此，最高人民法院的相关著作也认为，处理相邻关系纠纷应“尊重历史形成的客观状况和先后顺序”[②]。最高人民法院的公报案例“新华日报社诉南京华厦实业有限公司相邻关系侵权损害赔偿纠纷案”(《最高人民法院公报》1996年第3期)也显示，在相邻关系纠纷中应遵循“保护在先权原则”。本案中甲公司的土地使用权设立在先，乙公司的采矿权取得在后，乙公司在后权利的行使有义务容忍在先权利的合法使用，其所遭受的损害甲公司无需赔偿。上述第4要件不满足。综上，乙公司对甲公司不享有相邻损害赔偿请求权。

(三)如乙公司对甲公司享有《民法典》第二百九十六条规定的相邻损害赔偿请求权，关于2014年后该请求权状态的分析

停止侵害、排除妨害请求权属物权请求权，目的在于保有物权的圆满状态，其存在以物权的存在为前提。[③]不同于此，基于相邻关系而产生的损害赔偿请求权是一种独立的法定之债，即使物权已经消灭，物权人在物权存续

---

① 此为处理相邻纠纷应遵循的一般原则——“公平合理”原则(《民法典》第二百八十八条)的体现，即相邻权利人应尽量避免对他人造成损害，如果势必要造成一定的损害，则应以造成损害最小的方式进行。

② 见最高人民法院物权法研究小组编著:《〈中华人民共和国物权法〉条文理解与适用》，人民法院出版社2007年版，第271页。

③ 参见尹田:《物权法》，北京大学出版社2017年版，第248页。

期间享有的损害赔偿之债依然存在。因此，如果乙公司对甲公司享有基于相邻关系而产生的损害赔偿请求权，其权利存续期间所受损害并不因采矿权的消灭而消灭，在2014年之后其亦享有该请求权。

四、《民法典》第一千一百六十五条第一款上的请求权：侵权损害赔偿请求权

（一）《民法典》第一千一百六十五条第一款的一般解释

《民法典》第一千一百六十五条第一款规定："行为人因过错侵害他人民事权益造成损害的，应当承担侵权责任。"笔者认为，该条规定的一般侵权行为应包括三种独立的请求权基础：（1）因过错侵害他人绝对权而致人损害的，应承担侵权责任（"狭义侵权"）；（2）违反保护他人的法律而致人损害的，应承担侵权责任（"违法侵权"）；（3）故意违反善良风俗致人损害的，应承担侵权责任（"背俗侵权"）。[①]该三种不同的请求权基础的保护范围、违法性要件的含义及认定可如下图所示[②]：

类别 / 请求权基础	保护范围	违法性	违法性的认定
狭义侵权	绝对权	侵害绝对权	结果不法
违法侵权	绝对权、其他权益	违反保护他人的法律	行为不法
背俗侵权	绝对权、其他权益	故意悖于善良风俗	行为不法

就狭义侵权而言，其保护范围仅包括绝对权。由于绝对权有其明确的范

① 见葛云松：《〈侵权责任法〉保护的民事权益》，载《中国法学》2010年第3期，第44页；葛云松：《一份基于请求权基础方法的案例研习报告——对于一起交通事故纠纷的法律适用》，载《北大法律评论》2015年第16卷第2辑，第276页。

② 参见王泽鉴：《侵权行为》，北京大学出版社2012年版，第217页、第218页。

围，且具有社会公开性，因此行为人侵害绝对权时即被推定行为具有不法性。此种由侵害结果而认定侵害行为的不法性，称为结果不法。就违法侵权及背俗侵权而言，其保护范围除绝对权外尚包括其他权益。由于绝对权以外的其他权益的范围具有不确定性，因此违法性的判断须以“违反保护他人的法律”或“故意悖于善良风俗加害他人”为要件，始能成立。此种就行为本身而为认定，称为行为不法。

显然，甲公司的行为并未违反善良风俗，以下笔者仅就甲公司的行为是否构成狭义侵权及违法侵权进行探讨。

（二）《民法典》第一千一百六十五条第一款（狭义侵权）上的请求权（侵权损害赔偿请求权）：请求赔偿1000万元

在解释上，应认为狭义侵权的构成要件包括：（1）加害行为。（2）侵害绝对权。（3）发生损害。（4）加害行为与损害结果之间有因果关系。（5）加害行为具有违法性。此要件实质是要考察是否具有违法阻却事由，因为侵害绝对权即应推定行为具有违法性。（6）行为人有过错。

本案中，就狭义侵权而言，显然上述第1要件、第2要件、第3要件、第4要件满足。首先，甲公司排放尾矿的行为属加害行为；其次，乙公司无法开采案涉60万吨矿产，其绝对权受有损害；再次，乙公司产生损失1000万元；最后，由于甲公司排放尾矿的行为导致案涉矿产无法开采，加害行为与损害结果之间有因果关系。

关于“违法性”要件，由于甲公司在尾矿库设计标高1510米范围内使用尾矿库，且并未超出其土地使用权的范围，因此甲公司的行为属权利的行使，本案中甲公司具有违法阻却事由。[①]上述第5要件不满足。因此，乙公司对甲公司不享有侵权（狭义侵权）损害赔偿请求权。

---

① 权利的行使属违法阻却事由，见王泽鉴：《侵权行为》，北京大学出版社2012年版，第288页。

（三）《民法典》第一千一百六十五条第一款（违法侵权）上的请求权（侵权损害赔偿请求权）：请求赔偿1000万元

违法侵权的构成要件包括：（1）违反保护他人的法律的行为。其中，保护他人的法律是指一般防止危害他人权益或禁止侵害他人权益的法律。[①]（2）该行为侵害了法律所保护的权利或利益。保护他人的法律的保护对象有其一定的范围，被害人本身（人的范围），其侵害的法益或所生损害（物的范围），均须属该法律的保护范畴。[②]（3）发生损害。（4）加害行为与损害结果之间有因果关系。（5）行为人有过错。[③]

本案中，根据《森林法》等相关规定[④]，甲公司占用林地原则上仅需缴纳相应林地补偿费并向相关行政部门报批，而相关规定的目的仅在于便于国家对林地进行管理，而非保护他人的权益。另外，甲公司于2002年已经取得尾矿库所在地的土地使用权，其在尾矿库设计标高1510米之下使用尾矿库占用林地，仅违反相关行政法规，涉及向林业局缴费补偿的问题。因此，甲公司并未违反保护他人的法律，上述第1要件不满足。乙公司对甲公司不享有侵权（违法侵权）损害赔偿请求权。

---

① 王泽鉴先生谓："保护他人之法律，系指任何以保护个人或特定范围之人为目的之公私法规，但专以保护社会公益或社会秩序为目的之法规则不包括在内。"见王泽鉴：《民法学说与判例研究》（第二册），北京大学出版社2009年版，第137页；王泽鉴：《侵权行为》，北京大学出版社2012年版，第288页以下。

② 即（1）被害人须属于法规所欲保护之人之范围；（2）请求赔偿之损害，其发生须系法规所欲防止者。见王泽鉴：《民法学说与判例研究》（第二册），北京大学出版社2009年版，第138页。

③ 此处的过错一般采取推定的方式。即，行为人违反保护他人的法律即推定行为人具有过错。就该过失是针对何者，理论上素有争议。德国通说认为，系针对保护他人的法律而言，故其过失不及于法益之受侵害。见王泽鉴：《侵权行为》，北京大学出版社2012年版，第287–288页。鉴于本文案例不涉及该要件的具体分析，故不做展开。

④《国家林业局关于印发〈占用征用林地审核审批管理规范〉的通知》第一条第一项规定，省级人民政府批准的矿山等基础设施建设项目原则上可以占用征用各类林地。第二条规定："占用征用林地的申报材料……（五）补偿协议。建设单位与被占用征用林地单位或个人签订的林地、林木补偿和安置补助协议……"

五、结语

由以上分析可知，从民事角度来看乙公司对甲公司并不享有任何请求权。不过，乙公司通过缴纳采矿权使用费而获得的采矿权无法行使却是不争的事实。并且，此情况的产生并非由于乙公司的过错或者其他客观风险造成。那么，对于乙公司的该等损害应如何救济呢？

根据《国家土地管理局关于矿产资源勘查登记、开采登记有关规定的通知》[①]，在后设立的采矿权应以不影响在先设立的采矿权的权益为原则。并且，只有经原采矿权人同意或经技术论证对原采矿权人无影响时，行政机关才可划定矿区范围。本案省国土厅在审查矿区范围过程中，未对乙公司所申请的矿区进行勘查，将甲尾矿库周边500米范围列为乙公司的采矿权范围，违反上述规定，属《行政许可法》第六十九条第一款第四项所规定的“对……不符合法定条件的申请人准予行政许可”的行政行为，省国土厅可以予以撤销。据此，或许乙公司通过行政手段才能获得救济，如与省国土厅协商退回相应的采矿权使用费。

①《国家土地管理局关于矿产资源勘查登记、开采登记有关规定的通知》（国土资发〔1998〕7号）规定，“审批机关在划定矿区范围时，应依据以下原则确定：……4、保护已有探矿权、采矿权人利益……采矿登记管理机关在审批矿区范围时应以不影响已有的探矿权人或采矿权人权益为原则。采矿权申请人应与已有的探矿权人或采矿权人就可能造成对探矿权或采矿权影响的诸方面签有协议。探矿权人或采矿权人同意开采的，采矿登记管理机关可划定矿区范围；探矿权人或采矿权人认为有影响且出具充分证明的，采矿登记管理机关可以组织技术论证。论证结果确有影响且无法进行技术处理的，不予划定矿区范围”。

首例永续债券合同解除案所带来的法律风险

孙丽丽

债券纠纷是近年来陆续呈现多发趋势的纠纷类型之一，永续债券是一种极为特殊的债券，它的永续性特征表面上对投资人造成了很大的风险。然而我们在办案中发现，近年来永续债券的永续性已经被司法实践所打破，上海市第二中级人民法院处理的（2018）沪02民终3136号①案件作为首例永续债券被法院判决提前到期的案件，在业内引起不小的反响。

一、什么是永续债券？

永续债券，又称无期债券，是非金融企业（发行人）在银行间债券市场注册发行的“无固定期限、内含发行人赎回权”的债券。永续债券的每个付息日，发行人可以自行选择将当期利息以及已经递延的所有利息，推迟至下一个付息日支付，且不受到任何递延支付利息次数的限制。②

（一）永续债券的两种形式

一种是无约定到期日，但发行人有赎回权。赎回权是指发行人能在约定的时间内按照一定的价格赎回永续债券的权利。另一种是约定到期日，但

---

① 来源于裁判文书网：上海市第二中级人民法院（2018）沪02民终3136号判决书。

② 参见百度百科，https://baike.so.com/doc/3752782-3942444.html，最后访问时间：2021年5月16日。

发行人有延期选择权，在每个到期日，发行人具有可以选择延长到期日的权利，理论上，发行人可以无限期续期。永续债券的发行期限以“3+N”和“5+N”为主，债券3年或者5年到期后，可以选择是否延长期限。

发行人可以递延支付利息，每个付息日，发行人有权选择将所有应付利息推迟至下个付息日支付，永续债券的利息递延支付不构成违约。当然，递延利息也是有限制条件的，在递延利息及其孳息全部清偿完毕前，不得向股东分红，不得减少注册资本，不得向偿付顺序劣后于永续债的证券进行任何形式的偿付。并且每笔递延利息在递延期间仍需要计算利息，一般递延利息按照当期票面利率计算复利，有的永续债券还对利息的递延设置了罚息的条款。很明显，利息递延支付在一定程度上缓解了发行人的资金紧张，有利于资金的流通；而对发行人强制付息情况的限定则保护了投资者的权益。

（二）永续债的“债性”和“股性”

永续债的“债性”体现在发行人破产清算时的受偿顺序上，次级永续债清偿顺序虽然优先于股权，但劣后于发行人的其他普通债务；而普通的永续债在发行人破产清算时与发行人的普通债务在同一顺位受偿。

同时由于永续债没有明确的到期日，发行人可以延迟支付利息且不构成违约，从这一点上能够反映永续债的“股性”。也正因如此，永续债在一定条件下可以计入所有者权益，提高资本金，减少负债，有利于优化资本结构，提升企业风险抵御能力。并且永续债没有投票权，不会稀释老股东的股权，也不会影响企业正常的生产经营。

（三）永续债券与普通债券的区别

其一，永续债券没有明确的到期时间，普通债券有明确的到期时间。其二，永续债的利息较高，可以设置跳升条款，而普通债券的利息较低。其三，永续债券可无限递延支付利息且不构成违约，普通债券迟延支付利息构成违约。其四，永续债券在一定条件下可以计入企业的所有者权益，而普通债券只能计入负债。

二、评析（2018）沪02民终3136号案[①]

（一）案件基本事实

1.2015年11月，甲公司发布《募集说明书》在全国银行间债券市场发行2015年度第二期可赎回的永续中票，该债券简称15中城建MTN002，乙公司持有该债券5000万元。《募集说明书》以粗体字形式提示发行人除已披露的信息外，无其他影响偿债能力的重大事项。同时，甲公司承诺将按照相关的规则和指引，真实、准确、完整、及时地进行信息披露，不存在虚假记载、误导性陈述或重大遗漏。

2.而实际上，甲公司在涉案债券募集过程中存在不实陈述，包括未全面披露公司股权结构，未披露子公司转让事项。在债券存续期间，甲公司未按约披露重大信息，包括未按约披露募集资金用途的改变，未按约披露相关定期报告，未按约披露可能影响其偿债能力的其他重大事项。

3.2016年4月至11月，联合资信评估有限公司下调了甲公司主体及涉案债券信用等级，由AA+级下调至C级。并且甲公司未能按约履行多只债券的给付义务，2016年12月至2017年1月，甲公司存在转移部分资产的行为。

4.涉案债券持有人鉴于甲公司的上述违约行为要求其为案涉债券的本息偿付提供抵押、质押或保证，但均被甲公司拒绝。2017年4月20日，乙公司向甲公司发出催告函，要求甲公司兑付本息，被甲公司拒绝。

于是，乙公司起诉至上海市黄浦区人民法院，要求解除与甲公司签订的《募集说明书》，并要求甲公司偿付案涉债券的本金5000万元。

---

① 2018年6月28日，上海市第二中级人民法院就甲公司与乙公司债券交易纠纷上诉案，作出（2018）沪02民终3136号判决，成为我国首例永续债券被法院判决提前到期的案件，该案入选上海高院“2017金融商事审判十大案例”。

（二）法院裁判思路

法院归纳了本案的三个争议焦点，一是甲公司未披露公司重大信息的行为是否构成根本违约；二是乙公司可否以甲公司转移资产、清偿能力下降为由行使不安抗辩权；三是乙公司是否可以据此解除合同，并要求甲公司兑付本息以及确定利息的支付标准。具体裁判理由如下：

1.甲公司未披露公司重大信息的行为构成根本违约。《募集说明书》是双方之间有效的合同，双方均应按照约定全面履行各自的义务。甲公司在《募集说明书》中承诺按照相关的规则准确、完整、及时地进行信息披露，在所有信息披露过程中不存在虚假记载、误导性陈述和重大遗漏。但经查明，甲公司在募集时隐瞒了公司股权结构的事实，在涉案票据存续期间，甲公司存在转移公司资产的行为，上述行为均违反了《募集说明书》的相关约定，构成违约。

同时，债券持有人通过流通债券实现自己的经济利益是其持有债券的重要目的之一，也是债券市场存在的重要价值之所在。甲公司多次未按照约定披露相关的企业信息，直接影响投资者对企业信用风险、投资价值的判断，以及投资者的投资信心，导致案涉债券缺乏市场流通性。乙公司欲通过出售票据收回本金的目的已难以实现，故甲公司未披露公司重大事项的行为构成根本违约。

2.乙公司可以行使不安抗辩权。甲公司主体及案涉债权的信用等级被下调至C级，代表该公司已不能偿还债务。甲公司未能按约履行多只债券的给付义务，并在2016年12月至2017年1月转让了公司部分股权。上述事实体现了甲公司的偿债能力在合同签订后已明显下降，乙公司据此要求行使不安抗辩权并无不当。

3.根据《民法典》第五百二十七条、第五百二十八条、第五百六十三条的规定，负有先履行债务的当事人能够证明对方存在经营状况严重恶化、可能丧失履行债务能力的，可以中止履行并及时通知对方，对方在合理期限内未恢复履行能力并且未提供适当担保的，中止履行的一方可以解除合同；当事人一方迟延履行债务或者其他违约行为致使不能实现合同目的的，当事人亦可以解除合同。甲公司的违约行为导致乙公司购买涉案债券的目的无法实现，且在甲公司的偿债能力严重下降未提供任何担保的情况下，乙公司要求解除双方合同，于法有据。故法院判决甲公司与乙公司的《募集说明书》解除，甲公司向乙公司支付涉案债券本金及相应利息。

（三）本案是否符合行使不安抗辩权解除合同的情形

不难看出，本案法院判令永续债券合同解除的主要依据有二：一是甲公司未披露企业重要信息构成根本违约；二是本案乙公司可以行使不安抗辩权。但值得思考的是，本案投资人乙公司能否以不安抗辩权主张合同解除？

《民法典》第五百二十七条规定，应当先履行债务的当事人，有确切证据证明对方有下列情形之一的，可以中止履行：（一）经营状况严重恶化；（二）转移财产、抽逃资金，以逃避债务；（三）丧失商业信誉；（四）有丧失或者可能丧失履行债务能力的其他情形。当事人没有确切证据中止履行的，应当承担违约责任。

根据《民法典》第五百二十七条的规定，不安抗辩权的行使主体应当是具有先履行义务的一方。而在本案中，作为投资人的乙公司在与发行人甲公司签订《募集说明书》后，其支付购买票据的款项即已履行完毕《募集说明书》约定的义务，无其他需要先履行的义务。在此情况下，尽管甲公司可能存在经营状况恶化，转移财产、抽逃资金等有可能丧失履行债务能力的其他情况，乙公司亦不具有行使不安抗辩权的主体资格。

同时，我们检索到一例与本案相似且均为上海市黄浦区人民法院审理的案件，案号为（2015）浦民六（商）初字第4310号[①]，在该案中法院认为，从双方合同的约定来看，尽管被告发生了《募集说明书》约定下的“违约事件”，但合同并未赋予原告就此主张被告提前兑付的权利。《募集说明书》第

①（2015）浦民六（商）初字第4310号：宝钢集团财务有限责任公司与保定天威集团有限公司其他证券纠纷一审民事判决书，来源于裁判文书网。

十一章第二条约定，原告只有在涉案债券到期未予兑付的情况下，才能依约主张违约责任。从《民法典》的规定来看，原告主张的被告经营状况恶化、涉及多起诉讼从而可能丧失兑付能力的情形，是我国《民法典》上关于不安抗辩权行使的前提。既然原告主张被告预期违约，则应根据预期违约的构成条件进行判断。被告虽对其他债券存在违约行为，但每一项债券的发行和兑付均系被告的独立履约行为，对其中任何一项债券丧失兑付能力并不必然延及其他债券的兑付结果。在该案中法院未对投资人是否符合行使不安抗辩权的问题进行判定，同时也未予支持投资人主张的预期违约。

尽管如此，本案甲公司存在诸多违反《募集说明书》义务的行为，且违约行为导致乙公司的合同目的无法实现，已构成根本违约，法院据此行使法定解除权并无不当。

三、永续债券未来可能面临被法院判决提前到期的风险

永续债券的特征即为可无限递延利息的支付并不承担违约责任，但（2018）沪02民终3136号判决的作出，让永续债券的永续性受到了法律的规制，此案在行业内亦引起了强烈的反响，争议较多。该案的处理结果在一定程度上也显示了法院在处理永续债券合同纠纷上的一些裁判思路。对于发行人而言，如果在永续债券的募集过程及债券发行期限内存在根本违约的事项，依然有可能会被法院判决提前到期，偿付投资人本息。对于投资人而言，当发行人存在根本违约导致合同目的不能实现时，可以诉请解除永续债券的合同，要求发行人偿付本息。但投资人需要承担发行人存在违约事实的举证责任。

到期债权的执行
——代理执行行为异议一案引发的思考

刘　可

一、案件由来

A银行诉B公司金融借款合同纠纷判决生效后，A银行向法院申请强制执行。法院在执行过程中，依据《民事诉讼法》第二百四十二条、第二百四十三条规定作出《执行裁定书》，裁定扣划C公司应向被执行人B公司返还的拆迁补偿款6000万元，同时向C公司发出《协助执行通知书》。

笔者所在团队接受C公司的委托后，以B公司对C公司“享有”的6000万元拆迁补偿款系到期债权，执行法院的扣划行为实际混淆了到期债权与收入、收益之概念，错误适用《民事诉讼法》提取收入、收益之规定为由，提出执行行为异议。执行法院审查后支持了C公司主张，并裁定撤销前述《执行裁定书》。

随后，A公司向法院申请执行B公司对C公司“享有”的到期债权，C公司依据民事诉讼法司法解释第五百零一条之规定，向法院提出异议，执行法院最终作出《停止执行决定书》，终局解决了A银行与C公司在执行程序中的争议。

二、引发思考

本案从法院作出《执行裁定书》到《停止执行决定书》经历两次不同“异议”阶段，耗时长久，究其根本原因系申请执行人和执行法院均未能准确识别“到期债权”的内涵与外延，徒增各方讼累。因此，厘清到期债权执行制度的适用范围、适用程序实属必要，此亦为笔者写作本文的初衷。基于此，本文将着重关注到期债权执行制度在司法实践中的重点难点问题，并尽力从律师角度提出对应的防范、化解措施，为今后代理到期债权执行案件积累经验。

三、到期债权执行制度的立法沿革

1992年颁布的《最高人民法院关于适用〈中华人民共和国民事诉讼法〉若干问题的意见》（以下简称《民事诉讼法司法解释》）第三百条，最早对到期债权执行制度进行了原则性的规定。此后，1998年颁布的《最高人民法院关于人民法院执行工作若干问题的规定（试行）》（以下简称《执行工作规定》）第六十一条至第六十九条进一步明确了到期债权执行的条件、范围、异议权、异议审查方式、复代位禁止等规则。

而在2015年民事诉讼法司法解释起草过程中，到期债权执行条款的存废曾引发巨大争议。主张删除的一方主要理由是，该制度存在法律上的障碍：合同具有相对性，突破合同的相对性要具有正当的理由；该条规定是在《合同法》生效之前规定的，而1999年生效的《合同法》规定了代位权诉讼制度，用以解决债权人为保全自己的债权而对于次债务人的代位权利，合同代位权的行使，有明确的法定条件，只有符合条件时，才可以行使[①]；代位权的审查不宜以执代审；执行过程中行使代位权，可能损害次债务人的其他债权人的合法权益。而主张保留的一方认为，在完善与代位诉讼制度的衔接的前提下，此制度应予保留并完善：首先，该制度以第三人不提出异议为前提，并未突破合同相对性；其次，与合同法中代位权制度配合使用，可共同实现保全债权的目的[②]。

《民事诉讼法司法解释》最终对上述两种意见进行了折中，即在保留的基础上强化了对相关权利人保护的内容——为降低突破合同相对性对第三人造成的影响，再次重申了第三人享有绝对的异议权，并进一步明确案外人可通过《民事诉讼法》第二百二十七条主张权利；同时，该条也规定了禁止第三人否定生效法律文书确定债权的存在等内容。

四、实践中的重点难点问题及应对措施

根据第三人债权执行制度的沿革可看出，立法者对该制度的适用慎之又慎，既维护申请执行人对被执行人（债务人）之债权的实现，也强调保护次债务人的合法权益。这意味着要正确理解债权执行与代位权制度的关系，一旦次债务人提出了异议，申请执行人就无法再通过执行程序向次债务人求偿，而是应该通过代位权诉讼途径主张权利。

因此，在执行过程中必须对“到期债权”范围予以界定，只有在明确了“到期债权”的范畴后，才能顺利开启到期债权执行程序。在进入程序后，还需充分把握第三人异议权的范围、行使期限、审查及处理方式等问题，才能发挥出到期债权执行制度的最佳效果。

---

① 赵晋山、葛洪涛：《〈民事诉讼法〉司法解释执行程序若干问题解读》，载《法律适用》2015年第4期。

② “债权人代位权制度与协助执行措施及转付命令并存，具体的优劣可由债权人依自身情形判断，选择有利者适用。”韩世远：《合同法总论》（第四版），法律出版社2018年版，第435页。

（一）到期债权的范围

1. 到期债权与收入

在民法理论上，收入也是一种债权；通俗理解，到期债权也是一种收入。现行《民事诉讼法》将“收入”从“到期债权”中分离出来，赋予二者不同的执行程序。二者最主要的区别是，提取收入程序中对第三人的程序保障较弱，第三人不享有绝对的异议权，也因此必须对“收入”的范围予以严格限定。

《民事诉讼法》第二百四十三条规定，被执行人逾期不履行法律文书确定义务的，法院有权扣留、提取被执行人应当履行义务部分的收入。但现行法律及司法解释却未界定何为“收入”。

法官曾在《关于人民法院执行工作若干问题的规定实用解析》一书中列举了一系列属于“收入”的表现形式，如工资、奖金、劳务报酬、稿费、咨询费、利息、股息、房屋租金。①在（2017）最高法执监215号②案中，最高人民法院认为，《民事诉讼法》第二百四十三条和《执行工作规定》第三十六条所规定的“收入”是指公民基于劳务等非经营性原因所得和应得的财物，主要包括个人的工资、奖金、劳务报酬等。

我们认为，第一，适用提取收入制度的对象只能是自然人；第二，收入具有经常性、连续性、稳定性的特征；第三，被执行人与第三人之间的法律关系相对简单、固定，一般为劳动、劳务、雇佣关系等，且通常第三人对被

---

① 参见黄金龙：《关于人民法院执行工作若干问题的规定实用解析》，中国法制出版社2000年版。根据我国目前司法规范，股息应属收益，适用提取收益制度；房屋租金属到期债权的范畴，提取租金应适用到期债权执行制度。在最高人民法院（2018）最高法执监664号案（来源于裁判文书网）中，最高人民法院明确，要求红塔辽宁公司不向嘉盛公司支付未到期租金，实质是对未到期债权进行冻结，故应参照适用关于冻结被执行人到期债权的相关法律规定。值得注意的是，在该案中，最高人民法院亦明确，就法律效果而言，要求第三人扣留未到期租金与冻结支付未到期租金并无不同，都产生冻结被执行人的租金债权，防止其收到后擅自转移的法律效果，而且未在冻结支付的效果之外加重第三人的义务负担。

② 来源于裁判文书网：最高人民法院（2017）最高法执监215号裁定书。

执行人负有单向给付义务。

通过检索我们发现，混淆收入与到期债权的案件并不鲜见。一方面，由于现行法律及司法解释对收入及到期债权的内涵与外延均无明确规定，容易产生争议；另一方面，由于提取收入程序中第三人不享有阻却执行的异议权，因此执行法院可能利用收入提取程序而规避到期债权执行程序的适用。[①]

2. 到期债权与收益

《民事诉讼法司法解释理解与适用》明确了收益的概念，指债务人对其具有资本性质的投资所应获得的利益，如股息、红利等投资收益。《执行工作规定》第三十六条根据收益是否到期进行了区分，对于已到期的收益，执行法院可以裁定禁止被执行人提取和有关企业向被执行人支付，并要求有关企业直接向申请执行人支付；而对于未到期的收益，在到期前只可采取冻结措施，到期后可以提取，并由执行法院出具提取收据。

值得注意的是，现行法律同样未赋予收益支付方绝对的异议权，此亦为到期债权执行与提取收益程序的最大区别。因此，为保护收益支付方的权益，最高人民法院亦明确，被提取的"收益"应当具有明确且没有争议的特征[②]。如收益支付方认为"收益"存在争议且不明确，则可以向执行法院提出执行异议，法院将进行初步判断，如确实存在争议，则法院将撤销冻结收益的裁定。

3. 未到期债权

2011年5月27日，最高人民法院发布了《关于依法制裁规避执行行为的若干意见》，其中第十三条明确："……对被执行人的未到期债权，执行法院可以依法冻结，待债权到期后参照到期债权予以执行。第三人仅以该债务未到期为由提出异议的，不影响对该债权的保全。"此后，最高人民法院于2017年12月29日发布《关于认真贯彻实施民事诉讼法及相关司法解释有

---

① 范向阳:《被执行人到期代位执行的若干问题》，载《人民司法》2006年第1期。

② 详见最高人民法院（2015）执申字第46号裁定书，来源于裁判文书网。

关规定的通知》，其中再次强调：对于被执行人未到期的债权，在到期之前，只能冻结，不能责令第三人履行。

保全债权的效果在于限制第三人的清偿和被执行人的处分行为，对未届清偿期的债权采取保全措施，并不会对第三人利益造成实际损害，因此法律允许保全未到期债权。此外，上文亦有述及，启动到期债权执行程序的要件之一，即是债权已到期。因此，为保障第三人合法的期限利益，仅能采取保全措施限制第三人向被执行人支付而不得予以强制执行。

4. 附条件的债权

依据《民法典》之规定，附条件的债权分为附生效条件的债权及附解除条件的债权。附生效条件的债权在条件成就前，处于成立未生效之状态，对于尚处于未生效状态的债权暂时无法予以保全；附解除条件的债权在解除条件成就前，处于成立并生效之状态，因债权已成立并生效，故可采取保全措施。

5. 执行担保人享有的到期债权

依据《民事诉讼法》第二百三十一条之规定，执行中，被执行人可以向法院提供担保，经申请执行人同意的，法院可以决定暂缓执行。被执行人逾期不履行的，法院有权执行被执行人的担保财产或担保人的财产。但对于能否执行担保人享有的到期债权，实践中不乏争议。

有观点认为，《最高人民法院关于执行担保若干问题的规定》（2020年修正）（以下简称《执行担保规定》）明确，不得将执行保证人追加为被执行人，故参照《执行工作规定》第五十二条规定，对执行担保人所享有的到期债权不得强制执行。①

也有观点认为，第一，虽然最高人民法院考虑到执行担保与变更、追加执行当事人属于民事诉讼法上不同的法律制度，由此规定不得将担保人追加

① 冉崇高、邓德荣、代贞奎：《到期债权执行的若干实务问题》，载《人民司法》2011年第15期。

为被执行人，但从实质意义上看，在执行过程中裁定执行担保人的财产，当然也是对担保人予以强制执行，其执行当事人发生了实质上的变化应无疑义。[①]第二，在《民事诉讼法》及《执行担保规定》均明确可以裁定强制执行担保人财产的情况下，到期债权作为担保人之责任财产，予以强制执行属应有之义。第三，担保人并非被执行人的次债务人，因此，即便强制执行担保人享有的到期债权亦不存在复代位的问题。

综上，我们建议，为迅速、准确地执行被执行人财产，尽快挽回当事人损失，第一，在开启或应对到期债权执行程序时，应仔细甄别所主张之“债权”究竟属于诉讼法上的“到期债权”还是“收入”“收益”之范畴，以更加准确地选择适用相应程序。第二，在此阶段，还应注意执行法院的送达方式。为给予第三人充分的程序保障，不致损害第三人的异议权，《执行工作规定》第四十五条规定，履行通知必须直接送达，如采取留置送达、公告送达等方式则属程序违法。第三，在法官向第三人送达保全裁定及履行通知时，可以与法官沟通，争取通过笔录的方式将债权的具体情况予以明确和固定，同时为之后可能的强制执行程序奠定基础。

（二）第三人异议权

依据《执行工作规定》第四十七条，第三人收到《履行到期债务通知书》后，应在履行通知指定的期限内提出异议，法院将不对该异议进行审查即直接产生停止执行的效果。虽然前述规定简单明确，但实践中仍存在一些争议问题。

1. 诉讼程序中第三人未对保全到期债权提出复议，执行程序中法院是否应再次向第三人发出履行到期债务通知，以保障第三人异议权

从我们检索到的情况来看，各地法院对该问题的处理方式存在较大差

① 刘学在、王炳乾：《执行当事人之变更、追加的类型化分析》，载《政法学刊》2018年第2期。

异。如江苏高院规定，第三人对诉讼前及诉讼中冻结债权裁定不服的，应告知其向作出冻结债权裁定的审判部门申请复议；第三人未对冻结债权裁定提出异议的，不影响执行法院向其发出履行到期债务通知后依法享有的异议权利。[①]而河北高院[②]、江西高院[③]认为，诉讼程序中第三人未对债权保全提出异议，进入执行程序后无需再向第三人发出履行通知，第三人此时再提异议，法院不予支持。最高人民法院的处理态度也曾经历摇摆。

最高人民法院出版刊物《人民司法》(2014年第8期)曾刊登(2013)扬执复字第7号案例，该裁定指出：在诉讼中，法院针对被告对第三人所享有的债权可予以财产保全。第三人如果就保全未及时提起复议，案件进入执行阶段后，法院不必再向第三人发出履行到期债务通知书，可直接裁定第三人向申请人履行到期债务，维护申请执行人利益。该第三人如提起执行异议，不予支持。

近年来，最高人民法院对该问题的态度已发生转变。在(2015)执复字第15号案[④]及(2015)执申字第23号案[⑤]中，最高人民法院认为：不提出复议并不表明其认可到期债权的真实存在，更不表明其在案件转入执行阶段后，会认可执行法院对到期债权的执行，更不意味着执行法院可以剥夺其在执行阶段的法定程序权利。

在(2016)最高法执监177号案[⑥]中，最高人民法院认为：第三人在执行程序中对执行行为提出异议是法定权利，执行法院不能因第三人未在诉讼阶段对保全到期债权提出复议，就推断被执行人对第三人享有的到期债权真实成立，从而剥夺第三人提出执行异议的权利。

---

① 详见《江苏省高级人民法院执行异议及执行异议之诉案件审理指南(三)》(2019)第二十条。

② 详见(2015)冀执异字第1号异议裁定、(2014)冀执复字第84号执行裁定，来源于裁判文书网。

③ 详见(2015)赣执复字第41号执行裁定，来源于裁判文书网。

④ 来源于裁判文书网：最高人民法院(2015)执复字第15号裁定书。

⑤ 来源于裁判文书网：最高人民法院(2015)执申字第23号裁定书。

⑥ 来源于裁判文书网：最高人民法院(2016)最高法执监177号裁定书。

由于债权保全仅赋予第三人不作为的义务，不会对第三人的财产造成实质损害，因此存在第三人在保全债权时保持沉默不提异议的可能。而进入执行程序后，实际是在被执行人与第三人之债权债务关系未经生效法律文书确认，未赋予第三人上诉权，且突破合同相对性的情况下，直接对第三人采取的强制执行措施，故应当给予第三人充分的程序保障和救济途径。因此，即便第三人未在诉讼阶段提出异议，亦不应剥夺其在执行程序中的异议权。

2.异议期届满后，第三人是否丧失异议权

对于该问题，实务中不乏争议。重庆高院规定，该他人在履行通知指定的期限内无正当理由未提出异议，期限届满后提出异议的，人民法院不予支持。[①]北京高院规定，次债务人在履行通知指定的期限届满后提出异议的，人民法院应当参照债务人异议的规定予以审查。[②]

最高人民法院在《关于到期债权执行中第三人超过法定期限提出异议等问题如何处理的请示的答复》[（2005）执他字第19号］中明确，第三人在收到履行到期债务通知书后，未在法定期限内提出异议，并不发生承认债务存在的实体法效力。第三人在法院开始强制执行后仍有异议的，应当得到司法救济。考虑到目前我国尚无第三人异议之诉的法律制度，为公平保护各方当事人的合法权益……全部往来账目进行逐笔核对或者委托有关单位进行审计并经第三方共同认可，最终审核确认后，决定是否继续执行。

在（2018）最高法执监254号[③]案中，最高人民法院认为，对于崇文镇政府超过法定期限提出债务已经履行完毕的异议，人民法院应当进行实质审查，以认定到期债务在法院送达通知书之前是否已履行完毕。太原中院在执行异议程序中，按照第三人在法定期限内提出异议的程序进行审查，认为无论异议是否成立，均不得进行实质审查。太原中院的认定与本案实际情况不

① 详见《重庆市高级人民法院关于执行工作适用法律若干问题的解答（一）》第四条。

② 详见《北京法院执行办案规范——债权及收入的执行》第八条。

③ 来源于裁判文书网：最高人民法院（2018）最高法执监254号裁定书。

符，其审查程序也显属不当。由此，本案基本事实不清，应发回太原中院重新审查。

在（2018）最高法执复83号[①]案中，最高人民法院进一步明确，永元公司超过期限才提出不存在到期债务的异议，云南高院应当按照《民事诉讼法》第二百二十五条的规定，对该到期债务是否存在以及到期债权的具体数额进行实质审查。

尽管地方法院对该问题的处理并不统一，但最高人民法院的处理态度是相对明确的——虽然并未明言第三人已丧失异议权不得提出异议，但此时的异议不再直接产生停止执行的效果，执行法院需对异议进行实质审查。但此后，最高人民法院的态度也发生了转变。

在（2019）最高法执复20号[②]案（以下简称20号案）中，最高人民法院认为，对履行到期债务通知书提出异议有明确期限要求。第三人提出的异议，明显超出法定期限，已经丧失到期债权程序对其利益的保护。但第三人可以作为利害关系人向执行法院提出行为异议。[③]

为弥补先行司法规则中事前保障的不足，保证到期债权执行程序的正当性，应当给予第三人充分的程序保障和救济途径。但若在异议期限届满后，仍赋予第三人与异议期内同样的异议权，可能诱使第三人怠于行使权利，显然也使“异议期”形同虚设。可能出于此种考虑，最高人民法院才在此前作出了折中的选择——按照《民事诉讼法》第二百二十五条之规定，进行实质审查。

我们认为，此后20号案中最高人民法院态度的转变，在现行法律制度框架下具有极大的进步意义。第一，异议期限届满后丧失异议权，当属应有之

① 来源于裁判文书网：最高人民法院（2018）最高法执复83号裁定书。

② 前述（2018）最高法执复83号案，来源于裁判文书网。

③ 王赫（最高人民法院执行局）：《最高法院执行裁判规则（2019年）》，［EB/OL］https://mp.weixin.qq.com/s? biz=MjM5MDk1ODY5OQ%3D%3D&mid=2654191954&idx=1&sn=75ac34043e541c71bdd425041ec85f60&scene=45#wechat_redirect.2020-02-13/2020-03-25，最后访问时期2020年11月3日。

义，否则“异议期”将名存实亡，亦不符合程序逐步推进的原理。第二，在法院已裁定对到期债权予以强制执行，并进一步对第三人名下财产采取保全措施后，若仍允许对在前的《履行到期通知书》提出异议，将影响程序的安定性——即便法院裁定撤销履行到期通知书，法院仍需要依职权或再依当事人申请撤销对到期债权的强制执行裁定及相关保全裁定，多次异议亦浪费司法资源。第三，即便否定第三人在异议期限届满后享有异议权，第三人仍可依据《执行异议和复议规定》第五条第四项、第五项[①]之规定，作为利害关系人对执行行为提出异议，该种救济途径的转换可从另一角度保护第三人实体权益和程序权利。

当然，由于在异议期内第三人享有绝对的异议权——一经提出即可阻却执行，故我们仍建议第三人在收到履行通知书后应尽早主张权利，以避免因怠于行使权利而招致不必要的风险。

（三）第三人异议的审查方式

1.针对程序问题提出的异议

虽然到期债权执行制度设立至今已近30年，但由于现行规则较为粗放，且当事人选择适用的频率相较其他执行方式明显较低，故实务中各地法院的做法并不统一，争议较多。对于程序问题引发的争议，法院应当进行审理，确属错误的，法院应当予以纠正。常见的程序错误主要有：（1）错误适用提取收入或提取收益程序，向第三人发送协助执行通知书，剥夺第三人异议权；（2）在未裁定强制执行到期债权之前，径直裁定冻结第三人名下财产；（3）将第三人追加为被执行人。

如在（2016）最高法执监351号[②]案中，最高人民法院认为，对到期债权

---

① 第五条：有下列情形之一的，当事人以外的公民、法人和其他组织，可以作为利害关系人提出执行行为异议：……（四）认为人民法院要求协助执行的事项超出其协助范围或者违反法律规定的；（五）认为其他合法权益受到人民法院违法执行行为侵害的。

② 来源于裁判文书网：最高人民法院（2016）最高法执监351号裁定书。

的执行与对收入或者其他财产的执行在程序上存在重大区别，第三人的权利救济程序不同。乌鲁木齐中院在本案执行中未以执行到期债权的有关程序执行，属执行程序不当，适用法律错误。新疆高院在复议程序中未纠正该错误，应予撤销。

在（2017）最高法执监57号[①]案中，最高人民法院认为，内蒙古自治区包头市中级人民法院在执行程序中直接认定太平洋公司在2477万元范围内对内蒙古太平洋公司的债务承担偿还责任并冻结相关账户，没有事实和法律依据。

在（2016）最高法执监234号[②]案中，最高人民法院认为，执行程序中追加被执行人应当以法律或司法解释有明确规定的情形为限，而现有法律或司法解释中并未规定被执行人对第三人享有到期债权的，人民法院可以在执行程序中追加该第三人为被执行人。因此，乌鲁木齐中院以裁定追加天宇公司为本案被执行人的方式对天宇公司强制执行不当，应予纠正。[③]

2. 针对实体权利提出的异议

第三人的异议是一种绝对异议，既可以附理由，也可以不附理由，只要有否认债务之意思表示即视为异议成立。[④]

部分地方法院也作出了类似规定。北京高院2018年颁行的《北京法院执行办案规范——债权及收入的执行》第五条规定，次债务人在履行通知指定的期间内提出异议的，人民法院不得对次债务人强制执行，对提出的异议不进行审查。

---

① 来源于裁判文书网：最高人民法院（2017）最高法执监57号裁定书。

② 来源于裁判文书网：最高人民法院（2016）最高法执监234号裁定书。

③《最高人民法院执行工作办公室关于到期债权执行中第三人超过法定期限提出异议等问题如何处理的请示的答复》[（2005）执他字第9号］亦明确，本案执行法院在向第三人送达履行到期债务通知书的同时，即裁定将第三人列为被执行人，并查封其财产，在程序上是错误的，应予纠正。

④ 谢春和、黄胜春：《代位执行支付的理论与实践》，载《现代法学》1995年第6期。

江苏高级人民法院2019年颁行的《江苏省高级人民法院执行异议及执行异议之诉案件审理指南（三）》第二十二条规定，如第三人已经依照《执行工作规定》第六十一条规定提出异议，或者执行法院未依法直接向第三人送达履行债务通知的，应裁定撤销或变更已经采取的执行行为。

我们认为，第一，法院可不予审查的异议应仅限于“实质性争议”。若执行法院对第三人提出的异议一概不予审查即停止执行，则容易促使第三人滥用异议权，同时造成对申请执行人权利保护的缺位；若由执行法院审查双方间实体争议又显然违背审执分离原则，亦无法满足现行法律对限缩执行裁量权的制度要求。因此，在第三人提出异议后，法院应首先判断该异议是否构成实质性争议，若构成则应立即停止执行，否则应予以处理并作出裁决。

而所谓“实质性争议”包括：1.不承认被执行人的债权存在；2.对到期债权的款额有争议，如债权债务关系尚未结算清楚；3.其他得对抗被执行人请求的事由，包括他人主张对被执行人行使抵消权，同时履行抗辩权、优先权，主张其债务人对其请求权的条件尚未成就、期限尚未届满等。[①]对于第三人提出自己无履行能力或其与申请执行人无直接法律关系等[②]，则不属于实质性争议之范畴。

第二，由于被执行人与第三人之间可能具有紧密的商业关系，因此亦存在被执行人与第三人恶意串通转移财产的可能，司法实务中被执行人与第三人倒签债权转让协议后向法院提出异议的情形亦屡见不鲜。

因此，我们应仔细审查第三人异议是否存在妨害执行的行为，是否需适用《执行工作规定》第五十一条追究第三人连带清偿及妨害执行的责任。北京高院在《北京法院执行办案规范——债权及收入的执行》中亦明确，有充分证据证明次债务人提出的异议属于隐瞒事实真相、严重不实的，依照《民事诉讼法》第一百一十四条规定处理。

---

① 葛文：《案外人对到期债权执行的异议》，载《人民司法》2015年第17期。

②《执行工作规定》第四十八条规定，第三人提出自己无履行能力或其与申请执行人无直接法律关系，不属于本规定所指的异议。

综上，我们建议，对于第三人而言，所提之异议应是符合实质性争议的有效异议，并应提交相关证据材料，以作为执行法院初步审查的判断依据，并加强法官内心确信。对于申请执行人而言，可以从第三人提交证据的三性展开防御，亦可从合法渠道收集被执行人与第三人之间恶意串通、隐瞒真相、转移财产等相关证据材料。

（四）对第三人异议的处理

现行司法规则仅笼统规定在第三人提出异议后不得执行，并未明确执行法院应当作出何种文书以及如何予以回应。我们了解到，实务中各地法院的处理方式不尽相同，主要有以下几种：1.口头通知申请执行人、第三人不予执行；2.作出驳回异议申请的裁定书，同时停止对到期债权的执行；3.作出停止执行决定书。

我们认为，前两种处理方式均有不妥之处。第一，仅口头通知不予执行而不作出任何文书，则仍将使无辜卷入强制执行程序的第三人及债权债务关系长期处于不安定的状态，容易再次引起争议；第二，“驳回异议”的裁定结果与停止执行的法律效果存在明显冲突。

为此，我们建议，对于第三人而言，在提出异议后，应尽力与法院沟通，请求以《停止执行通知书》或执行笔录的方式对提出异议的时间、事由予以固定，并明确法院将不再执行该笔债权。对申请执行人而言，由于第三人提出异议后，将产生解除冻结的效果[①]，故应尽早向法院提起代位权诉讼，必要时亦可提前准备，以避免被执行人利用解除保全的“空档期”转移债权逃废债。

以上是我们对到期债权执行程序的理解，以及在案件代理过程中积累的一些经验，欢迎各位同仁指正、交流。

---

①《民事诉讼法司法解释理解与适用》明确，对于《执行工作规定》第四十七条，一般认为，第三人一经提出异议，履行到期债权通知保全债权的效力即告丧失。

如何拆解一份公报案例

虞震泽

近期，最高人民法院发布《关于完善统一法律适用标准工作机制的意见》（以下简称《完善工作机制意见》），在2020年7月底发布的《类案检索指导意见》的基础上，进一步规范和完善类案检索工作机制。一时间，“类案检索”一词在法律圈炙手可热，类案检索这个律师界老生常谈的技能，似乎又有崛地而起之趋势。法律检索当然是律师不可或缺的重要技能（具体检索技能可参阅吴陶钧律师文章《检索效率太低？或许可以试试这个数据库》《你应该建立的法律检索书库，这里都有》），然而在检索技能之外，如何让案例深化律师的思维与日常积累，这或许是热度之上的“类案检索”所要带给我们进一步思考的问题。

民法大家王泽鉴教授为《天同十八部》所作序言手稿中写道，“法律是一份使命，而判决则是法律共同体的沟通与实践基础”。一份法律判决所要传递的不仅仅是法律观点，更是对事实、对价值、对逻辑的理解与表达。阅读一份判决，不仅应该理解其中的法律逻辑，更应去和裁判者进行跨越时空的沟通。如何最大化一份裁判文书的价值，每个人都有不同的方法，下文以笔者的日常感悟分享浅略经验。

当然，需要说明的是，《类案检索指导意见》第四条已经明确了检索案件的顺位，置最高人民法院发布的指导性案例居于首，《完善工作机制意见》更是赋予其参照作出裁判的效力。其重要性当然毋庸置疑，但是考虑到最高人民法院发布指导性案例的时间往往间隔较长，相较于每月一期的公报案例，定期、持续性地学习更易促进习惯的养成，所以本文以公报案例为拆解对象，当然案例本身并无本质差别，方法亦同，故作此说明。

一、公报案例的体例

一期公报往往由多个案例组成，一般而言在民事部分往往包含一份最高人民法院的裁判文书选登，以及一个基层或中级法院的案例。就裁判文书选登的公报案例而言，其体例的亮点在于位于文书之首的裁判摘要，裁判摘要是对选取案件法律观点的高度概括与凝练，体现公报案例与众不同之处。因此，往往很多阅读方法便是仅以裁判摘要作为阅读重点，以其概括之观点通览全案。

这种极简的做法并不推荐，虽可带来阅读的便捷性，但同样会带来以下几点弊处：第一，忽视案件事实对于法律适用之影响，完全同质化类案；第二，滥用概括式的观点，以偏概全，片面强调裁判摘要之普世性适用效力；第三，忽略案件其他法律观点及自我创新，局限性理解公报案例。因此，阅读一份公报案例，不能仅仅局限于对裁判摘要的理解，更应结合案件事实，将案件进行深度的拆解与解构，做到案件事实与法律一一对应，在理解案件基本裁判观点的前提下，融入自我理解与反思的标签，最大化地汲取公报案例的营养，同时也为今后的类案检索打下基础。

二、全面拆分“案件积木”

其实对于任何一份案例，复杂的事实以及法律关系都需要进行细分，尤其是对于最高人民法院层级的案例而言更是如此。如同幼时的搭积木游戏，如果能将复杂的建筑重新拆分，再以自己的构思重新搭建，便能真正领会游戏与创造之奥义。研读案例亦是如此，将每一块细致的法律问题作为能够拆分的最小积木，并重新注入自我理解，必将会产生与单纯记忆裁判摘要或争议焦点不同的理解，形成拆分之后个性化的“案件积木”。在今后面对相似类案时，能够更好地进行类案还原，搭建自己的逻辑分析架构。

对于一份公报案例而言，最简单的拆解办法就是以请求权基础为主线，研读案件事实之后，比照裁判摘要，将最高人民法院的裁判理由按照其总结的争议焦点进行拆分理解。这是一种基于裁判文书固有体例的拆分方式，也较为符合一般阅读顺序。但是在拆解的过程中应当注意请求权基础适用的逻辑性、与案件事实的比照、与原审观点的对比，以及与当事人诉讼观点的差异，这些都是在案件拆解的过程中应当做到一一对应的重点。[①]如同Engisch教授所言“上位规范与生活事实间来回穿梭观察”[②]，在拆分这一步将案例基本事实吃透、堆积充足的案件素材，会对之后的理解与运用产生颇为积极的影响。

三、理解重构“案件积木”

在对案件进行充足的拆分之后，就会形成众多的“案件积木”，这些积木共同组成了复杂的案件事实与法律分析。德里达曾言“每一次解构的结果又都是产生新的结构”，如何对这些案件的基本单位进行重新解构，以便运用于今后的类案检索，可有以下经验以供分享。

（一）深入理解表面的裁判摘要

裁判摘要往往运用最为凝练的语言进行表达，但是如何真正理解裁判摘要，则需要结合案件事实以及司法实践进行深入理解与分析，举一例释之。

在2020年第5期公报案例“中国长城资产管理股份有限公司山西省分公

---

① 案件研读的具体方法可参见沈丹丹老师无讼课程：《案例研读的基本方法——拆解经典裁判文书“皮”和“骨”》。

② 王泽鉴：《民法思维：请求权基础理论体系》，北京大学出版社2009年版，第30页。

司、山西朔州平鲁区华美奥崇升煤业有限公司借款合同纠纷案”中，最核心的理解就是对最高额保证合同中最高债权额的理解，依照裁判摘要的表述，“如果合同约定所担保的最高债权额包括主债权的数额和相应的利息、违约金、损害赔偿金以及实现债权的费用，保证人即应当依照约定对利息、违约金、损害赔偿金以及实现债权的费用承担保证责任，而不受主债权数额的限制”，易理解为最高额保证合同已将最高债权额进行了明确约定，这本应并无争议。但在细读该案案件事实以及了解司法实践中最易引起争议的问题时，最高债权额确定为固定数额，但在最高额保证合同的保证范围又约定了包含利息、违约金等其他费用，如何认定此处最高债权额之含义，是否为绝对固定之含义，便成为更为重要的问题。

此时对案件的理解就不应限于裁判摘要的表述，而应进一步理解最高债权额固定数额的作用与功能。最高人民法院在此的观点是不应将固定数额作绝对限制之理解，更应尊重当事人对保证范围的真实意思表示。如作此理解，将能更为深入地理解裁判摘要之内涵。当然，如果能再进一步做理解之延伸，还可探讨最高额保证中最高额一词是否应起绝对限额之作用，以避免最高额保证沦为无限额之保证，这一步的理解往往需要深入法理，探寻案件积木之原理，若时间较为充裕，法理之研究大有必要。

（二）对“案件积木”之举一反三

如何将一块“案件积木”最大限度地利用，不仅需要真正掌握其内涵，而且更应掌握其可能存在的外延，进行不断的拓展以使其能够在相似的类案中得以运用。以案件的法律观点或案件事实作为引子，进行合理化拓展并注入自我理解，对类似问题尽可能创造更多的连结点，便于今后该部分“案件积木”在类案检索“大厦”中的迅速定位与合理使用，这种方式不再仅仅满足于公报案例本身所反映的裁判观点，更需重视在融入自我思考之后的延伸应用之可能。

再举一例释之，在2020年第6期公报案例“周某春、庄士中国投资有限公司损害公司利益责任纠纷案”中，最高人民法院在该案中，仅对股东代表诉讼的前置程序在何种情形下能够豁免进行论述，但仔细揣摩原审以及二审法院的论述，结合该案特殊的案件事实，两审法院对公司并未设立监事会或监事的情形下，对董事提起股东代表诉讼是否需要以请求董事会为必要的前置程序作出了不同的理解。如单纯仅对裁判摘要进行阅读，将会忽视两审法院在此细节问题上理解的差异。两审法院对此问题的不同观点更多的是反映对公司治理结构的不同理解，也是对公司内部救济利用程度的不同观点，如若仅限于裁判观点的陈述，将会完全忽视裁判者深层次的制度考量，并未实质深入价值内核。

如若再深一步挖掘该案的事实及法律适用，该案中公司股东还起诉了《公司法》第一百五十一条第三款规定的他人。因该案公司并未设立监事会，因此最高人民法院仅论述向董事会提起股东代表诉讼前置程序履行之必要性。但在现实司法实践中，他人侵犯公司权益的现象并不少见，在公司治理结构完善的前提下，延伸出需要解决的“案件积木”问题便是“履行对他人提起的股东代表诉讼前置程序，以请求董事会或者监事会何者为必要”[①]。这个问题虽在该公报案例中并未涉及，但却也是股东代表诉讼之关联问题，对这一问题的研究不仅可以作为案例之拓展，而且也能进一步深入研究股东代表诉讼制度，为今后寻求股东代表诉讼之“案件积木”创造更多连接性之可能。

值得一提的是，如若检索本案承办法官承办的其他“股东代表诉讼”之案例，亦能检索到其裁判的另一代表性案例——“陈某勇、浙江万达建设集团有限公司损害公司利益责任纠纷案”。该案例的主旨简要概括为：股东代表诉讼的诉因不仅限于侵权之诉，还可以适用于合同之诉。虽然该案与公报案例并无裁判理由之密切关联，但作为同一大块“案件积木”之下再行细分的小块“案件积木”，必定会有助于今后的类案检索思维，同时也会扩充股

---

① 针对此问题可参见（2016）最高法行再91号（来源于裁判文书网）案的裁判理由，在该案中最高人民法院采用择一的观点，其认为“股东必须在诉前用尽公司内部救济。即他人侵犯公司合法权益，给公司造成损失的，股东可书面请求监事会或不设监事会的有限责任公司的监事、董事会或不设董事会的有限责任公司的执行董事提起诉讼”。

东代表诉讼的类案知识库，完善自我的知识体系。当然这只是举一反三的方式之一，关键还是在于连结点的选择或创造，以及如何更为有效地寻求自我知识体系的自洽。

（三）及时修正过时的“案件积木”

在司法实践中，法院对于某一问题的理解并不是一成不变的，而是会随着当时社会价值、利益衡量进行相应的修正或变更，而这种变更往往就值得格外重视，也更能反映法院新近的裁判观点，体现类案检索的价值与意义。

最高人民法院在提起第三人撤销之诉主体资格上的态度就曾出现过反复。在2019年11月公报案例“胡某光、胡某料、周某员、蒋某愈、周某光与德某金、恒坤房地产开发有限公司、张某平、沈某龙及陈某英第三人撤销之诉纠纷案”中，最高人民法院认为，债务人的普通债权人并非原案的第三人，不具备法律规定的提起第三人撤销之诉的主体资格，从而改变了一审法院的观点。但在2020年4月的公报案例“永安市燕诚房地产开发有限公司与郑某南、远东（厦门）房地产发展有限公司及第三人高某珍第三人撤销之诉案”中，最高人民法院修正了此种观点，与2019年11月8日生效的《九民会议纪要》第一百二十条第一款第二项的规定相契合，其认为，如果依法享有《合同法》第七十四条（现《民法典》第五百三十九条）撤销权的债权人与生效裁判案件的处理结果具有法律上的利害关系，其具备以无独立请求权第三人身份提起第三人撤销之诉的原告主体资格[①]。

结合类案检索之要义，笔者认为，在“类案同判”理念的引导下，并非对裁判思维与裁判路径的完全固化，而是需要合理解决法律适用的分歧。在这一点上，阅读公报案例首先需要避免的一个雷区便是不加区分地完全确信、援引某一份案例。在理解案例的过程中，如果发现与先前积累的裁判观点不同，一定要及时修正自己的“案件积木”，避免造成持续性的错误印象，

---

① 具体分析见陈枝辉：《公报案例：普通债权人，能否提第三人撤销之诉？》，载《天同诉讼圈》2020年7月8日。

以至于最后搭建而成的“案件大厦”根基不牢，当然这也是持续学习研读案例之必要性所在。毕竟在漫长的司法实践中，裁判者无法完全抛开自我的价值判断，目的考量以及利益衡量是法学推演逻辑普世性的必要步骤，社会的发展不可避免地影响裁判者的判断，而这并不违反“类案同判”之要求。

四、总结

以上种种，都是基于案件裁判观点基础之上，注入新的理解，在案件拆分后进行解构，而这种解构之后形成的新结构一定是最为适合今后类案法律适用的结构。新的理解之所以必要，不仅在于有助于加深对案例自身的理解，而且更在于对类案的帮助，毕竟，世界上没有绝对相同的案件，在不同案件之间创造尽可能多的连结点，将会使得类案检索的工程不再复杂，也能使自身的知识体系更为切合司法实践，并可能超越司法实践。

律师在承办日常案件的过程中，不仅需要培养在掩盖事实真相的迷雾中抽丝剥茧的判断能力，更需要大量积累沉淀之后快速识别，深度扩展，准确关联的能力。日常阅读公报案例，不仅仅能够累积“案件积木”，以便从裁判涉及的细节事实敏锐捕捉法官埋下的“草蛇灰线”，[①]更能以案件事实为基础，进一步拓展“案件积木”的质量与深度，为今后搭建类案检索的宏伟大厦打下坚实的基础。

① 参见游冕：《可行性与风险——案件评估的两个基本面向》，载《天同诉讼圈》2019年6月15日。

CHAPTER VIII

第八章
法律文书篇

呈报文件准备九步法则

程园园

一份优质的呈报文件，是打动客户并取得案件代理权的关键，也是展现律所和律师专业能力的最好媒介。天同曾多次在开放日及公众号中分享过制作呈报文件的心得与技巧，呈报文件各有风骨，但追本溯源，离不开前期的精心准备。本文在传承天同多年的呈报文件经验和思想精华的基础上，融入了自己学习、工作、认知的体验，望通过呈报文件准备的九步法则，层层推进，让呈报文件的准备工作成为一门有章可循的技艺。

一、什么是呈报文件?

多数疑难复杂商事案件的代理，需要律师事务所在达成代理意向前，就案件进行法律分析，出具法律意见书等竞标文件，我们统称为呈报文件。各个律所对呈报文件的称谓不尽统一，常用的名称包括《法律意见书》《法律服务计划书》《法律服务方案》。[①]

① 王真：《非你莫属：如何用一份优质的呈报文件打动客户》，载《天同诉讼圈》2016年3月17日。

二、天同的呈报文件都有哪些内容

目　录

三、九步法

步骤一：制卷——迅速浏览并梳理案件材料

初次拿到案件材料时，笔者习惯于先按照时间顺序将案件材料梳理好，在梳理的过程中，同时了解案件材料中都包含哪些文件。这个步骤的意义在于，短时间内迅速构建一个法律事实轮廓。对于一个初次接触的案件，最重要的是想尽一切办法快速熟悉案卷材料。一般来说，以时间主线梳理出的大事记脉络，最符合常人的阅读习惯，且最能反映案件发展的全貌。我们以金融借款合同项下，借款人未依约清偿借款纠纷举例，这一步完成后，虽然还不能对整个案件事实了然于心，但脑海中却很快能够构建出这样一幅千里江山法律事实图。

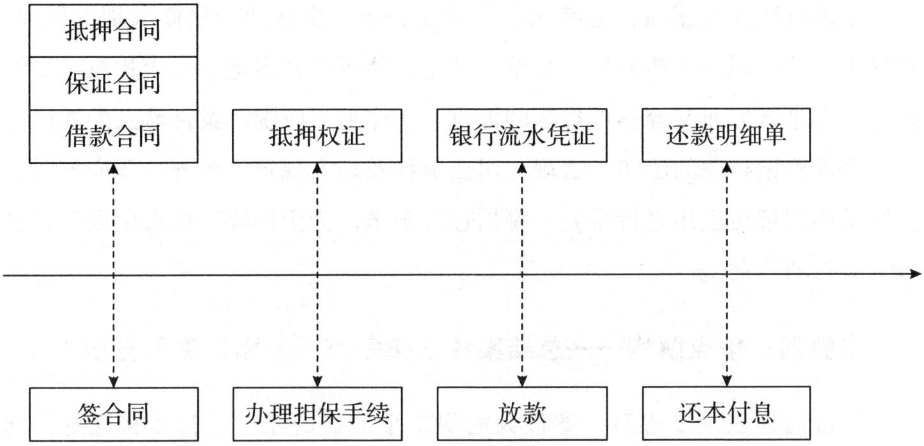

步骤二：熟读——全面阅读，把握案件重心

勾勒出案件事实的大致轮廓后，紧接着要全面去阅读材料。这个过程，应该仔细翻看每一份文件，详细阅读每一个合同条文。在全面阅读案件材料的时候，笔者更习惯于去客观地了解案件事实，而不是先入为主，有选择地翻阅材料并衡量每份材料对委托人的利弊。这是为了全面了解案件的法律事实，不遗漏任何一个细节，也避免过早地对案件进行定性，全面阅卷后，基础法律关系的框架也基本形成。同时，可以起草《补充资料及问题清单》初稿，初步记录需要客户进一步补充的资料与核实的问题。

步骤三：检索——法律规范检索，形成法律检索报告

如果第二步的工作是在还原法律事实，进而得到一个小前提，那么本步骤就是在探索案件的大前提。一定不要凭借自己以往的办案经验而省略这个步骤，法律世界博大精深，每个字、每个词，甚至每个标点符号，都值得反复去研究。就笔者个人经验，对同一部法律规定，或者同一法律条文，每多援引一次，就会有更深层次的理解与感悟。研习法律规定也好，办理案件也好，总会经历三个阶段：看山是山，看水是水；看山不是山，看水不是水；看山还是山，看水还是水。

在进行法律检索时，笔者比较喜欢从程序与实体两个层面分别去研究。程序上，关于诉讼主体地位、管辖、送达、能否合并审理、是否构成重复诉讼等，都是常见而又容易被忽略的地方。实体上，应围绕案件涉及的法律关系，全面检索相关的法律、法规，司法解释及地方规定。此外，还应该对重点法条的理解与适用进行研究。哪怕过程艰辛，为伊憔悴，灯火阑珊处，总有你要找的“它”。

步骤四：争点解构——总结案件法律争点，全面、深入分析

经过前述三个步骤后，案件大前提、小前提的雏形已初步构建好，此时，可以尝试总结案件的争议焦点。当然，因为我们要对案件进行全面、深入的分析，在大层面的争议焦点项下，还应该对焦点问题进行细化。还是以前文提及的金融借款合同纠纷举例，在借款人未依约清偿借款、贷款人拟解除合同或提前收回借款时，案件在实体层面的争议焦点可以总结为（简化）：1.贷款人能否解除借款合同或提前收回借款。2.贷款人解除合同或提前收回借款后的法律后果是什么。3.贷款人解除合同或提前收回借款后，贷款人如何实现担保权利。但是在第一个争议焦点项下，还存在以下四个问题：（1）贷款人应行使法定解除权还是约定解除权；（2）借款人是否存在违反法律规定或合同约定，导致合同被解除的情形；（3）解除合同应履行的程序；（4）贷款人主张解除合同与提前收回借款的区别等。而在这四个问题项下，仍存在多项需要研究的细节问题。

步骤五：深入研读——在形成大事记的基础上迅速定位案件材料

准备阶段，案件材料应该翻来覆去地阅读、熟悉，尤其是二审、再审案件，要做到法庭调查时，能够迅速定位到原审案卷材料，并能快速、清晰地回答合议庭涉及原审案卷的问题。与第二步不同的是，在此步骤中，我们应该戴着“有色眼镜”去研究案卷，要仔细研究每一份材料对委托人的利弊，以便从不同角度对案件进行法律分析、提出多项诉讼策略，并考量不同诉讼策略的优势与风险。可以看出，深入研究案件材料是做案子的立身根本。在此，天同律师友好提示：

庭审千万条，案卷第一条。

材料不熟悉，客户两行泪。

步骤六：案例研习——进行案例检索，形成案例检索报告[①]

端赖于目光在法律与事实之间的来回往返，我们通过案例研判重构案件的三段论。不得不说，囿于办案经验，以及理论与实践的差异，对同类案例的检索与研究尤为重要。案例检索，不是随意搜索若干案例，并总结出规律那么简单，而是一个从法学理论到司法实践的过程。在对案件进行法律分析之前，需要检索大量案例，找寻司法实践对于案件涉及法律问题的态度，同时需要解读案例之间就同一法律问题在适用法律规范时的细微差别，并找寻原因。天同诉讼圈已发表多篇关于案例检索的方法及检索报告的制作方法，本文对此不予赘述。[②]

步骤七：背景调查[③]——了解对手的涉诉情况和信用状况

“知己知彼，百战不殆。”事实上，背景调查是全程都在进行的工作，贯穿案件分析始终。对即将接手的案件进行全方位的背景调查，是必要且重要的工作。主要有以下三个目的：

第一，了解案件全貌。从涉诉主体的工商信息，到相关行业的交易惯例，再到大环境下的经济政策，多了解一分，胜诉把握便增加一分。

第二，明确客户商业诉求。客户对案件法律层面的诉求，与其对案件商业层面，甚至案件外商业利益的诉求，不完全重合。律师在探析客户对案件本身的诉求时，往往可以充分运用自己的专业与经验进行判断。但对于客户

---

① 李谦：《实务必备：新案号体系下民事案例的检索方法》，载《天同诉讼圈》2016年12月2日。

② 林盛：《如何写出清晰完美的法律检索报告》，载《天同诉讼圈》2019年2月24日。

③ 尹亮：《通过案例背景调查，在处理商事纠纷时做到知己知彼》，载《天同诉讼圈》2018年11月17日。

的商业诉求，还需辅以一定的背景调查。

第三，考虑案件执行问题。委托人的最终诉讼目的都不仅是胜诉判决，能否实际执行回款项，是进行法律分析时必须考虑的重点问题。相对方的涉诉信息、失信情况，及财产线索，在一定程度上决定了诉讼策略的选择。

熟悉地使用各个检索工具，并愿意在此花费一些时间和精力，一定会有意想不到的收获。

步骤八：组队打怪——团队内有效讨论

关于团队如何进行有效讨论，从最开始的快速浏览案件，随后即开始以“我认为”起头的直抒胸臆，到如今以对案件事实的陈述，权威机构对法条的理解以及司法实践对于案件争议焦点的态度，我们也是在不断改进，提高团队讨论的效率。

步骤九：添砖加瓦——制订工作计划，并增加商务文件

根据实际情况制订后期的工作计划，包括向客户出具呈报文件的期限、与客户面谈的期限，及下一步工作计划等。同时，根据案件的情况增加商务性文件。值得说明的是，工作计划和商务文件虽有制式，但一定要体现为客户的私人订制感。高定版的呈报文件，能够将律所理念精准地传达给案件当事人，让当事人与我们达成并肩作战协议。通篇的陈词滥调不会打动客户，一份精心准备的呈报文件才会为客户带来极佳的诉讼体验。因此，工作计划需要结合案情的疑难复杂程度和客户的诉讼需求，让客户真切地感受到案件的进展程度。而商务文件部分则不需太多华丽文字的堆砌，让客户明白本案由我们代理能够争取价值最大化即可。

玉盘珍馐离不开细致准备，以上的九步法则是笔者个人经验的总结和分享，至于最佳的法律工作方法，欢迎同行交流。

办案法宝！用好你手中的案件大事记

崔煜民

《民事诉讼法》第七条规定，人民法院审理民事案件，必须以事实为根据，以法律为准绳。对一名诉讼律师来说，办好一起诉讼案件，一定离不开对案件事实的全面把握。实际上，将当事人提供的零散的、孤立的客观事实整合、串联成一个完整的、合理的"故事"，进而呈现在法庭上，正是诉讼律师的重要价值体现之一。在天同，案件大事记作为案件管理流程中的重要一环，是每一个青年律师都曾经或正在承担的工作之一。本文旨在结合笔者制作案件大事记的经历，为各位提供和分享一些自己的思考。

一、案件大事记的形式

案件大事记的主要目的在于厘清案件事实，而案件事实的构成要素无非即时间、主体、事件。围绕三要素，常用的形式有两种：文字式与表格式。只要能清晰地呈现事实，以下两种方式依个人习惯使用，并无区别。

一、2016年9月24日，甲公司TO乙公司《告知函》

……

二、2017年10月22日，乙公司VS丙公司《……协议》

合同约定：

第一条：……

第二条：……

编号	日期	事项	主要内容
1	2010.7.17	甲公司VS乙公司VS丙公司《联营合同》	投资各方决定联合出资建立A公司，特订立本协议。 第五条：……
2	2010.7.19	A公司章程	第十二条：…… 第十三条：…… 甲乙丙公司在章程上加盖公章。

二、案件大事记的主要梳理思路：为清晰而生

要用好案件大事记，必须得让它足够清晰。乱成一锅粥的案件大事记与杂乱无章的原始材料并无二致，更遑论发挥作用。要让案件大事记足够清晰，需要依据不同案件采取不同方式来呈现三要素。根据笔者的经历，其主要有以下几种方式：

1. 以时间顺序为主要线索

这是最常见的排序方式，也是案件大事记梳理的基本方式，适用于绝大多数案件。实际上，只有当一个案件中存在多条时间线索时，我们才会考虑以其他不同线索为基础，拆分出不同的时间线，再将每条线以时间为线索进行梳理。

2. 以主体为主要线索

适用于主体较多的案件，如建设工程施工合同纠纷中，实际施工人向发包人主张工程价款，双方因此产生争议。此类案件中，发包人与承包人何时签订承包合同、合同价款如何支付、发包人何时支付了多少价款、实际施工人与哪些供应商签订了哪些协议、各自的履行状况如何、产生多少费用等都是可能需要核查的事实，而这些事实往往没有一个明确的“先来后到”的顺序，若以时间先后排列，就可能出现不同法律关系的事实要件之间前后交织，

不够清晰的问题。此时，先以案涉主体为线索将不同时间线拆分开（如发包人与承包人、承包人与实际施工人、实际施工人与各供应商）后，再以时间顺序排列每条线上的案件事实，能够更好地将各主体间的法律关系厘清。

3. 以请求权为主要线索

适用于同一案件中涉及多个请求权的案件，如破产债权确认纠纷——债权人申报的债权金额可能是由多个债权构成，多个债权形成时间彼此交错，债权债务主体又仅有两方，若以时间或主体进行排列就会出现多个债权事实要件彼此交织的情形。此类案件中，每一个债权对应的均是一个独立的请求权，其均有各自独立的要件事实，此时不妨以请求权为依据将各债权拆分开，再将每一债权涉及的事实按时间顺序进行排列，厘清每一笔债权产生的原因、过程、金额。

4. 以审判程序排列

适用于经历多次审判程序的案件。笔者遇见的比较极端的案例是某案历经A市中院一审、A市所在省高院二审改判、最高院再审裁定驳回再审申请、A市所在省检察院提请最高检向A市所在省高院提出抗诉、A市所在省高院经抗诉启动再审后撤销原二审判决，维持原一审判决。对于此类案件，单纯梳理案件事实显然不够，更重要的是梳理出各级法院、检察院对本案争议焦点的不同认识，比较其中差异，进而寻找突破。

上述思路显然不能一应俱全，各个案件的具体情况也有所不同，梳理方式也各有不同。各位只需在梳理案件时以厘清案件事实为目的，多进行思考，找准最合适的要素将交织的时间线拆分开，再针对每条线上的事实予以梳理，一定会得到一个清晰的案件事实。

三、案件大事记的"物尽其用"与制作要求

有了案件大事记的梳理思路，大家都能梳理出清晰的事实，但花了大力

气制作的案件大事记，只用来梳理事实是不是有点太可惜了？其实，随着案件办理进程的推进，我们对案件大事记也可以不断调校，使其发挥出在各自阶段的不同作用。笔者尝试结合天同办案流程，以案件办理的不同阶段为切入点，为各位梳理各阶段的作用与制作要求如下。

（一）首次接触案件阶段

材料看完了却脑袋空空？一问案情，啥也不知。正所谓“好记性不如烂笔头”，在此阶段，案情大事记就像读书笔记，把你过目即忘的内容有体系有逻辑地记录下来，未来方能“温故知新”。

在天同的办案流程中，辅庭律师需要完成前期的案件事实梳理和法律检索（法律检索相关内容可参考前文：《你应该建立的法律检索书库，这里都有》《检索效率太低？或许可以试试这个数据库》）。而辅庭律师要做好这份“读书笔记”，必须做到以下两点：

1. 完整，不要遗漏任何案件信息

在首次接触案件阶段，辅庭律师接触的是第一手案件信息，主要负责案件的出庭律师、合伙人是在辅庭律师工作的基础上对案件进行进一步的分析研判。因此，此时制作案件大事记不能遗漏任何案件信息。笔者认为确保案件不会遗漏信息的方式并不难，即辅庭律师要将当事人提供的全部资料都反映在案件大事记中，保证不会有被淹没的资料——资料有了“重见天日”的机会，即使资料内容遗漏，未来也有补正的可能。

2. 客观准确，不要过多主观加工

完整不意味着全盘复制，我们制作案件大事记时可以对较为复杂的文件、条款予以总结归纳，以使重点更加突出，但应以客观准确为前提。以买卖合同纠纷中，买卖双方就价款支付条件是否成就产生争议为例：

对于文件内容，与诉争有关的关键内容应当引用原文，尤其是从文义上存在多种解释，或虽在文义上看似单一，但结合前后行为亦存在多种解释可

能的更应如此。如合同中约定的付款条件、应付款具体金额或计算方法等内容应引用原文，即使该合同约定的付款条件或价款计算方式较为复杂，也不应进行概括总结。

对于行为内容，应准确记录能够反映该行为的事实资料，如付款行为，就应准确记录付款凭证上的付款时间、收付款主体、收付款账户、交易金额、付款备注等内容，应仔细核查，确保信息无误。

实际上，首次接触案件环节梳理案件事实看似简单，却非常重要。如果把诉讼案件比作一幢房屋的话，此时制作案件大事记就是在“筑墙架梁”——完整，才能保证“房屋”不会少了“承重墙”，框架才得以完整；客观准确，才能保证“房屋”不至于“上梁不正下梁歪”，诉讼思路才不会跑偏。

（二）案件研判分析阶段

此阶段，案件大事记是供内部研判分析使用的基础资料——承办本案的出庭律师、合伙人、业务委员会成员将结合案件大事记听取辅庭律师的案件汇报，快速了解案情。

在此阶段，我们需要将案件大事记从一份“读书笔记”转化成一份“尽调清单”。在听取案件汇报后，团队成员通常会就案件细节事实提出疑问，办案律师应当结合案件大事记的已有体系将大家提出的事实问题汇总，并分别填写到相关事实之后，其自然就形成了一份待核实问题的清单。如前例，针对付款条件，涉及的事实疑问可能包括“双方关于付款条件的磋商过程是怎样的”“磋商过程中付款条件是否出现过变化；如有，是怎样变化的”“是基于何种商业目的或背景产生这些变化且达成了最终的付款条件”“双方就付款条件产生争议后，是否有过磋商，有哪些材料可以反映磋商内容”，这些问题即可记录在合同相关约定的事实之后。

对此，我们调校案件大事记时，要注意及时性。团队成员提出的问题，要及时记录在案件大事记中；与当事人核实后的反馈结果也应及时更新、共享，让整个团队对案件事实的把握处在一个不断更新的动态状态中。

（三）案件办理阶段

案件大事记是制作诉讼文件时的剪贴板。以再审申请书为例，我们主张的事实与理由基本来源于已经形成的案件大事记，起草者只需要在其中找到对应的内容复制粘贴即可，可以帮助我们节省不少时间。同时，案件大事记基于已有资料作出，而与要件事实有关的资料往往会作为证据提交，因此案件大事记还是我们制作证据目录的重要基础。具体来说，某一要件事实（证明目的）涉及哪些证据材料（证据名称），这些证据材料中的哪些关键内容（证据内容）可以予以反映，这些内容均能从案件大事记中予以体现。

而要实现上述作用，我们应适当化繁为简，删除与要件事实无关的内容。这是因为案件客观事实向法律事实转化的过程可以抽象为一个漏斗模型。为了获取形成尽可能多的法律事实，我们必须在前两个阶段，不断地扩充客观事实的“大漏斗”，而随着诉讼方案与要件事实的逐步完善和确定，一些不必要的客观事实已无需向法律事实转化，将其删除能够进一步突出重点事实，服务于诉讼文件的制作。

（四）庭审环节

如果说庭审是对诉讼律师的一场考试，那案件大事记就是诉讼律师在这场“考试”前备好的“小抄”。经过我们在案件办理阶段对案件大事记的删繁就简，其已经基本省去了与主要案件事实无关的内容。但在庭审中，案件大事记需要帮助律师更加快速准确地配合法官完成法庭调查、完成事实陈述。为此，我们仍然需要对案件大事记进行精加工。

以下表为例，对于核心事实（如买卖合同），我们应当用不同的颜色予以突出标记，并仍然保留原文。对于次要事实或案件背景细节（如报价函、会议纪要等），其不约束双方权利义务，不影响要件事实判断，且经过前期的办案环节后，律师已然知晓相关情况并对具体内容有了准确、客观的理解，我们可以只在案件大事记中记录主要内容，或就整体内容予以归纳后进行记录。对于有证据能够予以反映的，应当标注证据册具体页码，以便在陈述所涉情况时能够及时引导法官查看相关证据。试想，当律师能够第一时间准确地回答法官问题并且能同时引导法官查看与之相关的证据材料，让法官边听边看时，法官对于该信息的接收程度一定是更高效的，其对此事实的印象也会更加深刻。若律师手握一份清晰的大事记，要实现上述效果其实并不困难。而有了这样一份“小抄”，想必也能帮助律师在“考试”中取得比原先更好的成绩。

序号	时间	事项	主要内容	备注
1	2012.3.2	甲公司VS乙公司《传会议纪要》	明确了交易框架、交易主体、交易时间进度	新证据第××页
2	2012.3.13	甲公司TO乙公司《报价函》	初次报价为……	
3	2012.4.3※	甲公司VS乙公司《买卖合同》	鉴于…… 第二条：…… 第三条：…… 第六条：……	原审证据册第××页

最后，笔者认为，案件大事记只是帮助律师清晰、完整梳理案件事实的工具，它对于一些事实简单、关系清晰的案件而言，并非必需，但律师的责任心却是每一个案件都不可或缺的。抱着花心思办好每一个案件，不负当事人所托的态度去核查案件事实，一定会取得还不错的效果，也唯有踏踏实实地做好每一个案件，方是传播诉讼正能量的正道。

起草庭审提纲中的细节要点

卞舒雅

起草庭审提纲是诉讼律师进行出庭准备过程中极为重要的一项工作。一份完备的庭审提纲能够在极大程度上帮助律师从纲领至细节全面、深入地掌握出庭所需的全部信息，在极大程度上优化开庭效果，是出庭工作中“备则倍”的最佳体现。本文以庭审提纲一般应囊括的主要内容为脉络，介绍庭审提纲起草过程中应注意的细节要点，以期为各位律师同仁进行出庭准备提供可能的参考思路。

一、制作庭审提纲的目的

庭审提纲名为提纲，但其所含内容远不止要点式地罗列庭审可能涉及的核心问题，而是应起到对庭审中所有可能有用信息的集中呈现和体系化归纳作用，向着仅凭一份庭审提纲即可应对全部庭审内容的目标靠拢。这一目标也决定了起草庭审提纲时应抱有巨细靡遗的态度，避免想当然地遗漏所谓“非主要细节”。特别地，对于以团队模式处理案件的律师而言，一份详细的庭审提纲有利于团队中所有成员快速了解案件全貌，在极大程度上减少团队成员为熟悉案件材料所进行的重复劳动，对加快信息交换速度、提升团队工作效率有着极为重要的意义。

二、庭审提纲应涵盖的主要内容及起草要点

（一）基础信息——前提性信息的归纳与梳理

庭审提纲第一部分应首先进行案件基础信息的整理工作，主要包括以下内容：

第一，涉案主体信息。该部分应首先列明案件所涉全部主体的全称、简称，便于我方代理人统一庭审表达。同时，对于涉案主体数量较多或关系相对复杂的案件，亦应在该部分注明各主体间关系，例如持股情况和比例、任职情况、实际控制关系、在涉案交易中的地位身份，以及案件中用以证明相关自然人身份的证件号码、地址、邮箱、电话等。

第二，涉案文件、项目等信息。在涉案文件、项目名称较长、类似或难以记忆的情况下，可在庭审提纲中列明该等文件、项目的全称、简称以及所涉核心事项，便于口头表达的统一和快速回忆相关文件、项目内容。

第三，立场提示。对于部分逻辑链较为复杂或在表态上须有所收放的案件，庭审口述中的疏忽可能导致律师作出对己方不利的陈述，对该类案件亦可在庭审提纲中明确提示逻辑链以及关键性表态中的禁止事项和注意事项。

第四，调解倾向。对于客户已有基础调解意向和方案的案件，也可将调解方案列于庭审提纲之中。

（二）基本事实——大事记化罗列

庭审提纲第二部分一般为案件基础事实梳理，应对所有与案件有关的事实以时间为标尺进行罗列，并注明相关事实所依据的证据或材料。应注意的是，第一，该部分罗列的事实不仅包括案件核心事实，而是应将所有有关事实均罗列在内，避免在庭审准备过程中直接翻阅原始案件材料耗费较长的时间，也便于法庭/仲裁庭询问事实细节时可直接从庭审提纲该部分查找回应。

第二，庭审提纲中基本事实的罗列应起到“事实梳理+索引目录”的双重作用，故应将便于查找定位相关事实的时间、主体信息置于句首，对于各项事实所依据的证据或材料位置进行精确标注，一般采用的句式为“某时某人为某事，意义或影响（某方证据某项，证据册某页某行）”。

（三）开庭陈述——逻辑明确及意见补充

庭审提纲第三部分为开庭陈述准备。起草该部分的特殊之处在于，律师当庭发表的开庭陈述一般已有书面代理意见或答辩意见为基准，故为避免文书内容的重复，并协助律师进行半脱稿陈述，庭审提纲应着重整理开庭陈述观点之间的逻辑层次，框架性地罗列核心观点，但不再重复观点内容细节，整体上起到明确表达逻辑、提示阐述内容的作用即可。同时，如律师在书面代理意见或答辩意见之外还有须补充发表的观点，也可在该部分庭审提纲中予以列明。

（四）事实调查——举质证意见补充、问题预测和回应

庭审提纲第四部分主要围绕与事实调查有关的可能庭审程序展开，一般情况下应包括以下4个部分：

1.补充举质证意见

就举证意见而言，第一，一般情况下，为保持证据目录的简洁性和易读性，证据目录中的证明目的部分往往不会详细展开阐述举证目的，故应在庭审提纲中重新梳理详细的举证意见。第二，为达到仅持庭审提纲即可发表举证意见的效果，庭审提纲中对支持各证明目的的关键性证据内容应予以完整摘录，并精确标注各证明目的所依据的证据索引位置，避免出现在庭上须在众多材料中翻找证据的情况。第三，若存在我方部分证据无原件的情况，亦应在举证意见中就该部分证据真实性的说理进行准备，以应对对方对证据真实性的质疑。

就质证意见而言，由于质证意见一般亦有书面意见基础，故在庭审提纲

中亦仅注明补充意见即可，就需要核实原件的对方证据也可在庭审提纲中一并注明。特别地，对方虽存在当庭补充或细化举证意见的可能，但鉴于对方可能补充的举证意见一般与我们对对方主张的预测会有所重合，故建议直接根据庭审情况查找庭审提纲中其他部分的准备和说理进行应对，而不在质证意见部分再进行重复预测和准备。

需要注意的是，举质证意见与辩论意见在内容上可能有所重合，虽然按照一般的庭审程序安排，举质证环节应仅就证据本身发表意见，辩论性说理应在辩论阶段表达，但由于实际庭审中，法庭/仲裁庭对时间和双方陈述简要性会有所控制和要求，代理人在辩论阶段可能没有足够时间充分展开陈述。故建议在准备庭审提纲时，不应拘泥于一般庭审程序对陈述内容上的安排，而可将我方核心观点和主要说理提前在举质证部分予以准备，并尽早在庭审中展示，尤其对于与案件焦点问题相关的说理更是如此，以避免庭审后期陈述时间不足，导致影响当庭说理效果。

2. 法庭/仲裁庭提问预测及回应

起草该部分内容的主要难点在于如何预测法庭/仲裁庭可能的提问。一般而言，提问预测应立足于对争议焦点的预测展开，围绕法庭/仲裁庭为查明争议焦点而可能关心的诸项事实、法律问题进行预判，预测问题类型包括但不限于关键性事实内容、事件时间顺序、发展现状、请求金额依据，以及对专业性、行业性问题的解释等。

3. 当事人相互提问清单

特殊情况下，法庭/仲裁庭可能安排当事人相互发问，该等环节是我们用以展现对方主张的薄弱之处，影响裁判者心证的重要机会，故庭审提纲中亦应就我方提问对方的问题清单进行准备，思考角度包括但不限于：对方的**主张在哪些方面缺乏事实支撑，对方哪些行为或潜在商业意图能够证明其在诉讼/仲裁中缺乏诚信，哪些事实对对方不利且对方无法给出合理解释等。**但需要注意的是，当事人相互发问的目的在于通过询问对方从而巩固己方主张，而非查明案件事实全貌，故若对方就某项不明事实可能在其已有意见之外，做出新的对我方不利的陈述，则该等问题不宜被列入提问清单之中。此外，由于对方提问我方的问题往往亦与庭审提纲中对方主张预测部分有所重合，故该部分可不再重复预测和准备。

4.证人询问清单

对于存在证人出庭情况的案件，庭审准备中亦应提前草拟询问证人清单。如系我方申请证人出庭，则应罗列我方询问证人问题、对方询问证人问题预测及回应，以及法庭/仲裁庭询问证人问题预测及回应；如系对方申请证人出庭，则可围绕对方主张在事实上的薄弱之处进行提问清单准备，与此前相同的是，对于对方证人可能做出新的对我方不利陈述的问题，也不应被列于询问清单之中。

（五）辩论说理——对方主张、争议焦点的预测及回应

1.对方主张的预测及回应

起草该部分主要有两项要点：第一，预测应是全面的，在准备该部分内容时应站在对方立场上，从可能支持其主张的理由，以及我方主张中的欠缺和弱点，就客观事实、法律实体、程序、情理等方面进行全面的审视和挖掘，从而通过扩大预测面提高预测准确性。第二，预测应是提炼性的，特别是在对方庭前已经提交书面意见的情况下，应整合其书面意见的核心观点列于庭审提纲中，保证当庭的反驳陈述始终围绕争议核心，也便于对方在其他环节提出实质相似的主张意见时，能够快速查找定位庭审提纲中已有的应对思路。

2.争议焦点预测、拟定及回应

多数情况下，法庭/仲裁庭会围绕判定当事人诉请是否成立的事实和法律要件总结争议焦点，故可直接遵循该等思路模式预测争议焦点并进行准

备。但在特殊情况下，法庭/仲裁庭可能要求双方当事人自行总结争议焦点，在庭审提纲中亦应就该等情况做好应对：如我方系原告/仲裁申请人，则除参照前述法庭/仲裁庭一般思路总结争议焦点外，就对我方不利，且省略后不影响我方逻辑完整性的内容，可尝试排除在争议焦点所涉范围之外；如我方系被告/仲裁被申请人，则应将对方请求中法律或事实上的薄弱点作为争议焦点提出，起到提请裁判者注意其请求的依据缺陷的作用。

（六）总结陈述——简明扼要重申主要观点

由于最后陈述的内容不宜过多，故庭审提纲应总括性、核心性地按照我方说理逻辑层次重申主要观点，避免详细展开说理，且应着重于己方立论，避免过多纠缠于对对方观点的反驳。

三、其他需要澄清的问题

1. 注意庭审提纲形式上的灵活性

庭审提纲的作用在于清晰、快速呈现全部案件要点，提升阅读与记忆效率，故庭审提纲形式不应拘泥于单纯的文字表述，对于数据性、对比性较强的信息，可用表格体现；对于较为复杂的相互间关系、事实变化过程、事件发展顺序脉络等信息，可用画图表达，从而在草拟庭审提纲过程中融合文字表达与诉讼可视化技术，充分提升信息接收效率。

2. 提升庭审提纲使用上的便利性

第一，如前所述，一份完备的庭审提纲应囊括庭审可能涉及的全部信息，这势必导致庭审提纲内容相对繁杂。故为精简篇幅，起草庭审提纲的用语必须简洁并适当口语化，避免书面化表达可能导致的陈述冗余问题。同时，对于多次出现的重复内容，应在第一次完整罗列后，在后续篇幅里仅以标题形式列明，并注明在庭审提纲中的索引位置，从而在保持庭审提纲结构完整性的基础上避免内容重复。

第二，为在庭审提纲的庞杂信息中快速查找定位目标信息，可善用目录、前置标题、关键词、字体字号变化、加粗、下划线等方式，提示相关文段的核心内容，便于快速检索到有用信息。

第三，庭审准备中如存在较为烦琐的金额计算、合同信息统计等数据性较强的内容，则可以表格形式附于庭审提纲之后，避免占据较多正文篇幅，增加检索难度。

再审申请书撰写的六项作业

张俊楠

再审申请书是当事人对已经发生法律效力的判决书、裁定书、调解书，认为有错误，向上一级人民法院申请再审时所提交的诉讼文书（为行文方便，本文均以判决为例）。其主要内容为提出再审请求，阐明申请再审的法定情形及具体事实与理由。在我国“双阶段”再审程序之中，再审申请书肩负着打开再审程序之门，确定再审审理方向的重要使命。撰写再审申请书，是再审申请人提起再审的首要任务，那么一份合格的再审申请书应具有怎样的样貌，形成一份再审申请书需完成哪些必要的作业，是我们应当思考及必须解决的问题。笔者不揣浅陋，将既往工作中的基础作业方法总结成文，以见教于大方。

一、研读生效法律文书，归纳原审裁判逻辑

当事人提起再审的目的即通过纠正已发生法律效力裁判文书中的错误，实现对因错误裁判致自身权利损害的救济。据此，归纳原审裁判逻辑，检视该裁判逻辑中的错误，是撰写再审申请书、提起再审程序的基础。故而，将已生效裁判文书作为直接工作靶向，对该裁判文书进行研读，应作为提起再审程序、撰写再审申请书的起点及重点。

此阶段工作的具体目标有二：其一，锁定原审裁判所依据的法律规范，分析适用该规范的法律构成要件；其二，将据以作出裁判的法律构成要件事

实与原审裁判文书认定的基本事实进行对照，检视全部法律构成要件事实是否具有事实依据。为达上述目标，对原审裁判文书至少应阅读三遍：第一遍通读，目的在于概括性了解案件发生的客观事实经过，明确双方当事人发生争议的原因，以及各方当事人在该案中的诉求。裁判文书中所援引原告起诉状、被告答辩状部分将作为本轮阅读的重点。第二遍精读，目的在于掌握原审裁判文书已经查明认定的基本事实，以及原审作出最终裁判所依据的法律规范。本轮阅读的重点内容为原审裁判文书中“本院查明”及“本院认为”部分。第三遍研读，本轮阅读以归纳原审裁判逻辑为工作重点，包括：锁定原审据以作出裁判的法律规范；分析适用该法律规范的构成要件；将原审据以作出裁判的法律构成要件事实，与“本院查明”部分所认定的基本事实进行对照，判断全部法律构成要件事实是否具有事实基础。

该阶段的工作成果一般以两个可视化图表作为载体予以固定，笔者将其称为基本事实图及裁判逻辑图。

基本事实图

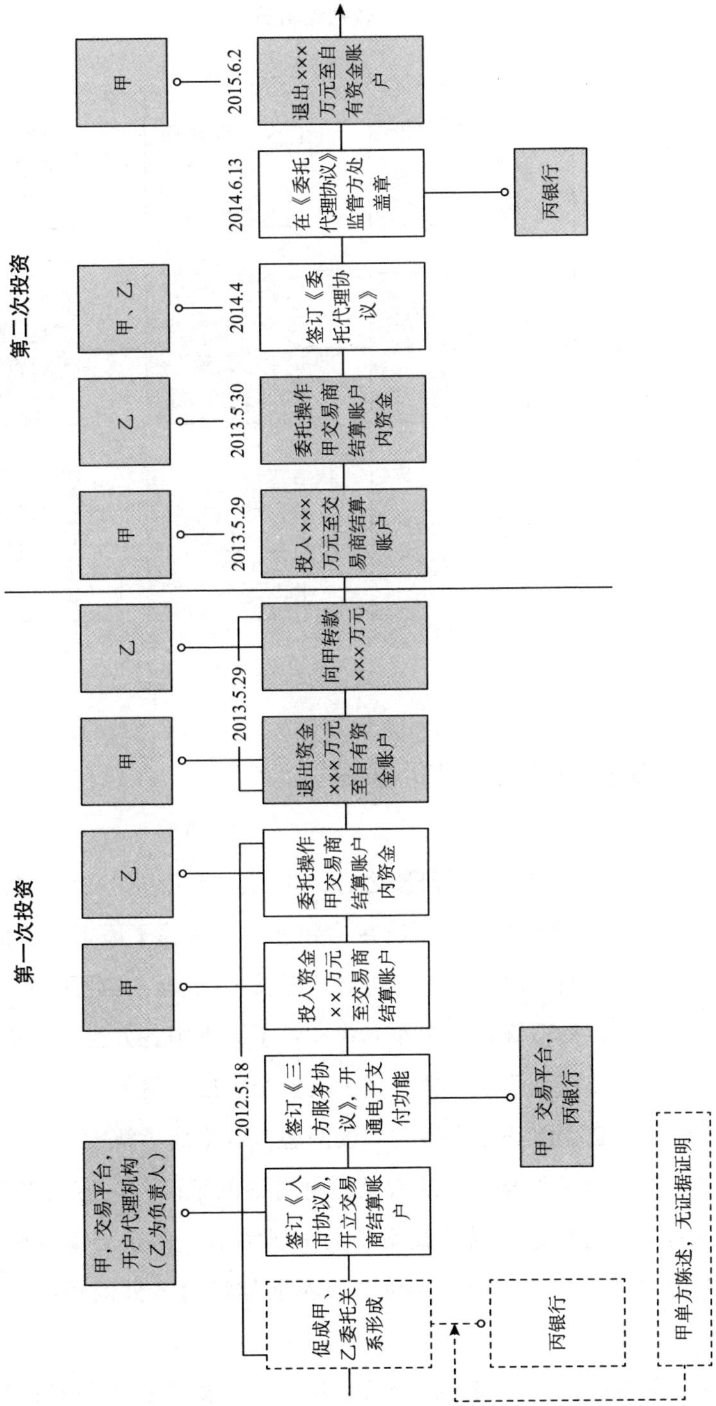
第一次投资
第二次投资
促成甲、乙委托关系形成
丙银行
甲单方陈述，无证据证明
甲，交易平台，开户代理机构（乙为负责人）
签订《入市协议》，开立交易商结算账户
2012.5.18
签订《三方服务协议》，开通电子支付功能
甲，交易平台，丙银行
甲
投入资金××万元至交易商结算账户
乙
委托操作甲交易商结算账户内资金
2013.5.29
甲
退出资金×××万元至自有资金账户
乙
向甲转款×××万元
2013.5.29
甲
投入×××万元至交易商结算账户
2013.5.30
乙
委托操作甲交易商结算账户内资金
2014.4
甲、乙
签订《委托代理协议》
2014.6.13
在《委托代理协议》监管方处盖章
丙银行
2015.6.2
甲
退出×××万元至自有资金账户

裁判逻辑图

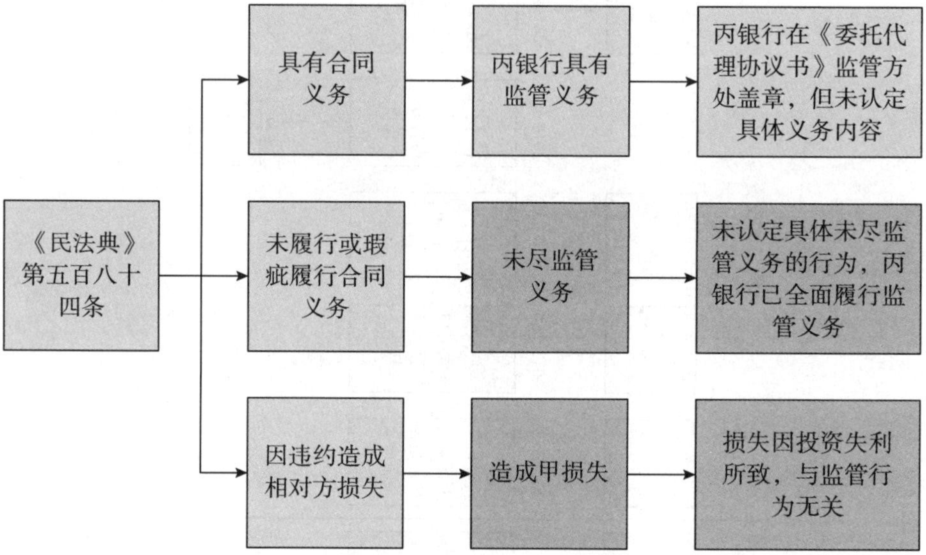

二、全面阅卷，制作阅卷笔录

在对原审裁判文书进行研读之后，我们已经可以勾勒出案件事实的大致轮廓，了解双方当事人的争议所在，并进一步掌握了原审裁判的基本逻辑。在此基础上，我们须对案卷材料进行全覆盖式阅读。在此阶段应坚持全面阅读、反复阅读、誊写摘要的工作方式。对于原审中各方当事人提交的诉讼文书、法庭制作的庭审笔录、各方当事人提交的证据材料、委托人补充提供的其他材料等应至少保证逐字逐句阅读两遍，以全面了解案卷材料的概况，不能想当然地认为某份材料，或者某份材料中的某部分内容与案件争议无关，便放弃阅读，这样很容易遗漏案件的重要细节。对于与案件密切相关的材料应进行勾画、标注并反复阅读，以不断加深对案件的理解，全面掌握案件情况。

另需说明的是，天同一位合伙人律师在内部培训中曾经说过："案件事实是诉讼的核心，证据是认定案件事实的基础，当事人通过提交证据证明自己的主张，法官通过评价证据依据法律规范作出最终裁判。对于原审中委托人提交的证据我至少会读十遍，对于对方提交的证据我会读三十遍。”[①]因此，对于原审证据材料的阅读是我们阅卷工作的重中之重。在阅读证据时，我们会制作原审证据情况表，对证据名称、证据内容、证明目的、证据来源、质证情况、合议庭认证情况进行誊写摘要，其后对双方提供的证据分别进行分析，判断双方所提主张是否具有相应证据予以证明。其后我们会将双方证据进行拆分并重新组合，力图最大限度地还原案件事实的原貌。最后，我们还会将在案证据与原审认定的基本事实进行对照，检视原审裁判是否存在认定基本事实错误的问题。

---

① 参见张小健：《诉讼律师的听说读写练》培训讲义。

一审证据清单

编号	证据名称	证据内容	证明目的	质证意见	提供方	认证意见
1	甲与乙、丁签订的委托代理协议书	1.第一条第二项："乙方需在交易平台开设账户，甲方为该账号在市场中的全权交易委托人，所做出的买卖决定，是经由乙方授权的，代表了乙方意愿。" 2.第二条第一项："乙方开设交易平台交易账户×××××××，并将××元作为账户的买卖交易资金，委托甲方进行代理操作。" 3.第二条第三项："本协议在到期时年化收益达到×%，如不足则由甲方补足，如有超出部分一并归属乙方。" 4.第三条第一项："合作期限为2年，即自201×.×.××起，到201×.×.××止。"	证明潘某与范某签订了委托代理协议书，并加盖易德通公司的公章，被告建行在资金建管加盖业务专用章。	被告一：1.协议中甲方处与尾部乙方字样均非乙方本人书写，该份协议并非乙方的真实意思表示。 被告二：1.协议内容与诉状表明内容不一致，诉状中表明为201×年×月签订，而协议表明终止时间是201×年×月×日，基本事实原告都没有弄清楚，证据是伪造的。 被告三：1.由于今年4月11日全国建行已经销毁了业务用公章改用业务专用章，所以对印章真实性无法核实；2.协议没有约定建行的义务，建行不是合同主体，签约的内容、磋商的内容建行均不了解，对于产生的后果建行不应承担任何责任。	原告提交	被告一虽然对签字真实性提出异议，但未申请鉴定，亦未提供其他证据证明该份协议系为虚假。该证据与本案待证事实具有关联性，予以采信。
2		……				
3		……				

二审证据清单

编号	证据名称	证据内容	证明目的	质证意见	提供方	认证意见
1	案外人个人银行账户明细	该个人银行账户2013-2015年间交易明细	证明乙方的银行卡，将钱转入该账户，用于公司运用使用。	原告：真实性、合法性、关联性均有异议，该活期明细只有一个银行印章，对真实性有异议。个人明细客户为案外人，与本案无关。 被告二：真实性、合法性、关联性均有异议。1.王某月为何人，没有人知道；2.范某控制易德通公司，完全不需要向王某月卡中转款；3.银行卡信息并没有全部提供。 被告三：与我方无关，不发表意见。	被告一提交	与本案待证事实无关，不予采信。
2		……				
3		……				

三、归纳原审中呈现的案件争议焦点

"争议焦点"是我们在办理案件中经常遇到的名词，但却鲜有人有意了解其具体概念。根据《元照英美法词典》的解释，事实上的争点指一方当事人在诉状中所主张但为他方所反驳，且必须通过法院的判决来解决的事实争议。[①]《中国民事诉讼法重点讲义》对其的描述为，获得对方自认的事实基本上可排除在案件的审理对象之外，而对方否认的事实却构成了双方的"争执焦点"（以下简称争点）。[②]可见域外法及我国学理对争议焦点的定义为诉辩双方所争议的案件事实。《民事诉讼法解释》第二百二十八条规定："法庭审理应当围绕当事人争议的事实、证据和法律适用等焦点问题进行。"由此可见，我国法律规定的争议焦点，并不限于双方当事人争议的事实，还包括证据和法律适用问题。本部分争议焦点归纳，并非对再审程序中双方争议焦点的预判，而是对原审中双方当事人已呈现出争议焦点的归纳，其作业目的仍然是帮助我们理解案件，把握双方当事人的争议所在。

（一）全面归纳双方当事人的争议主张

从争点的定义可以看出，争点是在诉答与诉讼程序中，根据当事人的主张与辩解演绎出的。[③]故而，从当事人提交的起诉状、答辩状，以及庭审过

① 参见薛波：《元照英美法词典》，法律出版社2003年版，第743页。

② 参见王亚新、陈杭平、刘君博：《中国民事诉讼法重点讲义》，高等教育出版社2017年版，第19页。

③ 参见韩海滨：《论民事诉讼事实争点整理的方法》，载《广西大学学报（哲学社会科学版）》2016年第3期，第75页。

程中法庭制作的庭审笔录，去发现争点是我们最先应完成的作业。具体方法为：第一步，对双方当事人在起诉状、答辩状、庭审笔录中的主张进行抽象和归纳，并进行列表。第二步，将双方当事人主张进行对照并“合并同类项”，最终归纳出双方具有争议的主张，并进行列表。

序号	原告主张	被告主张
1	原告购买的为被告发售的理财产品。	原告为在投资平台的投资行为，并非购买被告发售的理财产品。
2	被告擅自将原告账户内资金转移至投资平台账户。	原告银行账户密码及网银密钥始终由原告掌控，其转款为自主行为，不存在被告擅自转款的情形。
3	被告未尽监管义务，造成原告损失，应承担赔偿责任。	被告已全面履行监管义务，原告损失为投资决策不当所造成的投资损失，投资决策不在被告的监管范围，故该损失与被告的监管义务履行不具关联性。
4	被告在监管方处盖章，应保证原告投资本金及利息不受损失。	被告承担的为监管义务，并非提供保证。
5	……	……
6	……	……

（二）确定对案件裁判结果具有实质影响的真实争议焦点

真实争议焦点我们可以将其理解为对案件结果具有实质性影响的争议主张，如关于主体资格、双方法律关系性质、关于双方具体权利义务内容，关于义务履行情况，关于具体侵权行为，关于损害结果形成原因，关于阻却责任承担等的主张。实践中，受当事人法律知识，诉讼经验等因素影响，原被告的诉辩主张往往并非均可对案件裁判结果构成实质影响，或并不明确，或脱离法律构成要件，或一方对另一方主张作无根据的否定，这就要求我们对无效争议主张进行剔除，筛选出真实争议焦点。

首先，我们应结合原审判决结果，对与被告承担责任无关的争议予以剔除。上述案例中，原审以被告未尽监管义务为由，判令被告承担违约责任，原告关于“购买的是被告发售的理财产品”，以及“被告存在擅自转款行为”的主张，均与被告是否应承担违约责任无关，且均未提供实质性证据予以证明，故该两项争议主张并非该案的真实争议焦点。

其次，我们对原审判决、双方诉讼文书、庭审笔录、在案证据作进一步分析，按照诉讼标的争议焦点、法律争议焦点、事实争议焦点、证据争议焦点的逻辑顺序展开归纳。即首先归纳双方关于法律关系性质的争议焦点，其后归纳相应法律关系项下各方当事人关于适用法律规范方面的争议焦点，下一步归纳各法律规范项下的要件事实争议焦点，再后归纳各要件事实项下各当事人举证责任的争议焦点，最后归纳关于程序的争点。

仍以上述案例为例，原告主张被告应保证其投资本金及利息不受损失，其实质主张双方构成保证合同关系，被告主张其在案涉合同监管方处盖章，双方成立监管合同关系。此时双方就案涉法律关系性质呈现争执，即原告主张双方之间成立保证合同关系，被告主张双方之间成立监管合同关系，我们首先将该争议焦点予以归纳。其后我们在两法律关系项下分别归纳争议焦点：其一，在保证关系项下，原告主张根据案涉协议内容，被告作出当原告投资本金及收益受到损失，被告即应当承担赔偿责任的意思表示。被告主张案涉协议未对被告的权利义务内容作出明确约定，被告未作出提供保证的意思表示。该节争议焦点可归纳为被告是否作出提供保证的明确意思表示。其二，在监管合同关系项下，原告主张被告未尽监管义务造成其资金损失，应当适用《民法典》第五百八十四条承担违约损害赔偿责任。被告主张原告资金不存在被盗取或挪用的情形，被告不存在未尽监管义务情形，故不应承担违约责任。从上述诉辩主张可得，原被告对于以《民法典》第五百八十四条作为该案法律依据没有异议，故是否适用该法律规范不是双方的争议焦点。被告的主要抗辩理由为不存在未尽监管义务情形，故该案中被告是否存在违约行为是原被告的核心争议焦点。

争议焦点图

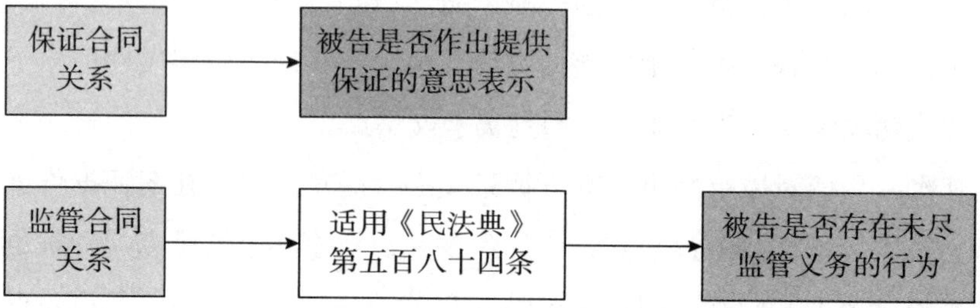

四、初步拟定诉讼方案，开展法律检索研究

（一）初步拟定诉讼方案

通过以上作业，我们已经对原审裁判逻辑、在案证据、案件事实经过、双方当事人的诉辩主张及争议焦点有了较为细致的把握，具备拟定初步诉讼方案的条件。根据再审程序“通过纠错实现救济”的功能，在拟定诉讼方案时，我们仍然要从原审裁判存在的错误入手。检视原审裁判错误，我们主要以前述作业成果为基础，分别对原审裁判逻辑中的法律关系性质、适用法律、认定事实等进行审视。仍以上述案例为例，原审裁判逻辑为：双方成立监管合同关系，被告未尽监管义务，造成原告资金损失，根据《民法典》第五百八十四条，被告应承担违约损害赔偿责任。法律关系性质方面，根据阅卷结果，该案中被告并未作出提供保证的意思表示，双方之间不具有保证合同关系，被告在案涉协议书尾部监管方处加盖公章，双方成立监管合同关系，原审判决认定双方法律关系性质正确。适用法律方面，根据争议焦点归纳结果，双方当事人对以《民法典》第五百八十四条作为定案法律依据并无异议，对被告方是否满足该法律规范的构成要件具有异议。对该条款的构成要件作进一步分析可得，承担违约损害赔偿责任的构成要件包括：其一，一方具有合同义务；其二，存在未尽合同义务行为，即构成违

约；其三，违约行为造成守约方损失。该案中，双方当事人并未就被告应承担监管义务的内容作出具体约定，故在确定被告合同义务时需对合同条款进行解释，原审判决未对被告的合同义务进行认定，径行认定被告存在违约行为，存在错误。原告的损失为投资失利所致，原审判决未考察该损失与被告监管义务履行之间的因果关系，径行认定该损失系由被告未尽监管义务造成，存在错误。综上，拟定该案的初步诉讼方案如下：被告不应对原告的投资损失承担违约责任，其一，原被告未约定监管义务的具体内容，按文义及合同体系解释，被告的监管义务范围应限定于资金存储、支付、结算过程中的监管，对于原告的具体投资策略，不在被告的监管范围；其二，该案中，原告资金不存在被盗取、挪用的情形，始终在原告的控制之下，并用于投资，被告不存在未尽监管义务的情形，即被告无违约行为；其三，原告的损失是其投资决策不当所致，与被告监管义务的履行不具有任何关联性。

需要说明的是，为便于读者阅读，文中所引案例法律关系明确、案件事实清晰，故形成诉讼方案较为容易。实践中存在部分案件，可采取多种救济路径，在此阶段应对各诉讼方案均进行分析、考察，根据案件具体情况，结合当事人的诉讼目标择选最终诉讼方案。

（二）开展法律检索研究

此节内容，天同诉讼圈已有多篇文章涉足，笔者在此方面的认识亦与其他作者相去甚远，故不再赘言。仅有一点提示，供读者参考，开展法律检索研究需以问题为导向，其最为困难之处并非检索之具体方法，而在于对案件所涉具体法律问题的提炼与归纳。如上述案例，笔者认为其间最值得检索研究的法律问题为，在双方未对监管义务内容进行明确约定的情况下，被告的监管义务范围应如何确定，应采何种合同解释路径最为合理？

五、向委托人提交补充材料（问题）清单，确定最终诉讼方案

制作补充材料（问题）清单看似简单，实则在办理再审案件中具有十分重要的作用。提起再审的案件，均为当事人认为原审裁判存在错误的案件，故而当事人在原审中所提交材料存在欠缺的可能性较大，仅依据原审案卷或不能掌握案件全貌。据此，根据初步拟定的诉讼方案，向委托人提交补充材料（问题）清单具有必要性。如上所述，对于复杂案件，可能拟定多种诉讼方案，在补充材料（问题）清单中，应以不同诉讼方案为基础，分别提出需补充的材料及需要向委托人核实的问题。行文上应阐明法律结构及各诉讼方案之间的关系，分别列明要件事实，结合证明负担，基于既有材料，提出问题或需要补充的相应材料，并指出需补充材料在可能采取诉讼方案中的法律意义等。

收到委托人补充的材料之后，我们应对案件证据进行重新梳理，对照拟定的诉讼方案，判断现有证据情况下，何种诉讼方案获得支持的可能性最大，并据此确定最终诉讼方案。

六、撰写再审申请书

确定最终诉讼方案后，便可进入再审申请书的撰写阶段，其间有四个问题想要与诸君分享。

（一）关于格式

再审申请书作为诉讼文书，具有严格的格式要求。最直接简单的方法即是按照最高人民法院公布的诉讼文书样式撰写。

（二）必须写明申请再审的法定情形

我国再审程序分为再审审查和再审审理两个阶段。《民事诉讼法》第二百条规定了13项应予再审的情形，即只有原审存在该13项情形之一时，才能进入再审审理程序。目前各级人民法院，在受理再审材料时，立案法官均会对再审申请书中是否列明原审存在第二百条规定的哪项法定再审事由进行形式审查，如果没有列明将不会接收该份再审申请书。

需要说明的是，在列明申请再审法定情形时，应作到有的放矢，根据案件的具体情况提出，不能机械性地选择第一项、第二项、第六项这些常规使用的事由。毫无依据地提出再审情形，将会增加再审法官的工作负担，影响案件的办理效率和质量。

（三）坚持"先破后立"的原则

再审程序在司法体系中的功能定位，即为"纠错"和"救济"，再审申请书的撰写，必须坚持"先破后立"的原则，即首先明确指出原审裁判中的错误，其后再提出我方的事实与理由。这样的体系安排，符合再审案件审理的逻辑，有助于再审法官对原审裁判存在的错误进行审理和查明。

（四）采取小前提、大前提、结论的行文顺序

我国诉讼中，当事人的主要任务为向法庭证明案件的事实，法官的主要任务是对当事人所证明的事实进行评价，最终依据法律规范作出判决。故而，在法律适用问题上，当事人或律师所能起到的作用，限于通过周密的论证减轻法官的工作负担，从而协助法官作出最终的判决。据此，案件事实才是一份再审申请书中最为重要的内容。在事实与理由部分，我们采取小前提、大前提、结论的行文顺序，将作为构成要件事实的小前提放在首位，并进行重点论证，以最大限度地协助再审法官查明案件事实，以达到再审请求获得支持的最终诉讼目标。

一件案子，你至少需要这六份工作报告

张　瑜

除却与法官、检察官等法律专业人士的交流，律师与客户的沟通亦可算是一门颇为讲究的“学问”。语言的风格、沟通的时点甚至表述的拿捏，都需根据不同场景加以区分。律师工作报告作为与客户进行案件沟通的重要载体，其主要目的在于客观呈现案件进展，汇报律师及相关方的工作情况，解决客户关心的主要问题，使客户在整个诉讼过程中感受到律师工作的专业、尽责与细致。因此，工作报告不同于提交给司法机关的法律文书那般需就案件事实、法律要件等做专业理论分析并注重使用法言法语，其在内容选取、行文措辞，以及谋篇布局上均应以客户需求为视角，强调文字的可读性，选取客户主要关切点，并使用简洁流畅之文风。[①]对此，笔者将结合自身工作经验，对律师办理案件各阶段可能用到的工作报告进行总结。

一、初期联系

情景：在接触案件之初的评估阶段，当事人因急于寻求法律救济，其情绪通常较为焦急和敏感，且在正式接受委托之前，客户或许也正在ABC律所间举棋不定。此时，恰是律师向客户建立良好印象的绝佳机会。

---

① 康健:《如何与客户沟通——决定律师工作质量的重要因素》，载《天同诉讼圈》2018年5月5日。

内容：初期接触，律师在出具初步的专业分析意见之外，还需就客户心理进行商业性考察。此时，通过拟写一份工作联系函，一则告知客户我们办案团队的情况，二则汇报我们近期关于案件分析的计划，三则与客户确定日常及书面沟通的渠道。另外，在分析案件的同时，律师通常会对案件事实存有诸多疑虑，或有其他材料需要客户补充提供，也可一并通过工作联系函的方式将想要向客户核实的问题及需进一步补充提供的材料列明。

作用：1.让客户第一时间感受到律师对案件的重视与关切；2.向客户展现标准化的工作流程，体现专业性；3.与客户建立常规沟通渠道。

二、签约后工作安排

情景：在与客户正式建立委托之后，客户通常比较关心案件推进的速度，例如何时能够保全，何时能够立案，何时能够拿到判决，等等。对此，我们也可以通过发送工作报告的方式，就客户关心的主要问题进行事前安排，在客户追问与催促之前，让一切处于有条不紊的状态。

内容：在工作报告中，对后续代理工作的基本安排主要包括：1.我们即将开展哪些工作，这些工作分别需要做什么准备？2.我们的工作安排需要客户在哪些方面予以配合，例如还有哪些重要事实或材料需要再次核实或提供？3.根据以往工作经验及法律实践向客户列明案件可能经历的步骤以及各步骤的周期。

作用：1.明确工作计划，加深客户信任；2.告知诉讼程序，减少客户不必要的疑虑，并方便客户日程安排；3.便于机构客户工作人员内部反馈，降低沟通成本。

三、庭前汇报

情景：庭审既是诉讼律师的主战场，也是客户感受诉讼律师服务最直观的方式，但鉴于案件万千情况，客户并非均能亲历现场。故在开庭前对庭审准备及其他前期工作向客户做统一汇报则显得十分有必要。

内容：此份工作报告的内容可以围绕三个问题展开：律师前期做了什么？法庭可能关注什么？哪种方案更能体现客户权益？具体内容囊括庭前证据组织（证据调取、调查令申请、现场走访等），关键事实确认，争议焦点预判，诉讼策略甄选，调解方案建议等，以上事宜均有必要一一与客户做细致沟通，并需着重呈现不同诉讼方案之利弊分析及风险应对。需要注意的是，庭前汇报通常以现场面对面演示为首选，并辅以工作报告（以PPT形式为佳），以便客户谨慎决策。

作用：1.事前诉讼风险提示及应对方案建议，辅助客户诉讼决策；2.呈现律师、合作方及机构客户工作人员对案件之共同努力；3.稳定客户诉讼预期。

四、庭后汇报

情景：庭审现场，除事实查明外也贯穿法律关系及法律适用之博弈，于委托客户而言，一份简明清晰并重点突出的庭后工作报告可以便于其全面了解庭审过程，减少对律师工作的后顾之忧。基于客户对庭审结果之关切，律师可先口头告知基本情况，再以书面方式详细汇报。

内容：书面的庭后工作报告一般由三个部分构成：1.庭前准备：律师代理工作不止于庭审，为达到庭审之厚积薄发而埋首案牍是代理工作之常态，也是客户所未见之细节。2.庭审情况：此部分重点呈现案件争议事实或焦点及双方意见、重要证据的举证质证情况、合议庭关注或者强调的内容，另可后附庭审笔录。3庭后工作安排：一方面，可向客户告知律师的下一步工作计划，以使其了解和配合代理工作；另一方面，根据案件具体情况，提出庭后可能存在的风险及需客户决策之事项，便于律师确定后续工作方案。[①]

① 白鹤敏：《律师代理工作不止于庭审》，载《天同诉讼圈》2019年1月26日。

作用：1.使客户及时了解案件进展；2.直观展现律师工作，体现律师的服务价值；3.向客户提示法律风险。

五、突发/重要事项临时汇报

情景：案件办理过程中，随时有事先预料之外的突发情况，如对方证据突袭，证据调取受阻等。律师作为客户诉讼利益的维护者，面临变数，首先需稳定客户情绪，同时寻求解决路径，并及时反馈案件最新进展。前述工作除以口头方式沟通之外，也可以通过工作报告的方式呈现。

内容：以我们团队曾经代理的一起海事海商再审申请案举例以示。在办理案件过程中，我们立案后多次去电承办法官询问案件进展均无果，后3个月审限届满，再次去电法院时却被告知，涉外案件并无审限。经向法院说明该案系内河船舶碰撞的保险类纠纷，故并无涉外因素，法院方才知晓系自身疏忽导致审限超期。对于案件拖延的突发事项，客户已明显表现出焦虑情绪。此时，则可以通过向客户发送工作报告的方式，仔细阐明问题产生的根源，解决问题的步骤及详细操作方案并告知我们将持续保持与法院的沟通，从而达到安抚客户情绪的效果。此后，该突发情况按照我们设计的方法顺利解决，客户满意度未受影响。

作用：1.安抚客户情绪；2.降低执业风险。

六、结案报告

情景：胜败乃兵家常事，诉讼也不例外。代理目标是否达成虽会影响客户的服务体验，但客观而言，诉讼结果确受多重因素决定。根据不同的诉讼结果，结案工作报告的侧重点亦存在差异。

内容：若案件顺利实现代理目标，此时结案工作报告可首先就整个代理过程做简单回顾，再按照诉讼大事记所记载的内容，罗列关键节点律师及各参与方的主要工作，最后强调案件结果乃律师与客户紧密配合之成果，并期待更多合作。若案件结果不符合客户预期，此份结案报告在前述内容之外，还需认真总结案件结果之成因，不仅需就法院裁判观点作详细分析，还需指明客户下一步可能存在的救济路径。

作用：1.总结代理工作；2.增加客户黏性；3.便于机构客户档案管理。

七、结语

私以为，身为律师最期待获得的当事人评价无非“靠谱”二字。承载着沟通、传递作用的律师工作报告对于身陷诉讼纠纷的当事人而言无异于“定心丸”般存在，其对于构建一个“凡事有交代，件件有着落，事事有回音”的律师形象至关重要。笔者常常会想，怎样才算一份完美的工作报告？总结过往办案经验，无非秉持因地制宜，因人而异，换位思考之原则，着眼于客户心理，方能收获最满意的结果。

CHAPTER IX

第九章

办案实操篇

XI

民事诉讼律师调查令之理解与适用

李思余

民事诉讼律师调查令，是指“在民事程序中，当事人及其代理律师因客观原因不能自行收集证据时，经代理律师申请，由受理案件的人民法院批准，由指定代理律师向接受调查的单位、组织或个人调查收集相关证据的法律文件。①”律师调查令制度在发挥律师依法调查证据，维护当事人合法权益，推进司法效率等方面发挥了积极作用，但律师调查令实务中也经常遇到被调查人不认可、不配合等问题。如何理解律师调查令的性质，如何在民事案件代理中申请并成功完成取证，笔者结合自身执业经历，为各位提供、分享一些自己的经历与思考。

一、律师调查令之权利来源

《律师法》第三十五条第二款规定了律师的调查权，却未规定违反该条的法律责任。司法实践中虽有法院认可律师独立调查权，并认为“人民法院签发的律师调查令是律师进行调查取证的手段之一，并不是唯一的，与律师的自行调查取证权并不相冲突”②，但现实境遇却是律师依独立调查权自行取

① 见广东省高级人民法院、广东省司法厅2018年12月28日印发的《关于在民事诉讼中实行律师调查令的规定（试行）》第一条。

② 见济源市人民法院2019年12月9日作出的（2019）豫9001行初54号行政判决书，来源于裁判文书网。

证困难重重。与律师独立调查不同，律师调查令是律师向法院提出申请，经法院审查通过后签发，由律师持令在法院审查签发的律师调查令范围内进行调查，本质是法院调查权的延伸，源自法院的授权。

二、律师调查令制度并非律师取证的“尚方宝剑”

1. 律师调查令制度缺乏上位法规定

目前，最高人民法院及部分地方法院虽出台了推进律师调查令的指导意见或试行规定，但尴尬之处在于律师调查令制度缺乏上位法规定。如2019年9月16日，江苏省银行业协会向江苏省高院出具《江苏银行业对关于律师持调查令查询银行账户信息的意见》，认为“律师持调查令查询银行账户信息存在法律冲突”，并建议“银行账户信息应排除律师调查令的适用”。因缺乏上位法规定，律师持令调查被拒的新闻多次见于报端。

2. 律师调查令是否开具由法院决定

如上所述，律师调查令并非源自法律赋予律师的独立调查权，是否开具由法院根据个案结合律师的申请决定。若法院经审查认为律师调查令的申请依据不足的，有权拒绝开具调查令。

三、如何申请律师调查令

1. 申请主体

与申请法院调查取证不同，律师调查令的申请主体是代理律师并非当事人，但律师调查令申请文书中应注明当事人的身份信息。

2.申请时间

最高人民法院层面目前尚未出台关于申请律师调查令时间的规范性文件。若将律师调查令理解为法院调查权的延伸，则根据《新民诉证据规定》第二十条的规定，代理律师应在举证期限届满前向法院提交书面申请。

部分地方出台的指导意见规定了律师调查令的申请时间。如江苏省高院、江苏省司法厅、江苏省律协出台的《关于在民事诉讼中使用调查令的规定（试行）》第二条规定："代理律师可以在起诉、审理、申请再审案件审查阶段向人民法院申请调查令。当事人起诉时申请调查令的，可以于递交起诉状及相关证据时一并提出……一审、二审、再审案件受理后申请调查令的，应于法庭辩论结束前提出。申请再审案件审查期间申请调查令的，应于案件询问结束前提出。"笔者经检索后发现，各地对于律师调查令申请时间的规定不完全相同，因此，在不同地区申请律师调查令，应特别注意遵循各自的地方性规定。

3.申请内容

律师调查令一般应载明如下内容：案件编号、申请人信息、律师执业证号及执业律所名称、被调查人信息、需要调查收集的证据、申请的事实及理由等。

4.提交申请材料

除律师调查令申请书外，申请调查令，一般还应向法院提交当事人的授权委托书、代理律师所在律师事务所出具的载明申请调查令事宜的介绍信或公函、代理律师有效的执业证书、代理律师的保密承诺书等，具体材料以各地具体规范为准。

5.注意事项

（1）提醒当事人申请调查令的风险

为防范执业风险，申请律师调查令前，律师应告知当事人可能存在法院不开具调查令、被调查人拒绝配合调查的可能；也可能调取的证据对当事人不利，特别是调取保存在第三人处却不清楚具体内容的证据。

（2）严格按照调查令规范提交申请材料

各地对申请律师调查令的时间、提交材料、申请书的格式及内容等规定不完全相同，为避免提交的申请不符合要求，建议对照当地的调查令规范文件准备申请材料。

（3）申请调查的事项应具体明确

调查令申请事项模糊，法院极可能拒绝签发调查令，被调查主体也可能以被调查事由不清为由拒绝提供相关材料。此外，调查事由具体明确还可以避免给当事人造成额外负担。如施工单位与钢筋供应商就钢筋质量问题产生诉讼，为证明钢筋质量问题，需向质量监管部门调取钢筋质量检测报告，但钢筋检测报告与其他建材的检测报告合在一份完整版报告中，若递交完整版检测报告，对方当事人极可能会以其他建材质量问题提出抗辩或向相关部门投诉。该情形下，申请律师调查令时可注明仅申请调取钢筋部分的检测报告，避免因取证给当事人或案件带来负面影响。

（4）征求案件承办法官意见

建议申请律师调查令前与承办法官进行沟通，听取法官意见。基于个案的特殊性，部分法官可能会要求代理律师申请法院调查取证而不是申请律师调查令。

（5）跟进法院进展

律师调查令申请提交后，代理律师应及时跟踪律师调查令开具的进展，避免法官因为事务繁多而迟延开具，影响案件证据调查效率。

四、律师如何持调查令有效开展调查

调查令开具只是律师调查取证的手段，顺利调取证据才是目的。笔者基于持调查令调查的经验总结如下。

1. 在调查令有效期内完成调查取证

法院开具律师调查令时会根据调查需要、案件复杂程度等确定律师调查期限，超过期限则律师调查令失效。因此，律师应注意调查的时限，避免因律师调查令失效影响调查。

2. 与被调查人商定调查时间及地点

代理律师可通过当事人、案件资料记载、被调查人网站、工商查档、114电话查询等方式取得被调查人的联系方式，与被调查人沟通，告知被调查人调查的具体内容，协商确定调查的时间、地点，以便于被调查人准备被调查事宜。

3. 调查前备齐律师持令调查材料

通常律师持法院开具的律师调查令及律师执业证即可向被调查人调查取证，常见的如前往支付宝、微信调查取证仅需要上述两份材料。但实务中，部分单位还要求提供律所介绍信、当事人授权委托书或当事人身份信息。基于调查效率的考虑，代理律师可在与被调查人商定调查时间、地点时询问被调查人需要的资料，除非要求过分，否则尽量配合，以便于律师持令高效取证。

4. 调查时与被调查人细致沟通

律师持令调查时应与被调查人耐心沟通，尽量避免制造对立气氛。实务中，笔者曾听闻被调查单位因不满律师过于强势的取证态度，拖延交付证据材料的情况。调查过程中与被调查人进行耐心沟通，或许有意外收获。笔者曾在向质监部门调取建材检测报告时，通过交流发现被调查人处存档了一份更有利的报告，经沟通被调查人提供了原件供笔者翻阅但禁止拍照、复印。事后笔者通过向法院补充申请调查令的方式，最终成功调取了相关报告。

5. 被调查人拒绝调查时及时与法院联系

被调查人拒绝配合调查的，切忌与被调查人发生冲突，应及时向法院反馈拒绝调查的信息，由法院与被调查人沟通。法院协调后被调查人仍不配合的，可与法院沟通，改为申请法院进行调查取证。

6. 核实调取的材料是否符合调查要求

律师持令调查且被调查人配合交付相关证据的，律师应注意核实如下三点。首先，被调查人沟通，提取完整证据，切不可擅自改变证据内容或篡改、伪造证据。其次，与被调查人留存的证据相比对，核实证据是否一致、齐全。最后，要求被调查人按规定在调查回执上填写，并核实被调查人在回执上填写内容是否真实、客观。

7. 调查后将调查的证据提交法院

律师调查令上一般会明确记载律师在调查结束后特定期限内将证据交给法院，如广东、浙江规定，律师持令取证后，应当在调查结束后五个工作日内将调查收集的证据、调查令回执提交人民法院。因此对于被调查人将证据交由调查律师的案件，律师应在调查令规定期限内将证据提交法院，因客观原因无法在调查令规定的期限内提交的，应在期限届满前主动联系法院，申请延期。实务中，也有部分单位收到律师调查令后，并不将证据转交给调查律师，而是直接邮寄给法院，典型的如微信、支付宝调查取证。此情形下，律师应注意与被调查人、法官进行沟通，跟进证据邮寄、进展。

8. 注意保密义务

根据各地律师调查令申请规范，律师申请律师调查令的同时一般会向法院提交承诺书，承诺对调查的证据进行保密，仅限案件诉讼之用，不得泄露或作其他使用。持令调查的律师私自泄露了调查的证据，不仅违反承诺，也极可能违背律师执业规范要求，更有甚者涉嫌触犯刑事法律。

五、结语

作为执业律师，依法维护当事人的合法权益是律师的职责之所在。律师调查令运用得当可作为律师之“矛”，破取证难之“盾”。从调查令开具到完成调查取证，需要每位代理律师认真对待每一个细节，因为每一个细节都与案件成败相关。以上是笔者对律师调查令的理解，不足之处还望指正。

如何构建二审诉讼方案?

杜　欣

不同审级民商事案件的代理工作有其特殊性，就二审案件而言，因已有一审判决作为基础，律师代理工作的重点一方面集中于充分地解析一审判决的裁判路径；另一方面又要打破一审判决的思维惯性，重构有效的二审诉讼方案。对律师来说，这是一个不断地将诉讼思路回炉重塑的过程。在这个过程中，虽无秘籍，但仍有一定章法可循。

一、反复研读一审判决

在研读一审判决时，需关注一审是否存在程序违法，而在实体层面需关注：1.诉讼请求是否得到支持；2.一审争议焦点及一审法院对此的分析论证；3.双方当事人的主张及抗辩；4.双方当事人的举证及质证；5.经审理查明部分是否存在事实认定错误。

一审判决一般在前期会至少看三遍，第一遍，重点在于诉讼请求及判项，总览当事人争议的焦点问题，并锁定一审判而未决的问题。第二遍，带着问题详细看经审理查明的事实，及一审法院本院认为部分对该问题的分析论证，了解一审判决思路。第三遍，重点关注己方主张及对方抗辩，结合举证情况，考量一审判决作出的依据是否充分，检视己方一审诉讼策略的得失，同时，思考二审代理工作的突破口。

二、查阅一审卷宗

因一审诉讼程序是二审启动的根基，律师在接受委托的每一个二审案件中，都应当第一时间查阅一审卷宗。而一审卷宗中的起诉状、答辩状、证据材料、笔录、代理意见等，更是要全面通读。阅卷仅是方式，阅卷的目的是全面了解双方在一审的对抗情况，尤其是针对左右二审焦点问题的关键事实，双方如何主张、如何举证、如何当庭陈述，不能仅靠“阅”，还需对此进行记录。制作阅卷笔录是一个不错的选择，律师亦可选择结合案卷材料制作一个详尽的大事记，将案件基本事实按照时间顺序或是主体、请求权等列举方式摘录于表格中，并可在备注一栏记录下阅卷中采集的重要信息，如举证、质证情况，法院认定情况及当事人陈述情况等。如下图所示：

二、案情概要：

2017年3月，A公司向市中院起诉，请求判令B公司向A公司支付合同约定的从2014年起暂计算至2017年2月分成款11172304.6元，承担逾期支付价款的利息，并依法判令C公司就上述价款承担连带责任。2019年6月，一审判决B公司向A公司支付分成款11095052.77元。

三、大事记：

序号	时间	事件	备注
1	2012.5.24	B公司和A公司签订《项目备忘录》	1. B公司提交； 2. A公司质证意见：备忘录是否签订不影响合同的履行； 3. 一审法院对关联性不认可。

三、补充案件材料

经过前面两项工作，律师已经全面了解了一审卷宗反映的基本事实，并对案件代理思路有了初步想法。然而最终诉讼策略的制定还需更加深入、细致地了解案件全部事实，而对事实的进一步了解有赖于当事人的配合。就此，律师可起草《补充资料及问题清单》，将需要客户提供的资料及核实的问题编辑成书面文件予以发送。在起草《补充资料及问题清单》时，不宜将问题或所需材料表述得过于抽象和概括。如律师希望客户提供履行了付款义务的相关证据，仅表述为“请提供贵司履行付款义务的相关证据”，客户往往会疑惑，要证明哪笔付款，以及什么样的证据可以证明付款，亦可能会多次打电话给律师核实某项材料是否与此相关，效率较低。因此，建议律师将此表述为“就贵司已向A公司付款2000万元的事实，请贵司提供相关付款凭证，包括但不限于委托收款函、银行转账凭证、收据等相关材料”。另，对于部分较为宽泛的问题，建议律师在设问前，对为什么提出这样的问题作简单说明，以引导客户更好地理解问题，防止答非所问。

四、客户会谈

在充分消化一审及客户补充材料的基础上，建议律师在最终诉讼策略制定前，与客户保持充分交流。有条件的情况下，与客户针对《补充资料及问题清单》中的问题进行一次面谈。在客户就相关问题作出回应的过程中，适时地予以发问及引导，尤其是对于不合常理的事实，通过与客户的交流，挖掘事实背后的利益平衡点，使一些看似矛盾的、书面化的事实，通过结合相关背景事实显得更为丰满。

例如，我们代理的一起合同纠纷案件中，双方约定为目标企业提供服务，并对服务收益进行分成。我方主张对方在项目建成不久便退出合作，然而我方当事人仅就此举出一份对方前法定代表人出具的说明，且未加盖公章，而对方退出的时点却是双方合作的收益回报期，这便显得有些不合常理，一审法院亦未采信。我们对此也颇为疑惑，就此以书面《补充资料及问题清单》的形式对客户进行了发问，得到的初步答案仅是对方恶意违约而已。然而在二审中，如仅作此解释，显然无法撼动一审已经形成的事实面。

但结合双方的合作协议，可以锁定的事实是对方需在合作中承担收益无法收回的相关商务风险，我们猜测商务风险可能系对方此刻退出的内推力。就此，我们在客户面谈过程中，引导客户关注该合同约定，并进一步询问对方此时退出的背景事实。客户便回忆起此时段行业低迷，服务的目标企业经营困难，付款能力非常差的背景事实。通过客户反馈的这一事实，我们检索了权威机构发布的行业发展趋势，结合同时段目标企业员工在政府门户网站诉求解决欠薪问题及目标企业官网发布的相关号召全员共同扭亏脱困的新闻，将对方基于商务风险太大而退出的这一内因外化，印证了对方退出合作的合理性，得到了与一审不同的事实面。

五、检索相关法律规定及经典判例

律师将案件核心事实进行固定后，对案件基本走向也就有了初步的判断。然而，事实呈现了当事人是否利益失衡的表象，如要形成有利的诉讼策略还需将事实构架于相关法律法规中，从而有效地维护合法权益。而这当中，对于一些争议较大的法律问题，尤其需要进行深入的研究，并借助对法律规定的法理剖析、权威判例及专家观点予以论证说明。

法律问题研究可参考本书后文:《如何思考一个无从下手的法律问题》。

案例研究可参考本书后文:《类案研究的意义和方法》。

六、重构二审诉讼方案

经过前面几项工作，律师已将二审诉讼方案制定所需的基本要素了然于心，然而这些散化的要素要发挥最大的作用，还需律师打破一审思维惯性予以重构，形成逻辑更加深入、层次更加丰富的攻防体系。案件诉讼方案重构的方式多种多样，但所有的方式殊途同归，均离不开必备的分析路径——先破后立。

在案件诉讼方案重构中，律师可以先将一审争议焦点予以列示，明确案件争议的主要问题。然后针对一审判决在本院认为部分对争议焦点的分析，尤其是本院认为部分依据的事实、法律法规，依照大前提、小前提、结论的裁判逻辑分层次予以梳理。接下来，律师可以将一审中己方未举证或一审法院未采纳，但实际存在的核心事实结合已查明事实予以梳理，形成严密的事实链，以此来检视一审判决作出的合理性及突破口，此乃破。

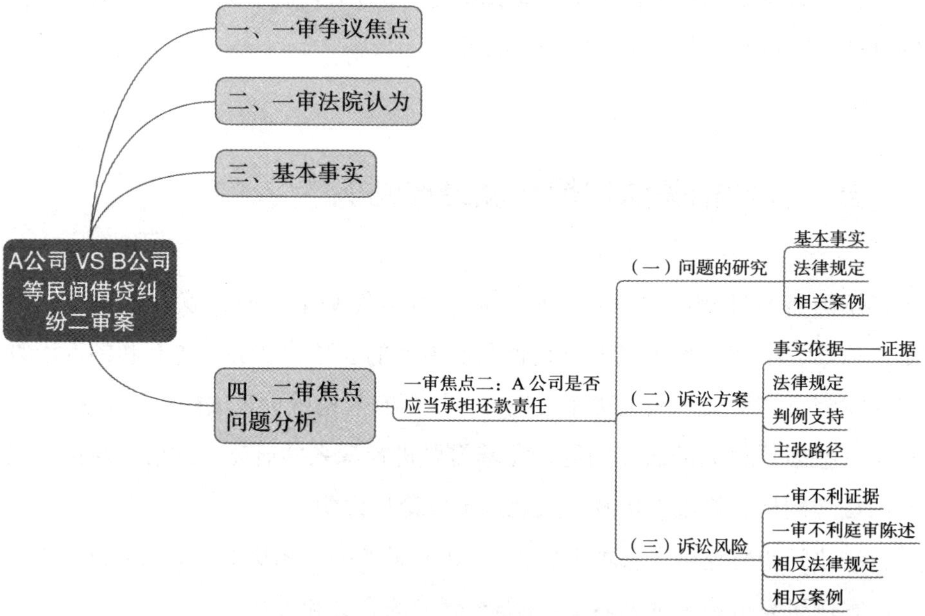

以破为基础，律师接下来要将一审判而未决的争议焦点问题予以深入分析。第一步，问题的研究。先将争议焦点涉及的合同约定等基本事实结合大事记予以整理，再将相关法律规定及支撑案例予以总结，形成一个基础的问题认知。第二步，诉讼方案整合。律师形成基础认知的过程，实际上是一个证明己方有“理”的过程，而要将这个“理”讲出来，且被接受，则需要考虑如何表达得事实清晰、法律依据充分，且逻辑自洽，这是诉讼方案整合过程中的重点工作，而此处的诉讼方案亦是后续律师准备法律意见及证据编排的框架和提纲。第三步，诉讼风险审视。一个相对完美的诉讼方案，一定是诉讼利益最大化，诉讼风险最小化。而诉讼方案是否能够在二审中起到扭转作用，在很大程度上也取决于律师是否充分预见到诉讼风险，并做足了应对准备。通过前述三个步骤，不断地回归事实面本身，不断地寻求法律支撑依据，不断地以诉讼风险将方案推翻重演，律师最终制定的诉讼方案应是经得起推敲的方案。此乃立。

通过本文六个步骤，律师在二审中的诉讼方案基本成型。实际上，在这个过程中，每一个案件核心问题都会被律师通过不同的步骤反反复复地推演，看似是一个重复性工作较多的工作流程。然而，律师的工作往往胜于细致、耐磨，以不同角度检视诉讼观点，最后会形成扎实的观点支撑，再将一个个观点汇合，则会形成有利的攻防阵地。而经得起千锤百炼的诉讼方案才是最佳诉讼方案。

化被动为主动，解锁财产查控新姿势

曹锦钊

最高人民法院于2019年6月11日发布《人民法院执行工作纲要（2019-2023年）》，明确提出了未来五年内完成“切实解决执行难”的总体目标，并在纲要之中多次提及鼓励与支持律师参与执行案件工作，充分发挥律师在执行中的作用。借此利好趋势及社会信用体系逐渐完善的大背景，作为执行案件的代理律师，我们应当化被动为主动，改变原来完全通过公权力来推进案件进展、实现债权的工作方法，充分发挥主观能动性，分析个案中被执行人的具体情况，寻找查控财产的突破口，协助法官完成执行工作，共同实现“解决执行难”的目标。

笔者结合自身及团队的代理经验，就如何先行检索公司可供执行的财产线索，如何在执行困境下协助法院寻求突破路径作了一个简单总结及提示，所述内容尽量不重复执行代理工作中惯常所用之做法，而是实操中发现的一些新技巧、新方式，可能无法在类案办理之中完全通行，但也希冀起到抛砖引玉之用。

一、利用互联网及检索工具，先行挖掘财产线索

对被执行人的财产完成有效查控是执行工作高效开展的重要前提，在执行案件启动后，执行法院可通过最高人民法院“总对总”以及地方法院“点对点”网络查控系统，实现对被执行人不动产、存款、金融理财产品、船

舶、车辆、证券、网络资金等多类型财产信息的查询，基本可对被执行人主要财产实现有效覆盖。

但我们亦应认识到，如能在进入执行阶段前，即诉讼时完成对被执行人的财产保全，之后的执行优势更不待言。最高人民法院于2016年11月8日发布了《关于人民法院办理财产保全案件若干问题的规定》，其第十一条第二款明确规定："申请保全人提出查询申请的，执行法院可以利用网络执行查控系统，对裁定保全的财产或者保全数额范围内的财产进行查询，并采取相应的查封、扣押、冻结措施。"因此，一方面，我们可依据该规定，在诉讼时即向法院申请借助网络执行查控系统，及时查控对手方财产，防止对手方在诉讼阶段隐匿、转移；另一方面，鉴于各地法院为平衡保护各方当事人利益而慎用该制度的现状，无法借助公权力之时，我们亦可利用互联网的丰富资源，对对手方的部分财产线索先行进行检索。

1. 土地使用权

国有土地使用权的出让信息一般会在全国各省或地级市自然资源管理部门的官方网站进行公示，我们可在百度中直接输入关键词"被查询企业名称　土地　site: gov.cn"进行检索，即能检索被百度所收录的、出现在中国政府官网上的、有关被查询企业土地信息的所有内容。

此外部分平台已实现对企业公开财产信息的准确抓取及数据整合，典型如搜赖网（www.laipigo.com）检索目标企业，点击相应土地使用权成交信息的具体"来源"链接，能够直接跳转至政府公告页面，可省却一定检索时间。

2. 银行账户

根据《商业银行法》第二十九条、第三十条之规定，个人、单位的银行存款及账户信息只能由公权力机关进行查实。当事人仅能通过以往交易中合同、票据等材料获取账户信息。

但是，若企业发票信息保存完整，我们可以借助企查查（qichacha.com）

所附带的发票助手功能进行检索，一定概率能显示银行账户信息。

此外，还有许多日常较多被使用的APP（如打车软件），点击开具发票、填写当事人名称时，会自动填写企业税号等，亦有一定概率会显示他人曾填写过的完整开户行信息。

3.债权信息

对外债权亦属于可查控的重要财产，但因其复杂性及隐秘性特征，该类型财产线索则完全有赖于当事人自行收集，我们经常使用的债权信息检索方式包括：

（1）通过中国裁判文书网，以对手方的名称为关键词检索公开案例，核查经生效法律文书确定的到期债权信息；

（2）登录中国人民银行动产融资统一登记公示系统进行检索，可检索到部分企业的应收账款信息；

（3）被查询企业为建筑企业的情况下，可以通过访问全国建筑市场监管公共服务平台（http://jzsc.mohurd.gov.cn）查询到企业正在参与开发建设的项目，存在建设项目即表明企业对建设单位享有建筑工程款债权。

需说明的是，对于未到期债权的保全，依据最高人民法院《关于依法制裁规避执行行为的若干意见》第十三条的规定，可参照《民事诉讼法解释》第一百五十九条及第五百零一条对到期债权的执行及保全的规定予以直接适用，即在债务人的财产不能满足保全请求的情况下，由法院作出债权冻结裁定并向次债务人发送禁止向债务人清偿的通知，若次债务人要求偿付的，则由人民法院提存财物或者价款。

4.知识产权

知识产权作为现代科技企业的核心资产具有其独特的商业价值，根据《最高人民法院关于人民法院执行工作若干问题的规定（试行）》（2020年修正）（以下简称《执行工作规定》）第三十五条的规定，被执行人不履行生效法律文书确定的义务，人民法院有权裁定禁止被执行人转让其专利权、注册商标专用权、著作权（财产权部分）等知识产权，亦可以采取拍卖、变卖等执行措施。

我们可以通过企查查、天眼查等软件先对目标企业的知识产权信息进行检索，之后再访问中国专利审查信息查询系统（cpquery.sipo.gov.cn）、国家市场监督管理总局商标局商标综合查询信息系统（wsjs.saic.gov.cn）、中国版权保护中心（www.ccopyright.com.cn）等网站进行反向核查财产信息。

5. 对外投资所形成股权

对外投资所形成股权的查找相对简单，我们一般直接通过主流的企业信息查询系统（如企查查、天眼查等）对公司的控股企业进行一键查询，但为保证信息的准确性，在最终向法院提交财产线索时，仍然需要通过国家企业信用信息公示系统进行反向核查。

考虑到人民法院冻结股权时，一般会以股权对应的认缴出资额作为保全财产的价值判定依据并据以计算是否超出案件标的金额，为避免超标的查封产生侵权责任以及提高后续资产处置效率，我们应首先完成股权的价值筛查，初步判断公司股权价值及后续处置难度，申请法院有针对性地完成对目标股权的保全工作。而股权价值的高低实际取决于股权所在企业的经营情况，在不具备实地尽调条件的情况下，我们可通过以下方式初步判断企业经营状况：（1）通过国家企业信用信息公示系统查询企业股权是否存在质押、查封等影响后续处分及受偿的限制权利状态；（2）通过国家企业信用信息公示系统查询企业自行披露的年报信息，查看企业的实缴资金以及社保缴纳情况，初步判断企业经营规模及运营状况；（3）核查企业经营范围，反向检索企业是否具有特许经营许可等资质类证照；（4）检索目标企业的涉诉、涉执行案件信息，了解企业的债务规模；（5）借助企查查、WIND数据库等软件的信息抓取功能，核查上市公司公告之中是否有对目标企业进行过财务审计及价值披露；（6）利用搜索引擎全面检索目标企业的正面及负面消息。

二、及时学习新规和案例，思考探索新型执行路径

在代理执行案件过程中，我们亦常常遇到穷尽已知手段仍无法查找到被执行财产的案件，但此时并非全无救济手段，及时学习最高院所出新规及相关案例，有利于拓宽思路，寻找出新的有效执行路径。

如笔者及团队前不久代理的一起执行案件，被执行人系一家以互联网经营为主的轻资产公司[①]，法院无法查询到土地、房产、机械设备等传统意义上可处置的财产，而其他已查明的对外投资所形成股权及知识产权并不具备实际处置价值，案件即将因无财产可供执行走入“终本”流程。但我们留意到，被执行人的备案网站仍在正常运营且存在大量活跃用户，背后代表着被执行人可能具有隐蔽的广告及会员费等网站运营收入。随之产生的新的困境是，该信息并不能直接细化为具体的财产线索，且我国立法上对域名的法律地位并未进行清晰界定，其是否属于可供保全、执行的财产类型并不明确，案件的执行工作仍然陷入僵局。

此时，最高院发布了第一批涉互联网典型案例[②]，其中所收录的“深圳市玩家文化传播有限公司申请强制执行案”与本所代理案件具有高度相似性。该案中执行法院依申请作出了查封裁定并向域名注册商发送了限制域名登录访问的协助执行通知书。限制措施生效后，该案执行法官即接到被执行人的主动来电要求履行义务并快速完成了执行款项的支付。最高院认为该案的典型意义在于“当前互联网经济高度活跃，在日益频发的互联网纠纷中，案件执行往往具有难度大、范围广、实体财产难以掌握的特点，需要创新高效、

① “所谓轻资产公司，主要指利用品牌、技术等无形资产获取竞争优势，固定资产占总资产比重较低的公司。”廖涵平：《轻资产公司财务特征与发行上市制度优化》，载《证券市场导报》2015年第4期。

② 《最高人民法院发布第一批涉互联网典型案例》，http://www.court.gov.cn/zixun-xiangqing-112611.html。

快捷的执行手段。法院经核实发现，被执行人所拥有的网页中有广告投放公告，广告费用较高，且在该网页内确有广告投放。该网络域名已在国家管理部门注册登记，权利人具有专有使用权。同时，法院对案件的执行已穷尽查询银行财产、房管、车管、工商登记、搜查等传统执行措施，但仍无可供执行财产。法院可依法将网络域名作为补充方式采取强制措施，向有关单位发出协助执行通知书进行查封，以使被执行人主动履行法定义务”。

对于域名的执行依据，该案的承办法官总结认为《执行工作规定》第三十五条规定了人民法院的查封范围包括知识产权。虽然网络域名在民事执行领域尚未明确属于知识产权范围，但其与商标商号类似，与企业自然关联，属于其无形资产，具备知识产权属性。最高院已出台《最高人民法院关于审理涉及计算机网络域名民事纠纷案件适用法律若干问题的解释》（2020年修正）等相关法律法规，同时明确将域名纠纷纳入知识产权纠纷审理范围。网络域名以数据形式存在于网络空间，其具备一定价值，满足人们的需求，具有合法性，能够为人所掌控，属于在一定条件下可以进行交易的特殊财产，具备可转让性和财产性[①]。

我们借鉴吸收新闻、微信文章所报道的内容，归纳总结了域名查封的基本步骤主要包括：

（1）访问工业和信息化部ICP/IP地址/域名信息备案管理系统（http://beian.miit.gov.cn）查询域名的备案信息，确定被执行人为该域名的主办单位；

（2）通过WHOIS信息查询网站查询域名的注册商信息，确定是否为境内企业；

（3）申请人民法院向境内的域名注册商发送协助执行通知书，注明保全期限及限制访问域名的协执要求。

我们将前述整合资料及对被执行人域名采取限制措施的申请书一并递交至法院，合议庭对我们的工作给予了正面肯定及极大支持，决定充分借鉴最

---

①《【裁判者说】网络域名能否作为被执行人财产由法院进行强制执行》，广东省高级人民法院订阅号。

高院典型案例的成功经验，启动该项新型的执行手段。被执行人得知消息后，在冻结裁定及协助执行通知书作出之前，便与执行法院取得了联络并表示了还款意愿。后在法院的组织协调下，双方达成了执行和解，案件取得了圆满的代理效果。

最高院发布的《关于深化执行改革健全解决执行难长效机制的意见》之中明确提出了尊重和保护基层首创精神的基本原则，鼓励各地法院积极实践探索，不断积累经验，及时推广运用，实现基层探索和顶层设计的良性互动。因此，执行法院探寻新型执行路径已得到明确的制度支持，作为执行案件的代理律师，亦应当改变原来被动等待法院强制执行结果的工作习惯，多学习、多思考、协助法院探寻更多的可行执行路径，多角度尝试不同解决方案，共同突破案件困局。

财产保全与当事人、案外人的救济程序

马海涛

2017年，××房地产公司（以下简称甲公司）与自然人乙签订《房屋租赁合同》，将位于某市的一处房产租给乙作为商超使用。乙向甲公司支付定金及预付部分租金后，甲公司却以更高的价格将房屋租给了第三人，并已交付。现乙诉请甲公司承担违约责任，并在诉讼过程中查封了登记在甲公司名下的若干房产。随后，甲公司以被查封的房屋已出卖给第三人，查封行为损害第三人合法利益为由向法院申请保全复议。本文拟以该案件为基础，探讨财产保全中申请人应注意的事项、当事人及案外人对财产保全可采取的救济程序及案外人物权期待权排除法院执行的条件。

一、保全的前期准备

（一）拟保全标的的调查

财产保全的关键在于有效控制债务人的财产，以保障将来生效裁判的执行。故而，办理财产保全之前必须充分了解债务人的财产状况，避免保全闲置账户、被抵押或已有在先查封的不动产，否则不但不能实现委托人的诉讼目的，还会进一步扩大委托人的损失。

根据《最高人民法院关于人民法院办理财产保全案件若干问题的规定》（2020年修正）（以下简称《关于办理财产保全若干问题的规定》）第十条的

规定，财产保全应由申请人向人民法院提供明确的被保全财产信息。司法实践中，除诉争标的为特定物外，给付之诉中通常将债务人的银行账户或不动产作为保全标的。对债务人银行账户的查询，根据《关于办理财产保全若干问题的规定》第十一条的规定，申请人可书面申请通过执行法院的网络执行查控系统查询债务人的财产信息，但该规定适用于人民法院执行保全裁定的过程中，在未立执行案的情况下，法官无权通过网络查控系统查询债务人的财产信息，在该情况下通常需要申请人提供线索后由法官协助进行线下查询。

鉴于查询债务人的银行账户较为困难，容易出现冻结闲置账户的情形，实践中倾向于保全债务人的房产或土地使用权。由于历史原因，不动产登记中心与房管局、土地管理部门之前存在不动产登记信息不衔接的问题。故而，对债务人房产或土地使用权的查询，除到当地不动产登记中心查询外，还需要到房管局、土地管理部门进行补充查询，以确保信息的准确性、完整性。此外，保全裁定的协助执行通知书也需要分别送达以上部门，例如对房产的查封，除需要向不动产登记中心送达协助执行通知书外，还需要向房管局送达。

对于司法查询的手续，各地要求不同，通常需要准备的材料为：公、检、法办案人员查询，需要出示工作证、介绍信；单位工作人员查询，需要携带企业营业执照、身份证；律师查询，需要携带律师资格证、介绍信（律师函）、当事人委托书（部分查询单位要求提供委托合同）、应诉通知书或立案通知书。此外，查询部门可能会根据业务情况规定固定的查询时间，现场查询前最好事先进行预约。

（二）事先与法官沟通财产保全的担保措施

由于法院对财产保全的申请仅进行形式要件的审查，且不适用“辩论原则”，故而，担保便成为补强财产保全申请审查、均衡申请人与被申请人合法权益的必要补充。鉴于此，除符合《关于办理财产保全若干问题的规定》第九条规定的特殊情形外，法院通常要求申请人提供与拟保全财产同等价值的担保，实践中，较为常见的是以财产保全责任险的方式提供担保。需要注意的是，司法实践中不同法院对财产保全责任险担保的要求可能存在差异，部分法院要求保险人到法院做笔录。故而，若采取财产保全责任险的方式提供担保，需要提前与法官沟通相关程序，以选择法院认可的保险人，顺利推进财产保全进度。

二、保全标的物的选择

保全标的物的选择事关执行阶段能否顺利执行、变现，故而，在保全标的物的选择上必须慎重。以查封不动产为例，在执行过程中经常会出现案外人对查封标的主张实体权利的情形。为保护案外人对被查封标的的物权期待权，《执行异议和复议规定》（2020年修正）第二十八条、第二十九条规定了案外人对抗法院执行的条件。

其中，第二十八条适用于购买登记在被执行人名下的不动产，第二十九条适用于购买登记在房地产开发商名下的住宅。通过对比，可以发现相较土地使用权、商品房中的商铺，执行对象为住宅时案外人以实体权利排除执行的条件较为宽松，具体表现为：不要求于法院查封之前已占有该不动产；不要求支付全部价款（支付合同总价款的50%即可）；亦无需证明非因自身原因未办理过户登记。鉴于此，为降低所查封的不动产被排除执行的风险，在查封标的为住宅时应充分考虑上述风险。

此外，需要特别注意的是，由于执行过程中经常出现以物抵债的情形，因此，在办理财产保全时必须向委托人披露该风险，在保全标的物的选择上也应充分尊重委托人的意愿。客观而言，以查封商铺为例，在可选择的情况下，应尽量选择临街或楼层较低的商铺，该类商铺相对容易变现，而且价值相对较高，对委托人更为有利。

三、财产保全的救济：保全复议、执行异议、解除保全

财产保全由保全审查、执行与救济三部分组成。鉴于财产保全只是暂时限制债务人对部分财产的处分，并不对财产的权属做出实质性处分。故对财产保全申请的审查一般遵循非对审性和秘密性原则，被申请人在保全裁定作出前通常不会被赋予任何程序保障；法院在做出财产保全裁定后往往立即依职权交付执行。①

为规范法院的保全行为，均衡保护申请人与被申请人、利害关系人的合法权益，法律通过“事中救济”的方式赋予当事人和利害关系人相应的救济权利。根据我国现行法律规定，保全复议、解除保全与执行救济共同构成了财产保全的救济程序体系。以本案为例，甲公司及房屋买受人如何在财产保全程序中维护自身的合法权益，具体分析如下。

（一）被申请人的救济路径

1.对保全裁定申请保全复议

甲公司作为财产保全的被申请人，若认为法院的财产保全裁定存在超标的查封或其他违法行为，可根据《民事诉讼法》第一百零八条的规定，向作出保全裁定的人民法院申请复议一次，复议期间不停止裁定的执行。此外，若出现作出保全裁定的法院与案件审理法院不一致的情形，如原法院做出保全裁定后，又将案件移送其他法院审理，依然由做出保全裁定的法院负责审查保全复议。②

本案中甲公司系以案涉商铺已出售给第三人，法院查封行为损害第三人

① 刘君博：《财产保全救济程序的解释与重构》，载《清华法学》2018年第5期，第170页。

② 参见叶光辉：《诉讼保全申请复议机关应为原作出诉讼保全裁定的法院》，载《人民法院报》2017年8月9日第007版。

合法权益为由申请复议，若其主张成立，甲公司便不再是案涉房屋的权利人。对于该情形，司法实践中有法院认为甲公司不是该复议的适格主体，应由买受人以案外人的身份提出异议。如北京市第四中级人民法院在“河北美联房地产开发有限公司等与祝某执行案”中认为“河北美联公司所提异议理由为本院查封的房屋实际为买房人所有，查封行为与买受人利益冲突。依据《民事诉讼法》第二百二十七条和《执行异议和复议规定》第二十九条的规定，对已经出售但仍登记在房地产开发企业名下的商品房提出异议的，应由买受人以案外人的身份提出异议。河北美联公司作为本案的被执行人，不是执行标的房屋的权利人，与所提异议没有直接利害关系”①。

对于该情形，本文认为甲公司实质上是对执行标的提出了执行异议，并非针对保全裁定本身，不再属于保全复议的范围。同时，该异议也不符合《民事诉讼法》第二百二十五条当事人可对执行行为提出异议的情形。故而，甲公司不具备提起该异议的主体资格，应由案外人根据《民事诉讼法》第二百二十七条对保全的标的提起案外人异议。此外，即便是对该异议进行审查，依据《最高人民法院关于人民法院民事执行中查封、扣押、冻结财产的规定》第二条规定，“人民法院可以查封、扣押、冻结被执行人占有的动产、登记在被执行人名下的不动产、特定动产及其他财产权”，甲公司的异议申请也不应获得支持。

2. 适用解除保全程序

保全裁定一经作出即发生法律效力，若未经复议程序撤销，则其自始具有既判力。实践中由于法院查封的财产可能对被申请人具有特殊价值，法律也赋予了被申请人解除保全的权利。解除保全程序作为被申请人的救济途径之一，其规定于《民事诉讼法》第一百零四条：“财产纠纷案件，被申请人提供担保的，人民法院应当裁定解除保全。”《关于办理财产保全若干问题的规定》第二十二条对该条款进行了细化，其规定：“财产纠纷案件，被保全

① 参见北京市第四中级人民法院（2016）京04执异1号裁定书，来源于裁判文书网。

人或第三人提供充分有效担保请求解除保全，人民法院应当裁定准许。被保全人请求对作为争议标的的财产解除保全的，须经申请保全人同意。”根据该规定，需要将保全区分为对争议标的的保全与其他财产的保全，对于前者保全的解除，需经申请人同意。此外，对于争议标的之外其他财产保全的解除，被保全人或第三人需要提供充分有效担保，法院方能解除保全。

（二）案外人的救济路径

《关于办理财产保全若干问题的规定》生效之前，司法实践中不同法院对案外人在财产保全程序中可采取的救济程序存在不同认识，亦存在不能确定各类救济程序的适格主体，混淆保全复议、执行异议以及解除保全等不同救济路径功能和适用阶段的现象。《关于办理财产保全若干问题的规定》的出台解决了上述问题，统一了法院对案外人异议处理的认识。就本案而言，案外人可采取的救济路径如下。

1. 对保全裁定本身不服可申请保全复议

根据《民事诉讼法解释》第一百七十二条的规定，利害关系人对保全裁定不服提出异议的，人民法院应依照保全复议的规定处理。司法实践中，部分法院认为财产保全执行并非真正进入执行阶段，故而，若案外人对财产保全不服，只能提出复议而不能提出执行行为异议。如深圳市中级人民法院“魏某梅与黄某权、王某玉其他执行复议案件执行裁定书”认为“由于保全行为仅为人民法院为保障诉讼程序顺利进行的控制性手段，并非强制执行阶段处置被执行人财产的处分性手段，并非对保全行为标的的最终处置，故不宜适用《民事诉讼法》第二百二十七条规定的案外人异议制度审查，而应另循法律途径解决”[①]。就本案而言，案外人可向做出保全裁定的法院申请保全复议。

此外，根据保全裁定是否针对特定财产，财产保全可以分为概括性财产

① 参见深圳市中级人民法院（2016）粤03执复14号裁定书，来源于裁判文书网。

保全和特定性财产保全。概括性财产保全是指裁定书未载明保全财产的具体内容及保全标的，仅概括性地规定“在一定金额范围内查封、冻结、扣押相应的财产或财产性权利”。由于概括性财产保全不针对特定的财产，在其进入执行程序之前，并不会侵害案外人的合法权益，故案外人不属于《关于适用民事诉讼法的解释》第一百七十二条规定的利害关系人，不具备申请保全复议的主体资格。对于特定性财产保全，由于其针对的是特定的财产或权利，其做出后便存在侵害案外人权益的可能，故利害关系人就此申请保全复议可以获得法院的支持。

2. 对财产保全的执行不服可提起执行异议

根据《关于办理财产保全若干问题的规定》第二十六条、第二十七条的规定，案外人对保全的执行行为提出异议，法院应当首先审查案外人提起异议的实质是针对执行行为本身有违法情形，还是依据实体权利对执行标的提出异议。如为前者，应当适用《民事诉讼法》第二百二十五条规定的执行行为异议制度进行审查；如为后者，应当适用《民事诉讼法》第二百二十七条规定的执行标的异议制度进行审查。

综上分析，对于特定性财产保全，案外人既可以向法院申请保全复议，也可以向执行法院提起执行异议。对此，何种救济途径更有利于保护案外人的合法权益？笔者认为，保全复议更有利于保护案外人的合法权益。理由在于：其一，保全裁定作为执行的依据，对保全裁定申请复议属于根本性的救济；其二，从程序效率来看，保全裁定只能复议一次，若保全复议获得法院支持，案外人在该程序中便能获得有效救济。

3. 保全复议被驳后可另提起执行异议

本案中，若案外人先对法院的保全裁定提出保全复议，保全复议被法院驳回后，能否再对保全裁定的执行提出异议，实践中存在争议。有观点认为，若法院已就保全复议进行审查，异议人的权利便已获得救济，基于一事不再理的原则，案外人便不能再提起执行异议，否则等于重复审查。如河北省高级人民法院“唐山海洋服装有限公司、药都制药集团股份有限公司买卖合同纠纷执行审查类执行裁定书”认为“根据一事不再理的法律原则，海洋公司于执行程序再次以保全的财产超标的为由提出异议，本案不再重复审查”[①]。

司法实践中，亦有相反观点认为保全复议与执行异议适用不同的程序，价值取向与审查标准亦不相同，即便是当事人的保全复议被驳回，依然可以在执行阶段提出执行异议，如再不服可以提起执行异议之诉。[②]支持该观点的判例如汉中市中级人民法院“蒋某光与李某、张某、周某执行复议执行案”[③]。笔者认为，案外人申请保全复议被驳回后，依然可就保全执行提出执行异议，理由如下：

第一，保全复议与执行异议分属于不同的程序，不适用“一事不再理”原则。“一事不再理”规定于《民事诉讼法》第一百二十四条第五项，主要用于规制当事人重复起诉的问题，判断标准为当事人相同、诉讼请求相同、标的相同。以案外人对保全标的主张实体权利为例，由于保全复议与执行异议中，异议人主张的理由与诉求一致，法院就很容易认为该情形属于“重复审查”，违背“一事不再理”原则，直接驳回案外人的执行异议。但应注意的是，“一事不再理”隐含的适用前提为法院适用相同的审查程序与标准，而保全复议与执行异议属于完全不同的救济程序，具体体现为：对于保全裁定，当事人或利害关系人只能复议一次；而对于执行异议中的执行行为，当事人或案外人对异议审查结果不服可以向上级人民法院复议一次，对于执行异议中的案外人异议，若当事人或案外人不服，可提起执行异议之诉。

第二，保全复议和执行异议属于两种制度构成，保全复议发生在诉前或诉讼过程中，异议的对象是保全裁定本身；而执行异议发生在执行过程中，

① 参见河北省高级人民法院（2017）冀执复22号裁定书，来源于裁判文书网。

② 参见周剑：《案外人保全复议被驳后能否再提起执行异议之诉》，载《人民法院报》2017年9月14日第007版。

③ 参见汉中市中级人民法院（2016）陕07执复5号裁定书，来源于裁判文书网。

异议的对象是执行行为或执行标的，两者的适用对象不同，不适用“一事不再理”原则。[①]

综上，保全复议与执行异议的适用对象、审查标准及所派生的程序各不相同，两个程序不属于互斥关系，案外人申请保全复议后依然可提出案外人异议。司法实践中，也存在案外人同时提起保全复议与执行异议的情形，对此，审理法院认为，根据《最高人民法院关于执行权合理配置和科学运行的若干意见》第十七条的规定，案外人的异议既指向财产保全，又指向实施行为的，一并由作出裁定的立案机构或审判机构分别按照保全复议、执行行为异议、案外人异议程序审理。[②]

四、案外人以物权期待权排除执行的条件

本案中，若案外人对保全的标的物主张实体权利，向法院提出执行异议，人民法院应依据《关于办理执行异议和复议若干问题的规定》第二十八条的规定进行审理，对于该条款的适用主要关注三个方面：案外人是否于查封前缴纳全部购房款、是否于查封前占有标的物及对未办理过户登记是否存在过错。

（一）缴纳全部购房款的认定

1.现金交付需要其他证据加以佐证

司法实践中，对于案外人在查封前是否缴纳全部购房款的认定，人民法院通常要求异议人提交相应的支付凭证，如转账凭证、银行流水等，若异议人主张其以现金交付，则可能要求其进一步提交其他证据加以佐证，如取款

① 参见齐齐哈尔市龙沙区人民法院（2017）黑0202执异42号裁定书，来源于裁判文书网。
② 参见临沂市兰山区人民法院（2015）临兰执异字第94号裁定书，来源于裁判文书网。

凭证、存款凭证等。司法实践中，对于现金交付的认定，法院持比较谨慎的态度，需要异议人作合理解释，如河南省高级人民法院“武某杰、李某彬执行异议之诉再审民事判决书”认为“武某杰虽称其系房地产商人，有支付大量现金的能力，但也正因其为商人，对交易风险的控制意识也相对较高，交易中应当更重视交付凭证。而大额的现金支付方式，有违交易的安全及便捷的一般惯例。而且对于该笔款项，杨某华既没有相应的存款凭证，也没有对外付款情况可以与收条相印证”①。

2. 按揭贷款需区别对待

本案中甲公司为证明其保全复议的主张，向法院提交了数份与案外人签订的《房屋买卖合同》，其中部分合同约定的价款支付方式为按揭贷款。法院在审查甲公司保全复议的主张是否成立时，就按揭贷款能否认定为已缴纳购房款产生了疑问。

对此，笔者认为若按照正常的按揭贷款购房流程，应由房地产开发商将房屋过户给房屋买受人，买受人将房屋抵押给银行，并由房地产开发商对买受人的贷款承担担保责任，然后银行代买受人向房地产企业支付购房款。故而，司法实践中若房屋登记在开发商名下，案外人仅凭按揭贷款购房合同向法院主张权利，法院不能轻易认定案外人已缴纳全部购房款。②就本案而言，甲公司仅凭按揭贷款购房合同向法院主张权利，并不能获得法院的支持。

此外，若案外人主张权利的房屋系受让他人转让按揭贷款期内的房屋，则情况更为复杂。实践中转让按揭贷款期内的房屋主要存在两种情形：一是经银行办理了转按揭贷款。对于该情况，房屋已过户给次买受人，次买受人与银行之间成立新的抵押贷款合同，故而，当出卖人作为被执行人时，已不存在执行该房产的可能性。二是未办理转按揭贷款，买卖双方约定由买受人将首付款支付给出卖人，剩余的贷款本息由买受人以出卖人的名义清偿。对

---

① 参见河南省高级人民法院（2016）豫民再655号判决书，来源于裁判文书网。

② 参见沈阳市中级人民法院（2016）辽01执异599号裁定书，来源于裁判文书网。

于该情形，法院通常认为买受人的付款相当于分期付款，其付款方式的法律性质系第三人代为履行，即买受人代出卖人分期偿还银行贷款，只有贷款清偿完毕后，方能认定买受人已经付清全部购房款。[①]故而，对于后一种情形，法院通常认为其并不满足查封前已缴纳全部购房款的要件。

（二）占有的认定

占有必须具备两个构成要件，一是占有人必须具有占有的意思，二是占有人事实上控制或管领了某物。司法实践中，若被保全的财产为房屋，人民法院一般要求异议人提供缴交物业管理费、水费及电费的发票或其他能证明异议人已经实际占有的证据。

（三）未办理过户登记过错责任的举证

根据《关于适用民事诉讼法的解释》第三百一十一条"案外人或者申请执行人提起执行异议之诉的，案外人应当就其对执行标的享有足以排除强制执行的民事权益承担举证证明责任"的规定，应由异议人举证证明未办理产权过户登记系登记部门或非异议人所能控制的原因造成。

五、小结

保全标的物的选择应充分考虑在执行过程中可能会出现的问题，比如案外人异议、以物抵债等。对于财产保全的救济，作为对方当事人或利害关系人，若认为特定性财产保全裁定侵害了其合法权益，可以申请保全复议，也可以通过解除保全程序解除法院的保全措施；执行过程中，若案外人对执行行为不服，可依据《民事诉讼法》第二百二十五条规定提出执行行为异

①《江苏省高级人民法院关于办理房屋登记过户手续的买受人提起执行异议之诉问题的纪要》（〔2015〕1号2015年4月3日）。

议；若案外人依据实体权利对保全标的提出异议，应依据《民事诉讼法》第二百二十七条的规定提起案外人异议。此外，若案外人申请保全复议被驳回，仍可提出执行异议，并不违反“一事不再理”原则。

最后，本文以图表的形式概括当事人、利害关系人或案外人对财产保全可采取的救济途径。

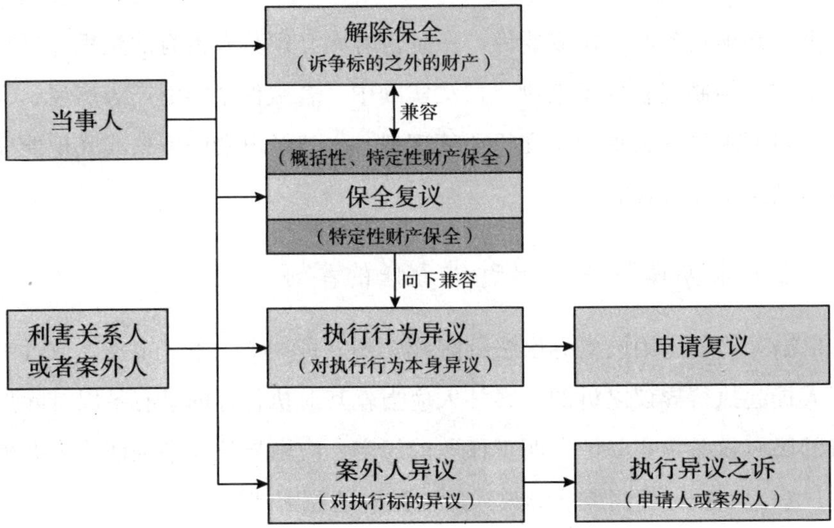

执行异议之诉：原告律师需要注意些什么？

刘　可

执行异议之诉是执行程序中当事人及案外人权利获得救济的重要制度设计，它产生并依附于法院的强制执行程序，同时也影响执行程序的最终走向。因此，执行异议之诉在其对执行程序附属性的基础上，亦具有独立的诉讼价值。2015年新修订的民事诉讼法司法解释厘清了执行异议之诉制度的诉讼法律地位，将其作为单独的章节列出并予以完善，更加凸显出该类诉讼的重要地位。

执行异议之诉使法院执行程序在参与主体、权利诉求等各方面均得以扩张，执行程序的正当合法性已不再局限于申请执行人与被执行人双方利益的对决，而是将案件当事人以外的第三人纳入执行程序的轨道之中，进而对各方主体对执行标的的诉求进行法律、事实甚至是法益层面的评判、对比。现行理论均无争议地将执行异议之诉的核心概括为判断案外人对执行标的是否具有足以阻却执行的民事权益，这也是其与普通民事诉讼的本质区别。并且，执行异议之诉作为执行程序的内生环节，在追求公平正义的基础上，其更为强调效率，这也让该制度在立法和司法层面具有与普通民事诉讼不同的特点。

从执行异议之诉制度设立到运行的10余年间，各级法院受理的该类诉讼数量呈大幅上升之势，理论与实务中的观点和实践也逐步走向规范和统一。笔者作为执行业务团队的一员，尝试结合前述异议之诉的特点，以该类诉讼的原告视角为切入点，梳理原告律师在准备起诉及诉讼过程中应当注意的事项，以期在实践中更为清晰地认识和处理一些常见的难点问题。

一、诉前程序与路径选择

（一）案外人执行异议是执行异议之诉的诉前程序，但存在例外。

《民事诉讼法》第二百二十七条规定，案外人在提起执行异议之诉前，须经过执行异议的前置程序。这也是执行异议制度前述依附性的特点体现。然而，由于执行异议的审查为符合执行程序效率及非实体审查原则，着眼于执行标的外在显明的权利状态，因此该前置程序无法吸纳当事人的实体权利主张，一般也均以案外人异议不成立而告终。《执行异议和复议规定》关于案外人异议的审查及执行标的的权属判断，秉持与采取执行措施相同的识别方法，在一定程度上使得案外人异议这一前置程序仅具有程序法上的意义。因此，案外人异议之诉的原告应充分认识和理解这一特征，在法定的期限内引发异议程序后，将精力更加集中在异议之诉阶段的准备事务上。

当然，案外人提起异议之诉也存在非经前置程序的例外。根据《最高人民法院关于民事执行中变更、追加当事人若干问题的规定》的相关规定，如在因出资责任、一人公司财产不具有独立性等追加股东为被执行人的情形中，申请执行人及被追加股东对变更、追加裁定或驳回申请裁定不服的，可以直接提起执行异议之诉。

（二）明确拟提异议的性质，是正确适用法律规范，明确救济途径的关键前提，应作为诉讼策略的首要问题予以明晰。

第一，作为拟提起执行异议之诉的律师应对执行程序中提起的异议程序的性质有较为清晰的把握。如以人民法院的执行行为违法，妨碍其轮候查封、扣押、冻结的债权受偿；或以人民法院的拍卖措施违法，妨碍其参与公平竞价；或以人民法院的拍卖、变卖或者以物抵债措施违法，侵害其对执行标的的优先购买权；或以人民法院要求协助执行的事项超出其协助范围或者违反法律规定等为由，提出执行异议的，应认定为执行行为异议，对该等裁定不服的，可以复议及再审，以此提起执行异议之诉的，法院将不予受理或驳回起诉。

第二，从通盘诉讼策略考虑，对于在案件性质认定上有较大争议的异议案件，如抵押权人以抵押权优先受偿权提出异议，或建工企业以建设工程价款优先受偿权提出异议等，因案件性质的认定关涉后续诉讼策略的选择及相关法律适用，在把握案件性质时应更加慎重，也应结合日后救济途径的可行性，考虑是否提起案外人异议。

最高院法官在（2016）最高法民终193号民事裁定书[①]中写道：如果认为按照现行司法解释将抵押权人的异议，尤其是本案这类与生效法律文书内容有关的异议，界定为执行行为异议不便于理解，则至多可以认为该种异议处于模糊地带，即既可以理解为民事诉讼法第二百二十五条的执行行为异议，也可以理解为第二百二十七条的案外人异议——钦州中院（2015）钦执异字第2号执行裁定[②]中同时引用了民事诉讼法第二百二十五条和第二百二十七条，也反映了这种异议性质识别的困难。在尚不能准确清晰界定的情况下，则应当尊重抵押权人自己对于程序的选择，允许其自行选择第二百二十七条规定的申请再审程序和第三人撤销之诉程序，抵押权人未提出再审申请，而提起第三人撤销之诉的，应当受理。

在路径选择上，如对案外人执行异议裁定不服，依据《民事诉讼法》第二百二十七条之规定，可根据实际情况提起执行异议之诉或申请再审，但依据《民事诉讼法解释》第三百零三条之规定，不能再提起第三人撤销之诉。如对执行行为异议裁定不服，则可依据《民事诉讼法》第二百二十五条之规定申请复议及再审。

---

① 来源于裁判文书网：最高人民法院（2016）最高法民终193号民事裁定书。

② 来源于裁判文书网：广西壮族自治区钦州市中级人民法院（2015）钦执异字第2号执行裁定书。

值得注意的是，虽然前述规定已经明确，在提起案外人异议后，不得再提起第三人撤销之诉，但现行法律并未排除权利人在提出执行行为异议后提起第三人撤销之诉的权利。概因执行行为异议针对的是执行程序中的违法执行行为，而第三人撤销之诉针对的是已生效的裁判文书，其目标是改变其中关于实体权益的认定，故执行行为异议不会影响第三人撤销之诉的提出。

因此，作为预备提起执行异议之诉的原告，首先需了解己方异议的诉讼目标，并分析是否属于必须先行提起案外人异议的情形。在此基础上，结合案件的实际情况，综合考虑不同程序的功能、救济途径及可能对执行程序产生的影响等，选择最为合适的诉讼路径。

（三）执行异议之诉的时限要求。

《关于办理执行异议和复议若干问题的规定》第六条明确，案外人异议需在其指向的执行标的终结之前提出，即法院处分执行标的所需法定手续全部完成前。具体而言，对于执行标的为不动产和需登记的动产（或其他财产权）的，需在协助办理过户登记的通知书送达之前提出，对于执行标的为动产或银行存款的，则需在交付或拨付申请执行人之前提出。因此，如执行程序业已终结，执行异议之诉亦失去提出的基础，案外人仅能通过另行起诉要求被执行人赔偿损失的方式寻求救济。在申请执行人与被执行人恶意串通损害案外人利益的场合，案外人亦可得要求申请执行人与被执行人共同承担损害赔偿责任。

二、起诉主体及管辖

依据《民事诉讼法》第二百二十七条之规定，案外人、当事人对法院作出的异议裁定不服，并认为该裁定与执行根据无关的，有权向人民法院提起执行异议之诉。此处规定的“当事人”是否包括被执行人呢？

案外人对执行标的主张实体权利并提出异议、寻求司法对其合法权益的保护，是执行异议之诉的引发要素。如前所述，它解决的是申请执行人与案外人之间对执行标的利益的争夺问题。被执行人对执行标的虽有权选择作出坚持或放弃权益的意思表示，但仅对法院在异议审查或异议之诉过程中查明案件事实产生影响。若被执行人与案外人就执行标的的实体权益发生争议，在申请执行人与案外人均未提起执行异议之诉的情况下，被执行人应另行提起诉讼以寻求救济。

我国司法解释的规定及演变亦回应了前述问题。2008年颁布实施的《关于适用〈中华人民共和国民事诉讼法〉执行程序若干问题的解释》第十七条、第二十一条分别规定了案外人执行异议之诉及申请执行人许可执行之诉；2011年新修订的《民事案件案由规定》亦仅规定了案外人执行异议之诉及申请执行人许可执行之诉；2012年修正的《民事诉讼法》对执行异议之诉制度作了进一步完善，但对于被执行人能否提起执行异议之诉并未有明确规定；2015年开始施行的《关于适用民事诉讼法的解释》第三百零九条明确，被执行人无权提起执行异议之诉，如其对因案外人提出异议后法院作出的中止执行的裁定有异议，应另行起诉。

因此，前述问题的答案是否定的，只有案外人及申请执行人方有权提起执行异议之诉。

对于执行异议之诉的管辖问题，民事诉讼法已有明确规定，无须考虑当事人住所地或执行标的物所在地或金额大小，一律由执行法院管辖。这也是为了便于执行法院查明事实，尽量减小异议程序对执行进程的迟滞影响而为的制度设计。同时，我们在办理案件过程中检索发现，若提起执行异议之诉后被执行人进入破产程序的，法院可能出于方便审理及当事人参与的考虑，裁定仍由执行法院继续管辖。

三、诉请设计

通过解决民事强制执行过程中，债权人、债务人及案外人之间关于实体权利义务的争议，确定当事人是否具有排除执行的合法权益是执行异议之诉的内涵及定位。因此，执行异议之诉除具有解决纠纷、保障权利之诉的一般目的外，其最直接和最重要的目的是审查排除对标的物的转让、交付的条件是否成立。而判断能否阻却执行的（隐含）前提是确认权利归属（属性）。依据《关于适用民事诉讼法的解释》第三百一十二条第二款之规定，案外人同时提出确认其权利的诉讼请求的，人民法院可以在判决中一并作出裁判。因此，作为案外人异议之诉的原告，从提高化解纠纷、保障权益的效率及减少日后争议的角度考虑，在提起执行异议之诉时可以同时提出确认权属与排除执行两项请求。

但通过检索我们发现，对于能否在执行异议之诉程序中同时处理权属问题，司法实践中较为混乱。一部分法院认为可以同时处理，一部分法院则要求当事人另行提起确权诉讼，在执行异议之诉中只解决能否阻却执行的问题。

其实，对于能否在执行异议之诉外另行起诉确权的问题早有规定。《最高人民法院关于执行权合理配置和科学运行的若干意见》第二十六条规定，审判机构在审理确权诉讼时，应当查询所要确权的财产权属状况，发现已经被执行局查封、扣押、冻结的，应当中止审理；当事人诉请确权的财产被执行局处置的，应当撤销确权案件；在执行局查封、扣押、冻结后确权的，应当撤销确权判决或者调解书。

并且，最高院于2018年5月28日发布的《最高人民法院关于人民法院立案、审判与执行工作协调运行的意见》第八条进一步明确，审判部门在审理确权诉讼时，应当查询所要确权的财产权属状况。需要确权的财产已经被人民法院查封、扣押、冻结的，应当裁定驳回起诉，并告知当事人可以依照民事诉讼法第二百二十七条的规定主张权利。可以说，该规定对执行异议之诉的审查范围、诉讼请求的设计有了较为清晰的指引。

因此，作为预备提起执行异议之诉的案外人，在设计诉请时应紧扣阻却执行标的物转让、交付的主题，同时请求法院确认案外人对执行标的物享有的实体权利。如若作为申请执行人的代理人提起执行异议之诉，则请求继续或许可执行即可。

前述已有论及，执行异议之诉与普通侵权诉讼有明显不同，其本质是解决能否排除对执行标的物的转让、交付的问题。因此，关于执行错误导致的损害赔偿等问题，不属于执行异议之诉的审理范围。如需主张申请执行人或被执行人承担违约或损害赔偿责任、交付标的物、继续履行合同的，则应另行起诉。

四、审查规则

案外人执行异议及执行异议之诉程序均是在执行程序中设置的救济程序，但因案外人执行异议属执行程序，其坚持效率优先，兼顾公平的价值观念，故案外人执行异议大多以权利外观作为判断标准，以形式审查为原则，以实质审查为例外。而执行异议之诉属诉讼程序，需对案外人的实体权益作出认定，且为与案外人异议程序相区别，其以实质审查为原则。

拟提起执行异议之诉的原告需要注意的是，第一，不论何种执行异议之诉，也不论此前案外人执行异议程序的结果为何，均由案外人对其是否享有足以排除强制执行的民事权益承担举证证明责任。第二，为防范被执行人与案外人恶意串通、逃避执行，损害申请执行人权利实现的情况发生，即便被执行人在执行异议之诉中同意案外人的主张，也并不免除案外人的举证责任。第三，《关于办理执行异议和复议若干问题的规定》之适用不仅限于执行异议程序，在案外人以已进行预告登记，或以无过错买受人的物权期待权主张排除执行等场合仍可得适用。第四，在商事交往中，通过权利外观原则保护相对人利益，实质是维护交易安全，减少交易成本。因此在主张权利外观原则前应查明本案是否有需要保护的交易安全。如缺少保护交易安全之必要，则应审慎主张权利外观原则。

此外，由于执行异议之诉针对的是案外人实体权益与申请执行人权利发生冲突时优先保护顺位问题，其聚焦于妥善处理申请执行人、被执行人及案外人三者之间的利益平衡，因此案外人享有担保物权等优先权并不意味着能当然得出排除强制执行的结论。作为案外人的代理律师，除应收集案外人享有担保物权等实体权益的相关证据外，还应依照《关于办理执行异议和复议若干问题的规定》《民法典》等相关规定，收集整理能够证明案外人实体权益可以排除强制执行的材料。

前述已有论及，抵押权优先受偿权仅在以拍卖、变卖款受偿时享有优先受偿的顺位利益，而无法直接排除执行标的物的移转、交付。又如，在考虑以现金账户设立的质押排除强制执行时，需证明该账户已特定化，以及质押权人已通过实际控制而满足“转移占有”之要求；在考虑以无过错买受人的物权期待权排除执行时，需证明在房产查封前已签订合法有效的买卖合同、已支付大部分合同价款、已实际占有使用、未办理登记手续非因买受人之原因等；而在考虑以消费者对房屋的物权期待权排除执行时，除前述条件外，还需证明案外人非经营者，排除执行实际是对案外人的生存权予以保护等。

五、诉讼费用

前述已有论及，执行异议之诉的诉讼请求具有复合性，通常包括确认权属及排除或许可强制执行两项请求，因此对于如何收取执行异议之诉的诉讼费，是按争议财产数额还是按件收费司法实务中存在不同做法。

如江苏省高级人民法院、吉林省高级人民法院、黑龙江省高级人民法院曾发布审理指南或解答，明确执行异议之诉均按照财产案件标准，根据当事人请求停止或许可执行的执行标的物的财产金额或者价额计算案件受理费。

而上海市高级人民法院曾作出《关于公司决议效力之诉、执行异议之诉收取诉讼费问题的会商纪要》，其认为对于申请执行人提起执行异议之诉的场合，因申请执行人主张的实为执行程序中的执行利益，故应按件收费；而对于案外人提起执行异议之诉的场合，则应按其主张实体权利的标的价值，按财产案件计收案件受理费。

最高院法官在《深入贯彻落实党的十九大精神，开创巡回区民商事审判工作新局面》的讲话中指出，对于执行异议之诉案件应当按照争议标的额收取诉讼费用，以避免滥诉。尽管如此，笔者认为，各地法院统一执行异议之诉案件收费标准尚需时日，原告律师在起诉时应对此问题予以重视。

以上小文，谨供探讨，亦期待各位同仁与我们分享办理执行异议之诉案件的宝贵经验。

敲黑板：原告代理人应注意哪些问题？

庄　壮

“万事开头难。”处理一审案件的困难之处常在于考虑不全面，而初期忽视的问题很可能在后续程序中引发争议。特别是作为原告代理人，唯有做好万全准备，才能争取最大的胜率。下文结合处理一审案件的相关实例，尽可能从方法论的层面出发予以提示，谨期望以此实现“像法律人一样地思考”，使案件处理更加清晰。

一、诉讼主体

接手争议案件时，第一步要了解的是当事各方的主体地位，切忌想当然地以客户为原告，将客户凭借朴素是非观念判断的对手方作为被告。诚然，对于适格当事人的界定，学界本身就存在不同标准，但实践中的目的不外乎争取更大的胜诉可能。

1. 谁起诉

认定由谁作为原告起诉更合适，包括双重标准：一是确保在程序上不会被“驳回起诉”，二是实体上的诉请尽可能获得支持。通常情况下，起诉主体并不难判断，但在涉及公司合并、分立，或存在关联关系、人格混同的情境中，由于当事人对主体问题并不重视或存在混淆，在接触案件初期如未予以特别关注，则可能导致诉讼策略的失误。

例如，有的关联公司之间实为“两块牌子，一套人马”，虽然日常管理中不存在障碍，但在起诉时则需严格区分权利主体以确定适格的起诉主体，有时出于配合公司战略或诉讼便利的考虑，还需通过债权转让等方式变更权利人。再如，母公司100%持股的子公司的董事、高管侵害公司利益时，如损害的是子公司的利益，则应由子公司直接起诉，或由母公司发起股东派生诉讼；如损害的是母公司利益，则母公司作为股东可直接要求董事、高管对其承担责任。[①]因母子公司的利益高度相关，有时对于起诉主体会产生混淆，如未能明确区分，则会影响诉讼路径的选择，以及后续的法律适用。

2. 起诉谁[②]

被告的选择不仅影响诉讼中的法律适用及送达效率，而且在不同被告的偿债能力有明显差别时，将直接影响原告的诉求能否真正实现。诉讼策略的设计在很大程度上是从确定被告开始的。

例如，委托贷款合同纠纷中，抵押权登记在受托银行名下，债权人（即委托人）并非抵押权人，如其一并起诉抵押人要求其承担担保责任，抵押人可能以债权人不享有抵押权为由而提出抗辩。这当然涉及主从权利分离的法律问题，但在起诉阶段，则关系到能否直接将抵押人作为被告。[③]再如，建设工程合同纠纷中，在总包及分包合同均有效的情况下，实际施工人能否根据《最高人民法院关于审理建设工程施工合同纠纷案件适用法律问题的解释（一）》第四十三条之规定，突破合同相对性，直接要求发包人对欠付的工程

---

① 不同的诉讼路径下，法律基础并不相同。公司或股东直接起诉董事、高管，除适用《公司法》之外，还可适用《民法典》的相关规定；股东代表公司起诉，则仅适用的是《公司法》之规定。

② 这里讨论的并非被告是否适格的问题，而是尽量通过选择合适的被告，确保诉请获得支持，并可真正实现。

③ 目前司法实践普遍认为，委托贷款合同纠纷中，委托人作为债权人，虽然抵押权登记于受托银行名下，但其可以直接要求抵押人承担担保责任。

款承担责任。[①]特别是在总包人与发包人的偿债能力明显有别时，发包人是否可以作为被告显得尤为重要。

二、诉讼管辖

1. 主管问题

广义的管辖也包括主管，而主管问题总容易被忽略。鉴于目前越来越多的商事合同倾向于约定仲裁作为争议解决方式，因此在接触合同案件时，首先要确认是否存在有效的仲裁约定。根据“或裁或仲”的原则，如合同约定仲裁解决，则应由相应的仲裁机构主管，法院并无管辖权。当然法院与仲裁机构之间关于主管争议的处理，也是一个较为复杂的问题，本文不再继续讨论。[②]除此以外，还可能由此延伸出确认仲裁协议是否有效、是否成立或是否存在等前置诉讼，可见主管问题不仅关系到通过何种方式解决争议，也可能会带来新的诉讼。

2. 地域管辖与级别管辖

具体的管辖法院可通过地域与级别的横纵维度予以明确。就地域管辖而言，除适用“原告就被告”的基本原则外，还可以参考不同纠纷类型进行确认。以合同纠纷为例，在合同未明确约定管辖地的情况下，应依照“原告就被告”或合同履行地的原则确定管辖法院。同样地，侵权纠纷中，侵权行为地或被告住所地法院享有管辖权，其中侵权行为地包括行为发生地及结果发生地。当然，这类法律规定虽看似明确，但在具体案件中仍然经常发生争议。

---

① 在总包合同与分包合同均有效的情况下，一般认为实际施工人不得突破合同相对性，直接要求发包人承担责任。

② 如需进一步了解，可参考《法院与仲裁机构之间的主管争议及处理》，https://mp.weixin.qq.com/s/3sK8q_-Ct7DkEXotU7AkyQ，最后访问时间2021年4月21日。

例如，关于借款合同纠纷中对于“接收货币一方所在地”的认定，债权人起诉债务人要求还款，债权人是否为接收货币的一方，其所在地能否作为合同履行地。[①]

级别管辖则可根据《最高人民法院关于调整高级人民法院和中级人民法院管辖第一审民商事案件标准的通知》，结合各方当事人住所地是否在同一省级行政区划，以及具体案件的标的金额予以确定。单个案件的诉讼标的额是相对明确的，通常可以直接适用上述通知的规定，但对于涉及客体合并的案件，因此时诉讼标的额系由原告不同诉讼请求金额累加计算，则需要谨慎判断管辖法院。[②]

三、时效问题

首先，时效本身并不影响诉权的行使，即便超出时效限制，原告仍然有权起诉。但对于原告方而言，在时效可能成为双方争议焦点的情况下，将极大影响证据的组织，甚至影响诉讼策略的选择。

其中，最典型的时效问题就是诉讼时效，在借款合同纠纷等案件中，诉讼时效经常成为争议焦点。且对账单、询证函或通知函等能否中断时效本身存在争议，在准备证据时需格外注意。如股东借款中，股东虽定期与公司对账，但对账单上未载明催收意思，该对账单未必可以中断诉讼时效，公司可能据此抗辩，因此还需注意补充含有明确催收意思的证据。

除了诉讼时效之外，法律对特定的行权期间也作出了规定，如保证期间、担保物权的行使期间、撤销权的行使期间等。这类时效规定也经常影响到诉讼策略的选择。例如《公司法》第二十二条明确规定，请求撤销公司决

---

① 多数法院均认可债权人所在地可作为合同履行地，债权人所在地法院有管辖权。

② 同时考虑到由此可能出现案件的提级管辖，必须谨慎判断是否符合合并要件，否则很可能会立案被拒或导致管辖异议。

议的，应在决议作出后的60日内提起。如超出这个期限，股东认为决议存在重大瑕疵的，则应考虑通过确认公司决议不成立等方式来达到否定决议效力的目的。

四、诉前程序

所谓“诉前程序”并非严格的法律概念，而是指根据法律规定，某些诉讼须以履行特定程序为前提。如原告未在诉讼前履行相应程序，则诉请可能因程序瑕疵而被驳回。因此，在起诉阶段，还需注意是否规定了诉前程序，如有，则应协助原告在诉前完成。例如股东代表诉讼中，股东必须先行向公司的监事会或董事会提出书面请求，如被拒绝或监事会、董事会未按规定时限起诉的情况下，股东才得以自己的名义起诉。与之类似的是，股东知情权纠纷中，股东如要求查阅会计账簿，应向公司提出书面请求，并说明目的。只有在公司明确拒绝查阅或未在15日内予以回复的情况下，才能向法院起诉。

考虑到诉前程序的证明责任归于原告，因此履行上述程序的过程中，原告还应注意保留相关证据，包括提出请求的书面函件、签收证明、寄送函件的快递底单等，必要时还可以借助公证送达。

五、设计诉请

诉讼请求的设计是以确定请求权基础为前提的，也即发现当事人享有何种类型的权利、各方之间形成了何种性质的法律关系，权利以及法律关系的法律依据是什么。从本质上讲，这是一个发现权利的过程。

虽然不同个案的诉请不一而足，但基本要求包括清晰、详尽，并具有可给付性。首先，诉讼请求的具体内容应清晰对应案件的基础关系。例如，基于购房意向书而提起的诉讼，请求应指向订立房屋买卖合同，而非直接要求对方履行本约中的义务。再如，虽然同样为赔偿请求，区别于合同之诉与侵权之诉，被告所承担的责任性质并不相同，相应的赔偿范围也不相同，违约责任下可能涉及违约金、迟延履行而导致的资金占用损失等；而单纯的侵权赔偿则以实际损失为限。

其次，所谓“详尽”，是指应尽可能列明每一项诉请的计算、构成、来源等，如在借款合同纠纷中，对于请求中所含利息部分，一般应附上详细的利息计算表，包括起算时间、利率、利率依据等。

最后，实践中多数诉讼均为给付之诉，但可给付性却是诉请设计中极易被忽视的问题，如诉请设计模糊，缺乏实际给付的可能，对当事人来说，即便其请求获得支持，也难以达到解决纠纷的最终目的。例如股东知情权诉讼中，原告起诉时可在诉请中明确提出请求查阅的时间，如要求查阅会计账簿不少于15个工作日等，防止因疏于时限要求，而无法实现真正的“知情”。

虽然设计“完美”的诉请是件困难任务，但仍有方法可循，其中有一项小技巧在于借助案由规定手册。民事诉讼案由是对诉讼争议所包含的法律关系进行的梳理和概括，而案由手册通常以案由体系为框架，列明主要适用的法律规范，有助于厘清权利请求的基础所在。此外，案由可帮助当事人区分权利类型、权利性质，从而影响到适用的法律规范及诉讼类型，如究竟为给付之诉、确认之诉还是形成之诉等，逆序来看，这也可以帮助当事人确定时效及管辖问题。

以上小文，谨供讨论，也期待与各位共同分享一审案件的办案心得。总之，专业的人做专业的事，也尽可能做好、做精。本文亦得益于拉伦茨的《法学方法论》以及邹碧华法官的《要件审判九步法》的指引和启发，彼如明灯，照我前行。在此也祝愿每一位法律人保重身体。

竣工日期法律问题，律师需要注意什么？

晋　威

工期一直是建设工程施工合同的核心要素，众多建设工程施工合同纠纷都会涉及工期问题。而在与之相关的纠纷中，竣工日期的确定有着重要意义。虽然有司法解释对竣工日期进行了规定，但难以涵盖实务中纷繁复杂的情形，使得司法实践中对于竣工日期的认定始终存在争议。笔者拟结合竣工日期认定的相关规定及审判实践，对其法律意义、认定规则、证据审查等内容进行梳理，以期为律师处理该类问题提供些许思路。

一、竣工日期的界定及法律意义

竣工日期是指施工合同当事人对建设工程符合约定的质量标准且已完工的状态进行确认的时间节点，包括计划竣工日期和实际竣工日期。其中计划竣工日期系当事人在签订合同时对工程竣工时间所作的约定，由于工程施工过程的复杂性和多变性，建设工程很难按照计划的时间竣工，于是就产生了作为工程工期计算真正时间节点的实际竣工日期。后者对于工程纠纷审判更具实质意义，也更容易产生争议，因此本文对竣工日期的讨论如无特殊说明，均指实际竣工日期。

竣工日期的认定有着重要的法律意义，特别是在以下几种情形下，需要律师予以重点关注：

1.认定发包方是否按时支付工程款，以明确其应否承担延期付款利息及违约责任。建设工程施工合同通常会将工程竣工日期作为工程进度款支付的重要节点，因此要判断发包方是否按时支付工程款，通常先要确定竣工日期。如果发包方未能在竣工日期后约定时间内支付工程款，则需向承包方支付延期付款利息并承担相应的违约责任。

2. 认定发包方向承包方退还质量保证金的时间。质量保证金退还时间一般以竣工日期作为起点计算，因此必须确定竣工日期才能明确质量保证金的退还时间。

3. 认定承包方是否承担逾期完工的违约责任以及享有向发包方主张工期奖励的权利。工期是以实际开工日期和实际竣工日期作为基础计算得出，因此竣工日期的认定是认定承包方是否承担逾期完工违约责任的前提之一；同时，如果建设工程施工合同中对提前完工设有奖励的，竣工日期的认定还会影响到承包方的奖励金额。

4. 认定缺陷责任期及保修期的起算时间。建设工程施工合同中约定缺陷责任期及保修期，通常会以竣工日期作为起算点，因此竣工日期的认定会对承包方是否继续承担缺陷责任及保修责任产生影响。

5. 认定承包方将工程风险进行移转的时间节点。工程竣工后常常伴随着工程的交付，由于我国法律对于工程风险移转并无明文规定，根据《民法典》的规定，建设工程施工合同的风险移转应当参照买卖合同，即交付转移。因此，竣工日期的认定也可能会对工程风险移转产生影响。

二、竣工日期的认定规则

建设工程自其完工到竣工交付往往要经历多个时间节点，包括工程完工日期、提交竣工验收报告日期、竣工验收合格日期、竣工验收备案日期、工程移交日期、综合验收日期、实际使用日期等。以不同的时间节点作为竣工日期，会对工期产生重大影响，进而影响到各方当事人的切身利益。律师必须对竣工日期的认定规则有充分的认识，方能更好地维护己方当事人的合法权益。笔者结合相关规定及审判实践，对竣工日期的认定规则作出如下梳理：

（一）当事人对竣工日期有明确约定或签字确认的，以当事人约定或签字确认为准

建设工程施工合同作为合同各方当事人意思自治的产物，首先应当尊重各方当事人的真实意思表示。在当事人对竣工日期有明确约定的情况下，无论其约定的是竣工备案日期、消防验收日期还是部分验收日期，只要其不违反法律法规的强制性规定，均应按照当事人的约定确定竣工日期。同样，如果建设工程各方当事人对建设工程竣工日期竣工验收报告等文件上进行了签字确认，则应当以各方签字确认的日期作为竣工日期。

（二）当事人对竣工日期存在争议，应首先适用最高人民法院关于认定实际竣工日期的规定

《最高人民法院关于审理建设工程施工合同纠纷案件适用法律问题的解释（一）》第九条规定："当事人对建设工程实际竣工日期有争议的，人民法院应当分别按照以下情形予以认定：（一）建设工程经竣工验收合格的，以竣工验收合格之日为竣工日期；（二）承包人已经提交竣工验收报告，发包人拖延验收的，以承包人提交验收报告之日为竣工日期；（三）建设工程未经竣工验收，发包人擅自使用的，以转移占有建设工程之日为竣工日期。"

其中对于第一项，明确竣工之日应指发包方、承包方、设计方、监理方四方验收签字确认的时间，而非竣工验收备案时间。这是因为四方签字确认是建设工程施工合同当事人对工程质量及完工状态予以确认的民事行为，而竣工验收备案仅仅是建设施工主管部门的行政管理行为，不具备民事法律意义，备案行为对竣工日期的确定无实际影响。

对于第二项，首先关于发包方拖延验收的认定问题，规范合同文本中一般进行了明确的约定，则超出约定验收期限即视为拖延验收。如《示范文本》第13.2.2条第2项规定："……发包方应在收到经监理人审核的竣工验收申请报告后28天内审批完毕并组织监理人、承包方、设计人等相关单位完成竣工

验收。”如果当事人所签建设工程施工合同对验收期限无明确约定，则可以根据承包方提交竣工验收报告申请的时间，结合案情具体判断。其次如果发包方未能在约定时间或合理时间完成验收，是因工程存在质量问题、尚不具备验收条件或者不可抗力导致不能验收的，则不能适用本条规定。

对于第三项，《民法典》《建筑法》《建设工程质量管理条例》规定，建设工程经验收合格后，方可交付使用；未经验收或者验收不合格的，不得交付使用。发包方对此应当明知，但发包方仍使用未经竣工验收的工程，视为其认可了工程质量并愿意承担质量瑕疵，即便在此后发包方进行了验收且验收不合格，亦不影响竣工日期的认定。

（三）竣工日期的特殊认定规则

虽然《最高人民法院关于审理建设工程施工合同纠纷案件适用法律问题的解释（一）》对于实际竣工日期进行了规定，但该规定所适用的情形有限，难以涵盖竣工日期认定中的一些特殊情形。为此，笔者根据检索的相关法律规定及裁判观点，对特殊情形下竣工日期的认定规则作出如下总结：

1.承包方未经发包方同意对工程组织验收，单方向质量监督部门办理竣工验收手续，质检部门就此出具的验收报告确认工程合格，该报告不得作为确认竣工日期的文件。因为建设工程竣工后，发包方应当按照相关施工验收规定对工程及时组织验收，该验收既是发包方的义务，亦是发包方的权利。最高人民法院（2010）民提字第210号民事判决书[①]即认为“承包方未经发包方同意对工程组织验收，单方向质量监督部门办理竣工验收手续的，侵害了发包方工程验收权利”。

2.签署了竣工验收备案表后因发包方的违法行为导致竣工验收无效，需重新组织竣工验收的情形下，如重新组织竣工验收结果为合格，则应当以竣工验收备案表上登记的日期或者前次竣工验收合格之日为实际竣工日期；如重新组织竣工验收不合格的，则应当以整改后竣工验收合格的日期为实际竣

① 来源于裁判文书网：最高人民法院（2010）民提字第210号民事判决书。

工日期。

3.竣工验收后被建设工程质量监督部门要求整改的，并不影响竣工日期的认定。根据《建设工程质量管理条例》，我国的竣工验收以建设方为主导，行政主管部门履行监管职责，因此竣工日期应当以体现当事人意思表示的竣工验收确认时间为准，行政主管部门的监管行为对其不产生影响。

4.监理人出具验收合格证明日期不能作为竣工日期。根据《建设工程质量管理条例》第十六条第一款规定："建设单位收到建设工程竣工报告后，应当组织设计、施工、工程监理等有关单位进行竣工验收。"竣工验收应当在建设工程施工各方主体共同参与下完成，体现各方意志，因此监理人单方出具的验收合格证明所载日期不能作为竣工日期。

5.分包工程的实际施工人不能证明分包工程的交工验收时间的，其竣工日期与整体工程竣工日期一致。

6.承包方无法证明提交过竣工验收申请，但工程完成了消防验收的，则消防验收完成之日可以视为工程实际竣工之日。根据《建筑工程消防验收评定暂行办法》的相关规定，消防验收在竣工验收后进行，由建设方申请完成。因此工程完成消防验收的，表明建设方认可工程已经处在竣工验收完成的状态。

7.承包方无证据证明工程确切竣工日期的，可以其提交工程结算单的日期确定工程竣工日期。因工程结算单对于工程完工情况有明确的记录，如果发包方对于工程结算单予以认可，则可以视为其认可了工程质量，进而可以根据承包方提交工程结算单的日期确定竣工日期。

8.发包方擅自使用部分单项工程的时间不能视为整体工程竣工日期。如果当事人在建设工程施工合同中约定了每个单项工程的竣工日期，发包方在工程未经竣工验收时就使用了其中一部分单项工程，根据《最高人民法院关于审理建设工程施工合同纠纷案件适用法律问题的解释（一）》第九条的相关规定，可以把发包方使用此单项工程的日期作为该单项工程的竣工日期，但不能作为整个工程的竣工日期。如果当事人在建设工程施工合同中只约定了整个工程的竣工日期，而没有约定每个单项工程的竣工日期，也不宜把发包方使用单项工程的时间视为整个工程的竣工时间。首先，虽然没有具体约定每个单项工程的竣工时间，但是每个单项工程具有相对的独立性，每个单项工程的实际竣工时间是可以确定的。其次，如果从民法的基本原则——公平原则的层次来考虑，发包方只是擅自使用了其中部分单项工程，那么发包方只应承担擅自使用部分单项工程所带来的法律后果。

三、竣工日期相关证据的举证及审查

（一）竣工日期相关证据的举证

在代理建设工程施工合同纠纷的过程中，如果涉及与竣工日期相关的法律问题，律师应当根据竣工日期的认定规则，结合当事人的诉讼主张进行举证，以最大限度地保障当事人的权益。对于竣工日期相关证据的举证，笔者认为可以分为以下几种情形进行：

1. 主张以当事人约定日期为竣工日期的，应当提交当事人关于竣工日期约定的证据以及相关的其他证据。如主张以建设工程施工合同中约定的竣工验收备案之日作为竣工日期，则应当提交建设工程施工合同、竣工验收备案表等证据。

2. 主张以当事人签字确认的日期为竣工日期的，应当提交各方当事人就该日期作为竣工日期达成合意的证据，包括会议纪要、往来函件等。

3. 主张以竣工验收合格之日为竣工日期的，应提供工程竣工验收记录、竣工验收报告、竣工验收证明书等证据；如果工程系甩项验收的，应一并提交经发包人确认的同意甩项验收的协议、工程联系单、会议纪要等证据。

4. 主张以其提交竣工验收报告之日为竣工日期的，应提供其已提交竣工验收报告且发包人拖延验收的证据，包括竣工验收报告、发包人签收或拒收竣工验收资料、承包人催告发包人履行组织竣工验收义务等证据；另根据《建筑法》第六十一条的相关规定，还应提交完整的工程技术经济资料和经签署的工程保修书等证据。

5. 主张以转移占有建设工程之日为竣工日期的，应提供发包人存在擅自使用工程及工程移交时间的证据。

（二）竣工日期证据的审查

竣工日期证据的审查判断，是指按照《民事诉讼法》等相关法律法规的规定，对收集的证明竣工日期的证据进行分析研究、鉴别其真伪，找出它们与竣工日期之间的客观联系，确定其证明力，进而得出结论的活动。竣工日期证据的审查判断主要从以下几个方面进行：

1. 审查以书证形式出现的确定竣工日期的证据是否为原件

在建设工程纠纷中，诸如建设工程施工合同、竣工验收报告等证明竣工日期的证据原件往往不止一份，存在编造、伪造文件的可能。因此，在审查该类证据时，应当对其真实性进行核实，避免出现错误。

2. 审查工期证据形式上的证明力

一些工期证据必须具备一定形式要件，法庭才会对其证明力予以确认。例如建设工程施工合同，需要审查其是否存在违反招投标法律规定等导致无效合同的情形；再如应审查往来函件、会议纪要等是否有漏签，相关签字人员是否有相应的权限等；此外，对于一些以录音、录像形式存在的证据，应当审查其是否完整，是否符合取证的相关规定，避免因形式的不合法而无法得到法庭确认。

3. 审查竣工日期证据的关联性

审查竣工日期证据的关联性，指的是审查证据内容与待证的竣工日期是否存在客观联系，是否能够反映竣工日期的有关事实。在实践中，工程施工过程会产生大量的文件资料，但并不是所有的文件资料均与竣工日期有关。

以上是关于竣工日期证据审查的相关原则，其实质是从证据三性入手，对案件当中涉及竣工日期的证据进行审查。目的即保证律师向法庭提交的关于竣工日的证据无明显漏洞，能够支持己方的主张。

上述内容，系笔者在办理涉及竣工日期认定的建设工程施工合同纠纷案件时思考、检索而得，仅供各位律师同仁参考，不足之处还望不吝赐教。

该如何面对你？我的“金融消费者”

沈　一　林佳颖

好似一夜之间，“你不理财，财不理你”的观念如病毒般席卷全国，在国内遍地开花。执着于银行存款百年不动摇的“钉子户”纷纷取出存款奔向银行理财专区，成为庞大金融消费者队伍的一员，期待借助专业人士的妙手以钱生钱。然一旦出现亏损，他们又常不管三七二十一起诉银行要求赔偿，且数量不少，[①]银行该如何面对此类案件实值关注。笔者结合自己目前代理银行相关案件的体会，谈谈在办理此类案件时应予关注的部分问题。

一、甄别具体案情，精准锚定法规

《九民会议纪要》已于2019年11月14日正式公布。该纪要第七十三条就法律适用问题作出明确规定：若部门规章、规范性文件中的监管要求与法律不冲突，即可参照适用。然与金融产品推广、销售相关的监管规定五花八门，侧重点亦不相同，我们在寻找案件所应适用的法律法规时，需注意如下几点。

1. 自销代销各不同

银行销售的金融产品大体分为两类，一类是银行自行发售的理财产品，

① 银行作为最核心和最主要的金融产品销售渠道方，面临着大量的直接诉讼。参见王锐：《金融机构适当性义务司法适用的实证分析》，载《法律适用》2017年第20期。

另一类则是银行作为代销机构代理推广的金融产品。例如，《商业银行理财业务监督管理办法》专门针对银行自营业务，而《中国银监会关于规范商业银行代理销售业务的通知》则专门针对银行代销业务。前述监管规定就银行推广、销售金融产品所提出的要求，虽有重合之处，但亦有不同。因此，要根据个案中银行所从事的业务类型，锚定法律法规。

2. 线上线下亦有别

网络技术的发展改变了银行销售金融产品的渠道，大部分金融产品现均可实现在线购买。不过，线下购买渠道并未被完全取代。对于两种不同购买渠道，监管规定也提出了不同的要求。比如，《商业银行理财业务监督管理办法》就网银、网点、电话银行三种销售渠道均有各自不同要求，在办理案件时也应予区分。

3. 产品类型要关注

金融产品类型丰富，仅《九民会议纪要》第七十二条就列举了“银行理财产品、保险投资产品、信托理财产品、券商集合理财计划、杠杆基金份额、期权及其他场外衍生品”等。实际上，监管部门就某类产品可能还会制定单行规定，如《商业银行代理保险业务管理办法》就对银行代销保险业务作了极为细致的规定。因此，在寻找法律依据时不能浅尝辄止，应针对具体产品类型检索有无专门规定。

4. 时间节点不能忘

监管规定处在不断更新过程中，因此，有必要对监管规定的时效予以审查，以免闹出“用明朝的剑斩清朝的官”之类的笑话。例如，《中国银监会关于规范商业银行代理销售业务的通知》（2016年5月5日起实施）首次较明确地要求银行在线下销售时施行双录，但若银行销售活动发生在该文件实施之前，显然不能以银行未实施双录而认定银行存在违规，并进而认定银行未尽法定义务。

二、围绕两大义务，组织证据攻防

根据《九民会议纪要》第七十二条和第七十六条，银行在推广、销售金融产品的过程中承担适当性义务和告知说明义务。为证明已履行前述义务，银行在诉讼中需要积极收集相关材料，组织证据攻防。

1. 适当性义务

适当性义务强调“把合适的产品卖给合适的人”。根据《九民会议纪要》的要求，适当性义务的举证内容应当至少包含：建立了金融产品（或者服务）的风险评估及相应管理制度，对金融消费者的风险认知、风险偏好和风险承受能力进行了测试。在收集证据过程中，有如下小tips可供参考：

所谓风险评估及相应管理制度，并不要求银行内部必须有单独文件专门规定。任何涉及相关内容的文件，均可作为证据。

应确保向金融消费者提供查阅的各份材料及公开信息中对产品风险等级的表述保持一致，否则，法院会以较高等级的描述作为产品风险等级的认定标准。若存在合作机构或第三方机构评级，同样应关注结果的一致性。

原则上须提供对金融消费者进行风险测评的原始过程材料，如金融消费者签字确认的风险评估问卷、风险评估报告等；若系线上完成，可提供测评结果截图及测评流程公证画面以体现测评过程。如确无法提供，亦可尝试收集金融消费者在有其风险测评结果上签字确认的文件，以证明金融消费者对结果的认可；或者可以考虑以保存期限届满提出抗辩。

就高龄金融消费者（65周岁以上），另需关注有无高龄客户风险告知书等文件，并核实在风险评估时是否考虑过其年龄因素。

风险测评结果有效期原则上为1年，应关注购买金融产品时对应有效的评估文件和评估结果。

原则上，一旦存在风险错配情形，即意味着银行在推广、销售过程中未尽适当性义务。但若销售行为发生于2016年前，或监管部门就某类型产品允许风险错配存在，则还须关注是否存在经金融消费者签字确认的风险警示函等文件。

需要特别关注的是，在判断银行是否尽到适当性义务时，不应仅关注形式，即仅根据风险测评结果是否与产品风险等级相匹配就得出风险匹配的结论，还需关注金融消费者在接受风险测评时所勾选的内容是否与金融产品情况相匹配。举例来说，若金融消费者明确勾选拒绝投资权益类产品，则银行为其推介股票类资管产品，即便形式上风险确实匹配，但亦存在被法院认定存在过错的可能。

2. 告知说明义务

除适当性义务外，银行在推广、销售金融产品过程中还应尽到告知说明义务。告知说明义务本质上是为金融消费者披露其想要了解产品的所有关键信息，是金融消费者能够真正了解各类高风险等级金融产品或者高风险等级投资活动的投资风险和收益的关键。《九民会议纪要》第七十六条对告知说明义务采用了主客观相结合的认定标准，无疑会给诉讼风险预判带来不确定性。在收集相关证据时，应对如下方面给予特别关注：

如前所述，监管部门于2016年首次较为明确地要求银行须对线下销售业务实行双录，且应全面反映风险提示说明的完整过程。尽管如此，但新规发布后不可能马上贯彻落实，监管部门或银行内部往往会规定一段缓冲期。如能收集相关文件，则银行可就无法提供录音录像提出合理抗辩。

针对线下销售，应当关注是否存在经金融消费者逐一签字确认的纸质文件，包括风险揭示确认书、产品说明书、金融产品认购合同等以及有无要求金融消费者亲自手抄风险提示文字并签字确认。

针对线上销售，因无法真实还原购买时的操作画面，故仅能够通过公证当前操作界面的方式予以证明。在对操作画面进行保全时，应当注意界面是否通过超链接或直接提供文档以供金融消费者阅读，是否要求金融消费者分别勾选“已阅读对应文件”的选项后才能够进入下一环节等。

无论线上销售抑或线下销售，提供金融消费者查阅的文件中均应当包含具体、明确、针对该特定产品的风险提示和说明，而非泛泛的风险提示和说明。相关文件中的表述是否通俗易懂、有无歧义，同样至关重要。

就告知说明义务的具体认定标准，司法实践确无统一观点可循，但无论如何，严格按照监管规定办理具体业务并在诉讼中参照组织证据，有百利而无一害。

三、存在违规行为，又该如何免责

很多案件中，我们能够收集到的证据并不足以证明银行在推广、销售金融产品过程中完全合规。不过，即便银行存在违规操作，但《九民会议纪要》相关规定不能很多解决这个问题。第七十八条中的“金融消费者故意提供虚假信息”这一事实在销售金融产品的案件中较为罕见，银行举证亦存在困难。因此，我们关注的重点实际上应当是银行如何根据“金融消费者的既往投资经验、受教育程度等”进行免责抗辩。就此，不妨从如下几个方面着手考虑：

关注金融消费者此前购买过相同风险等级或更高风险等级金融产品的经验。若金融产品的类型一致（如均为资管计划），且金融产品的资金投向也保持一致（如均用于投资期权、期货），则对于银行主张免责更为有利。

收集金融消费者此前自行投资的经验，如自行购买股票、期权、期货等高风险投资的相关记录。

了解金融消费者的教育程度和从业背景情况，如学历及知识背景、从业经历等。若金融消费者有从事金融行业的背景，在一定程度上会提高银行抗辩成功的概率。

如金融消费者系私人银行客户，还可以考虑提供其签约私人银行时的相关材料及私人银行服务协议等。

当然，在此前引发关注的（2018）京01民终8761号案件[①]中，法院并未支持银行一方就金融消费者专业知识和投资经验所提出的免责抗辩，《九民会议纪要》第七十八条未来具体如何适用，值得关注。

以上种种，既是对案件办理过程的梳理，在某种程度上亦可为银行合规风控提供参考。当然，上述心得体会，均来源于笔者为数不多的办案经历。所提出的建议，于方家眼中，或许粗浅，意义亦有限；更何况，个案情形千差万别，希冀以此文涵盖司法实务，并提供全面指导，亦是奢望。但《九民会议纪要》既已将金融消费者权益保护纠纷案件作专章规定，理应引起实务界更多的关注和讨论。

① 来源于裁判文书网：北京市第一中级人民法院（2018）京01民终8761号民事判决书。

烘焙金融机构加速到期条款，律师需要这三昧真火

程园园　李林芳

加速到期条款，在国内金融借款合同中普遍适用，当借款人产生逾期还本付息或出现信贷危机等情形危及贷款安全时，即触发加速到期条款，贷款人可提前收回款项。事实上，该条款的适用多源于司法实践中的总结，作为强势一方金融机构制定的格式条款，在一定程度上剥夺了借款人的期限利益，故应严格限定。本文拟从加速到期条款的内容、性质及有关程序，总结在办理类似案件时，代理人需做的三个必要动作。

加速到期条款本是舶来品，一道好菜的本土化，须经悉心烹调，大火熬煮，才有滋味。

第一味：甄别

加速到期条款，缘起于国际金融借贷、银团贷款及金融衍生品交易中的约定，是国际金融组织和国外金融机构的惯常做法，在国际贷款业务中，借款人在违反消极担保条款的情形下，贷款人有权提前收回借款。我国法律对此并无明确界定，实践中通常认为，加速到期条款系合同双方约定，在出现一定触发因素时，即使债务履行期尚未届至，合同一方仍可以债务已届清偿期而求偿。甄别加速到期条款，需从意思表示、触发因素及法律效果三个方面考察。

1.意思表示

随着加速到期条款被金融借贷合同普遍采用，该条款已成为金融机构与借贷人默认的标准借贷合同文本中的一部分。从目前流通的制式合同范本来看，《中国银行信用贷款合同》《中国农业银行流动资金借款合同》《中国工商银行流动资金借贷合同》《中国建设银行人民币资金借款合同》均有加速到期条款的内容，且通常设置在“违约责任”部分，并有“停止发放贷款，并提前收回已发放的贷款本息”等类似表述。

2.触发因素

实践中可归纳出三类典型的贷款加速到期触发因素，为加速到期条款的有效性识别提供重要指引。第一类为借款人拒不履行合同的情形。如借款人未按合同约定的用途使用借款，或者按约定调整贷款利率后，不按新的利率计付利息的。第二类为发生危及贷款安全的客观情形。如经营管理不善，发生亏损或虚盈实亏，或与第三者发生债务纠纷，或者抵押财产发生损毁、灭失，危及贷款安全的。第三类为导致金融机构对贷款风险丧失检查监督的可能情形。如借款人、担保人组织机构或人事发生重大变更但未及时告知金融机构的。

3.法律效果

就加速到期条款的甄别，从合同文义表述上不难识别，但加速到期行为使得还款期提前届满，在一定程度上剥夺了借款人的期限利益，事实上打破了合同既有的权利义务平衡状态，故也有观点指出，这种约定虽然保护了特定债权人的利益，但是它可能并不符合公平原则，国内借款合同一般不宜采用此种约定，即使当事人就此作了约定，也应当认为其属于无效的格式条款。[①]

就加速到期条款设置的效力问题，首先考察法定情形，从《民法典》第六百七十三条规定可见，当发生“借款人未按照约定的借款用途使用借款

---

① 王利明：《合同法分则研究》（上卷），中国人民大学出版社2012年版，第232页。

的”法定情形时，贷款人可直接适用合同法之规定行使提前收回借款的权利，此法定情形下的条款必然有效。除此之外，其他约定情形在实践中也无太大争议，总体上多以尊重合同自由原则而认定为有效，但诸如三鹿事件、佳兆业危机中存在的交叉违约条款选项设置，因极大扩充了触发因素外延，极易诱发金融危机，由一片雪花引发多米诺骨牌式的雪崩效应，因而在效力上被严格限定。

此外，也有地方高院对此问题进行明确，如上海市高级人民法院《关于审理金融借款合同纠纷案件若干问题的解答》（沪高法民二〔2006〕12号）第五条：“金融借款合同关于贷款人提前收贷有约定的，该约定只要不违反法律、行政法规的强制性规定，应认定有效。在贷款人主张借款人提前还款的条件成就时，贷款人据此诉请要求借款人提前还款的，法院应予支持。该诉请不以解除合同为前提，故贷款人无须主张解除合同诉请。”

笔者认为，加速到期条款一般虽为格式条款，但系双方真实意思表示，在内容不违反法律强制性规定时，应认定为有效。当然，也应严格限定加速到期条款的触发因素。

第二昧：检视

目前，学界和实务界对加速到期条款的效力无太大争议，但是对于该条款的性质探析，从未停止。从加速到期条款即合同解除之观点，至最高院（2016）最高法民终146号案件中定性为附条件的合同变更条款，实践中存在不同认识。①

---

①［最高法民终146号］盛京银行股份有限公司沈阳市民主支行与天津钢管公司东油销售处、沈阳中油天宝（集团）物资装备有限公司等金融借款合同纠纷二审民事判决书，https://www.itslaw.com/detail? judgementId=542b7ad6-08bb-4350-849e-d83ccdaf93c2&area=0&index=3&sortType=1&count=3&conditions=searchWord%2B（2016）最高法民终146号%2B1%2B（2016）最后访问时间2020年8月5日。

1. 加速到期or合同解除？

金融借款合同纠纷案件中，确有当事人第一项诉请设置为“请求人民法院解除金融借款合同，并宣布借款提前到期……”亦有法院如此裁判。笔者认为，这样的诉请设置，实质上混淆了加速到期条款与解除合同的性质。

从《民法典》第六百七十三条规定内容来看，当发生借款人未依约使用借款的情形时，“提前收回借款”是与“停止发放借款”“解除合同”并列的法律后果。从上述法条的文义，及参照上海市高级人民法院《关于审理金融借款合同纠纷案件若干问题的解答》第五条来看，加速到期条款并不等同于解除合同。且从法律后果来看，合同解除后，合同的权利义务终止；而宣布借款到期后，所产生的法律后果是还款期限提前，合同仍有效。

2. 加速到期or预期违约？

持加速到期条款是预期违约观点的，主要法律依据是《民法典》第五百七十八条：“当事人一方明确表示或者以自己的行为表明不履行合同义务的，对方可以在履行期限届满前请求其承担违约责任。”该观点项下，虽然借款期限尚未届至，但当借款人出现了不按时还息、经营状况恶化等情形，进而丧失后续履约能力时，贷款人若不及时收回贷款，其债权将无法得到有效保障，这与预期违约的法理内涵一致，故加速到期理论是对预期违约的具体应用。

预期违约的责任承担发生在合同履行期限期满前，而加速到期条款与之不同，当贷款人通过一定方式宣布贷款提前到期时，债务的履行期限已提前届满，此时，债务人仍不履行还款义务的，其责任承担形态已经是实际违约。此外，还存在贷款人依据《民法典》第六百七十三条或以“借款人未还息”之事由，适用加速到期条款，此情形下，预期违约理论无从适用。

3. 加速到期or附条件的合同变更？

［（2016）最高法民终146号］案件观点：应视为双方在合同中约定了附

条件的合同变更条款，即当约定的条件成就时，还款期限变更为债权人主张提前收回贷款之日，借款人应提前还款。

146号案作出后，再次引发了各界对于加速到期条款性质的讨论热潮。有观点就指出，《民法典》第一百五十八条仅规定了民事法律行为的生效情形可以附条件，没有规定民事法律行为可以附条件变更，“附条件的合同变更说”无法律依据。但辅之以《民法典》第一百五十八条“民事法律行为可以附条件，但是根据其性质不得附条件的除外……”我们认为146号案中当事人双方附条件变更还款期限的约定，并不属于“按照其性质不得附条件”的民事法律行为，故可附变更条件。另外，对“附条件的合同变更”进行解构，也可以视为“解除原约并订立新约”的过程。

4. 加速到期or不安抗辩权?

《最高人民法院关于当前形势下审理民商事合同纠纷案件若干问题的指导意见》规定，“六、合理适用不安抗辩权规则，维护权利人合法权益：17、……虽然约定的价款期限尚未到期，但其诉请付款方支付未到期价款的，如果有确切证据证明付款方明确表示不履行给付价款义务……人民法院可以根据合同法第六十八条第一款、第六十九条、第九十四条第（二）项、第一百零八条、第一百六十七条等规定精神，判令付款期限已到期或者加速到期”。①

该意见为加速到期条款的法律适用提供了一定的参照依据，但二者实际存在本质区别，不安抗辩权存在于双务合同之中，系先履行一方在相对方存在不能履行合同可能性之时，暂时性拒绝履行合同，金融机构确享有不安履行抗辩权，但其导致的法律效果为停止发放剩余贷款，与已发放贷款的提前收回并无直接逻辑联系。

除上述不同见解外，实践中也存在将加速到期条款视作借款合同独有的

---

① 即现行《民法典》第五百二十七条第一款、第五百二十八条、第五百六十三条第二项、第五百七十八条、第六百三十四条。

一种违约条款，金融机构要求收回贷款是一种独立的违约责任承担方式，不属于《民法典》现有的违约责任承担方式。可见，基于对加速到期条款性质的不同认知，产生的请求权基础及法律适用亦存在巨大差异。金融机构在选择使用加速到期条款提前收回贷款时，应基于不同的案件事实审慎设置诉请及选择请求权基础，避免造成加速到期理论的滥用及法理内涵的混淆。

第三昧：宣布

在甄别检视过后，加速到期条款要落地，还需辅以一定的程序，即向债务人宣布。不同于合同解除的通知，根据我们检索，加速到期条款的宣布方式多种多样，并无定式，但大多数还是认为应该践行该宣布程序。

从宣布的方式上讲，加速到期条款的行使大体上可以分为两类：

第一，约定的条件成就时贷款视为自动到期。此处理模式项下，金融机构有权直接划扣借款人账户资金，以默示方式表明贷款加速到期。该模式一般需以借贷合同有明确约定为前提。

第二，须以金融机构的实际行为来宣布，即宣布提前到期的意思表示送达债务人时发生效力。与其他案件相似，书面通知，甚至必要时的送达公证，更利于前期的证据固定。

当然，适用加速到期条款后，借款到期的时点，亦存在与合同解除时点的相同争议。实践中，存在宣布到期通知到达债务人，或以法院的应诉通知书或起诉状副本送达被告之日视为借款加速到期日。

可见，加速到期条款虽运用广泛，但法律并无专门之章，大多源自实践归纳，要掌控好加速到期条款的火候，离不开轻拢慢捻的耐心操持。

招待不周，请大家慢用。

关于代理意见，律师需要注意的那些事

武欢欢

2019年12月25日《最高人民法院关于民事诉讼证据的若干规定》全面修正，其中关于诉讼代理人在代理意见中的自认也有了明确规定。即第五条规定当事人委托诉讼代理人参加诉讼的，除授权委托书明确排除的事项外，诉讼代理人的自认视为当事人的自认。因此，代理意见的撰写及提交在诉讼中尤为重要，需要律师予以高度重视。本文主要就庭审后向法院提交的书面代理意见做分享。

一、代理意见的性质及作用

《民事诉讼法》第四十九条规定，当事人有权委托代理人，提出回避申请，收集、提供证据，进行辩论，请求调解，提起上诉，申请执行。在实践中，很多当事人由于各种原因不能亲自参加诉讼，继而委托律师代理。民事诉讼中，除了起诉状、答辩状、上诉状等法律文书承载着当事人的诉讼主张外，代理意见也是为当事人主张权利的重要依托，其主要内容为律师就庭审过程中法官关注的问题及需要庭后补充的问题作出的书面意见，包括但不限于对案件事实、争议焦点问题、法律适用观点的阐述，其目的在于说服法官，从而实现当事人的主张。

在庭审过程中，随着双方的举证质证、法庭辩论及法庭调查环节的推进，有时案件的走向可能会偏离律师的预想，一些重要的事实可能会被忽视，再加上庭审中双方的抗辩主要通过口头表达，律师通过庭后提交书面代理意见进行观点补充是很有必要的。在民事诉讼庭审结束后，法官一般会要求律师在3–5日内提交书面代理意见，因此，为了打通诉讼环节的最后一公里，抓住与法官书面沟通的机会，提交一份规范的代理意见不仅能够完整地表达己方观点，还可能会成为法官撰写判决书时的参考依据。

二、代理意见撰写中应注意的问题

关于代理意见的撰写虽然没有严格的规定，但在撰写时除了注意格式问题，如在页眉处注明提交人及案号，在首段表明代理方，插入页码及注意整体的排版美观外，还需注意以下事项。

（一）用法官思维论证观点

法官不仅是公平的象征，同时也是矛盾的化解者，每份判决书都是法官在综合全案背景情况下兼顾公正性和合法性作出的。律师在撰写代理意见时，为了更好地实现当事人的利益，往往会从有利于己方的观点出发来论证，使用最多的话语往往是“我方认为”。但法官在审理案件时，不会仅从一方当事人角度出发，而会从全局出发考虑到双方利益的均衡，更多的是持中立的观点，分析如何通过法律适用达到定分止争的效果，这就是法官思维。因此，一份优秀的代理意见，不仅要主张己方观点，给法官讲好故事，还要从公平、公正的角度出发，结合案件事实及法律适用问题，在权衡各方当事人利益的基础上作出相应阐述，从而打动法官。

（二）行文表达注重逻辑性

撰写代理意见时一定要让法官明白每一部分所表达的意思，做到逻辑清晰、思维严密。逻辑性在文书撰写中的作用不言而喻，代理意见的撰写要遵循金字塔原则，即中心思想明确，结论先行，以上统下，归类分组，逻辑递进。先重要后次要，先框架后细节，先结论后原因，先结果后过程。代理意见中的第一部分一定是对己方最重要的问题、案件最重要的争议焦点、最需要让法官看到的内容，其次才是反驳对方其他主张的观点及论据、己方的其他诉求。另，律师在论证观点时如果仅仅是一味地阐述事实，而没有任何的证据及法律支撑，则无异于空口说白话。因此，代理意见中的每一部分项下都需要有充实的论据支撑，需要在综合法律事实和法律依据的基础上，有3-5个分论点做支持。保证代理意见中行文表达的逻辑性，才能使每一个观点都是翔实的、可论证的，能够更大程度地得到法官的采信。

（三）语气平和，不带有偏激色彩

代理意见是在判决书未作出的情况下提交的，对法官作出裁判文书起到一定的参考作用，在撰写过程中要注意保持平和的态度，不宜过于偏激。代理意见中尽量不要使用设问句、反问句等表达方式，且语气表达不能过于激烈。实践中，一些代理意见甚至指出某些法官的错误之处，这种做法也是不可取的，律师尽量不要有较强的代入感，否则写出的代理意见无异于一篇信访材料。此外，代理意见是要法官阅读的，律师在撰写时重点关注的应当是案件本身，而不应带有过多的个人色彩，这样才有利于法官作出正确的判断。

（四）与当事人核实相关观点

鉴于2019年修正的《最高人民法院关于民事诉讼证据的若干规定》，在当事人明确授权下，律师在代理意见中作出的对己方不利的事实会形成自认，因此律师在撰写代理意见时应当与当事人反复核实相关事实及证据材料，尤其要核实对己方不利的事实是否写入其中。律师不仅应在撰写代理意见前向当事人核实重要的事实，在完成书面代理意见后也应及时发送给当事人核实，避免双方就某一事实描述存在误解，这不仅是对当事人的负责，也是对律师自己的负责。

（五）必要时，可制作代理意见索引

代理意见的篇幅应考虑到法官的工作时长及阅读习惯，如代理意见过长，可附一份对应的索引。在一些复杂的民商事案件中，各方争议的问题较多，律师需就各项问题作出充分的论证，这就导致最终完成的代理意见字数较多、篇幅较长。而法官的日常工作量是非常大的，同时审理的案件可能有很多，无法抽出较多的时间阅读大篇幅的代理意见，在无法作出相应删减的情况下，律师可考虑在原有代理意见的基础上制作相应的索引，方便法官阅读。

（六）严谨细致，避免低级错误

严谨细致是每一位律师都应有的特质，在完成代理意见后千万不要急于定稿，因为即使是一个小小的错别字，也会使法律文书失去其应有的严肃性。代理意见撰写完成后律师至少要保证通读五遍，最好是把文书打印出来一一校对，之后还需要让其他人校对三遍以上，尤其要注意是否存在错别字、标点符号是否使用错误及语句是否通顺等问题。只有保持严谨的工作态度，避免出现低级错误，才能保证每一份向法院提交的法律文书都是准确无误的，提升法官阅读的体验感。

三、提交代理意见时应注意的问题

（一）结合案情及观点，可附相应的案例检索报告

司法裁判要做到以事实为根据，以法律为准绳，因此代理意见中的每一个观点都应当有相应的事实及法律依据。不同于庭审中的口头辩论，律师在撰写书面代理意见时要将案件基本情况与所适用的法条相结合，从而做到有理有据。实践过程中，相似的案情可能会作出不同的裁判，为了加深对己方有利的主张，律师可检索各法院尤其是高层级法院的相似案件，形成类案检索报告附于代理意见后。通过这种方式，在一定程度上会加强我们的论证力

度，即使法官在作出裁判时不会完全参考其中的判决观点，也会对其自由心证产生一定的影响。

（二）律师在落款处签字确认并注明联系方式

部分律师在撰写代理意见时，最后的落款处仅注明代理人：××律师事务所××律师，之后直接打印并提交给法官。但为了显示代理意见的真实性及严肃性，并表明对法官的尊重，建议律师在打印后用黑色油性笔在落款处亲笔签名确认，并注明联系方式。这样能使所提交的代理意见更具正式性，也方便法官及时与律师联系，而不用再次翻阅授权委托材料。

（三）不同提交方式时的注意事项

在情况允许的情况下，律师一般会选择亲自向法官提交代理意见，这样不仅能够保证代理意见及时传递到法官手中，还能抓住与法官当面沟通的机会，就案件的事实争议及主要观点向法官作出简要的说明，提升法官的认同感。但在律师无法亲自提交代理词的情况下，尤其是受新冠肺炎疫情的影响，法院管理较为严格，律师无法与法官当面沟通，只能通过邮寄形式提交代理意见。在通过邮寄方式提交时应注意要使用EMS方式，并在邮寄单上注明案号、提交人及文件名称。同时，寄出时要保留邮寄底单并及时复印，寄出后要关注物流信息，在显示送达成功后要及时与法官或书记员联系，确保法官能够及时收到代理意见。

四、结语

诉讼是一场零和游戏，有人赢就有人输。如何把握胜诉的机会，通过代理意见使法官的自由裁量结果有利于己方，是对律师的法律知识及能力的考验，本文通过梳理关于代理意见应注意的问题，期待能够对律师开展代理工作带来一定的帮助。

司法鉴定程序中的律师工作要点

柏娜娜

损失与纠纷相伴而生，在当事人一方主张违约损害赔偿时，常采用司法鉴定方式确定具体的损失数额。作为当事人与法官之间的沟通者，律师要做好法律与事实的衔接工作，及时将当事人手中掌握的证据材料妥善地传递给鉴定机构和法院，同时准确、全面、及时地向法院表达己方的观点，能够有效地推进案件办理进程和争议的解决。笔者仅以近来案件办理过程中的相关经验，与大家分享司法鉴定程序中律师的工作重点。

一、明确可鉴定事项

守约方在提起诉讼时，往往仅笼统地提出损失数额，暂未对其所主张的损失数额提供证据（或未完整提供证据）以作支撑。而是拟于诉讼程序启动后，向法院提出损失鉴定申请，以确定损失数额。

在启动鉴定程序阶段，工作重点在于明确可鉴定事项。鉴定事项的确定是司法鉴定程序得以顺利推进的重要前提，可以鉴定的事项应当仅限于事实层面的问题，而不能是需要法院适用法律、作出认定的争议事项。在损失鉴定的过程中，鉴定机构根据当事人提供的鉴定材料确定损失数额，但该数额并非违约方最终应当承担赔偿责任的数额。违约方可以运用合理减损等规则主张扣减，法院则发挥审判职能，适用法律最终确定损失赔偿数额。因此应诉方需及时将“同意鉴定，但并非认可以鉴定数额作为己方应予赔偿的数额”的意思传达给法院，尽量避免以鉴代审情形出现。

二、确定鉴定主体适格

司法鉴定程序启动后，法院会采用摇号方式从司法鉴定机构名单中选定鉴定机构。此阶段，律师工作之首要任务便是核查鉴定机构相关资质。

司法鉴定机构具有相应的资质是其开展鉴定活动的必要条件，鉴定机构不具有从事委托鉴定事项资格，或超出登记业务范围组织鉴定亦是致使鉴定结论无效的常见事由。[①]为了保障办案质量与效率，建议首先对选定的鉴定机构是否主体适格进行核实。

鉴定机构主体适格与否的审查，应从以下两个方面进行展开：第一，核对该机构是否完成司法鉴定机构登记。根据《关于司法鉴定管理问题的决定》《司法鉴定机构登记管理办法》《司法鉴定人登记管理办法》的规定，司法鉴定人员及司法鉴定机构应进行审核登记，各地方司法厅局网站会对鉴定机构及鉴定人员名册定期公示。第二，对该机构登记业务范围进行查询，确定鉴定事项在其业务范围内。以上信息均可在各地方司法厅局网站公示的《国家司法鉴定人和司法鉴定机构名册》中进行核查。

三、确保作出鉴定结论所依据的鉴定材料已经质证

2019年修正的《最高人民法院关于民事诉讼证据的若干规定》第三十四条规定，人民法院应当组织当事人对鉴定材料进行质证，未经质证的材料，不得作为鉴定的根据。司法鉴定程序与举证密切相关，守约方实际是通过提

① 参见《司法鉴定程序通则》（司法部令第132号）第三十一条的规定：有下列情形之一的，司法鉴定机构可以接受办案机关委托进行重新鉴定：（一）原司法鉴定人不具有从事委托鉴定事项执业资格的；（二）原司法鉴定机构超出登记的业务范围组织鉴定的；（三）原司法鉴定人应当回避没有回避的；（四）办案机关认为需要重新鉴定的；（五）法律规定的其他情形。

供鉴定材料的方式完成己方的部分举证。具体而言，司法鉴定作为诉讼活动中鉴定人运用科学技术或者专业知识对诉讼涉及的专门性问题进行鉴别和判断并提供鉴定意见的活动，需要以当事人提供的鉴定材料作为鉴定基础。具体业务流程表现为，鉴定机构根据鉴定事项向法院发出鉴定材料清单，法院据此要求当事人提供鉴定材料。此阶段，工作重点有二：

第一，及时跟踪各方当事人提供鉴定材料的进展情况。若守约方未能提供相关鉴定材料，由此导致鉴定机构无法开展鉴定活动，或因所提供的材料不完整，进而严重影响鉴定的科学性、客观性，鉴定机构则会作退卷处理。

第二，在当事人均妥善提供鉴定材料后，律师应当及时向法院提出对鉴定材料组织质证的申请，以便及时将与诉争损失无因果关系的材料排除在外，避免因未及时行使质证权利，致使实体权利无法得到有效保障。

四、鉴定结论并非确定可得利益损失的终点

损失的鉴定实质上是对守约方因违约方的违约行为而产生的损失进行评估。但如上所述，依照《民法典》相关规定，在可得利益损失赔偿问题上，最终应予赔偿的损失数额应当充分考虑可预见原则、过失相抵原则、未来市场风险，以及鉴定评估报告的依据是否全面、客观等因素作出综合评判，不能完全采信鉴定结论，这也是律师对司法鉴定结论应当作出的最后防御。以最高院（2017）最高法民申1240号案为例，法院基于对市场风险、评估报告的依据是否全面、客观等因素进行综合考察，认定不宜简单采信鉴定结论，进而认定原审判决的损失赔偿数额缺乏法律及事实依据。[①]

---

① 丹东亿龙房地产开发有限公司、大连华臣影业集团有限公司房屋租赁合同再审案［案号：（2017）最高法民申1240号］，最高人民法院认为："……即使合同有效，计算和认定涉案合同未履行部分可得利益损失时，应当充分考虑可预见原则、过失相抵原则、未来市场风险以及鉴定评估报告的依据是否全面、客观等因素作出综合评判，不宜简单采信鉴定结论。"本案来源于裁判文书网。

综合来说，司法鉴定程序流程大致可以概括如下：当事人一方就鉴定事项提出鉴定申请—法院准许鉴定申请后，选定司法鉴定机构—司法鉴定机构从专业角度制作鉴定材料清单，由当事人提供鉴定材料—法院组织当事人对鉴定材料进行质证—鉴定机构依据经质证的鉴定材料，作出鉴定结论（若当事人未提供或提供材料不完整，鉴定机构会因鉴定活动无法开展或无法保障鉴定的科学性、完整性，作退卷处理）。从程序节点的角度，就要求律师在程序启动时，尽量保证鉴定事项限于事实层面，不与法律问题混淆；鉴定程序过程中，确保鉴定机构适格，鉴定材料客观、真实、合法；在鉴定程序完成后，不简单地依赖鉴定结论。

“天下大事，必作于细”，对于细节的重视往往决定了结果。司法鉴定是整个诉讼活动中的一环，而诉讼中每个环节都对当事人的权益有着重要的影响，所以对律师而言，更应做到事无大小皆出于心。

股权代持纠纷办案指引

汤友军

接触诉讼不久的青年律师因办案经验不足，通常会面临以下困惑：（1）面对堆积如山的案卷材料，不知如何梳理、挖掘案件事实；（2）接手案件后不知应向客户了解哪些情况、收集哪些证据；（3）案件评估无法准确全面地找出重点、疑点；（4）文书起草难以高效地搭建框架、组织观点和论据。面对这些困惑，笔者建议先对较为熟悉且常见的案件类型总结办案经验、整理办案指引，进而提高办理类型化案件的效率和质量，最终达到触类旁通的效果。本案以股权代持纠纷为例，简要分享笔者在处理该类案件时的一些经验和体会。股权代持纠纷通常会涉及三个层次的问题：代持关系是否成立，代持关系是否合法有效，以及代持关系无法维系时应如何返还。本文主要从这三个方面进行总结梳理。

一、代持的成立：全面收集各方是否形成代持合意的证据

论及代持关系是否成立，大家可能第一时间想到的是当事人是否签署代持协议，但仅仅关注这一点可能并不全面，我们仍需要对相关事实进行全面核查。

1. 代持是否存在直接证据

代持关系的直接证据主要包括两个层面：（1）显名股东与隐名股东之间

的代持合意；（2）隐名股东实际出资或继受取得股权的依据。

第一，关于显名股东与隐名股东之间的代持合意，最直接的体现就是书面代持协议，但实践中之所以发生纠纷，往往是因为双方没有签署书面代持协议，或协议内容有歧义，或同时签署了其他协议等。在此情形下，我们需要进一步关注显名股东与隐名股东是否就股权代持事宜进行磋商，审核双方所有的沟通往来，包括书面文件、微信记录、录音录像等，尽力还原事实经过。

第二，依据《最高人民法院关于适用〈中华人民共和国公司法〉若干问题的规定（三）》（2020年修正）（以下简称《公司法解释（三）》）第二十二条规定，当事人请求确认其享有股权，必须提供原始取得或继受取得股权的依据，以证明其取得股权的"对价"。隐名股东原始取得股东资格的证据可能包括：向公司/显名股东作出的出资承诺；向公司/显名股东银行账号汇款后银行出具的汇款回单；公司/显名股东出具的确认其已收到股东投资款的收据等。核查隐名股东对公司进行实际出资的原始凭证时要特别注意是否注明款项的具体性质和用途。此外，实践中还可能出现隐名股东或其指定方先向显名股东付款，再由显名股东向公司出资的情形，这种情况下应特别注意收集隐名股东与显名股东或其他相关方之间关于款项的沟通记录，以完成隐名股东的举证责任。隐名股东继受取得股权的证据可能包括：股权转让合同、赠与合同、遗嘱、离婚判决书或调解书、夫妻财产分割协议等。继受取得股权的行为本身还可能受到优先购买权等规则的限制，办案初期收集证据时，应尽可能全面询问相关情况并准备相应材料。

2. 代持是否存在合理动机

在缺乏直接证据的情况下，代持是否存在合理动机是影响法官心证的重要因素。代持动机与代持的合法性、有效性问题紧密相连，是大多数案件中法官必然会关注到的问题。因此，我们在与客户沟通时，一定要确认股权代持的背景情况和动机。常见的股权代持动机包括：（1）隐名股东的身份不适合登记为股东；（2）隐名股东受到国家法律对某些行业准入限制或持股上限的限制；（3）公司的实际股东人数过多；（4）存在同业竞争、竞业禁止、关联交易回避等情形；（5）为隐匿财产，逃避债务、纠纷或法院强制执行；（6）为提高工商登记和股东会效率，便于集中管理；（7）存在公司历史遗留问题；（8）存在保护隐名股东个人隐私的需要；（9）试图规避融资担保限制等。值得注意的是，在确定委托关系前，客户可能不会轻易披露如此重要的信息，但如果我们熟悉各类代持的动机和场景，完全可能通过背景检索推断客户代持的动机，从而提前对是否有机会证成合法有效的代持关系作出预判，搭建诉讼思路并明确材料收集方向，在与客户的沟通中赢得客户信任。

3. 公司及其他股东是否实际认可

如果隐名股东实际行使股东权利，其身份已经得到公司及其他股东的认可，在一定程度上也能够佐证其隐名股东的身份。对此，我们需要核查：（1）公司是否向隐名股东发送参加股东会会议的通知；（2）股东大会记录、股东会决议等文件中是否有能确定参与股东会、行使表决权人员身份的信息；（3）公司是否向隐名股东发送受领公司分红的通知；（4）公司是否向隐名股东发送年度财务会计报告；（5）显名股东是否按照隐名股东指示返还公司分红等收益（注意与借款等其他资金往来相区分）；（6）显名股东对股东会决议事项的表决及签署是否有隐名股东授权；（7）显名股东是否曾向隐名股东汇报公司经营情况或询问决策意见；（8）隐名股东是否在公司担任管理职务，或者不担任任何职务却直接参与公司经营决策；（9）公司及其余股东对于股权代持事项知情且认可的邮件、往来函件、短信及微信沟通记录等材料。

二、代持的效力：从主体、行业性质、意思表示等各方面考察是否存在效力瑕疵

如当事人之间确实存在代持关系，则需要进一步考察代持关系是否合法有效。通常情形下，影响代持关系效力的因素主要是隐名股东的特殊身份和

投资企业的特殊性质，当然，其他可能导致效力瑕疵的情形也需要引起充分关注。案件代理工作中，律师首先需全面识别代持关系中的效力瑕疵，再对症下药收集相关事实及司法裁判观点，从法律解释与适用上论证代持关系的效力。

1. 审查隐名股东的身份及义务

在下列情形中，需要特别注意和研究隐名股东的身份或义务对代持效力的影响：（1）隐名股东为公务员、国家公职人员，在政府部门或其他参照公务员管理的单位担任党政领导干部、军人，国有企业员工或领导干部等；（2）隐名股东为外籍人士或企业；（3）隐名股东在关联企业任职或负有禁止关联交易或竞业禁止的义务等；（4）隐名股东为股份合作制企业的个人股东等。

2. 审查投资公司的性质和行业

如果投资公司属于银行、保险公司等金融机构，或涉及其他存在特定准入要求的行业，或为上市公司，也需要进一步研究相关监管规定和政策对代持协议效力的影响。目前，司法实践中已有相关案例认定上述情形中的代持协议无效。[①]

3. 审查是否存在其他效力瑕疵

上述两类事由可能会造成代持关系出现效力瑕疵，主要原因是涉嫌违反

---

① 如最高人民法院在（2017）最高法民申2454号案件中明确表示，上市公司股权不得隐名代持。“公司上市发行人必须股权清晰，且股份不存在重大权属纠纷，并公司上市需遵守如实披露的义务，披露的信息必须真实、准确、完整，这是证券行业监管的基本要求，也是证券行业的基本共识。”据此，最高人民法院依据《合同法》第五十二条第四项（现《民法典》第一百三十二条），认定涉案代持协议因违反社会公共利益而无效。

又如（2017）最高法民终529号案件中，最高人民法院亦认为：代持协议“违反了中国保险监督管理委员会《保险公司股权管理办法》的禁止性规定，损害了社会公共利益，依法应认定为无效”。上述两案来源于裁判文书网。

法律、行政法规的强制性规定，或可能损害国家和社会公共利益。司法实践中，对于合同效力的审查受到法律规定、行业调控方向及监管政策等各方面影响。法官对于各类法定无效情形的自由裁量权与解释空间，为相关代持协议效力的裁断留下了不确定性，但也让律师的代理工作大有可为。除此之外，我们仍需要关注代持关系是否存在其他效力瑕疵，主要包括是否涉嫌欺诈、胁迫、恶意串通损害第三人利益等情形，其中较为常见的情形是通过股权代持逃脱债务、避免离婚有关财产分割争议等。

三、法律后果：代持状态无法维系后，相关权益如何返还

当股权代持纠纷发生时，通常就意味着代持状态不可能再持续下去，势必需要考虑相关权益如何返还的问题，包括是否符合确认股东资格的条件以及应当返还的权益范围如何界定。

1.确认股东资格的条件

《公司法解释（三）》第二十四条第三款规定："实际出资人未经公司其他股东半数以上同意，请求公司变更股东、签发出资证明书、记载于股东名册、记载于公司章程并办理公司登记机关登记的，人民法院不予支持。"该规定对于隐名股东确认股东资格的条件规定得较为明确，但我们仍需注意以下问题：

第一，实践中，对于如何把握"公司其他股东半数以上同意"存在争议。第一种观点认为该要件是指在诉讼程序中征得其他股东过半数的明示同意，第二种观点认为该要件的适用不应局限于诉讼程序中，如果半数以上其他股东均明知且认可隐名股东出资，即应认定实际出资人的股东身份。《九民会议纪要》第二十八条虽予以明确，"实际出资人能够提供证据证明有限责任公司过半数的其他股东知道其实际出资的事实，且对其实际行使股东权利未曾提出异议的"，亦可达到《公司法解释（三）》第二十四条的显名要

求，但不排除地方法院仍采取保守的裁判方式，对于庭审之外的默示同意形式持谨慎态度。因此，确定诉讼方案时，律师一定要与客户沟通确认公司其他股东的态度，尽量在起诉时一并提供其他股东的书面说明；如不能提供，应提前收集相关证据材料，包括隐名股东与公司及其他股东之间的往来函件、分配利润记录、指派人员参与公司经营管理或重大决策的证据等；否则，律师需要提示客户注意相应诉讼风险。

第二，上述《公司法解释（三）》的规定针对的是有限责任公司，股份公司尤其是上市公司股份代持应如何处理存在争议。确认股东资格要求半数以上股东同意的规则，来源于公司的人合性。①有观点认为，公司的类型不影响代持关系和股东资格的确认，且股份公司的人合性更弱，不应要求半数以上其他股东同意；亦有观点以公司是否为封闭型公司为区分标准，认为在隐名与显名股东权利义务关系这一问题上，非上市股份公司与有限责任公司不因公司形式的不同而存在差别；但也有观点坚持《公司法解释（三）》第二十四条的适用范围限制对股份公司隐名股东的股东资格确认造成了现实的适用障碍，尤其对于上市公司，允许隐名股东显名，可能会涉及上市公司实际控制人的变更，扰乱证券市场秩序等。因此，如果代理股份公司的隐名股东，我们需要提前检索管辖法院的相关类案，总结该法院及其上级法院的裁判规则。

第三，代持关系的效力瑕疵会对股东资格确认产生重大影响，如果代持协议本身存在无效、可撤销或法律上、事实上无法强制履行的情形，隐名股东均无法要求确认股东资格，只能要求返还相应的投资收益、赔偿损失等。

2. 应返还的权益范围

通常情况下，就当事人应返还的权益范围，法院会按照代持协议约定或相关法律法规处理，但股权毕竟不同于一般财产，实践中也有一些特殊情况

①《〈全国法院民商事审判工作会议纪要〉理解与适用》一书中也多次强调，《九民会议纪要》第二十八条采纳默示同意标准的法理基础是有限公司的人合性。

需要考虑。

第一，如果代持关系存在效力瑕疵或没有获得过半数股东同意，则可能需要根据具体情况确定应返还的投资收益。鉴于现行法律和司法解释均未明确股权代持无效的法律后果，司法实践也尚未形成统一的裁判规则，故律师需要特别关注管辖法院对这一问题的态度。实践中，法院通常会考量多种因素，比如显名股东在参与企业经营管理时是否已经从企业中获得了相应的报酬、隐名股东自己是否参与了管理、显名股东是否已从隐名股东处获得了相应报酬等，[①]并将原投资额和投资收益在双方之间进行合理分配。此外，《最高人民法院关于审理外商投资企业纠纷案件若干问题的规定（一）》第十八条、第十九条对于外资企业股权代持无效的处理方式作了较为详细的规定，其审理思路也可作为处理其他类型代持纠纷的参考。

第二，如果因代持协议无效给隐名股东带来损失，隐名股东可向显名股东主张赔偿。实务中，法院通常会审查双方对代持协议无效是否存在过错，例如是否因显名股东的原因导致代持协议无效，或者显名股东是否明知代持协议存在无效情形但仍与隐名股东签订。[②]当然，若隐名股东对代持协议无效亦有过错，则需自行承担部分损失。如果股权代持的时间跨度较大、公司经营情况复杂，我们也需要关注公司的历史沿革情况，公司历次分红、配股、增资、减资的情况，股权的价值变化情况，并确认显名股东是否也对公司进行了投资、显名股东是否未经授权独立参与公司经营决策。尤其当代持关系无效时，这些事实对于确认应返还的权益范围可能非常重要。

第三，如果显名股东已经擅自处分了代持股权，则需要进一步核实显名股东处分股权所获得的收益以及对隐名股东造成的损失。

因篇幅所限，本文仅提供了一份操作指引的框架，在具体运用过程中，

① 万鄂湘：《最高人民法院关于审理外商投资企业纠纷案件若干问题的规定（一）条文理解与适用》，中国法制出版社2012年版，第187页。

② 万鄂湘：《最高人民法院关于审理外商投资企业纠纷案件若干问题的规定（一）条文理解与适用》，中国法制出版社2012年版，第192页。

大家完全可以根据自身的经验和办案情况进行充实、细化。例如，涉及代持无效的法律规范、司法案例、学术观点等均可以补充在指引的相应位置。同时，根据办案的需要，这份指引也可以帮助我们起草其他法律文件，例如与客户会谈的问题清单、补充材料清单、背景调查清单、法律研究报告、案例检索报告、庭审提纲、代理意见等均可以上述指引为基础，进而提高办理同类案件的工作效率和质量，建立起独当一面和挑战更复杂案件的信心。

执行监督Q&A

吕佳坤

2012年，《民事诉讼法》修订后于第二百三十五条赋予检察机关对人民法院执行活动的监督权。随后，2016年底出台的《最高人民法院、最高人民检察院关于民事执行活动法律监督若干问题的规定》进一步细化了检察院监督民事执行活动的相关规定。自此，检察院对民事执行的监督已具备扎实的制度基础及行权规范，可称完备。但相较而言，法院的执行监督规定在《民事诉讼法》中却几无体现，除2007年修订后的《民事诉讼法》新增督促执行条款外，至今未再确立相关制度或提及近似概念。此外，由于相关立法文件较为分散且时间跨度较大，难以统合，然而实践中法院执行监督又有不可或缺的程序价值，需求广泛，应予关注。据此，本文拟对现行有关执行监督的相关概念及成文规定进行汇总与梳理，为相关案件的办理提供初步的思路。另，如无明确说明，本文所指执行监督仅为法院内部监督，不包括检察监督。

一、什么是执行监督?

执行监督有广义与狭义之分。广义的执行监督指的是有法律监督权的国家机关、组织和个人依法对执行机关履行职务的行为进行合法性、合理性评价并对违法行为加以纠正的活动。[①]根据实施主体的不同，分为上级法院对

① 参见汤唯、孙季萍:《法律监督论纲》，北京大学出版社2001年版，第4页。

下级法院执行工作的监督、法院内部其他部门对本院执行工作的监督、执行机构的内部监督、检察机关的监督，还有人大的监督、党的纪律检察机关的监督、新闻媒体的监督以及社会舆论的监督等。而狭义的执行监督仅指法院内部的监督。

在立法层面，《民事诉讼法》中虽未对该制度予以规定，但于现行法律规定当中对其定义仍有迹可循。根据1998年7月8日施行的《执行工作规定》第一百二十九条之规定“上级人民法院依法监督下级人民法院的执行工作。最高人民法院依法监督地方各级人民法院和专门法院的执行工作”。2015年1月1日起施行的《最高人民法院关于执行案件立案、结案若干问题的意见》（以下简称《立案、结案若干问题的意见》）在第十一条规定，“上级人民法院对下级人民法院，最高人民法院对地方各级人民法院依法进行监督的案件，应当按照执行监督案件予以立案”。因此，实践中所广泛运用的执行监督应指上级法院对下级法院执行工作的依法监督行为。

二、执行救济？执行监督？

根据《民事诉讼法》的规定，我国执行救济制度由程序及实体两部分构成，包括：执行异议、执行异议之诉以及执行回转。[①]由于执行监督的范围与执行救济存在重叠，因此对两者关系应如何定义存在不同观点。根据近期一些地方法院的态度，执行监督应属于执行救济。如《广东省高级人民法院关于办理执行监督案件的指引》（粤高法〔2018〕243号）（以下简称《广东指引》）中第一条规定：“本指引所称的执行监督，是指对执行实施、执行审查等各类执行案件进行监督审查的执行救济制度，包括上级法院对下级法院

① 我国执行救济制度应如何划分学界存在不同观点，但总体而言对程序性及实体性的二分法态度一致。仅在具体执行救济方式的归属上存在不同意见，如执行回转是否属于执行救济的一部分。

进行执行监督和本院自行启动执行监督。”山东省高级人民法院发布的《执行监督案件指南》中，山东高院亦认为执行监督属于执行救济制度的组成部分。又如《重庆市高级人民法院关于办理执行监督案件若干问题的暂行办法》（以下简称《重庆办法》）第一条规定：“执行监督是指因下级人民法院错误执行、不当执行或怠于执行等对当事人或案外人的实体权利或程序权利造成侵害时，上级人民法院依法进行督促、救济的司法活动。”虽然上述法院观点均将执行监督归为执行救济的范畴，但笔者认为，当前的执行监督应与执行救济存在差别。

从特征上看，执行监督与执行救济存在以下区别：1.性质不同。执行救济以“权利制约权力”为宗旨，当事人、利害关系人及案外人可以参与处理程序，其请求也应得到执行机关的依规处理；而执行监督属于“权力制约权力”，是介于上下级法院之间的内部纠错机制，其处理过程一般并不向申诉人公开，申诉人的参与度也十分有限。2.启动主体不同。对执行救济的启动，当事人、利害关系人及案外人占据更大的主动性；而执行监督中，当事人及案外人仅能向上级法院反映情况，介入程度十分有限，结果最终由法院决定。

从法律变迁上看，执行监督应与执行救济相区别。执行监督制度确立于1998年，彼时《民事诉讼法》的执行救济制度仅有第二百零八条所规定的“案外人异议”，而“执行行为异议”及“案外人执行异议之诉”直到2007年《民事诉讼法》修订后才见规定。因此在较长的一段时间内，执行监督担负起了为当事人实现执行救济之目的的使命。如《执行工作规定》第一百三十条第一款规定：“上级法院发现下级法院在执行中作出的裁定、决定、通知或具体执行行为不当或有错误的，应当及时指令下级法院纠正，并可以通知有关法院暂缓执行。”2000年颁布的《最高人民法院关于高级人民法院统一管理执行工作若干问题的规定》（以下简称《统一管理执行工作规定》）第五条规定：“高级人民法院有权对下级人民法院的违法、错误的执行裁定、执行行为函告下级法院自行纠正或直接下达裁定、决定予以纠正。”此外，2008年颁布的《最高人民法院关于执行工作中正确适用修改后民事诉讼法第202条、第204条规定的通知》（以下简称《适用通知》）第一条规定“当事人、利害关系人根据民事诉讼法第202条的规定，提出异议或申请复议，只适用于发生在2008年4月1日后作出的执行行为；对于2008年4月1日前发生的执行行为，当事人、利害关系人可以依法提起申诉，按监督案件处理”。通过上述对法律规定的引述，可见在立法层面上，由于执行监督制度的主要监督内容与执行救济制度确有重叠，加之在一定时期内执行救济制度并不完善，使得执行监督与执行救济在功能上的确难以区别。但是，随着执行救济制度在立法层面不断丰富及完善，当前执行监督与执行救济的界限已渐清晰。在最高人民法院执行局出版的《人民法院办理执行案件规范》（以下简称《执行案件规范》）“执行监督”一章中，于第九百八十七条第一款规定：“当事人、利害关系人、案外人直接向上级法院申诉，请求执行监督，其请求事项符合民事诉讼法第二百二十五条、第二百二十七条规定情形的，由执行法院按照相关规定处理，上级法院不予受理。不符合上述规定情形的，由上级法院决定是否启动执行监督程序。”在《广东指引》第十三条第一款第二项规定“可以依法提出执行申请、执行异议、执行复议、执行异议诉讼或者可以依照其他法定程序予以救济的，告知其另循法定途径解决。”又如《江苏省高级人民法院关于执行监督案件办理流程的若干规定》（以下简称《江苏规定》）第一条第二款规定：“当事人或利害关系人直接向执行法院申请监督，如符合《中华人民共和国民事诉讼法》第二百零二条规定情形的，执行法院应当按照执行异议的有关规定处理；不符合上述规定情形的，执行法院应当按照执行权分权制约机制的相关规定审查处理。”可见，在救济当事人、利害关系人以及案外人的层面，执行监督已让位于执行异议制度等其他执行救济方式，而仅在当事人已穷尽或不能通过法定救济途径维护自身权益时方可启动（如申诉人对法院依据民事诉讼法第二百二十五条作出的复议不服或因不可归责于申诉人的事由造成其未能及时提出执行异议的情形）。这样的制度设计理顺了执行监督与执行救济的关系，也规范了当事人、利害关系人以及案外人的救济活动。

综上所述，因早期执行救济制度的不完善使得执行监督成为当事人及案外人在执行过程中寻求救济的重要渠道。但是一定时期内功能的交叠不能将执行监督与执行救济画上等号。随着立法的不断完善，执行监督的范围通过相关法律法规的规定已呈现出收敛之势，体现了立法者将执行监督与执行救济相区隔并引导申诉人合理选择维权路径的态度。由于执行监督归根结底是法院内部自查自纠的审查机制，区别于执行救济的“权利”性质，自始就以权力的形态存在，且结合各地法院的实践来看，在处理执行监督案件的方式上亦有“行政管理”的色彩。因此执行监督与执行救济于“权源”上就相互区分，不应有从属关系。但值得一提的是，《立案、结案若干问题的意见》出台以后进一步规范了执行监督案件的办理，更多地强调执行监督权的司法性而非行政性。促使执行机关更多地通过调卷、询问、听证等方式让当事人、利害关系人及案外人参与到处理过程中去。[①]因此将执行监督与执行救济统一于更大的“救济”范畴，合理协调二者之间关系对于维护当事人、利害关系人及案外人的合法权益亦具有现实意义。

三、执行监督就是“信访”吗?

根据各地法院的实践来看，执行监督案件的来源大致分为以下几个方面：上级法院交办、本院领导交办、本院依职权监督、检察院或其他机关转送以及由信访转办或申诉人直接信访。由于执行监督属于一种内部自查机制，因此主动权掌握在法院手中。[②]而就当事人、利害关系人以及案外人层面，若想促成执行监督的启动只能进行申诉信访，通过直接向执行法院或其上级人民法院反映情况来实现。根据2016年颁行的《最高人民法院关于人民法院办理执行信访案件若干问题的意见》(以下简称《办理信访案件若干意见》)第十五条的规定：“当事人、利害关系人不服《民事诉讼法》第二百二十五条所规定执行复议裁定，向上一级人民法院申诉信访，上一级人民法院应当

① 参见王莉：《现行执行监督的主要方式》，中国法院网。

② 参见王莉：《现行执行监督的主要方式》，中国法院网。

作为执行监督案件立案审查，以裁定方式作出结论。”第十六条规定：“当事人、利害关系人在异议期限之内已经提出异议，但是执行法院未予立案审查，如果当事人、利害关系人在异议期限之后继续申诉信访，执行法院应当作为执行监督案件立案审查，以裁定方式作出结论。当事人、利害关系人不服前款所规定执行监督裁定，向上一级人民法院继续申诉信访，上一级人民法院应当作为执行监督案件立案审查，以裁定方式作出结论。”在《执行案件规范》第九百八十五条规定：“执行案件的当事人、利害关系人、案外人认为执行法院的执行行为不当或确有错误，侵害其合法权益的，可以向上级法院申诉，上级法院审查后决定是否启动执行监督程序。”①因此，申诉是申诉人促成执行监督实现的主要甚至是唯一路径，实践中将信访与执行监督相混淆的情况时有发生。

四、执行监督的申诉主体及期限是否有限制?

1. 申诉主体

根据《执行案件规范》“执行监督案件”一章，第九百七十四条第一款第二项的规定，“执行案件的当事人、利害关系人、案外人向上级法院申诉，上级法院认为确有必要并决定执行监督的”，人民法院应当按执行监督案件立案审查。因此，当事人、利害关系人、案外人均可作为执行监督的申诉主体。

2. 申诉期限

目前暂无关于申诉人提请执行监督期限限制的法律规定。

① 申诉在不同的诉讼程序当中有不同的功能定位，但是根据《办理信访案件若干意见》及《最高人民法院执行局关于办理涉执申诉信访案件办理流程规范》的相关规定来看，“申诉”与“信访”在涉执案件的办理层面应具备相同含义。

五、执行监督的范围包括什么?

根据《执行工作规定》，上级法院主要对下级法院的执行行为进行监督，包括不当执行行为以及不作为。同时结合《办理信访案件若干意见》《适用通知》以及《广东指引》的相关规定，执行监督的范围还应当包括：（1）不服执行异议裁定，因不能归责于申诉人的事由而未在法定期限内申请执行复议或者提起执行异议诉讼的；（2）不服《民事诉讼法》第二百二十五条规定的执行复议裁定提出申诉的；（3）认为2008年4月1日之前的执行行为错误提出申诉的；（4）当事人、利害关系人在异议期限之内已经提出异议，但是执行法院未予立案审查，当事人、利害关系人在异议期限之后继续申诉信访的；（5）当事人、利害关系人不服上一级法院依“（4）”之情形所作执行监督裁定，向上一级人民法院继续申诉信访的；（6）反映执行行为违法又无其他法定执行救济程序提出申诉的。需明确的是，上述对执行监督范围的圈定系对新旧立法总结之产物，由于前文已述及法律制度的完善变动了执行监督与执行救济各自的调整范围，因此建议在实操的过程中尽量以2007年《民事诉讼法》出台后颁行的有关规定为基准。

六、执行监督应向哪级法院提出?

1. 向上级法院提出申诉

《执行工作规定》于第一百二十九条最先确立了上级法院监督下级法院，最高法监督各地法院及专门法院执行工作的制度。随后，《统一管理执行工作规定》第一条规定：“高级人民法院在最高人民法院的监督和指导下，对本辖区执行工作的整体部署、执行案件的监督和协调、执行力量的调度以及执行装备的使用等，实行统一管理。地方各级人民法院办理执行案件，应当依照法律规定分级负责。”第五条规定“高级人民法院有权对下级人民法院的违法、错误的执行裁定、执行行为函告下级法院自行纠正或直接下达裁定、决定予以纠正”。这进一步明确了最高人民法院及高级法院的分工，但仍未触动“上级法院监督下级法院”这一基调。直至2015年颁行的《立案、结案若干问题的意见》对《执行工作规定》第一百二十九条的再次重申，“执行法院的所有上级法院对其进行执行监督”这一原则在立法层面已予明确。但在2016年颁行的《办理信访案件若干意见》第十四条规定“信访当事人向上级人民法院申诉信访，主张下级人民法院执行行为违反法律规定或对执行标的主张实体权利，如案件尚未经过异议程序或执行监督程序处理，上级人民法院一般不进行实质性审查，按照如下方式处理：……（2）通过信访制度交办督办，责令下级人民法院按照异议程序或执行监督程序审查……”根据该规定，申诉人通过越级反映情况倒逼执行监督的启动时，上级法院并不会依照业已确立的制度安排启动执行监督。此外，实践中对可否“越级监督”各地法院亦有不同意见。如《广东指引》第五条及第六条明确了“逐级监督”的原则。结合该指引的说明部分，广东省高院认为明确：“第一，是不鼓励当事人越级申请执行监督；第二，是基层法院的监督管理职责应当主要由中级法院负责，省法院主要负责监督中级法院执行案件。”但在《重庆办法》第二条则规定：“高级人民法院依法监督中级人民法院和基层人民法院的执行工作。中级人民法院依法监督辖区基层人民法院的执行工作。人民法庭的执行工作由基层人民法院执行机构负责指导、监督。”《江苏规定》的做法比较综合，首先于第二条明确规定：“上级法院发现下级法院执行行为可能错误或明显不当的应当进行监督。”将上下级法院之间的监督与被监督关系予以确认。第四条规定：“省高级人民法院、各市中级人民法院对本辖区内人民法院执行案件进行监督。执行监督原则上应逐级进行，省高级人民法院认为有必要时，可直接对基层人民法院的执行案件进行监督，但应通知相关中级人民法院。相关中级人民法院应对省高级人民法院的监督意见负责监督落实。”此种安排考虑到了执行监督程序在法院内部运转的适配问题。

2. 向执行法院申诉

除向上级人民法院进行申诉外，执行法院亦可自行启动执行监督程序。在《执行工作规定》中并未明确执行法院可否对执行行为自行启动执行监督。而在其颁行后不久，最高法于1998年7月30日即公布《最高人民法院关于人民法院发现本院作出的诉前保全裁定和在执行程序中作出的裁定确有错误以及人民检察院对人民法院作出的诉前保全裁定提出抗诉人民法院应当如何处理的批复》(法释〔1998〕17号)，明确“人民法院院长对本院已经发生法律效力的诉前保全裁定和在执行程序中作出的裁定，发现确有错误，认为需要撤销的，应当提交审判委员会讨论决定后，裁定撤销原裁定”。而《执行案件规范》第九百七十四条第一款第五项规定即参照该批复，规定“执行法院发现本院执行行为确有错误需要纠正，决定进行执行监督的”，人民法院应当按执行监督案件立案审查。《广东指引》第七条亦规定“各级法院可以对符合本指引规定条件的本院案件启动执行监督程序”。

综上，执行监督管辖虽然在制度层面上的最初设计为执行法院的所有上级法院，但考虑到申诉人与执行监督的结合主要依托信访，且执行监督属内部自查机制涉及行政考量，在实践过程中对能否越级申诉存在不同意见。因此建议在办理执行监督案件时应先向执行法院及其上一级法院提出申诉，在不获准许的情况下可再向更高级别的法院提出申诉。因此，执行法院自身可以对其执行行为进行监督。

七、执行监督案件的案件编号是什么?

《立案、结案若干问题的意见》第八条第三项明确了执行监督案件应以执“监”字作为案件编号。但经检索，截至2016年底，执行监督类案件在最高院仍在使用执“申”字作为其案件编号。此外，值得一提的是，有关督促执行法院执行行为的执行监督类案件在高级人民法院及下级人民法院中亦有使用执“督”字作为其案件编号。因此建议在检索相关案例时不应局限于执“监”字编号的案件，应结合法院裁判时所引据的法律条文，充分检索。

八、执行监督的处理结果

1. 结案方式包括哪些？

根据《立案、结案若干问题的意见》第二十六条有关执行监督案件的结案方式的规定，法院对申诉人提交的执行监督申请一般包括如下处理结果：（1）驳回申请；（2）指令执行法院限期改正；（3）撤销执行法院的裁定并直接改正；（4）由上级人民法院决定提级自行执行；（5）由上级人民法院决定指定其他法院执行。

另需提及的是《最高人民法院关于人民法院执行工作若干问题的规定（试行）（2020修正）》第七十三条规定，“上级法院发现下级法院执行的非诉讼生效法律文书有不予执行事由，应当依法作出不予执行裁定而不制作的，可以责令下级法院在指定时限内作出裁定，必要时可直接裁定不予执行”。从文义解释的角度进行理解，针对该种情形上级法院的处置措施分别为指定限期改正或直接作出裁定，不完全与前述第三种处理方式相重叠。此外需注意，根据《最高人民法院执行事务规范（下）》第三版中有关“执行裁定书（上级法院直接裁定不予执行非诉法律文书用）”的说明部分，就该第七十三条所规定的情形，上级法院在作出裁定前，应当先函示下级法院仲裁裁决或公证债权文书有不予执行事由，应当裁定不予执行；只有当下级法院不作出裁定时，方可启动监督程序，依法裁定。该种安排为执行监督的启动增设了内部前置程序，因此在办案时应注意程序节点及所获取的文书性质，避免药不对症。

2. 是否停止执行？

《执行案件规范》第九百九十一条把对是否停止执行的回答指向有关复

议的规定。根据该规范第九百七十一条的规定："执行复议期间，不停止执行。被执行人、利害关系人提供充分、有效的担保请求停止相应处分措施的，人民法院可以准许；申请执行人提供充分、有效的担保请求继续执行的，应当继续执行。"[①]此外，根据《执行工作规定》第一百三十条规定："上级法院发现下级法院在执行中作出的裁定、决定、通知或具体执行行为不当或有错误的，应当及时指令下级法院纠正，并可以通知有关法院暂缓执行。"第一百三十三条规定："上级法院在监督、指导、协调下级法院执行案件中，发现据以执行的生效法律文书确有错误的，应当书面通知下级法院暂缓执行，并按照审判监督程序处理。"

综上，执行监督期间原则上不停止执行，仅在特殊情况下才停止执行，包括申诉人提供担保后可中止执行的、上级法院认为可以暂缓执行的或执行依据确有错误时应当暂缓执行的。

3.不服执行监督结果应如何救济？

目前，在法律规定层面对不服执行监督结果应如何救济并不明确，唯一一处明确规定出现在《办理信访案件若干意见》第十六条第二款，即当事人、利害关系人在异议期内已提出异议但执行法院未立案审查的案件如对执行法院经执行监督所作裁定仍不服的，可向上一级人民法院继续申诉信访。除此之外，再无因不服执行监督处理结果申诉人应如何救济的明确规定。但是通过相关的判例检索可以发现，在实践中不乏当事人因不服下级法院作出的《执行监督裁定书》等执行结论而向其上一级人民法院继续提出申诉的案例。[②]此外，参考《广东指引》第三十条规定："对本院自行监督所作的纠错执行监督裁定不服，原案为可以提起执行异议、申请复议或者提起执行

① 该规定《执行案件规范》引自《最高人民法院关于适用〈中华人民共和国民事诉讼法〉执行程序若干问题的解释》第十条。

② 如（2015）执监字第200号、（2015）执监字第146号、（2015）川执监字第48号等，来源于裁判文书网。

异议诉讼救济的，当事人仍享有原案的执行救济权利；原案裁定为执行复议裁定的，可以向上一级法院申诉。依前款可以对执行监督裁定提起执行异议、申请复议或者提起执行异议诉讼的，应当在执行监督裁定中书面告知当事人。”广东省高院对此规定所作的说明是“过去的实践做法，通过执行监督程序撤销或变更原执行裁定后，一般不允许当事人再对执行监督裁定提出异议、复议或者异议诉讼等救济。我们认为，如果通过执行监督程序撤销或变更了原裁定，是对当事人原已确认的权利义务关系作出了新的调整，当事人对此不服的，仍享有法定的执行异议、复议及异议诉讼等救济权利”。

综上，不服执行监督处理结果应如何救济在法律规定上并不明确，但已经作出的执行监督结论如果存在查明事实不清或确有错误的情况下，向作出该结论的上一级人民法院继续申诉具有可操作性。此外，当事人、利害关系人及案外人根据《民事诉讼法》《人民检察院民事诉讼监督规则（试行）》《最高人民法院、最高人民检察院关于民事执行活动法律监督若干问题的规定》的相关规定，通过检察监督实现对执行行为的纠正仍然可行。但需注意的是，针对不同的处理结果在各地的实践当中亦有出现救济途径循环或重置的可能性（参考《广东指引》第三十条之规定），因此还需在办案当中仔细查明当地的相关规定，做到有的放矢。另需注意的是，《办理信访案件若干意见》第二十条针对经执行监督程序审查已驳回申诉人请求，申诉人仍反复申诉、缠访闹访的情形赋予了高院及最高院直接终结信访的权力。因此在办案过程中建议应掌握节奏及效率避免救济夭折。

执行监督的确立已有较长时间，但相关规定比较分散，且制度设计上仍处于比较概括的阶段。为强化执行监督制约机制，2009年最高人民法院印发《关于进一步加强和规范执行工作的若干意见》的通知并在该通知第四部分明确了相关规定，指出在通过分权制衡原则合理配置执行权的基础上，加大上级人民法院对下级人民法院的监督力度，通过提级执行、指定执行、交叉执行等途径，纠正违法执行和消极执行行为。虽然如今的执行监督在立法层面确有明显发展，但针对其已暴露的问题而言，仍无法回避、亟待解决。因此，希冀执行监督制度能在立法层面更加细化与完善，为申诉人在以此维护自身权益时提供明确的方向及有力的依据，促成以执行救济制度为主体，执行监督制度为补充的关系格局最终实现。

九、执行监督相关的法规整理

为方便快速办案，笔者将主要法律规定依照其内容分类汇总于下表。需说明的是，由于地方性法律规定或文件不具备普适性因此于下表中不再体现。

序号	内容	法律规定	条文序号①
1	上级法院监督下级法院	《执行工作规定》	129
		《督办工作的规定》	1
		《统一管理执行工作规定》	1、5
		《立案、结案若干问题的意见》	11
2	监督范围	《执行工作规定》	130、131、132
		《办理信访案件若干意见》	15、16、17
		《督办工作的规定》	2
		《适用通知》	1
		《办理执行异议和复议案件若干问题的规定》	32
		《执行案件规范》	974
3	申请材料	《执行案件规范》	982、986
4	暂缓执行	《执行工作规定》	130、133、134、135
		《执行程序若干问题的解释》	10
		《执行案件规范》	971、991

① 为统一格式，上述条文序号统一用阿拉伯数字整理，不再沿用各法律规定原先的序号。

续表

序号	内容	法律规定	条文序号
5	对不作为的监督与督促执行	《执行工作规定》	131、132
		《督办工作的规定》	2-7
		《办理信访案件若干意见》	17
		《民事诉讼法》	226
		《执行案件规范》	984
6	指令改正	《执行工作规定》	130、131
		《统一管理执行工作规定》	5
		《立案、结案若干问题的规定》	26
7	直接裁定	《执行工作规定》	130、131
		《立案、结案若干问题的意见》	26
8	指定执行	《执行工作规定》	132
		《统一管理执行工作规定》	8
		《督办工作的规定》	6
		《立案、结案若干问题的意见》	26
		《执行程序若干问题的解释》	13
9	提级执行	《执行工作规定》	132
		《统一管理执行工作规定》	9
		《督办工作的规定》	6
		《立案、结案若干问题的意见》	26
		《执行程序若干问题的解释》	13
10	结案方式	《立案、结案若干问题的意见》	26
		《办理信访案件若干意见》	20
11	责任追究	《执行工作规定》	136
		《统一管理执行工作规定》	13
		《督办工作的规定》	9

另附法规简称对照表。

序号	简称	全称	施行日期
1	《执行工作规定》	《最高人民法院关于人民法院执行工作若干问题的规定（试行）》	1998.7.8
2	《统一管理执行工作规定》	《最高人民法院关于高级人民法院统一管理执行工作若干问题的规定》	2000.1.14
3	《督办工作的规定》	《最高人民法院关于执行案件督办工作的规定（试行）》	2006.5.18
4	《适用通知》	《最高人民法院关于执行工作中正确适用修改后民事诉讼法第202条、第204条规定的通知》	2008.11.28
5	《执行程序若干问题的解释》	《最高人民法院关于适用〈中华人民共和国民事诉讼法〉执行程序若干问题的解释》	2009.1.1
6	《立案、结案若干问题的意见》	《最高人民法院关于执行案件立案、结案若干问题的意见》	2015.1.1
7	《执行异议和复议规定》	《最高人民法院关于人民法院办理执行异议和复议案件若干问题的规定》	2015.5.5
8	《办理信访案件若干意见》	《最高人民法院关于人民法院办理执行信访案件若干问题的意见》	2016.8.24
9	《民事诉讼法》	《中华人民共和国民事诉讼法》	2017.7.1
10	《执行案件规范》	《人民法院办理执行案件规范》	2020（出版）

一次到位　拒绝重复：电话咨询相关问题的注意事项——新手诉讼律师的电话咨询指南

张天一

在日常工作过程中，诉讼律师经常需要就特定事项或问题咨询相关公权力部门。但由于公权力部门的办公电话接待量过大，导致打通电话需要花费一定时间。如果不能一次到位咨询完想要了解的问题，反复补充咨询确认，则会非常不便于工作的高效开展。

尤其对于初入职场的诉讼律师来说，资深律师经常会交代一些询问案件立案及承办法官分配进展情况、工商或不动产等部门调档准备材料事宜、了解特定交易税收征缴等事项或问题的电话咨询工作。初入职场的诉讼律师，由于缺乏相关事宜的实务处理经验，很难通过一次电话咨询，反馈资深律师所需的全部信息。所以，基于高效的工作原则，本着一次到位、拒绝重复的指导方针，结合笔者多年电话咨询的相关经验教训，现将诉讼律师电话咨询公权力部门常见场景的注意事项予以真诚分享，期待能对你的电话咨询工作有所帮助。

一、诉讼律师电话咨询公权力部门的常见场景类型

诉讼律师电话咨询公权力部门的常见场景有三，分别为：询问自己或团队代理案件的进展情况，咨询办理法院立案或阅卷、工商调档等特定事项流

程事宜，以及了解税务、社保或物业等特定问题。不同电话咨询场景所对应的部门不同，具体咨询事宜的性质及内容也有所差异。因此，不同电话咨询场景中应注意的事项也有所区别。

需要特别注意的是，基于诉讼律师的执业规范要求，拨打咨询电话时，一定要首先考虑电话咨询时可向公权力部门披露信息的尺度。如果咨询特定部门的特定专业问题，相关部门可能需要提前核实当事人信息。但作为诉讼律师的你，需要注意的是，是否有当事人授权或视案件情况而可以披露相关信息。对于部分较为敏感的（潜在）涉诉案件，如果过早披露当事人信息，可能会对后续争议的解决产生打草惊蛇或提前暴露目标的负面影响。

二、询问案件进展情况中的电话咨询注意事项

诉讼律师经常需要就自己或团队代理的案件向法院询问案件办理进展情况。案件是否已经分配承办法官，会影响确定具体的询问部门。根据法院的审判工作流程，案件经由立案而未分配承办法官之前，通常仍会由立案庭负责。待案件具体分配承办法官后，代理律师可以直接联系承办法官或其法官助理、书记员。如案件涉及财产保全，可能需就财产保全事宜咨询保全法官（通常为执行局法官）。因此，结合前述法院的审判工作流程，询问案件进展情况的方式有两种：一是通过12368诉讼服务热线，询问案件登记在系统内的全部信息；二是直接与承办法官、法官助理或书记员沟通，询问案件进展情况。由于与案件承办法官的沟通内容及方式，视案件情况不同而多有差异。新手律师可能还不具备直接与法官沟通的经验，故通常会由资深律师处理。所以，这里主要就通过12368诉讼服务热线电话咨询案件进展情况的应注意事项予以分享：

第一步：明确待查案件的基本信息。由于12368诉讼服务热线系以系统检索的方式，查询案件进展信息。所以，作为新手的你，准确获取当事人名

称、受案法院及重要时间节点就极为重要。如果不能提供准确的当事人名称和受理法院信息的，则无法进行查询。而之所以需要获取重要时间节点信息，是因为同一诉讼当事人可能会在同一法院有多个涉诉案件。通过提供重要时间节点信息，可以快速锁定待查案件，以提高效率。当然，如果代理某一当事人在同一法院的多个案件，可直接以当事人名称作为检索关键词，一并查询该当事人在同一法院的多个案件信息，以避免数通电话才能查询全部案件信息的尴尬。

第二步：准确记录待查案件相关信息。在提供了准确的案件基本信息后，通过12368诉讼服务热线就可以获取系统内的案件基本信息，包括：案号、承办法官（如已分配）、电话等。这里需要特别注意的是：

首先，请确认承办法官的所在业务庭室。因为有些时候，案件经立案后会先在系统内自动分配承办法官。实际处理案件的承办法官，可能会与系统内的显示有所不同。因为法院会基于审判工作流程将特定类型的案件交由特定业务庭室审理，所以在了解了承办法官的业务庭室后，你可以通过公开搜索引擎，尝试查询该庭室的办公电话，以核实确认实际承办案件的法官及其联系方式。

其次，请补充询问系统内是否显示其他电话。多多了解系统内的联系电话，可以获得联系法官的多种渠道。当然，如果系统内显示了不止一个电话，请确认每个电话所属的工作人员（法官？法官助理？书记员？）。

再次，请在未查到承办法官信息时，咨询获取立案庭电话。如果系统内未显示承办法官信息，则案件通常仍在立案庭处（当然不排除系统延迟因素的影响）。通过获取并直接拨打立案庭电话，你可以直接从受案法院自己的内部案件登记系统，更快获取相关案件信息。

最后，请记得在手机通讯录内留存所了解的所有法院及其具体工作部门、工作人员的电话！这绝对会成为方便你以后工作的宝贵资料。当然，有些时候通过百度、法院官网也可以获取一些对外办公电话，借此线索进行咨询，可能会事半功倍。

三、询问办理特定事项时的电话咨询注意事项

诉讼律师经常会在代理案件过程中，为核实确认相关案件事实，而前往特定公权力部门并调取相关资料。比较常见的场景就是前往市场监管部门调取特定公司的工商档案、前往法院阅卷等。但新手诉讼律师可能并无办理相关事项的经验，故当其向资深律师反馈时，总会发生难以一次反馈完毕而需要再次电话核实具体细节的尴尬。总体来说，办理特定事项的电话咨询工作的总思路为：办理何事—何时—何地—需要何种材料。具体而言：

（一）办理何事？

资深律师有些时候并没有明确告知你代办事宜，可能仅是告诉你他想做什么事情，以达到什么目的。此时，你需要先与资深律师确认清楚代办事项，然后网上检索办理代办事项的所属具体部门。通常情况下，各地人民政府的官网会在公众服务窗口，对外公布具体代办事项的所属政府部门及其办理指南。但出于谨慎起见，建议电话核实政府官网对外公布的办理指南是否准确。此外，有些时候因为分片管理的问题，可能还需核实接受电话咨询的具体部门是否为实际受理部门。

（二）何时？

公权力机关基于内部的工作安排，可能会在特定工作时间段不提供办理特定事项的服务。比如有些法院可能会因为工作安排，而不接待周五下午时间的阅卷；有些工商部门可能仅在特定时间段办理调档。所以，除电话咨询办理特定事项的正常工作时间外，还需要了解核实是否存在某些工作时间不接受办理特定事项的情况。

（三）何地？

有些公权力机关的具体业务部门并不在本部办公，可能在离本部较远的其他地方办公。如果提前不了解清楚办理特定事项的具体业务部门所在何处，而直接前往百度地图标注的位置，则可能会徒劳无功。尤其去往外地法院或工商等部门办理特定事项时，一定要提前联系确认好具体业务部门的所在地。

（四）需要何种材料？

具体业务部门工作人员通常会电话告知办理特定事项的所需全部材料。但这里需要提示注意几点：第一，核实清楚所需文件是否为原件或只需复印件即可？如果只需提供复印件，是否需要加盖相关单位的公章？第二，实习律师是否可以单独前往办理并提供实习律师证？

四、询问了解特定问题时的电话咨询注意事项

在代理案件过程中，诉讼律师经常会因案件需要，而向相关公权力机关咨询了解特定专业问题。比如，涉及公司证照返还的诉讼中，可能需要提前与工商部门沟通了解相关专业问题；在诉讼调解中对于税费承担的问题，可能需要提前与主管税务部门了解缴税政策，而综合考虑选择可接受的调解方案；涉及物业合同纠纷中，可能需要就人防工程、供暖补贴等特定问题而咨询住建委。以上特定专业问题的解答，除可通过公开网络检索而实现外，更为高效的处理方式之一就是直接咨询特定主管部门。直接咨询特定主管部门，可能直接获得答案。即便不能获得相关答案，也可能基于工作人员电话解答的内容，而缩小检索范围，进而高效解决问题。具体电话咨询特定问题的流程如下。

电话咨询特定问题的基本流程

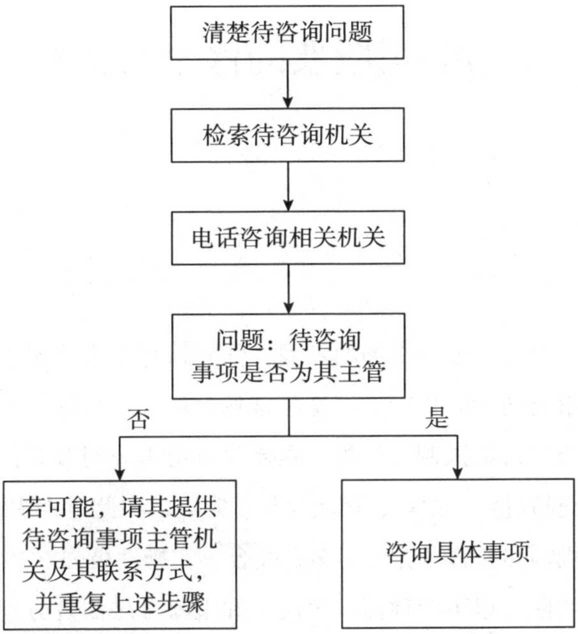

根据上述咨询特定问题流程，需要特别提示注意三点：第一，务必清楚问题核心及事实，并精练问题。有些重大复杂疑难的争议解决中，需要咨询特定机关多个关联问题。因此，务必清楚问题核心所在，并精练提问。否则，具体接受咨询机关的工作人员可能因为你的表述不清，而不能提供有效的咨询意见。第二，咨询特定机关时，首先要确认该咨询问题是否属于其解答范围。否则，如果你不能精练问题并介绍了很久后，接受咨询的机关答复非属其主管，将会很浪费双方时间。当然，如有可能，请其告知可解答该问题的具体部门及其联系方式。第三，在确认问题属于其解答范围后，你可以将复杂的问题拆分成若干个小问题，逐一向其请教。

电话咨询技能是诉讼律师的必备技能之一。掌握好的电话咨询技能，可为代理案件提供助力。新手诉讼律师因为缺乏相关实务经验，可能难以较好掌握电话咨询的相关技巧。希望笔者以上的电话咨询经验教训分享，会对新手诉讼律师日后的电话咨询有所帮助。

上市公司股票的保全与执行

徐 坤

近年来，随着我国证券市场的发展，强制执行上市公司股票的案件逐渐增多。由于上市公司股票执行牵涉金融市场秩序，执行处置可能面临证券行政法规或证券交易规则限制。另外，强制执行上市公司股票往往依托二级市场，或通过非交易过户（拍卖、司法扣划）完成，在此过程中需要人民法院、证券登记结算机构和托管证券公司多方配合，实操性极强。2019年11月，深圳市中级人民法院（以下简称深圳中院）和上海金融法院分别出台指引（规定），明确两地法院强制执行上市公司股票的具体方式和流程，对其他地区的执行案件亦有参考价值。但股票强制执行若涉及减持规定以及与证券登记结算机构、托管证券公司的衔接，则更多涉及证券交易规则或依赖于实操经验。本文拟从一起上市公司股票强制执行案件入手，以期为读者提供一些实操参考。

一、上市公司股票的查询

对于上市公司股票执行而言，首先需要查明被执行人持有上市公司股票的相关信息。根据《最高人民法院、最高人民检察院、公安部、中国证券监督管理委员会关于查询冻结扣划证券和证券交易结算资金问题的通知》（法发〔2008〕4号）第三条，人民法院、人民检察院、公安机关可依法向证券登记结算机构、证券公司进行查询。

参照深圳中院《关于强制执行上市公司股票的工作指引（试行）》，应当查明的情况包括：（一）权属状况、股份性质及股票数量、持股比例；（二）质押登记、信用交易、限售条件等权利负担及司法冻结情况；（三）托管的证券公司及被执行人的证券账户、资金账户等。

如涉及证券公司参与股票质押式回购，证券公司作为申请执行人的情况，证券公司往往直接掌握被执行人证券账户、资金账户详细信息，无需由另行法院进行查询。

二、上市公司股票的冻结

如需办理上市公司股票冻结，中国证券登记结算有限责任公司（以下简称中国结算）各分公司均有业务指引。参照中国结算深圳分公司《协助冻结流通证券业务指引》所附《协助冻结通知书格式范本》，司法机关在协助执行通知书中应当载明被执行人全称、股东代码、证券简称、证券代码、证券类型、股数、是否包含红股、配股、冻结期限等信息。

根据中国结算《关于协助司法机关冻结流通证券有关问题的通知》，司法机关既可以要求证券公司，也可以要求登记结算公司协助冻结流通证券。但是，证券公司、登记结算公司同日分别接到不同司法机关要求协助冻结同一被执行标的的，证券公司接到的冻结要求顺序在先。另外，证券公司协助司法冻结的，交易冻结实时生效，冻结数据发登记结算公司进行冻结登记；登记结算公司协助司法冻结的，只能在交收日日终完成证券交收后进行核查，并视核查结果实施或不实施冻结。因此，实践中推荐向托管证券公司要求协助冻结。

值得注意的是，关于冻结股票的价值，部分司法实践观点认为，查封冻结财产需要考虑拍卖处置的可能降价幅度。根据《最高人民法院关于人民法院网络司法拍卖若干问题的规定》第十条及第二十六条之规定，网络司法拍卖的起拍价可低至评估价或者市价的70%。流拍后，再次拍卖的起拍价降价幅度可达前次起拍价的20%。因此，法院对执行中被查封财产的变现价值会进行保守估算，最高可达44%的降价幅度。深圳中院指引第十条就规定“股票价值原则上参照冻结前一交易日收盘价的60%确定”。但是，最高人民法院2020年1月2日发布了《关于在执行工作中进一步强化善意文明执行理念的意见》（法发〔2019〕35号），其中第七条第一款第一项规定，冻结上市公司股票时，“股票价值应当以冻结前一交易日收盘价为基准，结合股票市场行情，一般在不超过20%的幅度内合理确定”。我们理解，该规定出台后，折价冻结上市公司股票的，折价幅度原则上不得超过20%。

另外，就冻结方式而言，证券冻结包括不可售冻结和可售冻结两种方式。以中国结算深圳分公司《协助执法业务指南》为例，该业务指南第十三条第一项明确规定，“不可售冻结，是指证券被冻结后不得卖出的冻结方式。可售冻结，是指证券被冻结后准许卖出，同时对卖出所得的资金予以冻结的冻结方式。可售冻结由托管证券的证券公司受理，本公司不受理”。

此前，除非申请执行人同意被执行人自行处置股票，以便缩短执行期限，一般不会采取可售冻结的方式。但是，《关于在执行工作中进一步强化善意文明执行理念的意见》（法发〔2019〕35号）第七条第二款规定，“保全冻结上市公司股票后，被保全人申请将冻结措施变更为可售性冻结的，应当准许，但应当提前将被保全人在证券公司的资金账户在明确具体的数额范围内予以冻结”。我们理解，该规定出台后，随着被保全人申请变更可售冻结，可售冻结很可能逐渐成为常态。

三、无限售流通股执行

实践中，对于无限售流通股一般有三种执行方式，分别为集中竞价、大宗交易和网络司法拍卖。前两种方式属于通过二级市场处置，由托管证券公司具体操作，网络司法拍卖则依照《最高人民法院关于人民法院网络司法拍卖若干问题的规定》和各地法院规定具体执行。

（一）集中竞价和大宗交易

关于大宗交易的适用条件，《上海证券交易所交易规则》（2020年第二次修订）第三章第七节、《深圳证券交易所交易规则》（2020年修订）第三章第六节均有规定。深圳中院和上海金融法院在尊重交易所规则的基础上，根据司法协助执行的特点进行了特别规定。为避免在股票二级市场强制卖出可能对该股票价格产生较大影响，上海金融法院规定符合大宗交易条件的，优先选择适用大宗股票司法协助执行方式。深圳中院指引亦体现了相同倾向。对于不符合大宗交易条件，或处置该股票不会对价格产生较大影响的，则可以通过集中竞价方式卖出。对于通过集中竞价和大宗交易方式执行无限售流通股，需要重点关注操作流程和减持限制方面的问题。

实践中，通过二级市场处置上市公司股票的，应当先冻结被执行人在证券公司所开立的资金账户，并通知托管证券公司将拟变价股票的冻结调整为可售冻结。深圳中院《关于强制执行上市公司股票的工作指引（试行）》第十四条第三款即规定了相关内容。具体操作方式在中国结算业务规则中均已明确，以中国结算深圳分公司《协助执法业务指南》为例，该业务指南第十七条第一款第三项规定，“对已在本公司办理冻结的流通证券，执行机关需要采取强制变现的执行措施的，应当要求托管证券公司协助，通过托管证券公司向本公司申请将冻结方式由不可售冻结调整为可售冻结，并在协助执行通知书、裁定书中予以特别说明”。中国结算北京分公司《主办券商协助冻结流通证券业务指引（2015年6月）》亦有相关规定。

需要说明的是，拟处置股票同时被质押和冻结的情形，以笔者处理的案件为例（拟处置股票为深市股票），对于此类情况，需要先解除质押后才能将冻结状态转为可售冻结。如果属于场内质押的情形，则解除质押和转为可售冻结均在托管证券公司处办理。

关于减持限制，需要重点关注证监会《上市公司股东、董监高减持股份的若干规定》，上交所、深交所在此基础上分别制定了实施细则。具体而言，大股东减持或者特定股东减持，采取集中竞价交易方式的，在任意连续90个自然日内，减持股份的总数不得超过公司股份总数的1%；采取大宗交易方式的，在任意连续90个自然日内，减持股份的总数不得超过公司股份总数的2%。如涉及通过集中竞价交易减持上市公司非公开发行股份的，在股份限制转让期间届满后12个月内，减持数量还不得超过其持有的该次非公开发行股份的50%。就股东身份和减持比例问题，其他文章已有详细说明，在此不再赘述。

需要特别说明的是，《深圳证券交易所上市公司股东及董事、监事、高级管理人员减持股份实施细则》第七条规定："同一股东开立多个证券账户（含信用证券账户）的，计算本细则第四条、第五条规定的减持比例时，对多个证券账户持股合并计算，可减持数量按照其在各账户和托管单元上所持有关股份数量的比例分配确定。"《上海证券交易所上市公司股东及董事、监事、高级管理人员减持股份实施细则》第七条亦规定："股东开立多个证券账户的，对各证券账户的持股合并计算；股东开立客户信用证券账户的，对客户信用证券账户与普通证券账户的持股合并计算。股东开立多个证券账户、客户信用证券账户的，各账户可减持数量按各账户内有关股份数量的比例分配确定。"

以笔者接触的一起执行案件为例说明，由于该案涉及证券公司参与股票质押式回购，质押股票已在专门的托管单元中托管。如通过二级市场处置，需要按照托管单元中有关股份数量占被执行人有关股份总数量的比例，计算该托管单元可分配的减持比例。在笔者处理的案件中，由于被执行人是上市公司控股股东，持有有关股份的基数极大，导致质押股份所在托管单元可分配的减持比例份额极少。但该案申请执行人对其他股票无优先权，只能通过该托管单元的质押股份处置获得受偿。如果通过二级市场处置，预计需要2年时间才能全部处置完毕。由于二级市场处置耗时过长，本案最终以网络司法拍卖的方式完成处置。

（二）网络司法拍卖和司法扣划

关于上市公司股票可通过网络司法拍卖的方式执行且不受减持规定限

制，其他文章援引（2018）粤0304执异1号执行裁定[①]以及相关法律法规、司法解释，已经充分论述说明，此处不再赘述。

关于起拍价的确定，深圳中院和上海金融法院均规定以拍卖日前20个交易日收盘均价确定财产处置参考价，并以财产处置参考价的一定比例作为起拍价（保留价），目前已逐渐形成趋势。

对于网络司法拍卖，如果拍卖前20个交易日股价涨幅过大，潜在买受人担心拍卖成交距过户完成尚需一定时间，可能出现股价大幅波动，很有可能出现流拍。深圳中院和上海金融法院均规定，股票网络司法拍卖任意一次拍卖（包括第一次拍卖）流拍的，申请执行人都可以要求抵偿，但抵偿的股票价格应等于或不低于该次拍卖的起拍价（保留价）。

如果申请执行人接受抵债，则申请执行人可通过司法扣划取得标的股票。需要特别说明的是，申请执行人接受抵偿后，在特定情形下需要受到减持限制。

针对"司法强制执行、执行股权质押协议涉及的股份转让，如何适用《上市公司股东及董事、监事、高级管理人员减持股份实施细则》的规定"，深交所在《关于就〈深圳证券交易所上市公司股东及董事、监事、高级管理人员减持股份实施细则〉有关事项答投资者问（二）》第九条明确规定："……通过司法扣划、划转等非交易过户的，比照适用《实施细则》关于协议转让减持的规定，但《实施细则》第六条第一款关于受让比例、转让价格下限的规定除外；过户后，过出方不再具有大股东身份或者过户标的是特定股份的，过出方、过入方的后续减持应当遵守《实施细则》第六条第二款、第三款有关减持比例、信息披露的规定。"即，如果司法扣划导致大股东丧失大股东身份，或属于特定股份（首次公开发行前股份、上市公司非公开发行股份）司法扣划的情形，申请执行人在接受抵偿并完成司法扣划后，就抵偿股票在六个月内通过集中竞价交易方式的，在任意连续90个自然日内，减持股份的总数不得超过公司股份总数的1%。

---

① 来源于裁判文书网：广东省深圳市福田区人民法院（2018）粤0304执异1号执行裁定书。

由于限售流通股一般也需要通过网络司法拍卖进行处置，在此一并简单说明。与无限售流通股不同的是，由于无法自由流通，无限售流通股不能通过拍卖日前20个交易日收盘均价确定财产处置参考价，而只能根据《最高人民法院关于人民法院确定财产处置参考价若干问题的规定》采用当事人议价、定向询价、网络询价、委托评估等方式确定财产处置参考价。另外，在买受成交或申请执行人接受抵偿后，买受人或申请执行人仍受到限售条件约束。除此之外，限售流通股和无限售流通股在网络司法拍卖和司法扣划程序上并无显著区别。

四、结论

由于上市公司股票处置的实操性较强，除法律法规和地方司法解释之外，在执行过程当中还应重点关注交易所规则。对于查询和冻结上市公司股票，请求托管证券公司协助执行相比证券登记结算机构更为便捷。就上市公司股票执行而言，限售流通股一般应通过网络司法拍卖执行，无限售流通股则有集中竞价、大宗交易和网络司法拍卖等多种处置方式。如采用集中竞价和大宗交易处置上市公司股票，需要重点关注减持限制的问题，尤其在有多个证券账户或托管单元的情况下，可减持数量按照各账户和托管单元上的股份比例分配，如申请执行人享有优先权的股票在某一特定账户或托管单元，可能导致执行完毕所需周期极长。对于网络司法拍卖，除需要关注拍卖流程外，也应重视流拍抵债导致申请执行人可能受到减持限制的问题。笔者建议，实际执行过程中，应当结合申请执行人诉求和个案情况，有针对性地采取不同处置方案。

不重磅、非突发，但不可不知的实现担保物权特别程序相关问题

车　晔

备受法律从业人员关注的《民法典》和《最高人民法院关于适用〈中华人民共和国民法典〉有关担保制度的解释》（以下简称《担保制度司法解释》）已于2021年1月1日起施行，各界关于民法典和担保制度司法解释的研究和探讨也在持续深入。

在对民法典和担保制度司法解释学习的过程中，笔者注意到所有权保留（《民法典》第六百四十二条）、融资租赁（《担保制度司法解释》第六十五条）参考适用担保物权实现程序的相关规定，以及实现担保物权案件在担保合同已约定仲裁条款时（《担保制度司法解释》第四十五条）应如何适用的规定，拟以下文对担保物权实现程序的一些实践问题进行总结和简单分析。

2012年8月31日修订的《民事诉讼法》，为担保物权的实现开启了其特别程序司法实践的篇章；但由于民事诉讼法仅有两条原则性规定，债权人通过实现担保物权特别程序方式主张权利的案件相对比较有限[①]。

2014年12月18日，最高人民法院通过并公布《关于适用〈中华人民共和国民事诉讼法〉的解释》（以下简称《民事诉讼法司法解释》），对实现担

① 根据笔者在裁判文书网站上以“担保物权”“特别程序”和“裁定书”为关键词检索的结果（最后检索时间为2020年12月），全国范围内2013年共计68篇文书、2014年共计495篇文书，且案件主要集中在江苏省、浙江省、安徽省和河南省，其余省份案件数量及分布相对零散。前述案件包含通过再审审查与审判监督程序对已生效司法文书进行审查后作出的裁定，数量仅供参考。

保物权案件的一些实践问题进行了规定，如申请实现担保物权的主体、特定情况的管辖、案件申请材料要求、案件费用承担、案件审理及裁定、救济程序等；自2015年起，债权人通过特别程序实现担保物权的案件数量逐年增多并渐趋稳定。

在《民法典》和《担保制度司法解释》颁布之前，根据《民事诉讼法司法解释》和近年来的司法实践，实现担保物权特别程序的审理要点已逐渐明晰，主要集中在主合同是否有效，主债权金额、到期时间是否有争议，担保物权是否有效设立，担保财产是否有争议，如涉及债权转让，还包括债权转让手续是否合法以及债权转让文件是否有效；但仍存在部分实践问题还需在法规层面予以完善规定。

一、担保合同约定仲裁条款是否会对实现担保物权特别程序产生影响？

关于在当事人已约定仲裁的情况下，是否能适用担保物权特别程序，在《担保制度司法解释》出台前司法实践中有两种观点，一种认为约定仲裁排除了法院的管辖，比如（2020）京0102民特2945号民事裁定[①]，在当事人签署《借款合同》《股票质押合同》且已办理股权质押登记、借款人出具《应还借款金额确认单》并偿还部分本息的情况下，法院认为，“《借款合同》与《股票质押合同》均约定争议解决方式为提交太原仲裁委员会进行仲裁裁决，因此本案不应规避上述仲裁条款，而在申请实现担保物权程序中由本院直接对《借款合同》与《股票质押合同》进行审查。上述关于争议解决方式的约定实际上排斥了人民法院对案件的管辖，本案不属于人民法院的受案范围”。近期类似的民事裁定还有（2019）冀0425民特2号[②]。

---

① 来源于裁判文书网：北京市西城区人民法院（2020）京0102民特2945号民事裁定书。
② 来源于裁判文书网：河北省大名县人民法院（2019）冀0425民特2号民事裁定书。

另一种则认为实现担保物权特别程序是与包括诉讼、仲裁在内的诉讼解决机制及强制执行公证特殊纠纷解决机制并行的一项程序，是可以由权利人自由选择的一项制度[①]，因此约定仲裁不会对实现担保物权特别程序的适用产生排他性的影响，问题的核心还是是否存在《民事诉讼法司法解释》第三百七十二条所规定的“实质性争议”。如（2017）闽0902民特监1号民事裁定[②]，法院认为，“明策伟华公司选择物权特别程序向本院申请实现担保物权实现抵押权，与案涉主合同和从合同约定的争议解决方式没有必然的冲突，因为物权特别程序受案管辖应按《民事诉讼法》第一百九十六条的规定处理，不能适用约定管辖或应诉管辖”。

《担保制度司法解释》对约定仲裁条款下的适用问题进行了明确规定，第四十五条第二款规定，“当事人依照民事诉讼法有关‘实现担保物权案件’的规定，申请拍卖、变卖担保财产，被申请人以担保合同约定仲裁条款为由主张驳回申请的，人民法院经审查后，应当按照以下情形分别处理：（一）当事人对担保物权无实质性争议且实现担保物权条件已经成就的，应当裁定准许拍卖、变卖担保财产；（二）当事人对实现担保物权有部分实质性争议的，可以就无争议的部分裁定准许拍卖、变卖担保财产，并告知可以就有争议的部分申请仲裁；（三）当事人对实现担保物权有实质性争议的，裁定驳回申请，并告知可以向仲裁机构申请仲裁”。

这一规定对法官和当事人[③]因为法院需对实现担保物权的条件、主合同和担保合同效力等问题进行审理，所以认为约定仲裁即排除了法院对合同效力的审理以及对实现担保物权特殊程序进行适用的观点，进行了否定。体现了尽管在非讼程序中，法院奉行职权主义、简易主义，裁判周期短，其程序

① 吴娟萍、卢春阳：《实现担保物权特别程序管辖和受理实操要点指引》，载微信公众号《无讼阅读》2016年4月2日。

② 来源于裁判文书网：福建省宁德市蕉城区人民法院（2017）闽0902民特监1号民事裁定书。

③ 如（2019）京0102民特15号，当事人提出“不应规避主合同约定的仲裁条款，直接在实现担保物权程序中由人民法院对主合同进行审查认定”，来源于裁判文书网。

目的不在于争议解决[①]，但实现担保物权特别程序仍需保留足以体现其制度价值的适用空间。

二、担保物权实现案件的收费标准

现行的诉讼费用规则，根据民事案件争讼性质和非讼性质的不同、案件诉讼标的财产性和非财产性的不同、结案方式的不同、诉讼程序繁简程度的不同、案件所处审级的不同等确定了多种交纳标准[②]。根据2007年4月1日生效实施的《诉讼费用交纳办法》第八条规定，"依照民事诉讼法规定的特别程序审理的案件""不交纳案件受理费"。

由于通过特别程序实现担保物权这一制度和路径均在《诉讼费用交纳办法》制定并生效之后，多数观点认为上述规定未考虑到担保物权实现案件诉讼标的的财产性和司法实践的实际情况，严格按照规定对担保物权实现案件不收取案件受理费，一方面不利于合理有效地利用司法资源，另一方面也可能导致无法将其制度优势最大化。

实践中，部分地区对担保物权实现案件如何收费制定了一些不同的规定。[③]

地区	收费标准
浙江省	曾率先规定实现担保物权案件**不收取申请费用**；向人民法院申请强制执行的，按照执行金额收取执行申请费，由被执行人负担。[②]后2020年12月10日新出台的《浙江省高级人民法院关于审理实现担保物权案件若干问题的解答》（修订）删除了这一规定。

①《案析实现担保物权特别程序的适用》，载微信公众号《天同诉讼圈》2014年12月27日。

② 汤维建、李海尧：《〈诉讼费用法〉立法研究》，载《苏州大学学报（哲学社会科学版）》2017年第3期。

③《浙江省高级人民法院关于审理实现担保物权案件的意见》（浙高法〔2012〕396号），2013年1月1日起生效实施，已被修订。

续表

地区	收费标准
江苏省	**暂无确定标准**；在2013年《江苏省高级人民法院关于实现担保物权案件立案、审理、执行若干问题的意见（征求意见稿）》中体现出**三种意见性收费标准，实现担保物权案件不收取，或按件收取，或按标的额收取案件申请费用**，申请强制执行按照执行金额或价额收取执行申请费。
福建省	**按照财产案件受理费的1/3交纳诉讼费**。申请人向人民法院申请强制执行的，按照执行金额收取执行费，由被执行人负担。①
北京市	申请实现担保物权的，应**比照财产案件受理费标准的1/3交纳申请费**。②
重庆市	实现担保物权案件暂实行**按件收取申请费**。国务院就《诉讼费用交纳办法》进行修订后以该办法的规定为准。③
四川省	实现担保物权案件应参照国务院《诉讼费用交纳办法》的相关规定，**按件收取申请费**。④
贵州省	比照财产案件受理费标准的1/3交纳申请费。⑤
安徽省部分地区	某地区法院在法院官网上公开参照申请支付令的收费标准进行收费，每件收取100元。⑥

---

①《福建省高级人民法院关于依法规范金融案件审理和执行的若干意见（试行）》，2014年10月28日起生效实施。

②《北京市高级人民法院关于立案工作中适用〈民事诉讼法〉若干问题的解答》（京高法发〔2014〕449号），2014年11月15日起生效实施。

③《重庆市高级人民法院关于办理实现担保物权案件若干问题的解答》（渝高法〔2015〕164号）。

④《四川省高级人民法院关于审理实现担保物权案件若干问题的意见》，2017年2月23日讨论通过。

⑤ 以上结果系公开检索的查询结果（最后检索时间为2021年1月15日），来自《贵州省高级人民法院关于实现担保物权特别程序案件的适用指南》，但尚未能检索到这一规定的全文，仅做有限参考。

⑥ http://whyjfy.chinacourt.gov.cn/article/detail/2015/10/id/1732864.shtml（最后检索时间为2021年1月15日），这一规定在法律参照适用上存在问题，根据《最高人民法院关于适用〈中华人民共和国民事诉讼法〉若干问题的意见》（以下简称意见），“依照民事诉讼法第一百八十九条的规定向人民法院申请支付令的，每件交纳申请费100元”，但前述意见已被废止，按件收费标准已不再适用；根据《诉讼费用交纳办法》的规定，“依法申请支付令的，比照财产案件受理费标准的1/3交纳”。经检索，该地区近期已不再执行按件收费的标准。

经检索近两年相关案件，上述所列举地区并非完全严格按照相应规定执行并收取费用。浙江省现已不再执行实现担保物权案件不收取申请费用的规定，转而按照参考财产案件受理费的标准收取费用；重庆市、四川省实践中遵循了按件收费的原则，但四川省的按件收费标准不固定，存在一定金额数额的浮动；江苏省、福建省存在按件收费和参考财产案件受理费的标准两种收费方式，安徽省则三种收费标准都存在，如（2019）皖1322民特3号[①]，法院明确依法不收取案件受理费。

就没有检索到明确收费标准的地区，实践中体现出的收费标准如下：西藏自治区受理相关案件数量较少，以按件收费为标准；天津市、吉林省、上海市、海南省是按照参考财产案件受理费的标准收取费用；河北省、山西省、内蒙古自治区、辽宁省、黑龙江省、江西省、山东省、河南省、湖北省、湖南省、广东省、广西壮族自治区、云南省、陕西省、甘肃省、青海省、宁夏回族自治区、新疆维吾尔自治区均同时存在按件收费（按件收费标准有所不同[②]）和参考财产案件受理费的标准两种收费方式。各地也都存在未在裁定书中写明诉讼费收取的情况。

在探讨上述费用标准相关规定合理性之前，笔者理解首先需要简单明晰一个小的概念界定。实践中一般认为民事案件从案件性质上可分为诉讼案件和非诉案件，从标的性质上可分为财产性案件和非财产性案件；对于申请实现担保物权案件，从案件性质上属于非诉案件，从标的性质上则为财产性案件。对于诉讼案件，能非常明确地区分法院立案收取的是案件受理费，当事人申请人民法院采取某种措施所应交纳的是申请费；而对于非诉案件，则可能存在案件受理费和申请费概念的混用。不过，尽管实践中法院就受理申请担保物权实现案件收取费用的名目有前述混用的情况，但法院就此类案件收取的费用，对应的就是受理案件的费用，换言之为当事人申请实现担保物权

① 来源于裁判文书网：安徽省萧县人民法院（2019）皖1322民特3号民事裁定书。

② 就目前的检索结果，存在50元、80元、100元、400元、500元以及1000元等不同的收费标准（最后检索时间为2020年12月）。

的申请费，本质上是同一内容。

对于担保物权实现案件收费标准问题的讨论已有多年，认为不应收取任何费用的观点，主要是基于《诉讼费用交纳办法》的规定；但如前所述，《诉讼费用交纳办法》的制定和实施在担保物权实现制度创设之前，未考虑到担保物权实现案件诉讼标的的财产性和司法实践实际情况，如不收取任何费用，担保物权实现制度的效率性和便捷性会导致案件大量涌现占用大量的司法资源，进而反向影响制度的效率性和便捷性。

至于具体应该遵循按件收费标准还是参考财产案件受理费收取，确应从立法上予以明确。一般理解实践中法院参考财产案件受理费收取费用的原因，就在于担保物权实现案件的财产性。如能符合案件裁判要求，适用担保物权实现制度可快速帮助债权人实现权利，从结果来看和通过诉讼方式解决纠纷具有一致性。因此，参照财产案件受理费，结合审限、审理难度确定收费标准，具有其合理性，这一标准也得到了国内多数地区司法实践的支持。

至于按件收费，属于参考财产性案件受理费收取和不收取费用的折中产物，从各地法院收取的申请费金额不等，一方面可以看出由于缺乏明确的收费标准导致各地法院产生了不同的理解，另一方面也可以看出各地法院就财产性案件性质、标的数额大小以及司法成本等问题综合对申请费做出的适度调整。

笔者理解，考虑到诉讼费用本身的性质，无论是在国家和当事人之间合理分配司法成本，还是补偿特定当事人耗费的有限的司法资源，法院对于案件收费的导向，应在区分财产性和非财产性的前提下，综合考虑案件内容和程序的复杂程度，进而制定相应的收费标准，也即参照财产性案件受理费的标准，基于非诉特别程序案件事实较为简单清晰、所耗程序和时间较短的特点，酌定参照收取的比例。实践中各地所参考的是申请支付令的费用标准，即比照财产案件受理费标准的1/3交纳，具有一定的合理依据。

在以上案例检索过程中，笔者还注意到存在驳回担保物权实现申请后要求申请人承担案件申请费的情况，如（2019）津0114民特55号、（2020）鲁

1424民特6号、（2020）鄂0381民特64号[①]等；以及减半收取申请费的情况，如（2020）湘1121民特34号、（2020）苏1302民特478号[②]；均有待纠正或明确这一收费标准的相关法律依据。

三、实现担保物权特别程序在通过法律规定的其他方式无法送达时是否适用公告送达?

对于实现担保物权特别程序是否可适用公告送达，司法实践中也有两种不同的观点。一种观点认为，“从制度设计初衷来看，实现担保物权程序的核心价值和目标在于效率，在于迅速实现担保物权，故实现担保物权程序作为特别程序的一种，其审限为30天，如适用公告送达，公告期间虽不计入审限，但已大大降低了效率，与设立该程序的初衷不符”[如（2018）闽0205民特61号民事裁定、（2016）京0108民特73号民事裁定[③]]；此外，公告送达相当于在一定程度上剥夺了被申请的异议权，且如错误执行权利救济难度较大，因此实现担保物权程序不适用公告送达。

另一种观点则认为，民事诉讼法规定的特别程序的审限，为在立案之日起30日内或者公告期满后30日内审结，一则从法规上没有排除公告的适用，二则允许加以适用也更凸显特别程序的效率，否则如不能适用公告送达，纠纷则需循一般诉讼、执行程序进行解决。司法实践中亦存在适用公告送达的案件，如（2019）冀0403民特监3号民事裁定[④]。

---

① 来源于裁判文书网：（2019）津0114民特55号民事裁定书、（2020）鲁1424民特6号民事裁定书、（2020）鄂0381民特64号民事裁定书。

② 来源于裁判文书网：（2020）湘1121民特34号民事裁定书、（2020）苏1302民特478号民事裁定书。

③ 来源于裁判文书网：（2018）闽0205民特61号民事裁定书、（2016）京0108民特73号民事裁定书。

④ 来源于裁判文书网：（2019）冀0403民特监3号民事裁定书。

已有的部分地方立法对公告送达的适用均采取否定性的意见。《四川省高级人民法院关于审理实现担保物权案件若干问题的意见》第十五条规定，“人民法院受理实现担保物权案件后，发现被申请人下落不明的，按照以下情况分别处理：（一）事实清楚、债务关系明确、物权登记和权利凭证齐备，经审查符合法律规定，足以认定担保物权的效力和范围的，人民法院应当做出准予实现担保物权的裁定，并按照《民事诉讼法》第九十二条的规定，向下落不明的被申请人公告送达相关法律文书；（二）事实和法律关系不清，难以认定担保物权的效力、范围，需要向被申请人进一步查证的，人民法院应当裁定驳回申请，并告知申请人可以另行提起诉讼”。《浙江省高级人民法院关于审理实现担保物权案件若干问题的解答》（修订）第四条在前述规定的基础上，进一步明确无论是“对事实清楚、债权债务关系明确、登记手续和权利凭证齐备的案件”还是“对事实和法律关系还有待于进一步查清”的情况，“均不存在适用公告送达的情形”。

《重庆市高级人民法院关于办理实现担保物权案件若干问题的解答》对此更持明确的否定态度，认为“在被申请人下落不明的情况下，人民法院难以判断当事人之间是否存在实质性争议。而且实现担保物权案件不能通过审判监督程序予以救济。由于公告送达系拟制送达，下落不明的当事人即使对裁定不服也难以在公告到期后十五日内依照民事诉讼法司法解释第三百七十四条的规定提出异议，其权利救济难度较大”。

由此可见，不论是从制度底层逻辑否认公告送达的适用，还是为保障被申请人的异议权，相关地方立法倾向都是立足于案件是否有“实质性争议”。但由于缺乏法律法规和司法解释层面的规定，对这一问题的认定判断和适用仍存在一定的冲突。因此，为解决实践操作中的适用问题，上述关于实现担保物权特别程序仍存在的问题也需尽早在立法及司法层面予以明确。

发包方如何申请先予执行撤场？

梁逸秋

先予执行，是指人民法院在受理案件后、终审判决作出之前，根据一方当事人的申请，裁定对方当事人向申请一方当事人给付一定数额的金钱或其他财物，或者实施或停止某种行为，并立即付诸执行的一种程序。在建设工程施工合同纠纷中，为避免耽误工期和扩大损失，发包方可以向法院提出先予执行的申请，要求施工单位及时撤场或交付场地。本文拟结合法律规定及司法实践，对先予执行撤场的适用条件及发包方可选择的诉讼路径进行简单的梳理总结。

一、适用条件

综合法律规定及建设工程施工合同纠纷的实际情况，发包方就施工单位退场向法院申请先予执行应当满足以下基本条件：（1）因情况紧急需要先予执行；（2）当事人之间权利义务关系明确；（3）先予执行在当事人诉讼请求的范围内；（4）不先予执行将严重影响申请人的生活或者生产经营；（5）被申请人有履行能力；（6）申请人提供足额担保。

笔者认为，在建设工程施工合同纠纷中，前三个要件对发包方申请先予执行撤场较为关键，现逐一分析。

（一）因情况紧急需要先予执行

《民事诉讼法解释》第一百七十条对“情况紧急”作出了规定：“（一）需

要立即停止侵害、排除妨碍的；（二）需要立即制止某项行为的；（三）追索恢复生产、经营急需的保险理赔费的；（四）需要立即返还社会保险金、社会救助资金的；（五）不立即返还款项，将严重影响权利人生活和生产经营的。”具体到建设工程施工合同纠纷中，法院如何认定因情况紧急需要先予执行撤场呢？

经过检索，笔者发现在司法实践中，法院通常会从预防群体性事件、工期、避免损失扩大等角度，对撤场是否满足“情况紧急”条件进行审查。

1.预防群体性事件

如（2016）苏0206民初6131号案[①]中，华惠公司以所涉房地产项目已经引起群体性矛盾、影响社会稳定为由向法院提出先予执行清场的请求，并提供担保，法院经审查后作出先予执行裁定，并对总包合同所涉的以锦绣商业广场二期A区为主的区域内嘉实公司人员及施工设备进行了清场工作，以便由管理人组织相关人员继续施工，避免群体性事件进一步升级恶化。

2.工期

如（2017）渝0237民初2074号案[②]中，华乐语公司认为，案涉工程建设进度现已被拖延长达一年，若再被持续性无期限拖延，不仅有形成烂尾楼的潜在风险，还可能损害巫山县本地建筑民工、材料商以及千余户购房业主群体利益，请求法院确认《建设工程施工合同》已解除并判决重庆一建移交施工场地，同时向法院提出先予执行申请，要求重庆一建从其所施工的巫山县“克拉·大都会”工程项目施工场地搬离由其投入至该施工场地的机械设备、原材料。后法院经审查作出先予执行裁定。

---

① 来源于裁判文书网：江苏省无锡市惠山区人民法院（2016）苏0206民初6131号民事判决书。

② 来源于裁判文书网：重庆市巫山县人民法院（2017）渝0237民初2074号民事判决书。

3.避免损失扩大

如（2011）北民一初字第1198号案[①]中，载明“原告以被告拖工、窝工不能按期完工，向本院提起诉讼……原告申请先予执行，要求被告立即清除现场物品，撤离博地大酒店项目施工现场，鉴于双方合同已实际终止履行，为避免双方损失的扩大，如被告不撤离现场，将严重影响原告整体工程的进行。本院裁定被告应于本裁定送达之日起三日内撤离博地大酒店项目施工现场”。

（二）当事人之间权利义务关系明确

先予执行仍然沿用了1956年《各级人民法院民事案件审判程序总结》中先行给付的严格限定，即以“当事人之间权利义务关系明确”为前提。这一前提条件是指原告享有以后的判决中可能确定的部分权利，被告应当预先履行以后判决中可能承担的部分义务，对此双方没有实质性争执和异议。在建设工程施工合同纠纷中，由于涉及多方主体，且证据资料繁多，法律关系往往较为复杂、权利义务不甚明晰，很难在诉讼开始阶段就说服法官认定全案权利义务明确。因此，如何说服法官认定当事人权利义务关系明确，成为发包人能否成功申请先予执行撤场的关键。笔者认为，此时不妨考虑缩小权利义务的判断范围，仅对施工合同是否可以继续履行作出评价，如果施工合同无效或被解除，则丧失了继续履行的可能，施工方停止施工、退出项目场地已成定局，申请法院先予执行也更容易得到支持。

（三）先予执行在当事人诉讼请求的范围内

先予执行是“诉讼—执行”程序的例外，由于当事人之间的权利义务未经诉讼程序确定，存在损害相对方利益的可能，因此法院会严格限制先予执行的范围，更不可能超出当事人的诉讼请求。若希望通过先予执行方式使施

---

① 来源于裁判文书网：河南省安阳市北关区人民法院（2011）北民一初字第1198号民事判决书。

工单位尽快退场，则应当在诉讼请求中明确涵盖要求施工单位交付场地或撤离材料、人员等诉请。

较为极端的例子是，如果当事人没有提出过诉讼请求，则不能申请先予执行，比如，在（2018）最高法民终117号案①中，承包人锦通公司以发包人世邦公司为被告，要求世邦公司支付工程款，世邦公司在二审中提出要求锦通公司撤场的先予执行申请，最高人民法院认为，鉴于世邦公司作为本案的被告并未提出过诉讼请求，故其不能在本案中提出要求锦通公司撤场的先予执行申请，对其要求锦通公司递交竣工验收决算资料和办理撤场交接手续的请求，可另案诉请主张。所以，在施工单位起诉发包方要求支付工程价款的案件中，若发包方希望施工单位先行退场，在不另诉的情况下应当提出反诉，明确要求施工单位交付场地，同时申请先予执行。

二、发包方先予执行撤场的诉讼路径选择

前文对先予执行撤场的适用条件进行了分析，那么具体到诉讼中，为达到先予执行撤场的目的，发包方有哪些诉讼思路可以选择？又有哪些特别需要注意的地方？笔者拟结合检索到的案例进行简要分析。

（一）涉及两方主体

实践中较为常见的先予执行撤场情形仅存在两方主体，即发包人和承包人，发包人通常以合同无效、解除条件已达成或已确认解除为由，提出【合同之诉】或【侵权之诉】，要求承包人退出项目场地，并向法院申请先予执行。在两方主体下，当事人权利义务相对明晰，无论选择哪种诉讼思路，先予执行撤场的申请都相对容易得到支持。

但需要注意的是，承包人可能会抗辩称发包人未支付完毕剩余工程款

① 来源于裁判文书网：最高人民法院（2018）最高法民终117号民事判决书。

项，或以对工程享有优先受偿权等为由拒绝撤场，不排除法院据此认为双方当事人对工程款支付问题尚存在争议，承包人继续占有工程、拒绝撤场或移交施工资料是合理的，进而不同意发包人的先予执行申请。针对此种情形，笔者认为，发包人在申请先予执行时，可提供足以覆盖或与诉争未支付工程款金额相当的担保，从而打消法官顾虑。比如，（2014）高民终字第00877号案[①]载明，三九公司与城建十公司签订建设工程施工合同，约定由后者承包西山新村配套公建A座、B座工程。后双方在履行中发生争议，三九公司起诉至法院，以城建十公司违约为由要求解除合同、判令后者撤离施工现场并赔偿损失。三九公司申请先予执行撤场，城建十公司认为三九公司违约在先，不同意解除合同，并以对涉案工程享有优先受偿权为由拒绝撤场。后三九公司提供600万元现金及西山新村配套公建C座二层、三层作为担保，法院最终裁定准许三九公司的先予执行撤场申请（法院认定未付工程款为868万元）。

（二）涉及三方主体

如果涉及三方主体，为促使施工方退出项目场地，根据诉讼类型和主体的不同，发包人有如下几种诉讼路径选项可以考虑。

1. 合同之诉

（1）【合同之诉+先予执行：承包人+实际施工人/分包人】实践中，发包人通常以承包人和实际施工人或分包人为被告，要求：解除其与承包人间的总包合同或请求法院确认无效；承包人与实际施工人或分包人退出案涉项目场地，并向法院申请先予执行。尽管此条诉讼路径存在请求权基础混乱的问题，但很多法院依旧支持了发包人的先予执行申请，在实践中仍然具有可行性。如，（2019）甘0191民初1856号案[②]中，发包人乾元公司向法院提起

① 来源于裁判文书网：北京市高级人民法院（2014）高民终字第00877号民事判决书。
② 来源于裁判文书网：甘肃省兰州新区人民法院（2019）甘0191民初1856号民事判决书。

诉讼：判令解除与恒安公司签订的《乾元金海国际商住小区建设项目第三标段建设工程施工合同》；判令承包人恒安公司、实际施工人魏某强立即撤出案涉项目施工现场，并向该公司移交工地，并申请先予执行。法院根据乾元公司提出的先予执行申请，于2018年9月3日依法作出（2018）甘0191民初1743号裁定书①，裁定恒安公司、魏某强撤出乾元金海国际商住小区建设项目第三标段施工现场，向乾元公司移交工地。

在此种路径下，不排除法院考虑到可能存在挂靠或非法转包等情形，从而认为权利义务不明确而不同意先予执行。比如，在（2019）辽04民终35号案②中，铭安公司向法院起诉，请求解除与龙宇公司签订的《建设工程施工合同》，判令承包人龙宇公司及实际施工人杜某军返还看房钥匙，交付施工档案，退出施工现场，不得再继续阻挠其正常施工而延误工期，并向法院申请先予执行。法院经审查认为，当事人之间权利义务关系尚不明确，铭安公司申请事项不符合《民事诉讼法》关于先予执行的规定。

（2）【合同之诉+先予执行：承包人】发包人可以仅对承包人提起诉讼，要求解除总包合同或请求法院确认该合同无效，承包人退出案涉项目场地，并向法院申请先予执行。若是合法分包，此种路径较为可行，因案涉项目场地多为承包人控制。但若涉及非法转包或违法分包，法院有较大可能认为权利义务不明晰而不支持先予执行申请，并且承包人很可能并未实际占有案涉项目场地，其可能以“不具有履行能力”为由提出抗辩。

2. 侵权之诉

【侵权之诉+先予执行：实际施工人/分包人】发包人可主张总包合同无效或已解除，以实际施工人或分包人为被告提起侵权之诉，要求撤离案涉项目场地，同时申请先予执行。比如，在（2016）最高法民再53号案③中，发

① 来源于裁判文书网：甘肃省兰州新区人民法院（2018）甘0191民初1743号民事裁定书。
② 来源于裁判文书网：辽宁省抚顺市中级人民法院（2019）辽04民终35号民事判决书。
③ 来源于裁判文书网：最高人民法院（2016）最高法民再53号民事判决书。

包方沙伯公司与承包方三星公司协商一致解除合同后，分包方土木公司拒不离场，沙伯公司以土木公司侵权为由，请求法院判令土木公司立即撤离扩建工程项目场地，并申请先予执行。最高人民法院认为，“分包合同虽然独立于上述总包合同，但总包合同是签订、履行分包合同的前提和基础。沙伯公司与三星公司之间的总包合同解除后，三星公司即丧失了总承包人的法律地位，三星公司与土木公司及其深圳分公司之间的分包合同即失去了继续履行的必要性和可能性，使分包合同陷于履行不能。在此情形下，分包合同应予解除。即使三星公司可能因此向土木公司及其深圳分公司承担相应的违约责任，但这不能作为阻却分包合同解除的事由。总包合同解除必然导致分包合同解除……土木公司及其深圳分公司必须立即退出项目场地并移交项目文件”。此案显示，侵权之诉情形下，法院仍会核查总包合同是否已经解除，若采取此条诉讼路径，重点在于要取得承包人对于总包合同已经解除的确认。

笔者认为，在允许提起侵权之诉的情形下，可优先选择侵权之诉并就退场申请先予执行，主要原因在于，一方面，侵权之诉涉及主体少，双方当事人之间权利义务关系较为明确；另一方面，侵权之诉管辖法院系基层法院，先予执行申请也更易被支持。

综上，在建设工程施工合同纠纷中，为避免损失扩大，发包方可向法院提出要求施工单位先予执行撤场的申请，申请的关键在于如何说服法院接受当事人之间的权利义务关系明确。相较而言，在仅涉及两方当事人的情况下，无论选择侵权之诉还是合同之诉，先予执行撤场申请都较容易得到支持；但若涉及三方主体，则各方关系较为复杂，若情况允许，建议优先选择侵权之诉。

法定代表人/负责人印鉴的使用风险及防范

郭　萌

法定代表人/负责人的对外表意通常代表企业。除非有特别约定或特殊情形，法定代表人/负责人签字或盖章的文件一般由企业承担相应风险与责任。实践中，为便于企业高效、有序运转，对外合法合规签署文件，企业通常会刻制法定代表人/负责人印鉴，但目前各地工商部门通常对法定代表人/负责人印鉴刻制及备案无强制性要求。①

本文拟就各类法定代表人/负责人印鉴类型及效力做一梳理，并结合实践中的使用情况，对其使用风险加以识别，以期为企业印鉴管理及风险防范提供一些参考。

一、法定代表人/负责人印鉴类型及效力

（一）实践中常见印鉴类型

若无特殊约定及管理规定，通常所称法定代表人/负责人印鉴即指印章，包括两类：一类是标准字体刻印章，也即方章，多用标准字体，如楷体、宋

① 2018年2月公安部关于《印章业治安管理条例（公开征求意见稿）》规定，单位或者机构的法定代表人、经营者、主要负责人以及财务负责人等人员用于非因私事务的个人名章是具有法律效力的个人名章，此类印章的刻制、备案、管理等均有统一规定。但该条例尚未正式发布。

体等刻印；另一类是手签章，即手写字体刻印章。有的企业亦将印章称为人名章或简称章，在实际使用时与印章概念相同。

此外，签名章、签字章的概念在实践中也多有使用。有的企业认为签名章、签字章仅指手签章，而亦有企业将签名章、签字章的概念等同于印章。鉴于法律上暂无相关规定或标准，一方面，从字面意思看，签名章、签字章可理解为“代替法定代表人签名/签字的章”；另一方面，从加强风控的角度考虑，亦应对手签章的范围做严格限制。因此，我们更倾向于将签名章、签字章的概念做扩大解释，使其在界定时实际上更类似于印章的概念。

（二）法定代表人/负责人印鉴的效力

通常情况下，法定代表人/负责人印鉴（也即人名章、签名章、签字章）及其子类标准字体刻印章（也即方章）、手签章，与签字对外具备同等效力。在个别特殊场合，上述各类印鉴在对外效力上与签字有所区别。

第一，对于需企业法定代表人/负责人亲自现场签署的文件，印鉴的使用将失去意义。这类文件通常具备一定的见证属性，如需经公证机构办理公证的授权文件、签名备案、境外法人的授权代表需在法院见证下签署的授权委托文件等。

第二，因印鉴不可避免会有私自刻印的情况，且法定代表人/负责人印鉴可能由企业董办、秘书处等机构专门管理，不排除在缺乏企业及法定代表人授意的情况下发生擅自盖章的情况。此时刻印章/手签章的对外效力将取决于交易对方是否知悉加盖人并未取得法定代表人授意、企业法定代表人是否进行追认等情形，与亲笔签名的效力有所差别。

二、实践中印鉴的使用风险及防范

虽然部分企业有较为完备的印鉴内部管理规范，但实践中仍可能出现法定代表人/负责人印鉴被私自刻印、多枚印鉴混用、因缺乏标准样本而无法鉴定真伪等问题。且企业内部管理规范是否可对外对抗第三方，不无疑问。

（一）企业面临的风险及防范

使用法定代表人/负责人印鉴时，可能因出现以下两种情况而使企业面临风险：一是盖有法定代表人/负责人印鉴的文件呈现的表面意思可能与企业意思不一致，即仅有法定代表人/负责人印鉴而缺乏企业公章或追认的情况下，企业是否应对外承担法律责任；二是印鉴所呈现的表面意思不仅与企业意思不一致，更重要的是与法定代表人/负责人的意思不一致，即在缺乏法定代表人/负责人授意而由他人擅自加盖印鉴的情况下，企业是否亦应对外承担预期外的法律责任。

以上第一种情况实际上非为使用印鉴而带来的特殊风险，在此不予展开。实践中，鉴于法定代表人/负责人印鉴与签字对外效力一般无二，基于法定代表人/负责人的代表身份，法院通常推定企业应对此承担相应的法律责任，并以相对方的知悉、主观恶意等情况作为例外考量。

关于以上第二种情况，若法院推定企业需对外承担法律责任，则该等推定包含两层意思：一是法定代表人/负责人在授权范围内行动因而代表企业，二是法定代表人/负责人印鉴代表其本人意思。因此，若要避免上述风险，企业可考虑从以下三个方面阻断上述推定。

第一，阻断印鉴使用与企业行为的关联，即证明法定代表人/负责人的印鉴为私人印鉴且从未使用于与企业有关事项上。参考（2017）最高法民申1350号案件，最高人民法院在该案中认为，涉案合同盖有被告（再审申请人）印章但无被告签字，原告（再审被申请人）提交的其他合同上被告印章表面上与涉案合同印章相同，在被告未申请鉴定且未提交充分证据证明涉案合同上印章系伪造并非为其加盖时，涉案合同印章可推定为被告印章并使用于民事活动中，据此，涉案合同上盖章行为有效，被告应为该盖章行为承担责任。①

①（2017）最高法民申1350号，李某薇、张某民间借贷纠纷案，来源于裁判文书网。

第二，阻断印鉴使用与法定代表人/负责人授意的关联，即证明印鉴使用人缺乏相应授权，但证明标准较高。实践中，通常除举证证明印鉴使用人内部授权存在瑕疵，如存在违反企业管理规定等超越授权、盗用印鉴等通过非法手段取得印鉴的情况外[①]，企业可能还需进一步证明相对人知悉此等授权瑕疵。否则，当对印鉴的使用具备一定外观表象或基于一定信赖基础时（如由企业员工持有、在企业经营场所使用），企业仍有可能因内部管理混乱而需承担相应过错责任。如在（2014）民申字第1970号案件中，侯某水与赖某胜签订借款合同并由南谷公司出具《担保函》，该《担保函》上盖有南谷公司的公章及其法定代表人周某文的私章，南谷公司就印章真实性没有异议，但认为侯某水未经公司授权私自以南谷公司名义出具《担保函》，最高人民法院在该案中认为，虽然侯某水既非南谷公司法定代表人，也非授权办理保证事项的人，但其系合法持有南谷公司公章及其法定代表人周某文私章，虽然南谷公司不予认可，认为侯某水持有的法定代表人周某文私章是其从公司财务手上骗取的，但因南谷公司提供的证据不能证明侯某水持有的法定代表人周某文私章是其通过非法手段取得的，故原审法院认定本案保证合同系当事人的真实意思表示并无不当。[②]

第三，同时阻断印鉴使用与企业、法定代表人/负责人的关联，即证明法定代表人/负责人的印鉴系他人私刻。然而，此种情况亦需要证明相对方知悉或应当知悉，否则虽然理论上私刻印章的行为应由行为人自行承担后果，但结合个案具体情况，可能被认定构成表见代理，而由企业承担法律后果。参考（2016）最高法民申1134号案件，最高人民法院在该案中认为，孤立地看，马某运私刻印章的行为应由行为人自行承担法律后果，但综观本案，时任龙运公司法定代表人的马某运，曾在龙运公司与振华公司签订合同

① （2014）民申字第1970号，蓝某与长某南谷房地产开发有限公司保证合同纠纷案，来源于裁判文书网。

② （2009）高民终字第1612号，某电子租赁有限公司与中国某银行昆山市支行、北京某电子光学仪器有限公司借款合同纠纷案，来源于裁判文书网。

时被振华公司委以该项目第四项目部的负责人，马某运在签订《借款协议》时出具了振华公司给其的《授权委托书》和振华公司与龙运公司签订的合同，且所借款项均用在了该项目上……综上，查某峰有理由相信马某运有代理权，马某运以金山水岸花园项目部负责人的身份代表振华公司与查某峰签订借款合同的行为，对查某峰构成表见代理，原审认定振华公司对涉案借款负有向查某峰清偿的责任并无不当。对振华公司称马某运伪造振华公司公章诈骗一事，虽然嵩县公安局已经立案侦查，但其未提供公安机关对该案件的处理结论，所以，原判认定其应向查某峰承担偿还借款义务并无不当。振华公司清偿后，其相关权利可依《开发合同》向龙运公司主张。[①]

（二）法定代表人/负责人个人面临的风险及防范

对于为方便企业从事经济活动而刻制印鉴的法定代表人/负责人而言，其个人所要面临的风险可能来自两方面：一方面，在处理企业事务时，法定代表人/负责人印鉴通常交由第三人保管，而在第三人管理过程中，可能出现第三人持印鉴对外签署涉及法定代表人/负责人个人债务之合同；另一方面，对于刻制印章的法定代表人/负责人而言，若其离职或调任后未及时收回全部印鉴，可能亦将面临承担个人责任的风险。

第一，对于管理人擅自盖章的情况，可参考上述第（一）项防范路径，证明印鉴使用人缺乏相应授权，或证明法定代表人/负责人的印鉴系他人私刻，但需同时证明相对人知悉或应当知悉此种情况。但若仅仅证明法定代表人/负责人印鉴只使用于与企业相关事项上，据此主张免除个人责任的，除非相对方知悉企业的印鉴使用及管理限制，否则个人责任恐难以免除。

第二，对于离任后未及时收回印鉴的，因法定代表人/负责人存在一定过错，相应的个人责任恐难以免除。法定代表人/负责人仅能从加强管理的角度尽量避免出现未及时收回的情况。如在（2017）最高法民申2581号案

① （2016）最高法民申1134号，查某峰与嵩县某房地产开发有限公司借款合同纠纷案，来源于裁判文书网。

件中，最高人民法院认为：涉案保证合同上加盖的带有编码的许某平印章已在公安机关备案，该印章是许某平担任豪琳公司法定代表人期间由其公司工作人员持豪琳公司委托书、法定代表人身份证复印件等相关证明申请办理刻制，该印章并非伪造；许某平作为豪琳公司法定代表人，应知名章具有概括授权的法律效果，但其在离任后仍将个人名章存放于公司，不及时收回并妥为保管，先后在时隔二个月期间内反复使用于由其与配偶共同签署的四份保证合同书中；原审判决认定加盖许某平名章的案涉保证合同真实有效，不缺乏证据证明。[①]

（三）风险事前预防

除上文提到的事后防范措施外，对于不要求法定代表人/负责人印鉴向公安或工商部门强制备案的地区（如北京、上海等地），我们建议企业可考虑采取以下措施，进一步完善印鉴管理制度，并定期排查印鉴使用风险。

这些措施包括但不限于：控制印章的刻印数量、区分个人因私印章及因公印章、对个人于工作中使用的因公印章自行备案或进行公证、加强对因公印章的取用和日常管理等工作。同时，对于对外签署或出具的重要书面文件，明确约定加盖企业公章方可生效。

① （2017）最高法民申2581号，许某平、中国某银行商南县支行金融借款合同纠纷案，来源于裁判文书网。

CHAPTER X

第十章
理论探讨篇

关于被告代理人的几点漫谈

李 倩 张郑军

诉讼是一场"攻防战"，被告在这场战役中一般居于防守地位，与原告相比要略为被动一些。作为被告代理人，若能运用体系化思维"排兵布阵"，在帮助当事人构筑起稳固防线的同时，适时出击，或将有效改变被动态势，瓦解对方进攻，或为后续的调解赢得筹码，争取谈判空间。当然，如何运用体系化思维最大限度地实现诉讼目标，是一个开放性议题。笔者不揣冒昧，在下文中，从原告主体资格、程序性策略、实体性策略与调解四个方面谈一谈自己的浅见。

一、原告主体资格①

多数情况下，被告是在收到法院的案件受理通知书之后才委托律师的。此时，法院已立案受理原告的起诉，对原告的主体资格进行了初步审查，但这并不意味着原告一定为适格的诉讼主体，作为被告代理人，仍不能掉以轻心，应继续对原告的主体资格进行审查。

① 需要说明的是，关于被告主体资格，根据《民事诉讼法》第一百一十九条关于"起诉条件"的规定，对于被告仅要求"明确"即可，明显不同于原告主体资格方面要求有"法律上的利害关系"。因此，我们认为，被告应不存在主体不适格一说，如果被告不应向原告承担责任，也应由法院审理后作出驳回原告诉讼请求的判决，这属于法院实体审理范畴。在主体资格项下，被告代理人只需审查原告是否适格，而不包括被告。

多数纠纷中，判断原告是否为适格主体相对较简单，其与案件是否具有法律上的利害关系还是较容易看出来的。但在一些特定类型的诉讼中，如股东代表诉讼、第三人撤销之诉、实际施工人以发包人欠付工程款为由对发包人提起的诉讼等，原告主体资格的判断则相对复杂一些。

1.股东代表诉讼中，公司股东为保护公司利益，可以自己名义代表公司提起诉讼。此时，作为被告代理人，可从《公司法》规定的三个方面审查原告是否为适格主体：第一，原告是否具备股东身份；第二，如果是股份有限公司，原告的持股期限、持股比例是否符合法律规定；第三，原告是否已履行《公司法》规定的前置程序。除此之外，被告代理人还需审查原告提起的是侵权之诉还是违约之诉。实践中，对于股东代表诉讼中原告是否有权代表公司提起违约之诉，存在一定争议。

2.在第三人撤销之诉中，根据《民事诉讼法》第五十六条的规定，有权提起撤销之诉的第三人，限于因不能归责于本人的事由未参加原审诉讼的，有独立请求权第三人和无独立请求权第三人。其中，有独立请求权第三人较容易认定，但无独立请求权第三人又需结合“与案件处理结果存在法律上的利害关系”这一要素进行认定。在某案件中，甲、乙、丙三人成立A合伙企业，后在甲与B公司的诉讼中，甲借用A企业公章，以A企业名义出具授权委托书，授权甲代表A企业以第三人身份参加诉讼，并在调解书中以合伙财产为被告甲的债务提供担保（A企业合伙协议未约定对外担保事项），后乙、丙以该担保违反《合伙企业法》第三十一条之规定为由，提起第三人撤销之诉，请求法院撤销该调解书。此时，乙、丙提起第三人撤销之诉是否适格，不无疑义。

3.在实际施工人起诉发包人主张工程款的诉讼中，实际施工人依据的是《最高人民法院关于审理建设工程施工合同纠纷案件适用法律问题的解释（一）》的相关规定。实际施工人身份的认定在建设工程施工合同纠纷中历来富有争议。实际施工人包括非法转包合同的转承包人、违法分包合同的承包人，但在司法实践中，对于挂靠情形下的承包人是否属于实际施工人，则未形成一致意见。另外，层层转包时实际施工人身份是否固定，也存在一定争议。

在原告主体资格的审查方面，如上举例，被告代理人大有可为。对于诸如此类在司法实践中存在争议的、有可能对原告主体资格造成影响的法律问题，被告代理人应将其作为一个潜在的突破点进行重点研究。

二、程序性策略

1. 管辖异议

在管辖问题上，被告代理人除需审查原、被告之间仲裁条款或约定管辖条款的有无及效力外，还可根据案件需要，决定是否提出管辖异议。多数情况下，原告会选择“主场作战”，比如向其住所地法院提起诉讼，以发挥“主场优势”。这时，被告代理人可视情况提出管辖异议，如管辖异议被驳回，还可就驳回管辖异议裁定提起上诉，以配合己方的诉讼策略。当然，对于管辖异议，尤其是针对级别管辖和专属管辖情形，原则上不建议被告代理人随意提出，除非确有特殊考量。毕竟，权利不宜被滥用，如果在提出管辖异议方面过于任性，恶意拖延诉讼进程，很可能会引起合议庭成员的反感，这对当事人而言未必是有利的。

2. 反诉

《亮剑》开篇，李团长就主张进攻是最好的防御。战争中，凭借勇猛和视死如归的气势取胜的例子不胜枚举。但在诉讼中，理性应高于感性。在反诉问题上，应从案件整体出发，通盘考虑，对是否提起反诉及反诉主张得到支持的可能性等事项进行评估后再做决定。如果决定提起反诉，应注意提起反诉的时间节点。有时候，原告起诉被告，被告早已郁结了一肚子气。发现有可做文章之处，便极力要求代理人提起反诉，“出一口气”。作为专业人士，被告代理律师应对当事人的要求进行客观、理性的分析，不能过于“溺爱”自己的客户。如果提起反诉只会徒然增加诉讼成本，甚至导致合议庭对被告产生不利看法，一定要本着“受人之托、忠人之事”的原则，耐心地与被告沟通，制止这种“搬起石头砸自己的脚”的做法。当然，如果反诉可行的话，被告代理人也应抓住时机主动进攻。比如在建设工程施工合同纠纷中，承包人起诉发包人索赔工程款，作为被告代理人，可协助发包人制定相应的反索赔策略，通过工程质量问题、工期问题、非法转包问题等，主动提起反诉进行索赔，以抵扣工程款。

3. 其他程序性策略

被告代理人还可运用到的程序性策略包括申请追加第三人，申请延期举证、延期开庭等。建设工程施工合同纠纷中，还可根据案件实际需要，申请对工程质量、工程造价进行鉴定。当然，如前所述，权利不宜被滥用，对于这些程序性策略，应结合案件实际，审慎运用。

三、实体性策略①

1. 时效问题

最典型的时效问题就是诉讼时效②，被告代理人应根据原告的权利类型，注意审查诉讼时效是否经过。在第三人撤销之诉中，除前文中所说的主体资格问题，还要注意起诉是否逾期，是否在“自知道或者应当知道其民事权益受到损害之日起六个月内”。除此之外，还有保证期间、撤销权的行使期间、解除权的行使期间等。

在一些原告诉请解除合同的案件中，合同解除权的行使期限问题值得关

① 时效问题相对较独立，本可单独作为一节。但本节的“实体”是相对上一节“程序”而言的。另外，时效问题业已涉及原告的诉请能否成立，故一并纳入这一节中。

② 庄壮：《敲黑板：原告代理人应注意哪些问题》，载《天同诉讼圈》2018年5月26日。

注。解除权的性质为形成权，须受除斥期间的限制，否则，当事人之间的权利义务将长期处于不确定状态，不利于保护交易安全。而《民法典》第五百六十四条规定："法律规定或者当事人约定解除权行使期限，期限届满当事人不行使的，该权利消灭。法律没有规定或者当事人没有约定解除权行使期限，自解除权人知道或者应当知道解除事由之日起一年内不行使，或者经对方催告后在合理期限内不行使的，该权利消灭。"其中，对于催告后解除权的合理期限，暂无统一的适用标准，仅个别司法解释中作出规定，如《最高人民法院关于审理商品房买卖合同纠纷案件适用法律若干问题的解释》（2020年修正）第十一条第二款规定："……经对方当事人催告后，解除权行使的合理期限为三个月……"对于其他合同，在当事人未约定解除权行使期限，催告后的解除权行使的合理期限应为多久，不能一概而论。在合理期限的确定问题上，法官具有一定裁量权，一般可结合双方当事人之间的关系、合同的履行过程、合同性质、交易目的等综合认定。但该期限不得明显过长，如果明显过长，与合同解除权的性质不符，行权期限便无"合理"一说了。

2.请求权基础分析

古人云："谋定而后动。"被告代理人在答辩前，应认真阅读原告起诉状，尤其是原告的起诉状较为逻辑不够清晰时，一定要对原告的起诉状进行归纳、总结，找到原告请求权基础规范，之后，对原告的请求权基础进行解构、寻找抗辩（权）基础规范。仍以建设工程施工合同纠纷为例，实际施工人依据《最高人民法院关于审理建设工程施工合同纠纷案件适用法律问题的解释（一）》的相关之规定起诉发包人，但实际施工人依据该条起诉发包人有两个前提：（1）发包人欠付承包人工程款；（2）承包人欠付实际施工人工程款。只有两个条件都满足的情况下，实际施工人才有权要求发包人支付工程款。否则，实际施工人的诉讼请求就应被驳回。关于请求权基础分析方法，建议拜读王泽鉴教授的《民法思维——请求权基础》和邹碧华法官的《要件审判九步法》。

四、调解

“知止而有得”，作为被告代理人，应尽可能驳回对方诉请。但有时候，被告确实属于需承担责任的一方。这时，作为被告代理人，可通过“以打促谈”方式，尽可能争取调解的机会，在法律允许的范围内实现当事人利益最大化。在程序上打“阻击战”，拖延诉讼进程，在实体上反驳原告不合理的诉讼请求，降低原告的胜诉预期，再抓住时机抛出“橄榄枝”。

调解时，作为被告代理人还应做到与客户进行充分沟通，调解方案须得到客户首肯，不能越俎代庖。要管理好客户的预期，协助客户制定合理的调解方案。代表被告与对方进行调解时，一定要真诚，不宜漫天还价、信口开河，也不宜“得了便宜还卖乖”，应本着解决问题的心态参与调解，有效帮助客户定分止争息诉。

作为被告代理人应注意哪些方面，诉讼策略的拟定、实施，调解时如何与法官、客户、原告方沟通，调解时机如何把握、调解方案怎么提等，均依赖于代理人丰富的办案经验和对诉讼心理的把握。笔者资历尚浅，不敢妄自托大，仅充投砾引珠之作，从以上四个方面谈一些个人浅见，见笑于方家。

脑图：从思考的“轴”生“维”

程绍阳

脑图，又称为思维导图或思维地图，是由英国学者托尼·巴赞（Tony Buzan）发明的一种表达发散性思维的图形思维工具。它以直观形象的图示建立起各个概念之间的联系，用一种模拟思维网络系统进行的记忆、归纳和创造改为用一种模拟思维网络系统进行记忆、归纳和创造。通常是由某一置于图表中心的主题发散，即形象意义上所谓的“轴”，而每一个“轴”又可向外发散至相关联的内容与主题，形成每一条逻辑线上的“维”，构成一个系统性的放射状框架图。

脑图通过流程、表格、色彩、图像和逻辑连接等方式有助于将律师日常的法律学习和案件办理简单化、可视化，有助于训练我们的逻辑思维，建构自己的知识体系，帮助律师在短时间内对案件建立起清晰和持久的印象，在案件办理中做到事半功倍。

制作脑图常用的软件有：Mindmanager；Xmind；MindMaster；Mubu；iMindMap等，它们大多大同小异，在布局、排版上略有差异，可根据个人喜好选择不同的绘图软件。

脑图常运用于律师工作的以下环节：

一、知识管理

知识管理的兴起得益于对知识研究的形成，1988年，彼得·德鲁克正式提出了这一概念。而所谓个人知识管理，Jason Frand和Carol Hixon二人将其定义为一种概念框架：个人将他们认为重要的信息组织和集中起来并吸收转化，完善个人知识的基本部分；还提供某种方式方法，将信息片段转化为可以系统性运用的资源来扩展相关的个人知识。对律师而言，个人知识管理的目标之一就是要建立自己的数据库。无论法律法规、裁判观点，还是办案经验、庭审技巧等，都应当对日常工作中所学到的知识进行分类管理，形成知识框架。只有形成了知识框架，才能形成记忆和理解的逻辑。而脑图则是形成知识框架的有效途径。仅以合同效力这一法律问题为例，在现行法律体系下，对于一般合同效力的认定通常包括有效、无效、可撤销和效力待定，如每一种情形下对应的类型有哪些，相应的法律依据是什么，有没有典型案例支撑等。依照此逻辑，便可形成下列知识管理的脑图。

当然，知识管理的脑图不是一成不变的，随着知识储备的增加或者法律法规的修改，我们的脑图也要随之而变。并且脑图的形式也不是固定的，我们完全可以根据个人工作习惯的不同，画出适合自己的构图。比如，在法律条文之后还可以增加典型案例，在谈到此类问题时，脑海中可以即刻浮现类案判例。脑图用于知识管理的好处在于，我们一旦形成了关于某一类问题的知识框架，在工作中如遇到涉及此类问题的案件时，便可轻松运用知识储备，做到以不变应万变。

二、案件评估

在案件评估阶段，脑图可以清晰地反映案件的争议焦点，捋顺主体间的法律关系。案件事实是什么，涉及几方当事人，当事人之间的法律关系是什么，可能涉及哪些法律问题，如要实现客户诉求需从哪些角度切入等。脑图可以训练律师的逻辑思维，增强处理法律问题的能力。以一起买卖纠纷案件为例：

A公司与B公司签订一份《房屋买卖合同》，约定由A公司向B公司出售10套房屋。合同签订后，B公司已付清全部购房款，但未办理过户登记。现A公司进入破产程序，B公司希望可以将案涉房屋过户，或就购房款优先受偿。

此案情并不复杂，我们需要帮助客户实现“房屋过户或价款优先受偿”的目标，考虑到A公司已经进入破产程序，如果要实现过户登记，B公司应当向破产管理人主张取回权。如果要就购房款优先受偿，则应当考虑B公司对该房屋是否享有别除权或其他优先性权利。可见，判断客户目标能否实现的前提是判断案涉房屋是否属于破产财产，脑图的“轴”便形成了。接着进一步思考有何种法律依据可以证明案涉房屋不属于破产财产，是否有案例支撑。我们检索后发现，不同法官在破产财产范围确定上存在观点的分歧，即对《最高人民法院关于审理企业破产案件若干问题的规定》第七十一条还应否适用存在不同意见。另一条线上，如果能够证明案涉房屋属于破产财产，则需要考虑在房屋上并未设定担保物权的情形下，B公司应如何主张权利，若认定B公司属于《最高人民法院关于建设工程价款优先受偿权问题的批复》（现已失效）中的消费者，其优先受偿的诉求亦可得到实现。以此向下逐层进行分析，经过评估，我们最终认为该案不可行，B公司只得依普通债权人的身份申报债权。熟练运用脑图，我们评估该案件可行性的逻辑将更强，思路也更清晰。

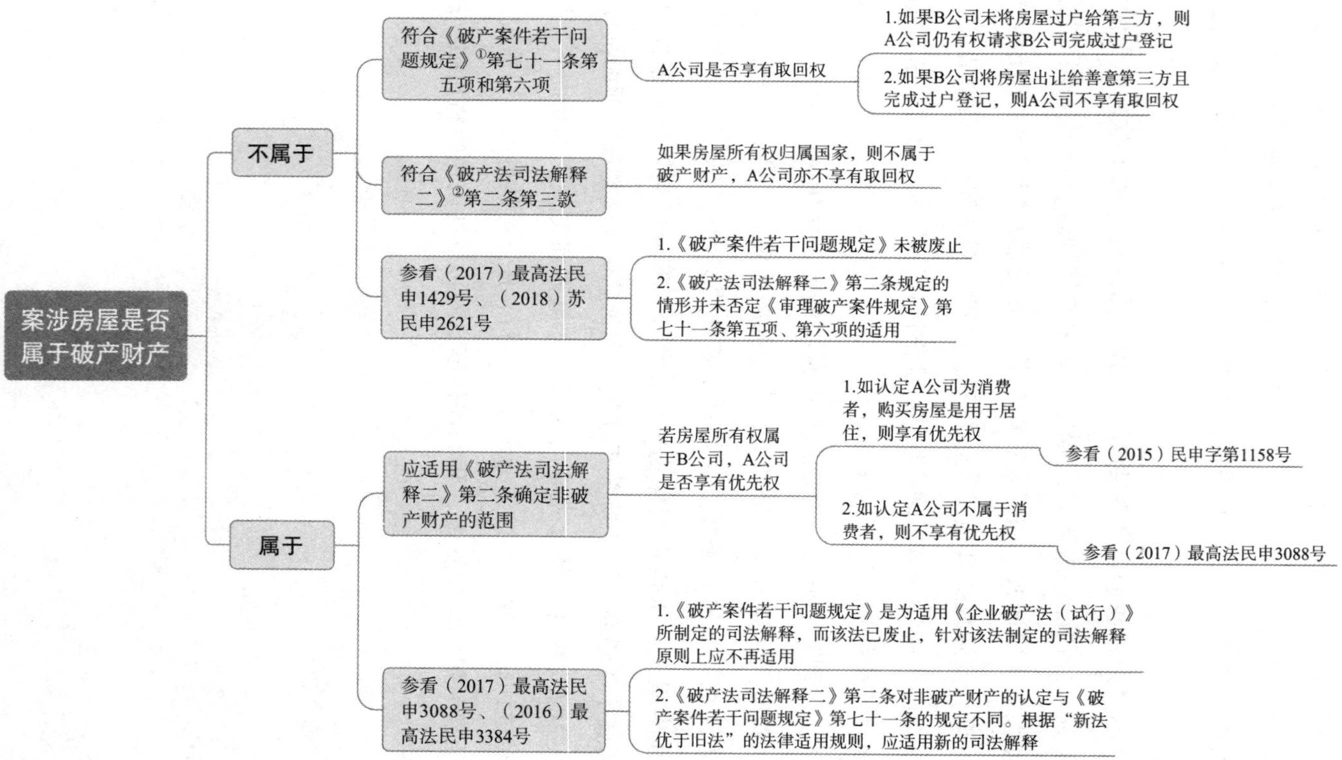

① 全称为：《最高人民法院关于审理企业破产案件若干问题的规定》。

② 全称为：《最高人民法院关于适用〈中华人民共和国企业破产法〉若干问题的规定（二）》，2020年修正。

三、庭前准备

法庭是诉讼律师的主战场，是检验律师基本素质、考验律师应变能力的场所，也是关乎诉讼成败的关键环节。随着民事诉讼渐由传统的职权主义审判模式向当事人主义审判模式融合，律师在民事诉讼庭审中的作用越来越重要，不仅需要帮助法庭尽可能查明案件事实，更需要对案件的法律适用提出观点论证，以此打动或说服法官支持当事人的诉求。因此，开庭前的准备工作显得尤为重要。

通常，民事案件开庭程序包括核对当事人身份信息、告知诉讼权利义务、法庭调查、法庭辩论、最后陈述等环节。其中，最能体现律师业务素养的环节，在于法庭调查和法庭辩论。

法庭调查是考验律师对案件事实是否熟悉的关键环节，如果作为诉讼代理人的律师不能通过组织证据替当事人还原法律事实，不能准确把握案件细节。于客户而言，是极其不负责任、有违法律职业操守的，亦会使客户丧失对律师的信任；于法官而言，也是极其反感的，因为会导致查明案件事实的节奏变慢，无疑会降低诉讼效率，增加法官工作量。因此，在庭前准备的脑图中，需要呈现对案件事实的梳理和对证据材料的组织。

法庭辩论是考验律师专业知识和应变能力的重要环节。法庭辩论发生在双方对于案件的客观事实及法律事实都进行充分表达之后，辩论的内容是依据双方就证据所体现的法律事实与客观事实之间的差异以及案件所应该适用的法律之间的辩论，辩论应围绕法庭所总结的案件争议焦点而展开，律师的代理思路实际上是通过法庭辩论的攻防渐进展开的，辩论的过程也是律师释明法律适用和说服法官的过程，因此逻辑的周延显得尤为重要。法庭辩论环节的脑图可以将我们归纳的争议焦点作为“轴”，在每一个争议焦点上列出开庭时可能出现的“攻与防”。比如对于合同效力的争点，若我们坚持合同有效，则不仅需要论证合同是双方真实意思表示，不违反法律行政法规的强制性规定，还需将可能导致该合同无效或可撤销的事由逐一击破。在制作脑图时，我们需要将对方可能提出的影响合同效力的理由一一列出，在发散出的每个“维”中列明驳斥的理由和证据。

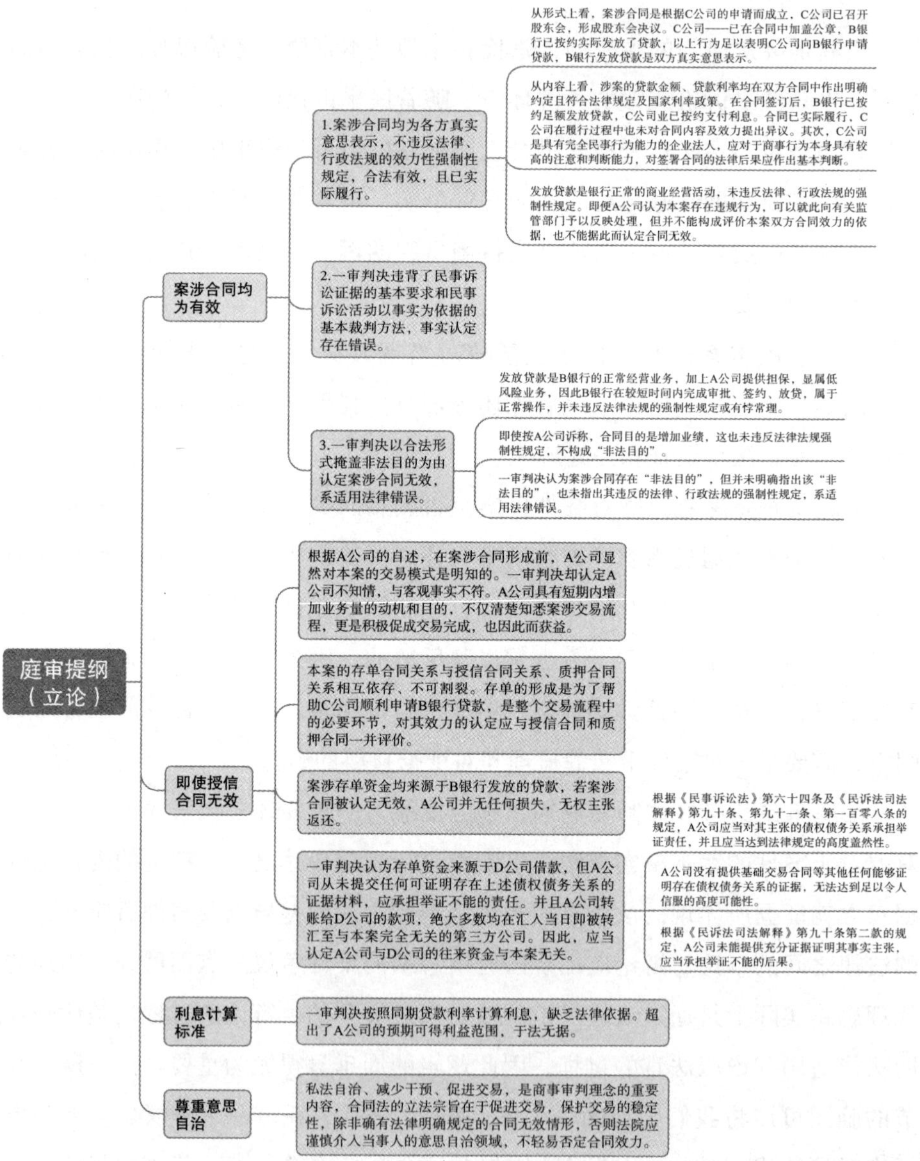

以笔者参与办理的一个合同纠纷二审案为例，庭审立论环节的脑图主要用于阐述我方观点，首先，论述我们认为案涉合同均为有效，即先从意思表示真实、实际履行情况说明合同有效，再阐述一审判决认定的部分事实确有错误，最后论述一审判决认定合同无效构成适用法律错误；其次，退而言之，即使认定合同无效，A公司也无权主张返还资金，维度部分衍生出四点理由；最后，从人民法院审理案件的商事审判理念出发，主张法院应充分尊重当事人意思自治，审慎认定合同无效。在法庭调查和法庭辩论的脑图中，首先，我们列明了二审提交的新证据和证明目的，写明了该证据中可能对我方不利的点并注明驳斥的理由；其次，我们列明了一审认定事实有异议的部分，便于在庭审调查环节应对法官提问；再次，围绕我们归纳的法律适用争议，列明对方可能主张的观点，并逐一驳斥；最后，对本案案件事实和法律适用焦点进行设问，以此应对庭审中可能出现的新情况。

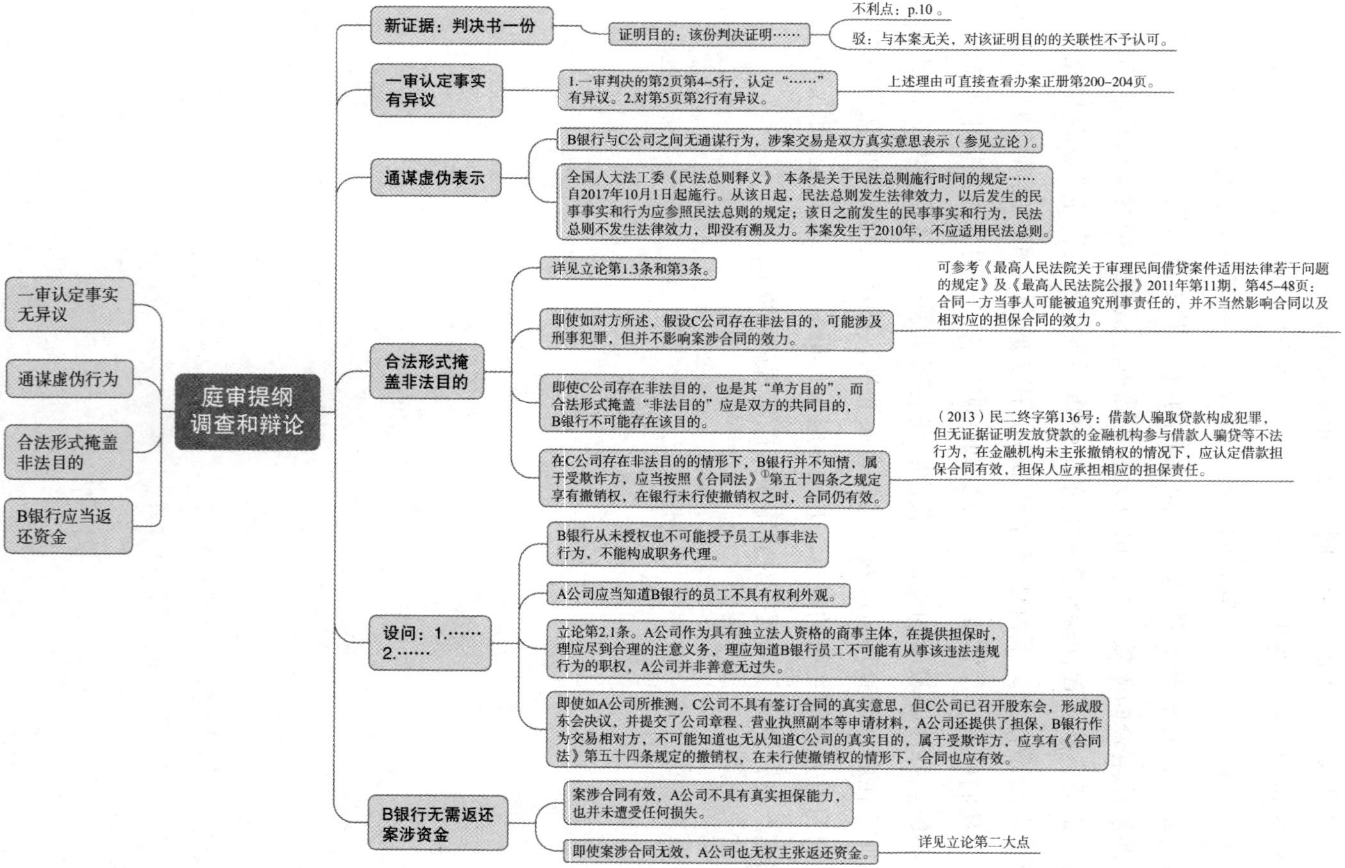

① 现为《民法典》第一百四十八条、第一百五十条、第一百五十一条。

四、庭后复盘

庭审结束后，对庭审的内容进行复盘不仅可以给当事人带来更好的客户体验，也是律师个人积累办案方法和办案技巧的过程。通过复盘回顾我们在庭审中的表现可以更加精准地分析诉讼“得与失”。我们庭前归纳的争议焦点是否准确？法庭调查的事实有无遗漏事项？对方的代理意见是否在我们应对范围之内？庭审整体效果如何？关于法律适用的观点是否表达得清晰透彻……庭审复盘是对庭审全过程的回顾和反思，通过庭审复盘我们对于合议庭关注的案件焦点和对方的法律观点会更加清楚。因此，在前述庭审准备脑图的基础上，我们可做进一步修改，即补充完善庭审中出现的新问题、新观点，为我们庭后提交代理意见做准备。

下图是一个建设工程施工合同纠纷的庭后复盘脑图，与前面几幅图明显不同的是，该图由单向结构变成双向结构，原因在于庭后我们已完全知晓了对方的代理思路，反向“维度”可以更清晰地表现对方对于争议焦点的不同主张，也便于我们在代理意见中更有针对性地驳斥。

诉讼可视化是一种趋势。[①]作为诉讼可视化应用下律师工作的一大利器，脑图不仅能够快速提高办案效率、学习效率，更在提高知识储备、增强逻辑思维能力、促进律师个人成长等方面具有明显优势。正所谓“欲致鱼者先通水，欲致鸟者先树木”，只有真正将脑图创新运用在实际的学习和办案中，不断增强业务本领，才能立于法律创新思维的潮头。

---

① 蒋勇：《诉讼可视化》，法律出版社2017年版，第412页。

突破藏于细微处：深挖个案细节差异，明晰法律适用规则

李　谦　徐　坤

法律总是试图为社会生活规范提供某种确定性，纷繁多样的生活却又总是对这种确定性持续提出挑战。严密的逻辑推理赋予法律解释学无限魅力，事实的个案差别则为“不确定”走向“确定”提供了最重要的支撑。当法律无法非黑即白地定分止争时，律师如何通过挖掘个案的差异化事实去说服法官，使得这种“不确定性”朝着胜诉的有利方向发展，是重要的律师实务技能。本文以一则涉及“离婚协议关于房屋产权的约定能否排除执行”的案例引入，希望与律师同仁探讨在法律条文的解释争议极大的情况下，如何从事实细节处寻找切入口，争取胜诉结果。

一、案情简介

甲、乙2006年登记结婚。婚姻存续期间，甲、乙共同出资购买房屋A，登记在甲名下，甲单独出资购买房屋B，因为贷款政策限制等原因登记在乙名下。2012年5月，甲、乙协议离婚，约定甲名下的A房产归乙所有，乙名下的B房产归甲所有。两套房屋均未办理变更登记。

2012年7月，乙向丙出具《担保承诺书》，为丁公司向丙3000万元借款提供连带责任保证。由于丁公司到期未能偿还借款，丙向人民法院起诉要求乙

承担保证责任，并申请查封了登记在乙名下的B房产，胜诉后申请强制执行。

甲向执行法院提出异议被驳回后，提起本案执行异议之诉，请求：1.确认B房产为甲所有；2.停止对B房产的执行措施并解除查封。一审法院认为，离婚协议签订后，甲、乙并未完成房屋变更登记，不直接发生物权变动的效果，不具有对抗第三人的法律效力，B房产可作为乙的财产执行。根据《最高人民法院关于人民法院民事执行中查封、扣押、冻结财产的规定》第十四条第一款关于执行法院可以查封对被执行人与其他人共有财产的规定，甲的共有权不足以排除对B房产的强制执行，判令驳回甲的全部诉讼请求。

二、理论观点冲突，实践处理不一

本案核心争议系“离婚协议关于房屋产权的约定能否排除执行”。甲一审败诉后，我们介入二审代理工作，就案涉法律问题在理论和实践层面进行了细致梳理。

在理论层面上，该类案件本质在于未变更登记的隐名权利能否阻却法院执行。由于隐名权利与“物权法定原则”矛盾，且申请执行人与异议当事人的权利衡平并非易事，学界关于离婚协议约定房屋产权能否排除执行，至今未有定论。

例如，关于隐名权利的权利性质。一种观点认为，《民法典》并不承认“实际所有权”或“事实所有权”的概念，在房屋处分未经变更登记时，当事人享有的仅为物权期待权；另一种观点认为，登记表彰的物权状态并不总与真实物权状态相一致，如果异议当事人能够证明真实物权状态与不动产登记簿的记载不一致，人民法院可以根据当事人提交的证据确认不动产物权的权属。[①]前者严格从“物权法定”原则出发，后者则基于现实情况考量，两

① 参见司伟：《借名买房纠纷中房屋权属认定的物权法思考》，载《民事审判指导与参考》第66辑。

者实难简单判定高下。

又如，关于申请执行人是否基于登记公示享有信赖利益。支持者主要认为，《执行工作规定》禁止超标的查封，申请执行人就部分财产申请查封后，必须放弃查封其他财产，就已查封财产部分应认定其具有查封利益。反对者则认为，享有信赖利益的善意第三人应限于交易第三人。公示公信原则旨在维护交易安全，如申请执行人仅享有一般金钱债权，不涉及与房产相关的交易，申请执行人并不对债权人的特定房产享有信赖利益。债权人的责任资产本就具有不确定性，否定申请执行人就查封房产受偿并不会造成额外损害。

最后，关于占有是否可以强化隐名权利，现行法律并未确立一般性的规则。但结合《执行异议和复议规定》（2020年修正）第二十八条“金钱债权执行中，买受人对登记在被执行人名下的不动产提出异议，符合下列情形且其权利能够排除执行的，人民法院应予支持：……（二）在人民法院查封之前已合法占有该不动产”，以及《最高人民法院关于审理买卖合同纠纷案件适用法律问题的解释》（2020年修正）第六条“出卖人就同一普通动产订立多重买卖合同，在买卖合同均有效的情况下，买受人均要求实际履行合同的，应当按照以下情形分别处理：（一）先行受领交付的买受人请求确认所有权已经转移的，人民法院应予支持”，或可认为占有能够强化隐名权利，使之相较同位阶权利具有优先性。

此外，由于实践中确实存在当事人假离婚逃废债务的情形，法院处理亦尤为谨慎。在类案检索的过程中，我们注意到最高人民法院公报、《人民司法·案例》和相关司法实践也并未形成一致意见。

例如，钟某玉与王某、林某达案外人执行异议纠纷案①中，最高人民法院从（1）申请执行人债权在婚姻关系解除、财产分割后成立；（2）一般金钱债权劣后于变更登记请求权；（3）涉诉房产具有生活保障功能等方面，支持了当事人离婚协议关于房屋产权的约定可以排除执行的主张。

---

① 案号：（2015）民一终字第150号，载《最高人民法院公报》2016年第6期。

但在付某华诉吕某白、刘某锋案外人执行异议之诉案[①]中，上海市第一中级人民法院则认为："根据我国《物权法》[②]规定，不动产物权变动原则上以登记完成为生效要件。夫妻双方签订的离婚协议中对不动产归属的约定并不直接发生物权变动的效果，一方仅可基于债权请求权向对方主张履行房屋产权变更登记的契约义务。在不动产产权人未依法变更的情况下，离婚协议中关于不动产归属的约定不具有对抗外部第三人债权的法律效力。"

而在何某芬诉金某贵、第三人陈某案外人执行异议之诉案[③]中，浙江省湖州市吴兴区人民法院认为：（1）申请执行人的债权发生在债务人离婚之后，系债务人的个人债务；（2）申请执行人未办理抵押登记，仅为普通债权人；（3）债务人离婚前早已与配偶分居，离婚行为无明显恶意串通的故意；（4）离婚协议对夫妻共同财产做出了较为均等的分割；（5）案外人未办理变更登记是为等待还清按揭贷款，无故意拖延等重大过失；（6）案外人一直居住于案涉房产，且名下无其他房产，因此判决案外人有权基于离婚协议的约定对抗申请执行人的债权。

此外，最高人民法院层面尚有张某英诉万某辉、第三人成某波等案外人执行异议之诉案[④]，武某平诉张某怡申请执行人执行异议之诉纠纷案[⑤]，周某珠诉青岛威邦贸易有限公司案外人执行异议之诉案[⑥]等就该问题存在不同观点。笔者代理案件所处的广东省范围内，司法实践亦未就该问题形成一致意见。

① 案号：（2014）沪一中民二（民）初字第3号，载《最高人民法院公报》2017年第3期。

② 现为《民法典》。

③ 案号：（2017）浙0502民初8184号，载《人民司法·案例》2018年第17期，《离婚协议关于房屋产权的约定排除执行的标准》。

④ 案号：（2017）最高法民终42号，来源于裁判文书网。

⑤ 案号：（2018）最高法民申613号，来源于裁判文书网。

⑥ 案号：（2017）最高法民申3915号，来源于裁判文书网。

三、代位思考，寻找个案突破口

在梳理司法实践的过程中，我们注意到，由于同时涉及隐名权利人和债权人利益保护，占有人的生存利益也牵涉其中，相较于单纯的法律判断，法官更倾向于通盘考量案件事实，以个案公平为原则进行裁量。

另外，本案一审中，原代理律师已经梳理了支持离婚协议对抗执行的在先司法实践案例，并详细说明甲、乙离婚分割财产在先，乙通过个人财产对外负债在后的时间顺序，甲、乙客观上不存在假离婚逃废债务的可能。在财产分割公平、乙仍有A房产作为责任资产的情况下，支持甲的主张并不会损害债权人权益，反而可以周全保障各方利益。基于个案公平的原则导向，甲本应获得相对有利的一审判决结果。但本案特殊之处在于，包括乙在内共计5名丁公司股东向丙提供了连带责任保证，其中一名股东已被一审法院查实存在假离婚恶意逃债行为，这无疑将使合议庭产生负面心证。

考虑到本案客观情况，承办团队分析认为，本案一审败诉的原因可能并非法律说理不足，而是在同案已有假离婚逃废债务先例的情况下，仅凭借财产分割与债务形成的先后顺序，尚不能完全打消合议庭疑虑，在不能完全排除甲、乙逃废债务可能的情况下，为妥善保障债权人权益，一审法院最终对甲做出了不利判决。因此，承办团队讨论确定，除理论论述外，二审代理更应侧重挖掘甲、乙并非恶意逃废债务的相关证据，并重点强调B房产对于甲的生活保障作用，争取使法官信赖甲、乙离婚协议的真实性，基于个案正义作出对甲的有利判决。

在就代理思路与当事人充分沟通后，当事人亦高度认同我们的判断，并主动向我们补充提供了相关证据线索：例如，甲支付B房产首付以及月供，甲在离婚后即组建了新的家庭，并已育有一子，与现配偶、儿子均生活在B房产内，并非假离婚。又如，离婚协议的财产分割没有显著失衡，甲、乙对此均予认可等。

根据甲的说明，我们进一步协助收集了甲缴纳B房屋物业费、水电费和停车费的相关证据，补充了甲与其配偶的房产查询清单，说明除A房产尚未办理变更登记外，B房产是甲与其配偶名下唯一住房，具有生活保障功能。另外，为明确债权人的权利保障路径，在我们的建议下，甲当庭明确表示丙可就A房产申请执行。

此外，在团队讨论的过程中，我们亦主动代入法官角色，寻找合议庭就案件事实可能产生的“好奇”和疑虑：例如，A房产原在甲名下，B房产原在乙名下。甲、乙离婚后为何不维持原状，而进行互换分割。又如，甲、乙已经离婚并分别组建家庭，为何不办理变更过户手续避免后续争议，甲对于未办理变更登记是否具有恶意。

在询问当事人后，甲向我们介绍，由于A房产紧邻乙的工作地点，B房产距甲的工作地点也更接近，基于各自生活、工作便利的考虑，甲、乙双方最终确定了财产分割方案，并向我们提供了证明双方工作地点的相关证据。未办理变更登记则是因为B房产尚有大量按揭贷款，一次性结清贷款过户确有难度，通过担保公司赎楼成本较高，甲、乙是为等待贷款还清后再行过户，且B房产的按揭款一直由甲单方偿还，甲对于未办理变更登记并不存在某种值得指责的“恶意”。

在提交上述证据并当庭说明情况后，甲是否实际居住于B房产引起了合议庭的高度关注。为查明本案真实情况，合议庭主动要求我们进一步提供证据证明甲实际占有B房产。根据合议庭的要求，我们补充了甲购买私人衣物、家居用品以及为儿子购买奶粉及婴儿用品的相关网购记录，用以强化现有证据链条。基于法官依职权调查取证，我们也更加确信代理思路的正确性，成功争取到法官根据实际情况进行个案公平衡量。

四、胜诉结果及法院说理

本案二审最终获得改判胜诉支持。合议庭认为：“本案中，丙辩称甲与乙签订离婚协议分割财产，系出于逃避债务的主观恶意，而根据《民事诉讼法解释》第一百零九条有关恶意串通事实证明标准的特别规定，其举证证明程度则应达到使人民法院确信该恶意串通事实存在的可能性能够排除合理怀疑。本院认为，乙的保证债务发生在其与甲离婚之后，虽然涉案离婚协议的签订时间与债务的发生仅相隔两个月，但与常见的通过虚假离婚逃避债务的情形不同，该离婚协议并未将夫妻名下价值较大的两套房屋均约定归甲所有，亦无证据显示甲乙在离婚后仍共同生活，甲则在离婚半年后即另与案外他人结婚，依一般生活经验不能排除二人当时离婚的真实性，根据前述司法解释规定的证明标准，尚不足以认定甲乙离婚并签订财产分割协议系出于恶意串通损害丙利益的主观共谋。根据《民法典》第一千零八十七条第一款的规定，甲基于涉案离婚协议中的财产分割约定，对乙享有协助办理涉案房屋产权过户登记的请求权。”

“民法理论认为合法占有可强化作为占有一句的本权，司法实践中对此亦持相同认识，《第八次全国法院民商事审判工作会议（民事部分）纪要》（法〔2016〕399号）第三十四条中关于已合法占有转让标的物的受让人请求转让人办理物权变更登记的请求权，不受诉讼时效限制的指导意见，即体现了此类合法占有人所享有请求权的内容、性质及效力范围不同于普通金钱债权的法律认识，该《纪要》第十五条关于‘一房数卖’中已合法占有房屋的买受人权利保护顺位优先的指导意见，也体现了相同债权内容下先行合法占有状态受法律优先保护的法律适用导向。本院认为，甲在离婚后对涉案房屋的占有系基于离婚协议中有关该房屋归属的约定，依据《民法典》第四百五十八条的规定属合法有权占有，即除登记名义外，甲已开始实际行使单独产权下的所有权权能，至涉案房屋作为执行标的被查封时，甲就该特定物所已享有的权能利益，在内容和范围上已有别于未实际占用财产的共有人权利和普通债权。而丙要求乙承担保证责任的权利，属于以金钱给付为内容的普通债权，其权利内容在产生时并非直接指向涉案房屋，在甲未于该房屋上设立抵押权的情况下，不享有以之优先受偿的排他权利。两相比较，甲基于离婚协议对乙所享有的产权移转登记请求权，及其基于对涉案房屋合法占有在查封前所已实际享有的权能利益，在利益衡量上应优先于丙对乙享有的普通金钱债权。据此，本院对甲关于排除对涉案房屋强制执行的请求予以支持。”

五、结语

本文并非试图就离婚协议能否排除执行寻找确定答案，而是希望就复杂案件的代理思路抛砖引玉。对于尚无明确法律规定，理论、实践亦存在较大争议的案件，由于在先案例观点相左，个案情况难免各异，如仅仅援引对当事人有利的观点和案例，难以说服法官排除反对观点和案例的影响。相较于法官对案件整体的通盘考虑，律师基于单方立场，试图通过诉讼技术或理论架构说服法官，无疑是不切实际的。事实上，由于此类案件多发的特性，各级人民法院对于保护隐名权利人还是坚持公示公信原则，均有自己的取舍，律师也难以在价值判断上比法官更加高明。因此，在突破复杂疑难案件时，除理论论述之外，律师更应注重解答法官疑虑、挖掘有力证据，争取法官就个案实际进行审查，进而在个案公平的原则下争取有利裁判。

矛与盾的博弈——通知解除合同的不完全指南

尹　亮

商事交易启动前，各方当事人意思表示达成一致所订立的合同，往往是各方权利义务的基础。但在履行过程中，鲜见能够完全按照各方预设的条件，简单的执行合同条款，更多的是各方为了促成合同目的实现而不断作出的妥协与变化。而在该种变化中，常常伴随着违约的发生以及合同期待利益的落空，对于合同当事人而言，如果继续履行合同只会不断损害其切身利益，那么，对利益受损的一方最为有效的救济便是通过合适的法律程序解除合同，及时止损。

《民法典》第五百六十二条、第五百六十三条、第五百六十五条及其司法解释，为合同当事人构建了通知解除的制度路径，犹如一柄长矛，斩断权利义务的纠葛；同时，亦为合同相对方保留了一面坚盾，防止解除权的滥用。可谓“吾矛之利，于物无不陷也；吾盾之坚，物莫能陷也”。

矛之篇——合同解除的路径

一、合同解除之制度设计

根据《民法典》第五百六十五条规定，对于合同一方主张解除的，应同时满足“享有解除权”的实体权利，并履行“通知对方”的法定程序。合同解除权作为一种形成权，权利的行使仅取决于权利人的单方行为，而不必征得相对人同意。故，在这样的制度设计下，对于行使合同解除权的一方从实体权利和法定程序上都有严格的限制性规定。

二、解除权之具备条件

作为主动发起解除合同攻势的一方，首当其冲的是要准确判断其自身是否享有合同解除权，《民法典》第五百六十二条、第五百六十三条分别规定约定解除权、法定解除权。

其中约定解除权体现出的是对当事人意思自治原则的充分尊重。其权利基础源自各方订立合同时，对将来可能发生的不确定情况所设定解除条件的合意。之所以允许各方自由设置解除合同的条件，也是源于缔约主体均系理性的商事主体，能为了各自合同目的的实现进行充分的磋商，并围绕各自合同利益设置对等的合同解除权。只要合同约定条款意思表示真实，不具有无效、可撤销等法定情形，则均应按照各方提前设置好的约定解除权来履行。

相比之下，法定解除权所体现出的则是严格限制合同解除的条件。从不可抗力、预期违约再到迟延履行债务经催告仍不履行、合同目的不能实现，《民法典》第五百六十三条所规定的条件最终均指向了根本违约或与根本违约产生类似效果的违约情形。此时在司法裁判中会对违约状态、程度、持续时间、产生后果，是否影响合同继续履行等因素进行综合考量，裁量空间较大，认定根本违约的条件较为严格。

此外，实践中有一个需要特别关注的问题，即违约方是否有权主动提出解除合同。有观点认为，通常意义上合同解除权应由守约方享有，违约一方不应享有合同解除权。而合同履行过程中，往往会出现双方均存在违约的情形，此时的违约方与守约方属于相对概念，不应简单地以违约而剥夺任意一方解除合同的权利。从《民法典》体系来看，合同的解除规定在第六章“合同的权利义务终止”中，而违约责任规定在第七章，可见违约的直接后果并不是合同解除，而是继续履行合同、采取补救措施、支付违约金和赔偿损失；

只有在一方违约程度达到《民法典》第五百六十三条之根本违约的条件后，相对方才享有合同解除的权利。故即使一方当事人对合同的履行存在违约，只要法定解除条件或约定解除条件成就，当事人依法仍享有合同解除权，可以解除合同。

三、解除权之行使

（一）明确的解除合同意思表示

发出解除合同通知是形成权的行使方式，在文义方面应有明确的行使解除合同之权利的意思表示。一般而言，解除合同的意思表示应首先明确享有解除权；其次因行使解除权，导致合同解除。实践中，常常会出现将行使解除权的意思表示与催告、主张合意解除等意思表示未加以区分的情况。如，虽发函名为“解除合同通知”，但通知内容却使用“如贵司不履行义务，我司将与贵司解除合同”等实为行使催告的表述。以类似上述催告的表述发出的解除合同通知，尚不能产生合同解除的效果。

（二）通知合同相对方

《民法典》第五百六十五条中并未对应以何种方式“通知”合同相对方作出明确规定，结合司法实践中部分观点可以发现：只要解除权人通过一定的形式向对方当事人表达了解除合同的意思且该意思表示为对方所知悉，就完成了通知合同相对方的程序。而该种“通知”可以包括多种形式，如信件、函、电话、传真、电子邮件、直接送达等。

同时，亦可以通过向法院起诉的形式，送达解除合同的通知。在向法院起诉要求“解除合同”或“确认合同解除”的过程中，有司法观点认为：主张解除合同一方通过法院向合同相对方送达起诉状副本的方式，履行了通知的程序。人民法院仅仅是确认解除合同的效力，并非依职权裁判合同解除。

即使当事人在诉讼上为解除合同的意思表示时，错误地使用了诸如“诉请法院判决解除合同”等表述、用语，请求解除合同之诉本质上为确认解除合同效力之诉，法院仍应认定当事人请求法院确认主张解除合同的意思表示有效。

（三）不存在意思表示的否定

在一方主动解除合同的场景下，往往各方会频繁地采取函件往来、当面会谈磋商等继续沟通的手段。如发出解除合同的一方在后续往来中以书面函件、实际行动表达了要求继续履行合同的意思表示，那么新的意思表示将会实质否定已经发出的解除合同的意思表示，使之不产生解除合同的效力。为了使解除合同通知不存在程序上的瑕疵，应保持前后意思表示的一致。

盾之篇——异议权的行使

一、异议权之制度设计

鉴于解除权是一种形成权，其权利行使无须征得相对人同意，便能达到解除合同的目的，如若不给相对人提供相应的救济途径，有可能造成合同当事人间权益的失衡和不对等。故根据《民法典》第五百六十五条，赋予收到解除通知的合同相对方异议权，即在解除通知到达合同相对方后，如果合同相对方对解除合同的效力有异议的，认为不符合约定的或者法律规定的解除合同的条件，不同意解除合同的，可以提起确认之诉。

二、异议期之约束

收到解除合同通知的相对方如若不及时行使异议权，则会使解除合同的效力长期处于不确定和不稳定状态，既不利于对合同解除权人合法权益的及时有效保护，也不利于维护合同交易的安全和稳定。为此，原《合同法解释（二）》第二十四条，专门针对收到解除合同通知的相对方规定了异议期，督促其在收到解除合同通知后三个月内及时行使异议权，使合同的效力及时明确、稳定下来；同时，对超出异议期后才提起确认之诉，明确规定了“人民法院不予支持”的后果。

但是，随着实践中司法观点的不断更新，可以发现针对原《合同法解释（二）》第二十四条异议期的理解与适用持续发生着变化。

2013年6月4日，最高人民法院研究室对《关于适用〈中华人民共和国合同法〉若干问题的解释（二）》第二十四条理解与适用的请示的答复中指出：“当事人根据合同法第九十六条的规定通知对方要求解除合同的，必须具备合同法第九十三条或者第九十四条规定的条件，才能发生解除合同的法律效力。”

2017年12月2日，最高人民法院民二庭第7次法官会议纪要《通知解除的认定》中提出了司法观点：“人民法院在审查合同是否解除时，需要审查发出解除合同的一方是否享有合同解除权，不能仅以约定或法定的异议期限届满而受通知一方未起诉表示异议就认定合同已经解除。”

从上述司法观点的变化，不难看出，针对异议权的审查逐渐由注重审查异议期转变为注重审查实体权利。目前针对民法典合同编的司法解释尚未颁行，不排除在后续的司法解释中，仍会延续对异议权进行实质审查的制度。

以子之矛，陷子之盾，何如？

当主张合同解除一方的解除权与收到解除通知一方的异议权发生碰撞时，双方即会进入对合同解除效力认定的诉讼程序中。通过上述对解除权及异议权的分析，结合最高院相关的司法观点，可以得知：判断合同解除权和异议权是否成立，最根本的问题在于对主张解除合同一方实体权利的审查。最终可以归结于主张解除的一方是否享有《民法典》第五百六十二条、第五百六十三条的约定或法定解除权的问题，而在纷繁复杂的各类合同纠纷中，解除权的存在与否又有赖于对各方权利义务及履约情况的全面、透彻分析。

另外，随着最高院司法观点的不断调整，原《合同法解释（二）》第二十四条中关于三个月异议期的规定略显尴尬。按照目前的司法观点，收到解除通知的一方无论是在三个月内还是超出三个月提起确认合同解除效力的诉讼，法院均应以主张解除合同一方是否享有实体上的解除权作为判断合同是否解除的依据，而不能仅以收到解除通知一方未在三个月内起诉，就认定合同已经解除。从平衡合同各方利益的角度出发，该种司法观点实际上加大了对异议权人权益保护的力度。但是，这意味着司法解释中的三个月异议期实际上已经没有任何意义，也使得司法解释原本的目的再次落空。其实，考虑到一般理性的民事主体对自身权利义务的关注程度，为相对人设定一定时间的异议期是必要的，如果该异议期不以发出解除通知的当事人是否享有解除权为实体条件，那么可以将异议期确定为更长的时间，使得相对人享有充分的时间对自身权利义务加以关注并采取措施。这才符合合同解除异议期制度的本意。

以上是对通知解除合同制度及其中部分司法观点变化的简要梳理，希望借此寥寥千字，与诸位同仁分享近期案件办理中的部分心得，欢迎批评指正。

CHAPTER XI

第十一章 实用贴士篇

如何思考一个无从下手的法律问题

陈樱娥

一、问题的提出

（一）设例

A与B订有著作权许可使用协议，约定：A许可B使用其刊载在《民商辛说》上的原创文章一篇。后B将该篇文章分许可给C使用，A对此不知情。

某日，A在C的微信公众号上发现了该文章，遂向法院起诉C侵害其著作权，要求C停止侵害并赔偿损失。C称其是经过B的许可，法院遂追加B为无独立请求权第三人。B称根据著作权许可使用协议，其有权对外分许可，A辩称著作权许可使用协议并未授权B进行分许可，双方对著作权许可使用协议具体条款的解释存在争议。一审法院在裁判理由[①]部分认定著作权许可使用协议并未授权B进行分许可，在裁判主文部分判令C停止侵权并赔偿相应损失。

B不服一审判决，上诉称，一审法院认定著作权许可使用协议未授权其进行分许可属于事实认定错误，应予改判。A辩称，B属于无独立请求权第三人，未被判决承担民事责任，无权上诉。

① 裁判理由是否包括事实认定部分仍有争议，如无特别说明，本文所指裁判理由包括事实认定与法律理由。

（二）提出问题

本案核心争议之一，系无独立请求权第三人B在未被判决承担民事责任，但裁判理由涉及其利益时，能否上诉？该问题涉及上诉利益的判断、既判力和诉讼标的等诸多理论与实务难点，乍看之下，若非具有深厚程序法底蕴，年轻律师往往难以直接识别其背后的法理依据与法益考量，不知以何为起点建立思考的秩序。而此类疑难问题恰如雨后春笋，在年轻律师通往“年老律师”的修炼中触目皆是。那么，如何思考一个无从下手的法律问题呢？笔者亦未寻得真知，仅以本文设例为例，尝试白描笔者的思考过程，以期有所增益。

二、法律空白——既有规定的梳理

梳理既有规定是解决法律问题的便捷之道，程序法问题更是如此。就无独立请求权第三人的上诉权问题，笔者首先进行法律检索：

（一）无独立请求权第三人属于《民事诉讼法》规定的当事人

《民事诉讼法》第五章（诉讼参加人）第一节（当事人）第五十六条第二款规定：“对当事人双方的诉讼标的，第三人虽然没有独立请求权，但案件处理结果同他有法律上的利害关系的，可以申请参加诉讼，或者由人民法院通知他参加诉讼。人民法院判决承担民事责任的第三人，有当事人的诉讼权利义务”，无独立请求权第三人是当事人。

（二）当事人不服一审判决可以提起上诉

《民事诉讼法》第一百六十四条规定：“当事人不服地方人民法院第一审判决的，有权在判决书送达之日起十五日内向上一级人民法院提起上诉。当事人不服地方人民法院第一审裁定的，有权在裁定书送达之日起十日内向上一级人民法院提起上诉”，当事人不服一审判决有权提起上诉，该规定并未限定可以提起上诉的当事人类型。

（三）司法解释特别规定，被判决承担民事责任的无独立请求权第三人有权提起上诉

《民事诉讼法解释》第八十二条规定："在一审诉讼中，无独立请求权的第三人无权提出管辖异议，无权放弃、变更诉讼请求或者申请撤诉，被判决承担民事责任的，有权提起上诉"，被判决承担民事责任的无独立请求权第三人有权提起上诉，但该条并未直接规定或限制无独立请求权第三人未被判决承担民事责任时，能否提出上诉。

（四）小结

未被判决承担民事责任的无独立请求权第三人能否上诉属于法律空白，需要进行法律解释或法律补充。

三、以是否具有上诉利益为标准——基于司法实践与比较法的观察

世间万象，难为法律条文所包罗，法律空白之处需法律人作进一步解释。法律解释方法依经验总结归纳，包括文义解释、历史解释、目的解释和体系解释等，每种解释方法各有其侧重，可能有所交叉、互相成就。法律解释的过程十分考验律师功夫，年轻律师无从下手之时，可借既有判例与比较法经验辨明一定思考方向。

（一）司法实践以是否具有"上诉利益"判断无独立请求权第三人能否上诉

以"未被判决承担民事责任""无独立请求权第三人""上诉权"等关键词搭配检索，可以发现此类争议已多有先例，因法律规定并不明确，法院处理此类争议莫衷一是，多数案例认为未被判决承担民事责任的无独立请求权

第三人不得上诉，也有部分案例在未被判决承担民事责任的无独立请求权第三人具有上诉利益时支持其上诉。

具体而言，最高人民法院在（2018）最高法民终1136号、（2017）最高法民申3415号、（2015）民申字第2299号、（2013）民申字第295号等案例[①]中，均援引《民事诉讼法司法解释》第八十二条，认为未被判决承担民事责任的无独立请求权第三人不享有上诉权。笔者认为，《民事诉讼法司法解释》第八十二条规定被判决承担民事责任的无独立请求权第三人可以上诉，仅以该规定作反面解释，认为未被判决承担民事责任的无独立请求权第三人不得上诉，在逻辑推演上难以周全，上述案例亦未加以充分说理，在此情况下，尚无法安全抵达设例问题的“答案”。

进一步检索发现，最高人民法院在（2014）民二终字第185号[②]中认为，关于无独立请求权第三人倪某东有无上诉的权利，“王某提起本案诉讼，请求确认其为和泰公司股东及其持有和泰公司的股权，该股权系王某、倪某东、张某三人合伙投资形成财产中的一部分，一审判决王某持有股权的比例，对倪某东的民事权益有直接影响，倪某东应有相应的权利救济的途径，其通过上诉主张其权利，本院予以认可”，该案例为未被判决承担民事责任的无独立请求权第三人的上诉权寻得一丝夹缝，即一审判决对其权益有直接影响时，可以上诉。《人民司法·案例》刊载的多篇文章将“一审判决对当事人权益的直接影响”归纳为“上诉利益”，认为在当事人不具备上诉利益时不享有上诉权[③]。

检索至此，一个可能的结论是，判断未被判决承担民事责任的无独立请求权第三人能否上诉，需考虑其是否具有上诉利益。

---

① 来源于裁判文书网：最高人民法院（2018）最高法民终1136号、（2017）最高法民申3415号、（2015）民申字第2299号、（2013）民申字第295号。

② 来源于裁判文书网：最高人民法院（2014）民二终字第185号。

③ 参见王忠：《不具备诉的利益的当事人无上诉权》，载《人民司法》2015年第24期，第63-65页；李迎新：《不具有上诉利益的上诉应迳行驳回》，载《人民司法》2014年第20期，第40页；曾耀林、王长军：《未判决承担民事责任的被告不具有上诉权》，载《人民司法》2012年第24期，第23-27页。

（二）比较法上，存在以“上诉利益”作为上诉要件的做法

诉讼首先需要考量具体诉讼请求的内容是否具有进行本案判决的必要性以及实效性，而诉的利益正是为该必要性与实效性进行考量所设置的一个要件[①]。在二审程序中，体现为上诉利益。大陆法系部分国家将上诉利益作为上诉要件之一，观察其经验可为法律解释提供一定理论支持。

《日本民事诉讼法》第二百八十一条第一项规定“控诉利益因当事人之间达成不控诉合意而消灭”，第二百八十四条规定“控诉权因拥有控诉利益者放弃控诉权而消灭”[②]，具有控诉利益的当事人可以上诉（该控诉利益即前文所指上诉利益）。《德国民事诉讼法》亦将上诉利益作为上诉要件之一，当事人在被加重负担、承担不利的情况下可以提起上诉[③]。比较法的相关做法可验证设例问题的进一步思考方向，即如何识别上诉利益？

四、上诉利益的识别——基于既判力理论

无独立请求权第三人未被判决承担民事责任能否上诉，需要看其是否具有上诉利益。上诉利益关涉上诉方诉权、被诉方讼累及司法资源之间的牵扯与衡平，可以被简单地理解为判决是否直接或间接影响当事人的实体性权利与义务。对于某个判决是否具有上诉利益的判断，需要进一步结合民事诉讼的既判力理论作出。

（一）既判力的客观范围

民事判决的既判力是指确定判决对当事人和法院实质上的拘束力[④]，具体

① 参见［日］新堂幸司：《新民事诉讼法》，弘文堂1998年版，第559页。

②［日］中村英郎：《新民事诉讼法讲义》，陈刚、郭美松译，法律出版社2001年版，第266页。

③ 参见［德］奥特马·尧厄尼西：《民事诉讼法》，周翠译，法律出版社2003年版，第367页。

④ 参见李龙：《论民事判决的既判力》，载《法律科学》1999年第4期，第82页。

而言，在水平关系上，当事人不得在后诉中主张与该判决相反的内容，主要体现为前诉判断之于后诉的“遮断效力”“失权效力”，也即任何与前诉生效判决相矛盾的诉讼攻击与防御方法在后诉中是被遮断的、是失权的、是没有效力的；在垂直关系上，后诉法院要受到前诉法院的约束，也即后诉法院对实体性问题的判断要受前诉法院的干涉[①]。

生效判决既判力的范围，包括客观范围和主观范围。就客观范围而言，我国《民事诉讼法》并未作出规定，借鉴境外民事诉讼法可以发现，民事判决的既判力仅存在于判决主文之中。例如，《日本民事诉讼法》第一百一十四条第一款规定，既判力仅存在于判决主文之中。我国民事诉讼法理论中，部分学者亦认为既判力的客观范围以判决中经裁判的诉讼标的为限[②]，原则上只对判决主文中表述的判断事项产生[③]。基于此，本文设例中，一审判决主文并未判令无独立请求权第三人B承担民事责任，具有既判力的判决主文不会影响B的权益，B对本案并无上诉利益，无权提起上诉。

（二）裁判理由的拘束力

值得注意的是，《新民诉证据规定》第十条第一款第五项、第六项规定，已为人民法院生效裁判、仲裁机构生效裁决所确认的事实，当事人无需举证证明。即前诉生效判决裁判理由认定的事实对后诉具有较高的证明力。本文设例中，若B另行起诉A，要求确认其具有分许可的权利，A在后诉中即可以前诉一审判决认定的事实主张B不具有分许可的权利，此时，B需举证证明其具有分许可的权利。如若认为举证责任亦关系实体权益，上述规定似乎将既判力扩张到了法院裁判理由部分。

继而产生的问题是，当事人仅就裁判理由是否具有上诉利益，能否提起上诉？《新民诉证据规定》规定裁判理由具有免证效力，推定前诉裁判理由

① 该观点来源于山木克己教授于2019年10月23日在中国政法大学研究生院关于《既判力的本质》的讲座。

② 参见李龙：《论民事判决的既判力》，载《法律科学》1999年第4期，第82页。

③ 江伟、肖建国：《论既判力的客观范围》，载《法学研究》1996年第4期，第37页。

认定的事实为真，但当事人可在后诉中举证推翻前诉认定的事实，后诉法院亦可选择与前诉不同的法律解释方法[①]，这也与事实认定“三段论”所认定的法律事实仅具有预决力相契合，因此，裁判理由确定的效力仅及于本案，对后诉仅具有非法源性的拘束力[②]，裁判理由的个案效力意味着一审中未被判决承担民事责任的当事人的权利在本案及后诉中都没有被减损，仅就裁判理由上诉的案件不具备上诉利益。

具体至本文设例，无独立请求权第三人B仅就裁判理由不具有上诉利益，无权提起上诉。

五、结语

在罗马法时代，实体性请求权与诉是一体的，实体性请求权仅可在“裁判内主张”。随着法律和法学的发展，著名法学家伯纳德·温德沙伊德（Bernhard Windscheid）将实体性的请求权从罗马法的诉（Actio）中分离出来，使得实体性的请求权成为某种具有强制力的纯粹实体权利，后来又进一步演化为能够在裁判外主张的权利，再发展为衔接私法与诉讼的中间权利，最后成为一项“裁判上贯彻基础权利可能性”的权利。反观诉本身，消极之诉等新诉的出现使得诉也不再局限于实体性请求权的范围。实体法与程序法的分野逐渐显现。在法学教育上，因学科的人为割裂，实体法与程序法之间互动逐渐减少，“重实体而轻程序”成法学教育、法律实务之现状，而这产生了诸多新问题，笔者对设例问题最初的困惑亦源于对程序法知识的匮乏。仅以此文不成熟的探索，与大家共勉，程序法与实体法不可偏废。

---

① 参见牛颖秀:《仅就裁判理由可以上诉吗？——以上诉受理机制为中心的考察》，载《法学家》2019年第2期，第166页。

② 参见江伟、肖建国:《论既判力的客观范围》，载《法学研究》1996年第4期，第46页。

这款“带案能手，述标之光”你一定要知道

张卫涛

全球每天保守估计有数亿人使用，操作顺滑无卡顿，多功能集合如铠甲披身。没错，我们说的就是无需剁手便可拥有的PPT。对于需要谈判述标的律师来说，这款利器会让你爽到爆!

在述标中，设计美观、架构清晰的PPT可有效地吸引客户注意力，使其更为准确地了解案件事实、争议焦点以及法律风险。同时，案件述标辅之PPT更可凸显律师专业度以及对客户的重视程度，增强客户对律所的信赖感。

笔者结合自身体会，分享一些PPT制作的经验，与大家共同探讨如何做好一份PPT，并成功利用PPT在述标过程中获得客户青睐。

一、制模板

述标PPT会直接影响客户对律所的初步印象和整体评价，而PPT视觉效果的呈现在很大程度上由模板决定。故作为必要的形象工程，模板的选择和制作值得反复斟酌，以使PPT整体呈现“高端、大气、上档次”。

PPT模板制作通常需要考虑首页、尾页以及母版，三者共同组成PPT的首尾与骨架。在制作模板时，则应当考虑内容、主色调、字体、字号。

内容：首页中应放置律所名称、律所标识、案件标题等基本要素；尾页应简洁明快，放置律所标识并表达谢意；母版不宜加入过多元素，

以线条、标识为主。且背景应选用较淡颜色以便凸显图表、文本等实质内容。

【首页】

【尾页】

【母版】

主色调：尽管素材的选取以及摆放位置在每张文稿中并不完全相同，但是如果模板选取了一致的主色调呈现，整个PPT看起来则显得具有连贯性，阅读的舒适度也会有所提升。为体现律所视觉设计，在选取主色调时可以参考本所LOGO颜色。但需要注意的是，主色调的选择不宜太过鲜艳，否则虽起到了醒目的作用但会使客户体验不佳。

天同PPT模板主色调为蓝，文字颜色使用以黑白为主。如果PPT制作违背主色调原则，则会造成观感不佳的结果。

【错误示例】

字体，字号：在PPT中使用的字体不宜太过活泼，更不能使用艺术字；

一级标题最小字号不宜小于50号。

【错误示例】

二、搭框架

律所的PPT模板在各案中通用。对具体案件而言，则需从述标框架着手。通常，述标PPT的整体框架由以下部分构成：案件事实、争议焦点分析以及风险提示。除此之外，还会加入律所介绍、承办团队资料以及代理过的类案举要。

但因展示时间的有限性以及汇报效率性的要求，我们需要对框架中各个部分的侧重进行取舍。

比如：客户已经对本所有了充分的了解，可将律所介绍放置于版面最后进行简单介绍；若客户为初次接触，则需要先对律所的优势进行介绍以增强客户对本所的信赖感。

再如：客户重点关注某一法律风险，则需在PPT中对该问题予以重点回应；若客户已对案件情况充分了解，则无需再花过多版面进行事实介绍。

值得注意的是，因人们的注意很难长时间集中，故可在开始正式汇报前通过图表的方式对整个汇报内容做流程性概括，方便客户通过流程图发现兴趣点；还可以使客户更为清晰地了解案件汇报的整体框架，方便其理解。

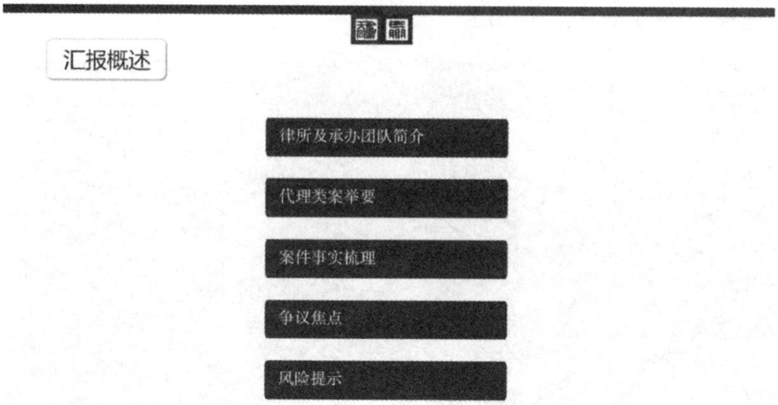

若客户仍在接触初期，并未给予足够的案卷材料，导致律师在汇报时对某些事实问题存在疑问。在这种情况下，可视情况在汇报中加入与客户的讨论环节。为达到这种效果，需要我们在框架制作时添加切换版面，提示汇报人引导客户参与讨论上一节叙述内容。

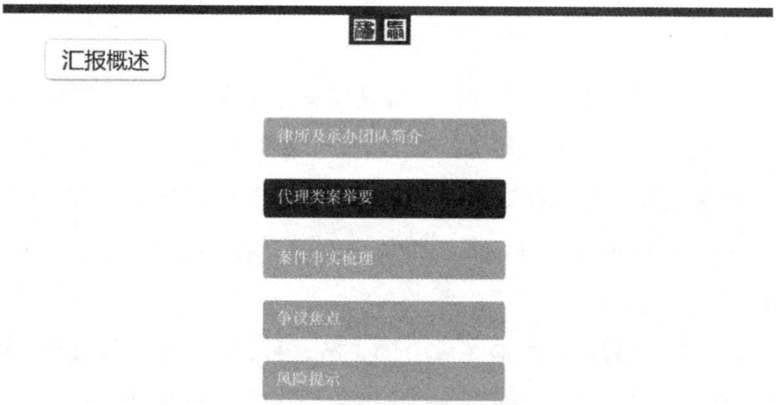

【引导页】

三、添内容

应当指出的是，PPT在整个述标过程中仅起辅助作用。在案件汇报中更多的应当是律师的表述以及双方的交流，不应使PPT的阅读与理解耗费过长时间。这要求我们的PPT中使用的文字体量尽量减少，且图表占比可适当提高。

1. 减少具体内容

数据表明，将近50%的大脑与处理视觉信息有关，每一次处理过程只需要0.1秒。故当视觉信息与听觉信息重叠时，大脑会优先处理视觉信息。因此，若屏幕呈现过多文字，客户下意识的举动即为紧盯屏幕。显然，过多的文字将会加大客户的阅读压力，引发不适；客户更会产生到底该看还是该读的疑问。此外，若将律师将要讲述的内容全盘移入PPT，则会在汇报时出现"律师对着PPT读，客户对着PPT看"双方之间毫无互动的尴尬局面。若此，PPT在案件汇报中则从加分项变为减分项。

PPT的全称为PowerPoint，即有力的观点。故在无法使用图表表达时，我们也要尽力避免PPT出现整页文字的现象，使用"Point"将整段文字中的核心关键点体现出来。但在具体操作中，若只是将每一段话分割成句子用点表述，可能也不能起到很好的效果，客户阅读与理解仍会耗费过长时间。因此，文字的呈现最好以短语的形式表达，仅让其起到提示的作用。律师可借助相应短语整理自己的思路；客户也可通过相应短语更好地理解律师的表述目的。

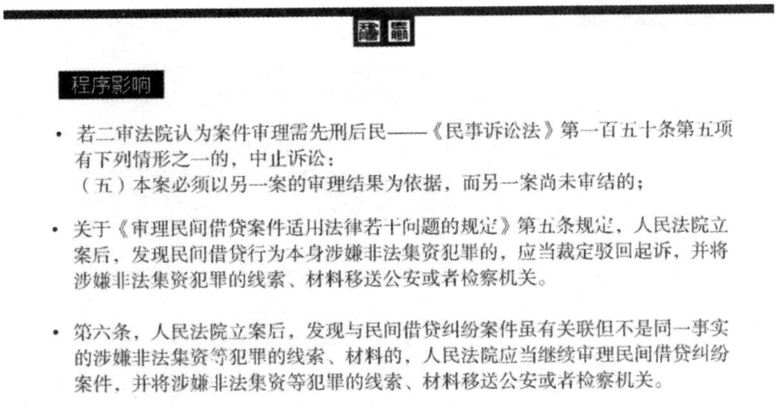

程序影响

- 《民事诉讼法》第一百五十条第五项
  本案判决需以另案为依据 —— 中止审理

- 关于《审理民间借贷案件适用法律若干问题的规定》第五条、第六条
  民间借贷 —— 本身为非法集资犯罪 —— 裁定驳回起诉
  民间借贷 —— 虽有关联，但与非法集资并非同一事实 —— 继续审理

2.提升图表占比

人类对于文字的理解需基于后天的学习与认识，且将具象性的文字在大脑中重构需要一定的时间。相比而言，人的大脑对图形有着天然的偏爱，若将事实、法律关系通过图形表达出来，则大脑不需要再对信息进行过多的加工处理即可理解。因此，当信息以图表的方式呈现的时候，和大段文字相比，客户可以更轻松地了解其含义。

本案基本事实

- AA公司与BB公司签订借款协议，由AA公司向BB公司提供1亿元借款
- A、B、C、D四公司为本笔借款提供了抵押担保，但均未办理抵押登记
- I公司为本笔借款提供了质押担保
- AA公司委托其全资子公司AAA公司代其签订部分担保协议
- E、F两公司与AAA公司签订担保协议承诺为AA公司与BB公司之间借款提供抵押担保，并办理了抵押登记
- G、H两公司与AAA公司签订担保协议承诺为AA公司与BB公司之间借款提供连带保证责任担保
- I、J两公司与AAA公司签订担保协议承诺为AA公司与BB公司之间借款提供质押担保

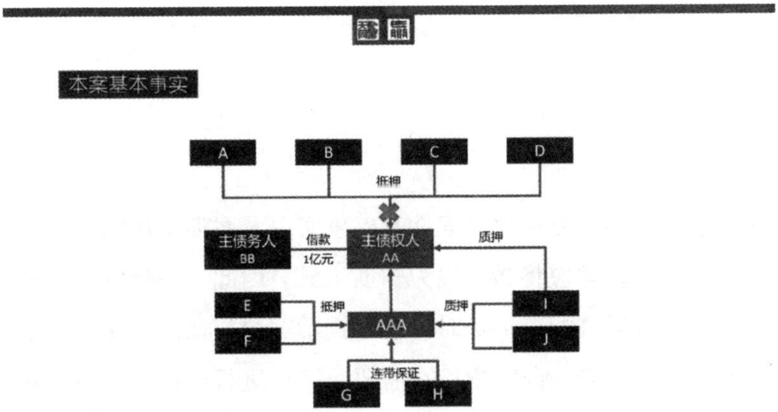

当然，虽然图表与文字相比有着巨大的优势性，但并不意味着PPT内容均需用图表进行呈现。在部分情况下，内容可用简要的文字表达，且不会出现理解障碍，则无需使用图表。

四、查细节

PPT的检查可以从两个层面进行：

其一，查内容。每一文稿的文字内容表达是否清晰，是否可以达到展示目的，是否还有可删减的余地；前后文稿是否可以恰当衔接，是否存在框架内的逻辑断层。

其二，查形式。每一页同级别的文本字体、字号是否一致；将文字加粗或者高亮是否存在必要性；各文本框是否对齐，是否可以达到形式上的美观性。

最后，在保存PPT时应当将字体嵌入，以避免出现格式变形、字体不一致等情况。

五、辅述标

案件汇报的核心应为律师对案件基础事实以及案涉法律问题的表达。无论是律师还是客户，都应将PPT视为辅助工具。因此，律师应当在汇报中主动引导，在需要看屏幕配合讲解时可主动提示客户；在需要让客户重点关注口述内容时，应将目光转向客户；在需要与客户进行讨论时，应让双方有眼神上的交流。

讲述时，应当观察客户的微表情以对讲解速度进行调整。如果客户表现出疑惑，则应放慢速度，同时通过PPT提示客户现在的汇报进度，方便客户找到相应的讲述要点，进而跟上律师的思路。

以上关于述标PPT制作以及使用的探讨，仅是基于日常工作过程中的一点思考，尚不够体系化。谨供各位同行参考为宜。

诉讼律师移情换位的“小”事清单

俞雅琪　沈　一

诉讼律师的活动直接面向客户和法官，让客户满意、法官支持是不变的目标。团队运作模式下，团队成员在某种意义上也可归入服务对象范畴。诉讼律师在服务客户、法官、团队的过程中，如何获得认可或达成目标，是个值得思考的难题。换位思考，切换至服务对象的角度去考虑问题，秉持某些通俗的理念，并使用微妙密码，或许是一个不错的尝试和选择。

一、客户层面的共情思维

客户是诉讼律师最传统、最直接的服务对象。客户满意度，直接影响到未来合作能否继续。故而，注重客户体验，让客户感知到律师的尽心尽力，共情思维尤为重要。

1. 关注和重视客户需求

客户往往都是带着自己的诉求来委托律师的。鉴于客户通常并非法律专业人士，提出的诉求更多的是基于商业需求的考量，而律师则更善于从法律层面去评判，由此可能产生理解上的分歧。实际上，客户与律师的目标具有一致性。从理性上而言，对于客户的商业逻辑和需求予以关注和重视，并进行审慎评估，是提升客户体验的必要步骤。

站在客户的角度，如果需求具有正当性，律师应当予以积极肯定；如果需求或预期应当调整，律师也应耐心地进行解释和说明，客户基于对专业的尊重，通常也会选择信任律师。而在某些特殊情形下，如果客户特别执拗于某一诉求，律师直截了当地予以否定，也有不妥。此时建议多想一步，考虑客户的诉求是否当然与律师坚持的主张或观点冲突，能否实现融合或不生损害的并列主张，或者能否另循救济途径，探寻“可行”与“不可行”之外的第三条道路，既不违背律师的法律逻辑，也能使客户感受到被尊重和重视，具有现实功效。

2. 第一时间向客户反馈案件进展情况

当前社会强调信息的时效性。作为购买服务的付费方，客户及时了解案件进展情况，具备正当性。试想，如果客户对案件进程和律师工作时时处于不知情或迟滞状态，自然会对律师服务的价值无从理解，遑论认可。所以，第一时间通过书面文件等方式向客户汇报、反馈案件进展，确有必要，建议做到：

- 在代理案件过程中的每一个重要时间节点，如提交程序启动文书、立案受理、阅卷、开庭等环节，均应就有关情况及时向客户发送报告文件，便于其掌控案件进展、心中有数。
- 与客户就重要事项进行会议讨论后，及时就讨论情况起草汇报文件，并附上会议纪要，方便客户内部理解、汇报和存档。

3. 最大限度地减少沟通或理解负担

如果我们在沟通时没有最大限度地为客户减少负担或麻烦，客户作为购买服务的一方，很容易产生“花钱找罪受”的糟糕体验，也容易对律师的专业性产生质疑。因此，从客户的立场，提出如下行动建议：

- 客户往往并非法律专业人士，相比连篇累牍、晦涩难懂的法理分析，在与客户的沟通中，采取平实易懂、论理直接或举例的表述或许更有助益。
- 需要客户决策的事项，律师除及时向客户说明外，应提出相应建议，并提示每种建议的利弊和相关风险。道理在于，做选择题比论述题简单。

➢ 要求客户做出决策或审核文件时，应注意考虑其内部流程，为其预留充足的时间。

➢ 要求客户提供案件材料时，指向应明确、具体、细致。比如，“银行转账凭证、银行汇款回单、收款方出具的收款确认书等”这样的表述，显然比“支付货款的相关材料”更为清晰明确，对客户也更加友好。

二、法官层面的协助意识

法官作为争议裁判者，直接决定律师服务客户的结果，故应视为重要的服务对象。再者，法官与律师属于职业共同体，理应惺惺相惜、相互尊重和理解。如果律师将自己置于法官的位置，想象着每天都要面对办公室内浩如烟海的卷宗，即能意识到，法官的内心独白是希望律师专业地提供协助、案件能够快速和顺利解决。以下建议，或许能够增强律师的协助意识。

1. 帮助法官厘清案件事实

查明事实是法官审理案件的基础，也是法官最直接的任务和方向。如果律师能够帮助法官厘清案件事实，则能减轻法官负担，也有利于法官将更多的时间留待思考。为方便法官梳理案件事实，建议可尝试采取以下动作：

➢ 针对事实复杂案件，制作大事记或绘制可视化图表提交给法官，力求案件事实能够清晰、直观、准确地体现，法官能够迅速理解或定位。

➢ 证据清单中应对证据内容进行简要说明；对证据材料中需要法官特别关注的条款和信息，以记号笔予以标明，以免法官迷失在广袤的证据丛林中，遗漏了案件重要事实。

2. 协助法官确定案件核心争点的法律适用

囿于案件数量压力，法官或无法对每一案件的法律适用问题都考虑得面面俱到，也无力进行全面的法规、案例检索。律师不妨协助法官找法，争取做到：

- 如涉及法律适用争议的，提供法规摘要，内容涵盖与核心争点相关的、所有层级的法律法规，上至法律，下至部门规章、行业规范，并注明规范位阶。如有权威著作或学者作相关论述的，可一并提供。
- 提供案例检索报告及相应裁判文书，并就相关案例在本案中的可适用性予以说明。裁判文书中的核心观点也要用记号笔标出，便于法官查阅。

3.提交的法律文书应简洁、便于理解且具有针对性

法律文书是律师向法官陈述意见的重要渠道。但并不是每份法律文书都足以吸引法官查阅。经换位思考，法官对于法律文书的期待可能是：

- 文书简洁，逻辑线条清晰，且针对最直接的争点。长篇大论，尤其是毫无针对性的长篇大论必然会引起法官的反感，更无法让法官抓住重点。
- 文书中如有对于证据、笔录、文献、裁判文书等的引用，注明相关内容的来源，既能增强说理效果，也便于法官核验。
- 如涉及利息计算或工程款计算，除提供计算结果外，还应附上完整的计算清单并详细列明计算方式，便于法官理解与核对。

4.配合法官高效、顺利地完成庭审

于律师，庭审是与法官面对面充分交流的直接机会；于法官，庭审则是了解案件事实、听取双方意见的最好窗口。故而，法官当然希望庭审能够顺利、高效完成。作为诉讼律师，以下几点事项力所能及：

- 按合议庭人数及对方当事人的数量提前提交证据，尽量避免当庭提交，以免出现对方提出无法当庭质证、导致庭审无法继续甚至需要重新开庭的尴尬局面，影响法官办案进度。
- 为方便法庭记录，向法庭提交法律文书、证据清单、质证意见等的电子版本。
- 庭审陈述时，以当事人的简称而非当事人的诉讼地位进行指代，便于法官迅速理解。
- 清楚地理解和回答法官提出的问题。表达观点时，忌重复啰唆。

三、团队层面的换位思考

团队制在诉讼案件尤其是疑难复杂的诉讼案件办理中的优势较为明显。不同层级的律师各司其职、各安其位，明确的分工协作和专长发挥可以确保团队运转的高效性。相反，如果团队律师不能出色地完成对应的工作，需要其他律师返工，或者做出有损团队协作的行为，则团队的意义无法显现。面对团队成员，如何换位思考，以实现团队目标？态度和行动缺一不可。

1.态度上，应积极主动、乐于分享

在团队办案过程中，积极主动应当成为常态。一般而言，每个团队对于案件办理流程均有成文或不成文的规则。即便没有人提示或提醒，团队律师也完全可以比照既往办案流程，站在下一道工序律师的角度，主动考虑现阶段可以完成哪些工作，以减轻任务在后的律师在办理案件过程中的负担。换言之，团队成员不应总是抱着被动等待或事不关己的心态，而应积极主动地进行主人翁似的思考。

同时，开放分享的心态也很重要。因为，“一群人走，可以走得更远”。最好的诉讼策略绝非案件负责人孤家寡人伏案苦思冥想的结果，群策群力的开放式讨论才能碰撞出更多的思维模式，构想出最优方案。同样，对于知识的管理和分享，也会让团队中的每一个成员，在案件办理过程中以几何级的速度积累知识和经验、实现快速成长。开放、分享以及多元化总是有所裨益的。

2.行动上，应臻于细节、力求完美

团队内部的换位思考，最终仍要落实到行动上。团队律师应在负责的对应工作中以具体行动给予充分支持，不犯或少犯低级错误，在方向和框架已定的基础上适当注重细节，站在其他成员的角度思考具体工作的利他性，举例如下：

- 对于有明确时限要求的文件，在起草文件时，应充分考虑、预留其他律师修改文件的时间，避免超时提交。
- 制作的大事记或图表所记载的事实应客观准确，且不是机械地罗列，应蕴含能够被察觉的模块思维或法律思维。而且，应注意思考细节，比如对于合同条款中出现的“甲方”“乙方”等代称，以当事人简称替换之，或许更有利于其他成员快速了解和把握案件事实。
- 法律检索时，将关键词等检索路径在检索报告中列明，方便团队其他成员高效地进行查漏补缺。

以上感悟和行动建议，或来源于正面思考，或来源于反面教材，可能不尽准确，意义亦有限。正如世界上没有两片完全相同的树叶一样，即便是针对同类型服务对象的不同主体，亦应根据其特征定制具体的服务内容和清单；而且，诉讼律师所做的努力能否被感知，也取决于服务对象的敏锐性。但是无论如何，换位思考无害处。

诉讼律师的逻辑表达之道

郑博予

诉讼律师离不开表达，这是我们都可以达成的共识。简单来说，“表达”即是通过口头语言或书面文字将观点传达出去的一种行为。一名优秀的诉讼律师必定具备出色的表达能力，在与优秀律师共事时，我们也不难体会到其表达过程的逻辑性与说服力。这种游刃有余的表达是否有章法可循？诉讼律师在面对不同表达对象时又有哪些需要留意的问题？谨以此文与大家分享笔者的一点心得体会。

一、两种表达技巧

（一）金字塔式表达方式[①]

金字塔式表达方式是一种值得向诉讼律师分享的表达技巧。根据《金字塔原理——思考、表达和解决问题的逻辑》一书，大脑在面对任何口头表达或书面表达的时候，都倾向于自动将信息归到金字塔结构的不同分组中，因此任何预先归到金字塔结构中的思想组都更加易于理解。如果不预先按照一定的逻辑关系将某一组思想进行归类与排列，接收者就将自动对

① 详见《法律人“金字塔式表达方式”养成攻略|技术派》，王大莹整编自《金字塔原理——思考、表达和解决问题的逻辑》，芭芭拉·明托著，载《天同诉讼圈》2015年5月19日。

所摄入的信息进行解读，导致观点传达的混乱，也就无法达成预先设定的表达目的。

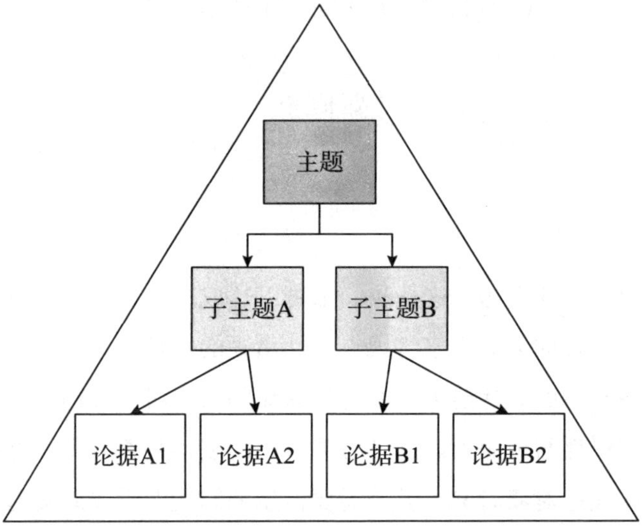

金字塔式表达方式有以下四个基本原则：

1.结论先行：一篇文章或一段表达只有一个中心思想，并出现在最前面，足以概括以下各级各组的思想。

2.以上统下：任一层次上的思想必须是对下一层次思想的概括。

3.归类分组：每一组中的思想必须属于同一范畴。

4.逻辑递进：每一组中的思想必须按照逻辑顺序排列组织。

将前述基本原则牢记于心后，我们就可以在日常口头或文字表达中构建属于自己的“金字塔”。具体方式包括“自上而下演绎法”及“自下而上归纳法”：自上而下演绎法适用于表达者已经对所要讨论的主题了然于心的情形，先产生总括性观点，再详细展开，铺建金字塔的底层结构；自下而上归纳法适用于对所表达的内容还比较混乱的情形，表达者可以先收集各种信息，列出所有想要表达的思想要点并进行归类分组，再概括每组思想、提炼主题，从而完成自下而上的金字塔搭建。

（二）即兴演讲的艺术[①]

律师是一个需要大量沟通与表达的职业，每位律师每天都有很多时刻可用来施加影响和传达观点。无论是在法庭上、会议室、接待室，还是在电梯间、洗手间、餐厅等任何我们可以想象到的地方，都有许多“即兴时刻”在发生着。

作为一名诉讼律师，可能只有在庭审过程中，或是在对外讲课时，才会遇到“麦克风开着”的瞬间。但《即兴演讲》一书提醒每位想要掌握并利用人生即兴表达时刻的人要时刻保持“麦克风开着”的心态。特别对诉讼律师而言，进行任何表达之前，都需要假设所说的话会被更多的人听到，要在更广泛的背景下审视、评估每个对外表达的时刻，重视语言所带来的影响。以这样的心态出发，去设想每一个可能发生即兴讲话的场景，预先做好准备工作，并熟练即兴表达的技巧。

《即兴演讲》为我们介绍了可以普遍适用的即兴发言脚本，即抓手、要点、结构体、呼吁行动。

第一，用抓手来与听众产生联结，吸引其注意力。抓手内容可以是对前面讨论的引述，或是延续某人的观点。

第二，陈述要点。这部分涉及表达者想要对外传达的观点，是即兴讲话脚本的核心所在。讲话没有要点，就变成了基于信息而不是基于想法的沟通，使得听众需要重新梳理你的讲话内容，而使其产生消极、厌倦情绪。

第三，建立结构体。本部分为讲话要点构建令人信服的案例，并提供明确的、有说服力的论据。运用“首先、其次、再次、最后”等连接词构建结构体，并根据内容选择原因模式、时间顺序模式、方法模式等进行罗列。

第四，以呼吁行动结束。这一步将讲话要点具体化，把一个抽象观点转变为若干具体行动步骤。

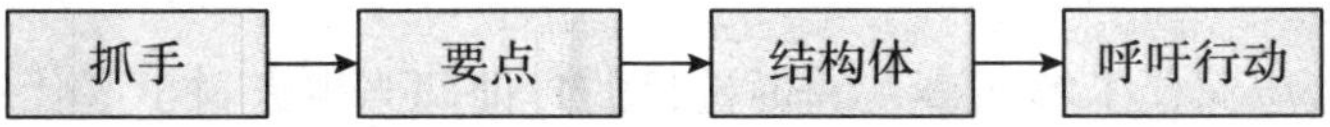

① 朱迪思·汉弗莱：《即兴演讲——掌握人生关键时刻》，人民邮电出版社2018年版。

二、两个表达对象

在简单介绍了两种逻辑表达技巧后，谨以笔者在办案过程中的一些心得介绍诉讼律师在面对当事人（或合作律师）和法官这两个重要表达对象时对前述表达技巧的运用，以及需要留意的问题。

（一）与当事人的沟通：如何向当事人了解案情

首先需要明确的是，诉讼律师的表达是带有强烈目的性及功利性的，律师的书面文件和口头表达都是围绕证明案件事实和评价事实的目的，而这种表达要围绕利益、关系、行为三个关键要素进行。

面对当事人，律师的表达目的具化为说服聘用代理及了解案件客观事实。在了解案情时，律师应谨记建立和把控自己的节奏。当事人对案件情况的介绍往往尚未形成逻辑体系，且包括大量干扰信息和主观感情色彩，导致争议模糊。当事人期待从律师处得到倾向性的意见和判断，在此种情况下，律师应主动把控节奏，逐一了解利益、行为、关系三要件，重新精简建构法律事实。

从利益层面，了解当事人的诉讼目的，询问当事人付出了什么，想要得到什么。如果当事人希望达到的诉讼目的在客观上难以实现，律师应及时给予建议，调整客户的预期。例如，某当事人欲起诉公司强制分红时，就要考虑公司是否有盈利、是否存在大股东滥用权利损害小股东利益等情形，否则此种冲突的解决属于公司自治范畴，应由股东会作出决议，此时律师即应及时重新帮助当事人梳理诉讼目的，探求其他争议解决路径。

从关系层面，律师应在与客户的沟通中迅速提炼信息。对法律关系的定位不应囿于合同文本，而应通过与客户的沟通探求当事方对价背后的真实体现。

从行为层面，律师应引导客户描述双方的履约行为，提炼信息，快速整理和表达法律事实。当事人在描述案情时，往往强调对方的恶意，而忽略或隐瞒己方的问题。例如在合同纠纷中，仅关注对方的违约行为，而少有提及己方的履约瑕疵，在此种情况下，律师应主动进行引导，全面掌握案情。

（二）与法官的沟通：如何向法官准确陈述及回答

1.庭审表达脚本

与法官的沟通和与客户的沟通有着很大的区别。庭审中，诉讼律师要学会跟随法官的节奏和思维习惯，在关注到法官的节奏与自己预先设想的节奏不同时，应立即选择放弃固有节奏，避免沉浸在自己的节奏中自说自话，从而导致淹没关键信息的不利后果。

庭审中，诉讼律师可能面临两种情况，一是法官没有事先看案卷，希望通过庭审形成判断；二是法官已经在充分的案卷研判后形成自己的判决思路。此两种情况下，诉讼律师的表达目的和表达方式也不尽相同，前者应对事实和证据材料有更为详细的描述，力争影响法官的评价，说服法官接受己方的故事；后者则不需要过多陈述具体细节，而应紧紧围绕法官提出的问题和总结的争议焦点，简洁且有逻辑地表述己方观点，加强法官对己有利的既有判断，或扭转法官已形成的不利己方的观点。

回归前文所述的诉讼律师证明案件事实和评价事实的表达目的，可以采用的庭审表达脚本是，“什么证据可以证明怎样的案件事实，什么法律规定可以印证我方怎样的主张”。这样的语式帮助我们从证明和评价两个角度为法官解决问题，而非使法官产生更多疑问。

2. 问题回答脚本

无论是在庭上，还是庭下，律师都应时刻准备着回答法官的提问。办案中，早至立案材料递交后，晚至庭审后、判决作出前，法官均有可能通过当面或电话沟通的方式向诉讼律师发问，这也是律师直接与法官沟通，影响其对案件评价的重要时刻。以下几点，或许对诉讼律师应对法官提问有所帮助。

（1）做好准备：回答问题之前的准备，和听到问题之后的回答一样重要。可以说，诉讼律师在向法院提交立案材料之后的每一刻，都应一直保持“战斗状态”，将重要的时间节点、金额、合同条款等熟记于心，对案件的掌握是恰当回答法官问题的前提与关键。

（2）仔细倾听：听问题要听完整，还要听出问题背后的问题。面对电话“突击”，律师可能因为忙着准备回答，而没有听明白问题是什么，最终导致错过问题甚至曲解问题。更进一步，还要尽力听出法官问题背后的潜在疑问，例如立案庭法官询问被告的电话联系方式，可能就是出于送达不便的顾虑，此时就可以及时告诉法官我们会全力协助其完成送达。

（3）组织答案：对答案的组织可以参考上文介绍的即兴表达技巧。如果被问及“是/否”或事实问题，可以在抓手部分直接作答；接着从抓手部分转移到更高层次，阐明讲话要点。某些情况下，回答问题只说抓手和要点两部分就够了，在准备充分的前提下，诉讼律师还可以利用回答问题的机会，通过一系列结构清晰的论述来进一步输出观点，并呼应诉求。

（4）避免陷阱：尽量不要重复否定的观点。在回答问题的时候，建议直接正面陈述，不要重复问题中的否定部分，因为这会使得己方的立场与否定性的观点重复产生连接，释放潜在不利影响。

（5）避免评价问题或向提问者发问：评价问题会使人显得高高在上，向提问者发问不仅对问题解决没有帮助，还会使法官产生反感，这些都不是面对法官提问时的正确做法。

“世界上有两件事最难：一是把自己的思想装进别人的脑袋里；二是把

别人的钱装进自己的口袋里。”初次听到这句话，只觉莞尔；在成为一名诉讼律师后，却深觉此间道理。表达是一门学问，更是一项可以努力改进的技巧。优秀的表达者并非天生的，律师工作中那些闪闪发光的瞬间离不开千百次的全面准备和刻意训练。此文所载的一些浅薄理解，愿与大家分享，愿每一段得体的逻辑表达，助力您掌握生活中的每一个关键时刻。

诉讼律师应具有的信息视角

潘亚飞

律师被部分人称为当代巫师，有此类比在于，律师与巫师的共通作用[①]。巫师在古代主要扮演着人与天地沟通的角色，承载着“祀与戎”的国之大事。但在科学技术早已祛魅的今天，律师的功用显然不在于此，仍如此类比，主要源于律师在国家、社会、公民三者间所承担的连接及缓冲作用，而连接的主要形式即是运用信息并加以处理，最终向客户传递解决方案。正因为信息在律师职业定性上的重要性，故要成为一名合格乃至于追求卓越的律师，便应当具有信息视角。

视角一：生非异也，善假于物也

此语源自荀子《劝学》篇，言语道明，人与人之间先天的差距并不太大，差距主要来源于后天的学习及工具的使用。该道理应运用于诉讼律师的成长也属应然。现身处万物互联的今天，信息的传播方式已然发生深刻变革，从最早期对语言、行为的依赖，到进一步对文字的依附，再到今天以比特方式的存在，可见易储存、更高效的互联网模式，已经成为当前人类文明发展的共同选择。正所谓“好风凭借力，送我上青云”，作为信息的学习、加工、处理、输出者，充分运用互联网，无疑是诉讼律师当前对自我最高效赋能的

① 参见尤瓦尔·赫拉利：《人类简史》，林俊宏译，中信出版社2018年版。

一种方式。

但仅认识到互联网作为工具的重要性是远远不够的，诉讼律师还需初步掌握互联网信息的检索规律，以避免在信息的空间维度里四处碰壁。

对此，其一，诉讼律师需首先明确自己所需为何种信息，唯有明确此点才能时时朝着既定方向去。

其二，在平台选择上，诉讼律师应清楚认识到互联网作为信息载体的特性，因此往流量多、信息汇聚的场域去，永远是获取信息最便捷的途径，其选择逻辑类似于古之茶馆，今之微博、微信。

其三，应客观认识到信息载体的流变性。随着每一次技术的革新，生产方式的变革，信息的汇聚形式即可能发生相应变化，即使在同一场域也是如此，从贴吧到人人网到微博到再微信，信息载体历次华丽的转变即可窥见，这也要求我们时刻保持信息接收体系的开放，适时谋变。

其四，信息传播源头的恒定性。并非所有平台均是知识的生产者，部分仅是知识的传播者，而掌握恒定的信息生产、传播源头，是高质量切入有效信息的关键，也是防止信息因传播失真的关键。日常恒定的信息来源主体有国家政务机关——全国人大、国务院及各职能部门、最高人民法院、最高人民检察院及地方司法机关；学会、协会——中国法学会、中华全国律师协会等；高校及科研机构——社会科学院法学研究所、各法律院校等；出版社——人民法院、中国法制、法律、民主与法治、高等教育、各高校出版社等；报社——人民法院报、检察日报、法制日报等。

其五，信息载体的多样性也决定了信息检索渠道的多样性，因此在寻找信息过程中，需交叉往复，多渠道进发，才有可能最终获取有效信息。诚如某次研究需要，笔者协助出庭律师寻找一本名为《我的第一本信托业入门书》书籍，因出版年限较近，笔者在经历百度等网页搜索，西林街等专业平台搜索，盘搜搜等云盘搜索，百链云等数据库搜索仍无法得后，最后尝试使用京东读书APP，方才最终获取到目标信息。

视角二：技近乎道

刘勰《文心雕龙》有言，“操千曲而后晓声，观千剑而后识器”。意指任何一门技艺的通达，均需反复操练，近或将人生、社会乃至宇宙哲理融入其间。同理，作为诉讼律师，在正确认识信息的重要性及传播规律的同时，更需习得如何从宏观上构建信息，从细微处甄选信息。

（一）信息渠道的构建

蜘蛛之所以能休憩在网上，那是因为它身后早已织下大网。同理，诉讼律师也一样，若想日增其效，必先退而结网。

从诉讼律师日常获知信息的渠道看，主要可划分为线上、线下两类，但此划分并不绝对，因为线上与线下有诸多信息存在重复，故基于效率考量，在实践中通常将两者结合用之。

线上信息渠道的优点在于高效、便捷，这也是其成为诉讼律师最青睐的信息检索方式的原因。根据承载信息量及种类的不同，可将线上信息渠道大致划分为：综合性搜索平台——如谷歌、百度、搜狗等，此类平台可以帮助我们在不知目标信息来源的情形下，完成初步检索，并通常可帮助我们解决百分之七八十的问题。专业性搜索平台——如鸠摩搜书、西林街等电子书搜索平台，可以帮助我们有针对性地寻找到所需的电子书籍，降低日常书籍采购成本。政务类平台——在明确信息源的情况下，我们可以直接前往该类网站，实现信息的快速获取，最常见的如在住房和城乡建设部网站上获取建筑类国家和行业标准信息。交易类平台——如亚马逊、当当、京东、孔夫子旧书网、法律图书馆等，及时实现对图书信息及目录的掌握，并可辅助使用案例数据库等，对应查找图书目录中所指引的相关信息，实现目标信息的转渠道获取。专业数据库——法律法规、案例数据库，如法信、威科先行、北大法宝等；期刊数据库，如知网、月旦、Westlaw等，此类数据库的数量不在于多，只要同类熟练掌握一二，满足日常检索即可；电子书数据库，如百链云、读秀学术中文、超星数字图书馆等，此类数据库的优点在于可阅览图书数量多并可通过图书馆传递方式便捷获取所需研究文献内容，但缺点在于书籍出版年限相对陈旧且基于知识产权保护，有阅读页数限制。云盘类储存平台——如百度云盘、腾讯微云等，有海量的个人及机构用户向上传递信息，是寻找电子图书、视频资源的优良去处。APP——如京东读书、网易蜗牛读书、微信读书、豆瓣读书等，优势在于一些比较新的书籍可以在上面实现免费全文阅读，但缺点在于书籍数量暂时开放不够。微信公众号——如依据各自领域、偏好而选择性关注，但作为诉讼律师应关注部分最高人民法院法官所创设的个人公众号，如法影斑斓、法盏、法语峰言、诉讼无界、JunnyLaw等，便于及时了解最高人民法院立法动态及法官个人研究成果。微信小程序——如在不占用手机较多内存情形下，实现对资料的查找、占有。微博——如站在各大V及政务平台上看时事，获知信息快马一脚。公开课——如在许久远离学校课堂教学模式的同时，在熟悉场域实现自我充电。

线下信息渠道的优点在于类别的完整性、更新的时效性及方式的熟络性，可以从中找到诸多在互联网上暂未公开的信息。常见的表现形式有：公益图书馆——如各高校、地方图书馆，此类图书馆种类齐全，是日常借书与阅读的绝佳去处；商业书店——如新华书店、当当、中法图等，商业书店的优势在于数量多，且通常与律所选址趋同，在律所尚未搭建完备图书资料库的情形下，可以此为后盾，实现相应信息的查找与验证。诚如某次办案需要，笔者为合伙人查找、核验《当事人以不当得利为由主张返还钱款的，举证责任如何分配？》一文，在穷尽目前所掌握的线上渠道仍不可得后，笔者便借助律所附近的新华书店购书平台，顺利查找并定位到刊载该文的图书，成功解决对文章的查验问题；学者讲座——一场高质量的讲座，犹如一场思想盛宴，在助你了解到学科前沿或者基础性理论问题的同时，还能让你感受到智识上的愉悦，通常高校、律协等行业组织是留意讲座信息的重要途径。

（二）目标信息的甄选

在编织好日常接收信息的网络后，诉讼律师接下来所需要做的是结合个案来实现对目标信息的甄选。正言“庭审是诉讼律师的主战场”，诉讼律师可紧紧围绕庭审流程要素及赢得诉讼目标，去充分挖掘己方所需信息。

1.主体信息收集。庭审角力的主体通常由当事人、律师、法官、检察官、鉴定人及各自对应机构组成：

对于法院，我们通常需提前了解它的诉讼指南，对此可通过中国审判流程信息网以及目标法院网站进行相关搜索。

对于律所，我们可通过各地律协官网、律所网站、理脉等平台，提前对其背景信息予以了解。

对于法官、法官助理及检察官，我们应事先了解其学术背景、裁判观点及审判风格，对此可通过法院官网了解个人相关履历，通过硕博学位论文反向推知求学经历，通过庭审直播网等提前了解庭审风格；通过裁判文书、活动报道、著作期刊等知晓其对核心争议的裁判观点。

对于当事人，国内企业可通过国家企业信用信息公示系统、启信宝、企查查、天眼查等平台进行相关查询；上市公司还可通过所在交易所官网、巨潮资讯网等网站进行查询。

对于律师，可结合无讼案例、法律评级机构、庭审直播网等信息的综合运用，来事先了解对方律师的执业专长及业务能力，从而做到知己知彼，审慎应战。

对于鉴定机构和鉴定人员，可通过全国司法鉴定人和司法鉴定机构查询平台对相关人员资质予以核实，预判行为效力。

对于公证机构及公证员，可通过中国公证网及各地方司法局网站核实相关资质。

2.案件论证说理。需要诉讼律师具体掌握法律法规、法理及案例相关知识。法律法规——可通过对全国人大法律释义与问答专栏、全国人大法工委法律释义丛书、司法解释理解与适用丛书、司法观点集成、法官裁判智慧丛书的查阅获得；案例——可通过日常对中国审判指导丛书、最高人民法院案例指导与参考丛书、最高人民法院公报、人民法院案例选、中国法院年度案例、人民司法·案例、部分高院公报刊载的高质量案例积累获得；法理——可通过平日对各领域学者专著、期刊论文的拜读习得。

3.效率工具运用①。诉讼文书模板——最高人民法院官网公布的诉讼文书样式、各类文库、爱问共享资料、法天使、法律家等商业文书库，可帮助我们快速寻找文书模板，解决对不熟悉文书写作问题；

文字转化工具——小程序：小应扫描、APP：全能扫描王等，均可帮助我们迅速解决将纸质或无法编辑的电子文本转为可编辑的Word文本问题；

计算器——诉讼费、利息、工伤赔偿、日期及天数等计算器，浙江省高院网站及各类商业小程序、APP均有提供；

基础数据——在岗职工平均工资、城镇人均可支配收入、农村人均纯收入、城镇人均消费支出、农村人均消费支出等数据，除各地每年公布的统计年鉴外，各类法律APP也通常有数据留存；

时间管理——桌面日历、滴答清单；结构化思维——幕布；可视化构图——Visio、ProcessOn等；笔记软件——印象笔记、OneNote等。

视角三：万法唯识，万剑归宗

“君未看花时，花与君同寂；君来看花日，花色一时明”的心学原理道明：信息在物理层面的客观存在，对诉讼律师功用有限。信息具体功用的发挥，还必须借助于诉讼律师的主观能动性。故为提升信息转化率，在转化过程中，诉讼律师还应遵循以下三点：

① 具体可进一步参见吴陶钧：《律师神器：绝对让你工作效率翻倍的APP》，载《天同诉讼圈》2018年5月12日。

（一）知识整理：对信息网络的搭建，绝非止步于对知识量上的贪婪。相反，信息获取的价值是为了更好地理解、解决问题而存在。因此，诉讼律师在以案带学，实现对法律知识获取之余，还应遵循化繁为简的思路对已获知信息成果予以裁剪，最终成果可借鉴“结论+具体检索路径”方式。

（二）知识固化：在检索信息之余，及时固化每一个检索知识点，并实现知识点的储存积累也尤为关键。此过程，除坚果云等实时储存、传输系统外，各类共享云盘、笔记软件、截图软件也均能辅助实现对资料、知识点的实时保存、截取要求；另外对于专业文献的检索与管理，Zotero、NoteExpress也是不错的选择。

（三）盘点输出：基于知识点的固化，实现知识点整理后的输出与共享，对于提升团队办案效率有着极为重要的意义。该层面，除规范律所办案系统使用可辅助实现外，系统化的专题研究、多元的开放分享机制也是可呈现的路径。

以上三点，是天同辅庭律师对律师信息处理工作的些许思考，不足之处尚贻笑于大方之家。

律师如何做好书记员的工作助手

潘亚飞

在日常办案过程中，法官或法官助理通常会被律师作为重点服务对象予以关注，我们会花大量的时间与精力去研究法官的庭审风格，归纳整理他们已有的裁判观点，并竭力做好对他们的说服工作。而书记员群体却因庞杂而琐碎的事务性工作，被大多数律师所忽视。

但从办案流程上看，律师与法官或法官助理之间除开庭外，其余时间能够直接对话的机会并不多，并且对话的重心也主要集中在案件事实以及法律适用争议上。相反更多时候，书记员才是律师日常与法院沟通交流的主要对象，并且在推进案件进程上（如诉讼排期），书记员也具有相当大的掌控空间。因此为圆满完成代理工作，律师应当注意并提高对书记员工作的重视程度，做好对书记员工作的应有辅助。

本文以诉讼流程为主线，对律师在案件代理过程中可能与书记员工作产生交集的点进行细节描述，希望借此可以让律师在办案过程中与书记员的互动更为顺畅，配合默契度更高，从而实现日常工作的双赢。

一、案件材料前期准备、提交环节

证据册的选编，应当在兼顾讲清事实的同时，力竭精简。在纸张的选择上，应首选轻薄、柔性的纸张，以免证据整体过于厚重，加重案件分配到具体承办人后书记员的搬运工作。证据内容应整洁明晰，切忌存在油墨拖痕。

选编后的证据，需用订书针或者别针进行装订的，在装订完毕后应检查订书针或者别针背面是否平整，对不平整处应压平或重新装订，以免书记员在整理卷宗或者法官在翻阅卷宗时不小心划伤手指。对于页数较多的证据，需胶装成册的，在胶装完成后，应多次翻看胶装是否到位，防止证据在提交后部分脱落，影响证据的正常翻看及完整性。对于同时存在新旧证据的，律师在材料准备上应单独成册，并尽可能给合议庭法官每人准备一套，避免后期证据份数不足，给书记员带来额外的复印负担。同时，自最高人民法院2016年颁行《关于全面推进人民法院电子卷宗随案同步生成和深度应用的指导意见》以来，大多法院在立案阶段都有将纸质卷扫描为电子卷的需求，因此我们律师在提交证据材料时，应特意就其中的一套证据不进行装订或者采取活拆的装订方式，如此可以协助法院快速地进行电子扫描，亦可避免装订后不必要的拆装给证据本身造成毁损。

在对提交的证据册进行页码编排时，除封面不标页码外，我们应从里面第1页即开始编排，页码位置尽可能标注在页面右上角（具体可以所在法院的要求为准），如此可以免除书记员在案件结案归档时又需重新编排并校对页码的负担。

对于需拷贝进光盘一并提交的材料，在拷贝完成后，应当检查是否完整拷贝，防止证据遗漏；对于拟提交的案件光盘，应当用光盘套装好，防止光盘因与材料接触发生磨损，无法正常读取，此外在光盘套上还应标注明“某某案件”，防止书记员、法官在移动或者翻阅证据过程中出现滑落，进而与其他光盘相混淆。

在需同时提交原审Word版裁判文书时，律师可借助相关OCR图片文字识别软件转化，亦可直接从威科先行或无讼等网站上下载，但是基于隐私保护而删减掉的部分内容，需律师提前做好补足工作。提交该类Word版裁判文书的功用在于，法官在书写裁判文书过程中，对原审事实查明、本院认为及具体判项部分有直接摘录的需求，通过律师提交的Word版裁判文书，法官即可直接复制粘贴，节省书写时间。这也要求我们在准备Word版裁判文书时，准确校对信息、调整格式，从而减轻书记员以及法官后期校对文书的压力，也方便后期裁判文书快速用印、发出。

案件如需补充递交材料的，律师应当询问清楚书记员比较方便的时间段，比较方便的方式。若遇到书记员该时点确实不方便当面收取材料的，在时间允许条件下，律师应尽量耐心等待，并亲手向书记员递交材料。在依书记员建议，确需暂存某处时，也应在当日下班前悉心提醒书记员收取材料，待其收取材料后，再向书记员核实相关证据是否为自己提交的完整证据材料。补充提交证据次数应遵循尽可能少的原则。

律师如需向书记员邮寄材料，应当在EMS邮单物品名称一栏写明某某案件的具体材料名称，以方便识别与存证，同时还应自行留存好快递单号，并在支付宝“我的快递”处录入，以便密切跟踪物流信息。待快递即将派送法院时，律师应提前拨打电话告知书记员，便于书记员知晓案件材料内容并及时领取，以免邮件长期被搁置在收发室，甚至因时间久远而丢失。

在案件办理过程中，为全面了解案情，可能需要向原审法院申请阅卷，在阅卷前应提前联系书记员，若非案件急迫所需，应选择一个书记员相对比较方便的时间段前往法院阅卷，并提前向书记员核实清楚卷宗数量，在卷宗比较多的情况下，律师应提前增配人手，备好拍照设备，并保证充足的移动电源。在阅卷过程中，律师应当遵守书记员所在法院的相关要求，快速翻阅卷宗并拍照留存，尽量节省书记员在旁等待的时间。

二、程序性文书送达环节

对于后期实际接收的地址与立案填写的《送达地址确认书》不一致的情况，律师应当将变更后的地址、联系方式、收件人信息及时转告给书记员，方便书记员后期向当事人或律所寄送材料。

诉讼律师应及时签收书记员邮寄出的《诉讼费用缴纳通知书》《案件受理通知书》等法院过程性文件，并及时回寄送达回证，跟踪物流信息，待即将派送法院时，及时提醒书记员签收。

三、诉讼费用缴纳环节

案件承办人在正式熟悉案件材料之前，通常会向书记员核实诉讼费用缴纳情况，看案件是否存在按自动撤诉处理情形，从而节省办案精力，为此书记员会提前与律师落实好诉讼费用缴纳情况。

这也要求律师在收到书记员发送的《缴费通知书》后，应尽可能自己先熟悉缴费流程，再向当事人讲解具体操作。在成功缴纳案件受理费后，及时告知书记员缴费信息。法院需查看相关缴费回执的，律师也应及时传递给书记员。

四、公告送达诉讼资料

需要公告送达相关诉讼文书及材料的，律师应向书记员核实采取何种公告方式，并及时转告当事人，在当事人无其他可有效协助法院送达的情形下，应当嘱咐当事人及时缴纳公告费，在完成向指定机关缴款后，应将缴款信息及时告知书记员并将缴款回执单回递给法院（后续仍需公告送达裁判文书的，也可参照本步骤）。

五、现场调查或者踏勘

部分案件，基于调查取证的需要，书记员与法官会一起进行现场调查或踏勘，在法院有需求情况下，律师可在这个过程中做好向导工作。即使无需陪同，律师也应当将知晓的相关信息提前告知法官或书记员，便于法院有针对性地准备预案、采取应对措施。

六、选定评估、鉴定机构

若在办案件必须进行鉴定、评估，律师应当配合书记员、法院鉴定中心人员及时选定评估、鉴定机构，提交相关鉴定资料，并对相关资料及时进行质证，推动鉴定、评估流程。

七、庭前调解

法官委托书记员提前了解当事人调解意愿时，律师应当在征询当事人意见后，及时向书记员反馈当事人是否同意调解的意愿，不同意调解的也应向书记员解释当事人不同意调解的根本原因，避免给书记员及案件承办人营造出一种律师敷衍、不配合法院调解工作的印象。

八、开庭环节

需异地出差开庭案件，若书记员提前以电话方式通知开庭时间的，律师需要跟书记员核实是否已经通知对方当事人及委托代理人，对方能否按时到庭，案涉传票是否已经寄出。以免订票后，再次出现时间更改，给客户或律所带来不必要的经济损失。

开庭前，如果诉讼代理一方有较多人旁听庭审的，应提前将相关人数告知书记员，由书记员进行请示、协调，以免在开庭当日就能否进入法庭旁听，给当事人以及书记员造成不必要的误会及麻烦，在双方均可接受情形下，确保庭审效果的良好传播。

法院暂未开启庭审同步语音记录的，律师需提前给书记员备好Word文字版证据目录、起诉状、上诉状、再审申请书、答辩状等材料，以便书记员在当事人陈述、举证质证环节，直接复制粘贴对应内容，从而减少书记员在庭审中的记录压力。

开庭当日，律师需提前到达法院，为可能发生的突发事件留有应对时间。在出发前应核对我方所有人员是否带好身份证、律师证及开庭材料（尤其原件）等，并提前告知当事人“避免随意走动，大声喧哗，手机应关机或者调整为静音、飞行模式，禁止录音、录像”等庭审纪律。待通过安检通道后，应迅速前往指定法庭，若需书记员带领方可进入的，律师应在到达指定区域后及时联系书记员，并耐心等候书记员前来带领。进入法庭后，发现开庭所摆放的当事人主体地位有错误的，应当及时告知书记员，由书记员进行更换，以免影响法官后续正常开庭。在无前述情形时，律师应着好律师袍，及时入座，并事先准备好律师证、当事人身份证，以便书记员在开庭前核验身份；对于前期准备提交给书记员的Word文字版材料，也应在开庭前拷贝给书记员。

开庭时，如果是由书记员手动记录的，律师在陈述意见时，应当关注书记员的记录速度，防止语速过快，给书记员的记录工作带来较大压力，实现在照顾书记员的同时，避免信息记录错误、缺失；对于书记员未跟上的信息，律师应当耐心重述，协助书记员补充记录。

庭审结束后，核对庭审笔录时，律师应服从书记员的指挥，快速翻看、修订，若临近中午，考虑到书记员午休及用餐时间，在条件允许的情形下，可以待书记员下午上班时再行核对。对于庭审笔录能否进行拍照、复印，可事先征询书记员的意见，以免产生不必要的冲突。退庭时若必须由书记员带领双方当事人有序退出的，律师及当事人应当紧跟书记员的步伐。

九、案件合议环节

法官通常会在开庭后较短时间内合议案件，如此可以确保对案情的熟悉程度。因时间急迫，如果这个阶段律师需要补充材料的，应尽可能当面提交，缩短材料在途时间。如果必须邮寄的，也需要与书记员提前保持沟通，避免邮件派送延迟甚至遗落，从而达不到理想的传递效果。

此外，法院内部，无论是合议庭的合议，还是经由法官联席会乃至审判委员会对案件的研讨，均需书记员做大量的记录工作。这个过程中，律师所能协助书记员做的是前期在诉讼文书中用精练的语言去概括提炼本案事实以及法律争议，方便法官在合议时更集中讨论，从而节省书记员部分记录及材料打印时间。

十、结案环节

日常保持询问书记员结案进度的习惯，待客户已经收到结案通知短信或者律师通过中国审判流程信息公开网上查询到案件已结案时，可以主动电话联系书记员，询问裁判文书是否已经校对、用印，并附带告知书记员我方所需要的裁判文书份数，需要邮寄送达的地址。在条件允许情况下，可以提前向书记员询问邮递单号，以免日后催促进度过于频繁，同时也便于诉讼律师后期跟踪物流信息；待收到裁判文书后，诉讼律师应及时签写并邮寄回送达回证，并向书记员告知已回寄情况，待邮件即将派送法院时，及时提醒书记员留意签收。

上诉案件，需要原审法院移卷的，诉讼律师应与原审书记员保持密切联系，询问书记员归档、移卷进度，待书记员向上级法院移送案卷后，再与上级法院立案庭联系，询问立案进度。

若裁判文书有瑕疵，需补正裁判文书，或事后需要开具生效法律文书证明的，律师应事先与承办法官取得联系，待法官转述给书记员后，再向书记员提供相关送达地址，并记好书记员提供的邮递单号，及时跟踪物流，留意派送信息。

案件需要退费的，律师应当协助当事人提前准备好退费申请（带退费银行账号，具体到某市县某路支行的开户行、开户名称）、电汇或转账凭证复印件、文书复印件、当事人身份证明、收据等材料，然后再向书记员核对相关材料是否符合法院办理退费材料要求，待核对无误后及时向法院提交。

十一、结语

书记员与法官一样，都是律师办案过程中需重点服务的对象。对于书记员日常繁杂的工作，各方当事人应当给予更多的关怀与理解，诉讼律师亦应给予必要的帮助与支持。书记员工作中的每一个嘲点与泪点，都应成为我们法律共同体继续努力改进的方向。

“咱能好好说话吗？”
——诉讼律师高效语言表达训练攻略

蔡幸杉

诉讼律师“好好说话”的本领，落脚于精准、简洁、清晰地向受众概括事实、适用法律、表达立场、亮明态度。“无效输出困境”曾是困扰笔者良久的敌人。与其临渊羡鱼，不如退而结网，如何成功训练接近“大佬级”律师强大的语言表达能力，笔者有一些亲身经历可与你分享。

一、案件汇报翻车后遗症：咱能好好说话吗？

还记得刚加入天同时笔者的史诗级翻车现场：一起土地使用权转让纠纷，由笔者给天同创始合伙人陈耀权律师、天同大牛辛正郁老师还有西南总部负责人王晓雨律师汇报。尽管已尽全力熟悉材料，“第一次见到这么多大佬+第一次见到这么复杂的事实+第一次汇报案件”的焦虑三管齐下，笔者的汇报磕磕巴巴，声音颤抖，事实内容不分轻重一通倾倒……从三位大佬当时的表情来看，笔者若去某乎回答“说话让人难受是怎样一种体验”，大概可以高票置顶。

此后几乎每一次正式表达情景，声音颤抖及磕巴的问题仿佛魔咒一般缠绕着笔者。某日案例汇报再次表现欠佳，平日一向“慈爱”的老板翻着白眼低吟了一句：姑娘，咱好好说话成吗？

“好好说话”？谁还不会说话了来着！老板所指“好好说话”，与日常嘚啵嘚显然不同。作为一个诉讼律师，缺乏正式语言表达场景下自如、自信说话的本领，约莫等于煎饼摊师傅摊的每张饼都是破的。痛定思痛后，“好好说话”攻坚之战正式提上笔者的日程。历经多次艰辛“复建”及老板的恶魔训练，笔者的语言表达能力得到飞升，老板也终于回归了往日慈爱的笑容。与其称本文是表达训练攻坚攻略，不如叫作小蔡律师的血泪成长史。这份攻略可适用于：团队或客户案件汇报、庭审、对外讲座、直播宣讲、开放日主持……各种常见公开表达场景，希望对你有所帮助。

二、“好好说话”攻坚战第一阶段：找到问题——我为啥“说不好”？

套用果壳网“能好怎原则”①，“好好说话”可分为三级进阶：说什么、怎么说、说得好不好。结合自身经验，“怎么说”和“说什么”两层面常见如下问题导致“说得不好”：

“怎么说”
口头禅：“嗯、然后、就是、那么、啊……”
声音颤抖：这~是~一~个~~……的~纠纷~
声音微弱，毫无底气或咄咄逼人
吐字含混：吞音、错误发音（口音）
配合小动作过多或挤眉弄眼
语句之间无断句或停顿
照本宣科及缺乏节奏
语速过快或结结巴巴

① 即果壳网的生物类科普文章中，常用的行文“伪”架构：能吃吗，好吃吗，怎么吃。

“说什么”
语无伦次：“你想告诉我什么？”
前缀过多或啰唆：“这个事情……我们一开始……就其实……”
绕来绕去：“这个事情我解释一下。”
说与想不一致：被误解是表达者的宿命？
（无意识地）说漏、说错

三、“好好说话”攻坚战第二阶段：找个榜样——啥样算是“好好说话”？

某日在家闲看电影，《窃听风云2》中一位探员向古天乐所饰警长陈述犯罪现场情况的桥段让笔者一阵“震惊”。

这一分钟里探员的语言表达力正是笔者期望达到的：陈述事实语言精练，直击主题；传递信息层次分明，绝无拖沓；准确理解工作内容及提问者问题，有所问皆能有所答；高效回应疑问，并提出可行解决方案。

啥叫“好好说话”，这就是力证！

四、“好好说话”攻坚战第三阶段：直面紧张焦虑——优秀表达者也会面临的问题！

每一次正式表达前，紧张情绪都是笔者最大拦路虎。某次与老板扯闲篇，他提到即使是最优秀的律师，重要庭审前都难免紧张，只是我们看不出来而已。老板的话让笔者沉思良久：大佬们是怎么藏下来紧张感的呢？笔者经过多次试验得出奥义，适当的“阿Q精神”对直面紧张焦虑十分有效：

1.“我要讲的没人比我更熟悉”：法官、上级律师、客户因比笔者更有经验、更熟悉交易模式常让笔者产生胆怯，这个心态让笔者的表达战战兢兢，毫无说服力。实际上，法官及上级律师对事实熟悉程度，客户对法律问题分析程度都是有限的。当意识到笔者可以作为全场对案件最熟悉的人大胆表达思路和观点后，心态轻松了许多，结果往往也没出糗，甚至还会取得意想不到的思路提点。

2.“既然给出了时间，就别怕对方厌烦”：笔者常因害怕听众没有耐心听完笔者的讲话，使用更快的语速倾倒信息或者挑重点内容点到即止。然而，这不仅让笔者喘不过气，也会花更多时间反复向听众解释。其实既然付出了时间，听众自然希望在有限时间里抓取有益信息，也就不会拒绝倾听。此后笔者尝试采用“1分钟讲清楚一个观点”的心理计时策略，并选择更为日常的语速和叙述方式，前述紧张感和重复解释问题明显有所改善。

追根溯源，优秀表达者好心态建立的重要基础，是“比准备好了，再多准备一点”（When you think you’ve prepared enough，think again，prepare more），即沃顿商学院公众演讲课训练师们常挂嘴边的充足准备思维（Over-preparation）。笔者曾诉苦道“私下讲案子特别顺溜，一到案件汇报或开庭就结结巴巴”。老板告诉笔者，正式的庭审表达要求每一句话都铿锵有力，如不能做到就是准备不充分。此处的准备充分，指足够熟悉讲稿内容，充分有效的语言训练以及恰当适时的精神面貌。做到比胸有成竹更有把握，是摆脱受紧张情绪控制的奠基之石。

五、“好好说话”攻坚战第四阶段：语言表达训练法则大揭秘

（一）“怎么说”训练法则——刻意纠正既往习惯

1. 从外部开始改变：找到一面镜子

良好的仪容仪态及双向互动的交流感，可先从对着镜子做如下练习开始：

①微笑练习：对镜寻找自己最自然的表情。怎么有效训练微笑，可以查看B站“韩国空姐佳义的微笑练习法”视频，重点包括：用气息说话、眼尾向下压、颧骨往上提、嘴角咬笔咧平衡等。

②对症下药说话小动作：笔者在开庭时会习惯性转笔，在公开表达时习惯双手在胸口画环。就画环问题，笔者对镜演练时会刻意将双臂锁在后背；就开庭小动作，笔者会注意将笔放在桌下，只有需要记录时才会拿出。当然，如果不能控制自己无意识的行为，可对着镜子模拟时录像，留意小动作并有针对性修正。

2.善用工具：辅助训练的利器

①大声朗读公报案例，或任何能帮助你的文字材料。陈耀权律师曾说他过去讲话有很重的湖南口音。为此陈律师每天读一份公报案例，总结争议焦点事实和法律适用并大声朗读，日复一日纠正自己的表达问题，这是成就现在所向披靡的陈律师的奥秘之一。笔者的训练秘籍里，也包含了这个绝佳办法。

不过，最高人民法院公报案例毕竟需要较多时间消化吸收。如时间有限，不妨尝试“不动脑”式文本朗读法。就笔者而言，听读英文文本有着神奇功效：朗读母语常会因为“太熟悉”而流于泛泛而读，难以发现自身语言陈述痼疾。非母语因有一定的陌生度，朗读时反而会更加注意字词发音和语句断句，对纠正表述有非常神奇的效果。

当然，如果对英文并不感兴趣，试着朗读文言文或长篇诗歌，也有异曲同工之妙。

②录音——听自己说话是挺尴尬的，但也能最直观地暴露出问题：朗读训练的同时笔者会配合录音或录像，它能完整暴露笔者在表达中易被忽略的无意识口头禅、吞音吞字、错项漏点等。常用的工具包括：

手机自带录音机，可记录下每一个表述版本对照自查，记录进步轨迹。

讯飞语记APP，这与法院常用的“科大讯飞”开庭记录工具系出同源。打开APP后直接对准讲话，字词发音是否准确，语句间是否有口头语等，都会原封不动地记录在文本栏中。下图是笔者多次练习后录制的一段语音文本：

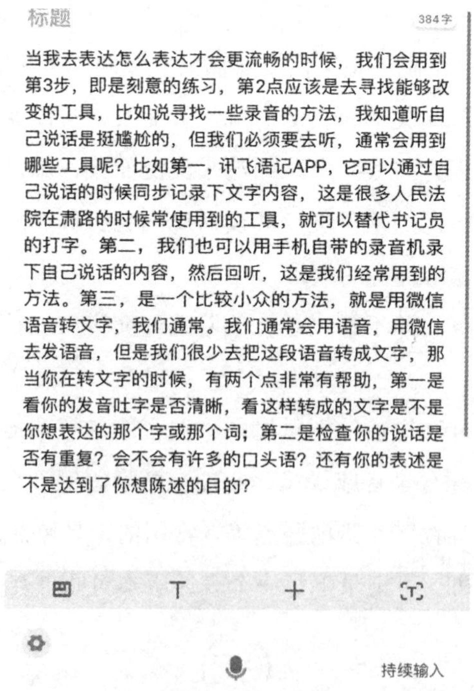

微信语音转文字工具，原理及效果同讯飞语记APP。

（二）“说什么”训练法则——脑中装着“金字塔”

天同重庆曾在老板组织下开展“青苗计划”，每天一位小伙伴在10分钟内向大家汇报一起公报案例。每每轮到笔者的汇报日，“恶魔老板”都会准时上线：“当事人为什么只主张一种对赌方式？”“你确定能得出这个结论吗”“别绕我，回答我的问题”“我没听懂，这句话是什么意思”……尽管只有10分钟，但每次笔者都感觉过了一个世纪。几次青苗汇报后，笔者慢慢总结了不少经验并偷偷训练。一段时间后，恶魔老板挑刺比例逐渐下降，甚至在一次庭审复盘时，老板直言笔者的庭审陈述与他想说的多次不谋而合，对笔者放心不少。

得到“恶魔老板下线”成就的最重要秘诀，来自金字塔式结构化叙述。关于什么是金字塔表达方式，可参考天同诉讼圈文章《诉讼律师的逻辑表达之道》。下面奉上“说什么”环节训练小技巧：

①结构化文稿准备：“功夫在诗外”

结构化叙述具体指“结论先行+归类分组+逻辑递进”。所谓兵马未动，粮草先行，要想人前“好好说话”，准备符合结构化表述的文稿是如同战时后勤储备一般的存在。以案件汇报为例，文本准备需遵循如下原则：第一，以争议焦点、诉讼目标为导向标整理案件事实、法律法规适用、案例检索报告及案件背景信息；第二，明确汇报重点分类抛出，附以各点项下要件事实及法律适用；第三，点明法院观点或团队结论并给出明确倾向意见。关于天同五分钟案件汇报法，可参考天同诉讼圈文章《案件汇报：如何在五分钟内讲好一个故事》。

②录音+反向自检+寻求他人帮助：以讲一个好故事为标准

老板常说，诉讼律师说话最好的状态是“温柔且坚定”，换成大白话即，我好委屈，但我还讲道理。有条不紊、有理有据，不做祥林嫂、不讲废话是诉讼律师说话的四句箴言。换言之，口若悬河、侃侃而谈于诉讼律师而言并非褒义词。以开庭陈述为例，如何检验自己说话“温柔且坚定”？下述方法可谓卓有成效：

录音及计时：记录自己能否在3分钟内以正常语速和停顿完成开庭陈述。复听录音时注意核查所述与所想是否一样，用词能否达意，观点是否重复。

反向自检：不断朗读庭审提纲文本，核查提纲是否围绕争议焦点，能否简明扼要地体现要件事实和我方观点；对提前预设的法官提问，自己的回答是否直面了问题本身。一旦感觉读起来含混别扭，就需要修正文本内容；

寻求他人帮助：相对口语化的输出，也即天同律师常强调的“讲好一个故事”能快速拉近与听众的距离。在重要庭审前，笔者会找到身边亲友当面讲一遍案件梗概（即开庭陈述），看看重点信息能否被听者快速抓取。如是，则代表这是一个成功的故事。切记，讲述一定要有头有尾，滔滔不绝只会加深听众疲劳感！

上述三点一定要反复演练，直至形成语言肌肉记忆以及机械性反应力，随时为庭上脱稿陈述做好准备。

③害怕出错？逐字稿的大作用

犹记得当笔者为表达效果紧张不已时，老板建议笔者准备一份逐字稿。具体是指把要表达的话用文字逐一记录下来。这个秘诀有如神助，它能让笔者固定表述内容，免去表达时再次组织语言之虞；又能让笔者免去焦虑，只需顺着文本说出要点即可达到效果，让笔者有更多精力去关注语言表现力和感染力。经多次使用，笔者发现逐字稿不仅能完美适配各种语言表达场景，在3分钟开庭陈述这样“亮相”的环节更显得特别有价值。如时间充裕，建议重要时刻都可以准备一份逐字稿，下图为某次直播时笔者的逐字稿文本：

直播宣讲script

- Preparation
  - 准备云拍设备
  - 调试机位
  - 准备直播前视频播放
- 开篇词
  - 大家好我是天同律师事务所辅庭律师蔡幸杉，欢迎大家来到天同重庆的宣讲会直播，我们今天直播分为两个环节，一是我带着大家逛一逛律所，给大家做一个简单的介绍，我在介绍过程中还会留下几个小伏笔，在介绍的最后给大家揭晓。二是由我们天同重庆合伙人曹玉龙律师给大家做正式的宣讲，我们这次宣讲会的时间大概是一个小时。
  - 另外，今天正巧有两位我们天同的律师过来加班，等会我也会邀请他们跟我们一起简单聊几句。
- Scene 1：业绩墙
  - 这里是我们天同重庆大厅，大厅的右面有一整面墙，陈列我们在最高院跟各地高院的胜诉案例，总共有近400个，案例既包括我们天同重庆的，也包括北京总部的。
  - 大家可以猜猜最大标的是多少呢？
  - 在揭晓答案前呢，大家可以注意下这个案子，这起案件也被最高人民法院选举为公报指导性案例，此外，我们还有7件案子被选为最高院公报案例，大家有兴趣可以搜一搜。
  - 其实这面墙上最大标的案子就在指导性案例旁边，标的额为10亿元。
- Scene2:案例大数据研究中心
  - 天同重庆还有另外一个标签，即与西南政法大学共同成立的案例与大数据研究中心。
- Scene3:外景
  - 我们现在在重庆解放碑环球金融中心52层，我们办公室可以180度欣赏重庆渝中半岛景色，到晚上的时候，夜景非常非常吸引人。
  - 这里大家可以猜猜哪条是长江，哪条是嘉陵江？
  - 我们除了北京总部位于故宫旁的四合院里之外呢，其他分所选址也是有讲究的哦，它们分别位于深圳、南京、西安、深圳、沈阳，大家可以猜猜为什么在这6地设分所呢？
- Scene4:神兽和古代文书

六、余音：相信自己，做一个说话有信服力的律师

“好好说话”其实是一项没有天花板的标准，哪怕是收获迷妹迷弟无数的律界大佬，重要开庭前仍能看到他们在无讼厅、会议室反复排练开庭陈述与辩论思路的身影。所以这条路上潜心修炼的我和你，莫愁前路无知己。最后附上天同合伙人李谦律师在无讼学院庭审致胜全流程之《完美开场炼成记：开庭陈述的训练之道》课程中的话作结，希望大家能够关照自己的个性并信赖自己，不忘抓住每一个麦克风开启的时刻，勠力前行。

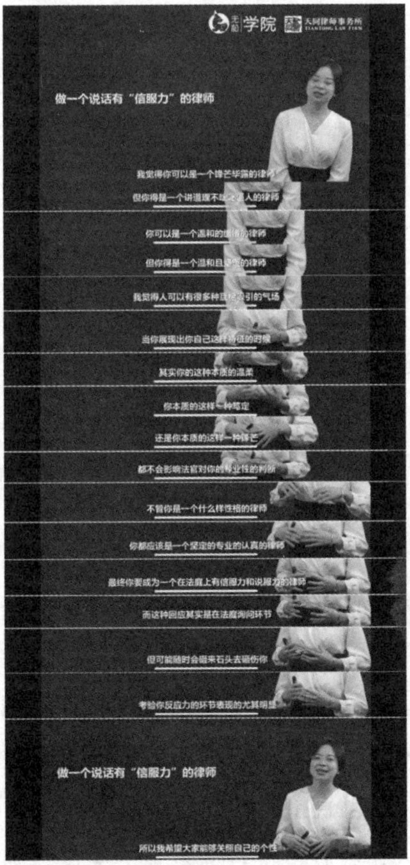

你真的会提问吗？——如何起草一份问题清单

吴雅琼

“提问”是贯穿案件代理始终的一项工作，一份问题清单不仅可以帮助律师厘清思路、提高与客户之间的沟通效率，也是非常好的预判法官可能提出的问题、帮助律师进行庭审预演的工具，其重要性及意义不可小觑。然问题清单和案件本身一样千变万化，难以有效地提炼、总结形成一套标准化文件，本文仅从作者自身代理案件的一点思路及感想出发，探讨律师起草问题清单过程中的一些注意事项以及有效提问的几点小技巧，期望能对各位律师的工作有所帮助。

一、问题清单的作用及使用场景

1.第一份问题清单：案件评估阶段，通过提问了解案件全貌、固定关键事实

律师在与当事人初步沟通了解案情、研究案件材料后，必然会产生很多希望与当事人进一步了解、核实的问题。此时，一份问题清单可以帮助我们梳理思路、汇总问题。根据客户性质及案件难易程度的不同，问题清单的使用场景及方式也有所不同。对于当事人有专业的法务对接人员，或者事实相对简单、清晰的案件，可以直接将问题清单发送客户，请客户进行书面回复；而对于当事人为自然人，或者事实较为复杂的案件，则建议将问题清单作为

与客户会谈时的提纲使用，由律师对会谈过程进行记录、整理后，再提请客户进行确认。

此次提问后，律师应当对案件基本事实情况有一个全面了解，并通过与客户的沟通确认，将影响案件评判的关键事实固定下来，形成案件评估及后续代理工作的坚实基础。

2. 第二份问题清单：案件代理阶段，通过提问核实细节、引导当事人补充挖掘新的事实及证据

随着案件研究的不断深入，律师对案件事实了解、掌握的深度及细致程度也会不断加深。在此阶段，律师需要不断修改、扩充第一份问题清单，进一步与客户补充核实事实细节。与此同时，律师也可以结合案件代理思路及诉讼策略，利用提问的机会引导当事人进一步挖掘对诉讼有利的事实及补充证据，并最终形成一份完备的事实问题清单。

3. 第三份问题清单：庭前准备阶段，通过提问进行庭审预演

在庭前准备阶段，律师一般需要与当事人一道全面回顾事实细节，确保此前的记录准确无误，并最终形成一份完整、详尽的事实问题清单。同时，律师也可以借助最后一份问题清单进行庭前预演，确保在庭审时能够快速、准确地回应法官可能提出的各类事实问题。

二、起草问题清单的基本原则

1. 表达方式：宜简洁明了，忌法言法语

问题清单的受众多为案件的经办人员，大多数情况下可能并非专业的法律人士，因此，问题清单的表达方式应当简洁明了、通俗易懂，尽量少使用法律专业术语，以便当事人迅速理解并回忆相关事实情况，避免给当事人造

成额外的理解负担。同时，律师尤其应注意避免提出已经带有法律或价值判断倾向的问题。例如，贵司在接受A公司担保时，是不是善意债权人/是否尽到了应尽的审核义务？该类问题应留待律师后续给出专业意见，而非交由当事人自行判断。

2. 提问方向：宜一知半解，忌全然无知

律师接触的案件类型多样，不可能在各个领域都成为专家。如果遇到全新领域的案件，律师应结合案件材料，对案件涉及的行业概况、业务模式、交易结构等进行了解学习，在此基础上再有针对性地提出问题。对于案件涉及的专业领域事项，可以请客户提供支持、协助，但应避免提出一些过于简单的常识性问题，给客户留下律师对该行业一无所知的印象。

3. 提问范围：宜事无巨细，忌挂一漏万

律师掌握事实情况的准确、详尽程度直接决定了案件评估的准确度。因此，律师应尽可能事无巨细地向当事人询问案件情况。这一工作可能会在前期耗费律师大量的时间及精力，但能够有效地提高案件评估的准确率，帮助律师固定案件基本事实，避免后续频繁与当事人补充核实案件情况，也能够降低签约后续发现能够推翻此前判断、颠覆性的新事实的风险。此外，借助该环节，律师也可以很好地向当事人展示其严谨、细致、尽责的专业形象，进一步加深当事人对律师的信任。

4. 文件结构：宜适当梳理，忌一盘散沙

在列举完想要询问的问题后，建议对有关问题进行适当归类、梳理，避免思路过于跳跃、零散。例如，就一宗供用气合同纠纷案，我们按照想要了解的事实以及双方之间主要争议的问题，将所提问题归为协议签订、履行及结算情况，以及气体计量计价涉及的专业技术问题几大板块，客户则组织了签约谈判的经办人员、财务人员以及生产部、技术部的工作人员分别回应我们提出的问题。在具体的提问板块之下，则按照问题之间的递进关系，或者

时间顺序等简单排序即可。

三、提问小技巧

1. 问题只有一句话

好的提问必须足够简短且能抓住事物的本质。律师提出的任何问题都应该控制在一句话以内，如果一个问题尚且需要大段文字去描述或者定义，要么说明律师自己也没太想清楚提出这一问题的用意，当然也就更不可能指望据此得到想要的答案；要么说明该问题本身涵盖的信息或内容过多，需要进一步梳理、拆分。没有什么问题是一句话解决不了的，如果有，那就多提几个问题。

2. 阐述式提问

由于律师需要事无巨细地了解案件事实，提出的问题既有可能源于当事人此前介绍的不够具体、准确的方面，也有可能是在案件材料中发现的疑问，或者是基于法律分析、判断希望了解的方面，而当事人此前并未过多关注。既然问题清单琐碎的特性难以避免，不妨多采用阐述式的提问方式，在抛出问题前简要说明提出该问题的原因，例如问题的线索来源、我们对此产生疑问的原因、该问题与案件争议的关系等。

例如，“根据《×协议》的约定，双方约定的付款方式为先开票后付款，但转账凭证及发票显示，实际开票时间在付款半年后，双方未按照约定方式开票付款的原因是什么？”类似的阐述式提问可以很好地帮助客户定位案件材料、了解律师提问意图，避免客户在看到问题时产生莫名和突兀之感。

3. 闭合式提问

“开放式提问”和“闭合式提问”是最为常见的提问方法论。前者的提问方式较为宽泛，给答题人留有充分的自由回答余地；而后者的提问方式比较具体，答案范围也比较局限。在案件接洽初期，律师可以适当地提出开放式或半开放式的问题，引导当事人对案件做一个概括介绍。在对案件有了基本了解后，律师起草的问题清单则一般应以闭合式或半闭合式提问为主，是非题、选择题优于问答题，闭合式问答题优于开放式问答题。

例如，在涉及“表见代理”问题的案件中，如果只是泛泛询问客户案涉交易的签约经过，虽然问题本身并无错漏，但当事人受专业背景所限，其关注问题的重点可能与律师并不相同，在陈述事实时也可能不够周延、描述不够准确，很多时候可能没办法一次性回答出律师想要的答案。

这种情况下，不妨尝试将上述问题进一步拆分，例如：案涉交易双方各自有哪些经办人员，这些经办人员的具体职务分别是什么，对方是否向贵司提供了介绍信、名片等身份证明文件，签约场地在何处，签约时双方是否都有经办人员在场，双方的签字代表分别是谁，此前是否还有类似交易，交易模式及经办人员身份是否都与本案相同等。与拆分前的问题相比，这些问题更能有效地引导当事人的思考及回答方向，帮助律师更加顺利地获取想了解的信息。

4. 质疑式提问

质疑式提问是以对抗的方式发掘事实真相、找寻问题症结的提问方式。在美剧中，我们经常可以看到律师在法庭上通过一系列有技巧的提问，找出证人证言中的漏洞，一举击破对己方不利证词的精彩场景。但在与客户沟通交流案情的过程中，使用质疑式提问方式需要特别注意方式方法，避免引起客户与律师之间的敌对与不信任情绪。

例如，对于客户已经明确给出回答的问题，有时律师可能仍然心存疑虑，但不建议采取就同一问题反复提问、直接要求客户确认其陈述属实，或对客户的回答提出质疑等过于激烈的提问方式。此时不妨转变提问思路，如果客户的回答与现有证据材料矛盾，可委婉地提示客户注意，提请其做进一步解释；也可继续按照客户的思路提问，在追问的过程中引导客户注意到其回答的矛盾和不合逻辑之处。借此机会，律师可适时提出针对该不利事项可能的应对思路，引导当事人放下戒备，建立与当事人之间的信任关系。

5. 复述与诠释

当所提问题涉及关键事实，或者律师不熟悉的专业领域时，可适时地复述总结当事人的回复，或者按照自己的理解对当事人的表述进行重新诠释，以此加深印象，确认当事人期望表达与传递的信息已被律师准确无误地接收与理解。

提问不难，但提出一个好的问题却并不容易。一份简单的问题清单，在考验律师沟通表达能力的同时，也能够直接反映出律师对案件研究的细致程度、敏锐度，以及提炼、把握关键事实的能力。谨以此文记录一点简单的思考，也期待各位同仁不吝提出宝贵意见。

您有一份读懂法条的攻略，请查收！

王 瑾

经由深刻思考，亲身体验应用的条文，将成为法律人生命的法律细胞，终生难忘。

——王泽鉴

随着《民法典》的正式通过，新一轮的民法学习又已如火如荼地展开。过去，我们在校园里对于民法的学习，更多的是通过精读教科书来理解每一个民法学的概念、原则等从而打下法学的理论体系基础。当我们走出校园，转变身份，成为一名辅庭律师，我们应当意识到回归法条本身，读懂法条、理解法条并能够准确适用法条的重要性。因为法院在办理案件时是以具体的法律条文作为裁判依据，非以理论作为裁判依据。易言之，每个案件在分析阶段当然要讲概念和理论，但最终裁判案件必须要指向一个具体的法律规范。

那么如何才能正确理解法条、适用法条呢？笔者认为，研读法条应以一个由点及线再及面的循序渐进、层层深入的方式展开。首先，要理解单个法律条文中所规定的内容，掌握条文中每个概念的含义，并究明规范目的。其次，须体系地理解法条，在找到核心法条的基础上，关注核心法条前后条文的规定，将条文打包归类，串连一线。最后，将对条文的理解放置司法实践中检视，纸上得来终觉浅，需要我们能够将法条运用到具体的、日常所办理的案件中，学会在实践中游刃有余地应用法条。

一、理论战场：研读法条的方法论

如果将诉讼比作一场无声的战争，那么法条便是我们上阵杀敌的利器，因此，能否精准理解、有效运用法条对诉讼策略的制定优劣及裁判结果的输赢得失有着重大影响。以下是笔者在天同律所工作期间总结的法条研读心得，望有所裨益：

（一）条文的“点”式学习：阅读条文、理解条文、记忆条文

在办理具体的案件过程中我们要时刻紧紧围绕着法条，因为处理一个案件需要我们的目光在法律事实和法律规范之间不停地“往返流转”。我们对法条尽可能地熟悉、深耕，就可能因为诉讼中对某一个概念、一个用词、一个要件的精准把握而找到案件的突破口。我们在学习《民法典》条文时应该看一些什么书籍和资料会有所助益呢？笔者的推荐是：初阶版——《民法典对照及条文解读》。《民法典》的原文是我们学习法条最权威、最准确、最可靠的指南，同时，通过对照旧条文可以看出新增、删除、变更部分的内容，这些内容属于应当引起我们格外关注的部分，对比版的条文可以提高我们的学习效率和准确程度。进阶版——《中华人民共和国民法典释义》《中华人民共和国民法典理解与适用》等，法律释义和理解适用丛书是由权威机构的专家编写，背后体现立法者的价值取向和未来司法裁判的态度倾向，有助于我们正确理解《民法典》精神，实现与立法者、裁判者思维的有效对接。高阶版——法条评注系列及某一制度、某一领域的专著书籍。如，朱庆育教授的《〈合同法〉第52条第5项评注》等（更多详见天同诉讼圈——《法典评注》栏目）、王泽鉴教授的《损害赔偿》等对于某一专门制度的研究专著等。针对我们要研究的争议法律问题，检索相关领域的权威学者的观点，并与现行立法对比，可以帮助我们对现行立法的条文有更细致的理解和深入的思考，其中一些批判性的思维更有助于我们拓宽新的诉讼代理思路。

（二）条文的“线”式贯穿：掌握条文与条文间的逻辑关系

当翻开《民法典》，我们应当意识到映入我们视野的每一个法条并不是孤零零的存在，在处理实务案件的过程中往往需要将这些法条以“组合拳”的形式相互配合适用，才能更好地达到当事人的诉讼目标。由于有些法条属于请求权基础的核心规范，有些属于起到防御作用的抗辩权规范，而有些条文仅是起到辅助、补充、说明其他条文的作用。因此作为辅庭律师我们要学习掌握识别和抓取核心法条的能力，然后去探寻该核心条文与前后的条文之间的逻辑关系，将法条归类形成规范群，使每一个法律条文在规范群体系中有其逻辑位置。在这个规范群体系中有些条文的功能在于确定适用范围，有些用于确定构成要件，有些则属于法律效果。只有当把每一个条文放在规范的逻辑关系中，才能正确地理解它、适用它，才能分清它与其他条文的界限和区别。

以买卖合同纠纷为例，买受人向出卖人主张违约责任中的赔偿损失责任时，对于基础法律规范可以进行如下体系归类：

当我们在对条文已经进行充分的“点”式学习的基础上，通过掌握法律条文的内在逻辑，将已有的理论知识体系转换为现行法律条文体系，这不仅有助于我们更加深刻地理解法条，也有助于通过训练提高法律思维能力和逻辑水平。

诉讼请求	请求权基础	抗辩主张	抗辩权基础
赔偿损失	《民法典》第五百七十七条、第五百八十三条	损失超出预见范围	《民法典》第五百八十四条
		因对方过错损失扩大	《民法典》第五百九十一条
		双方违约	《民法典》第五百九十二条

（三）条文的“面”式延展：结合理论和实务，构建诉辩攻防网

为了能够全面地理解法条、更好地运用法条，我们可以结合司法实践的裁判，尤其是要利用好最高人民法院发布的典型案例和公报案例，学习其如

何将已查明的案件事实涵摄到具体的法条中去。通过案例的分析，我们初级律师要学会站在原告、被告、裁判者等不同角度，更全面地观察不同立场的主体对于法条的选择和理解。这种“全面”地理解法条，要格外关注最高人民法院对于每个条文是如何适用的，对于条文中存在争议的理解是如何选择和处理的，对某个条文做出特殊解释的目的是什么？是扩张解释还是限缩解释了某个概念的适用？之所以要那样解释所要保护的对象是什么？这些都可以通过我们在研读条文的过程中联系起来一体把握，对于我们初级的辅庭律师较快地形成和完善案件代理思路有很大帮助。

高质量的裁判案例会使法条学习达到事半功倍的效果，因此掌握高效、精准的案例检索方法十分重要。我们常用的法律检索网站有：中国裁判文书网、中国知识产权裁判文书网、无讼案例、北大法宝、威科先行法律数据库、法信网等。在检索方式上，我们可以综合检索案由法、检索关键词法、检索争议焦点法、检索适用的法律法规等方式交叉检索、多次检索，以提高检索案例的精准度和检索结果的准确性。这一过程一方面有助于我们分析、总结通常某一类案件中双方当事人的诉辩主张，便于我们找到权利进攻的“矛”，有的放矢地直击案件的核心。另一方面也助于我们寻到案件防守的“盾”，更好地抗辩对方的主张，形成一张诉辩攻防网。

二、实战演练：体系研读法条的具体操作

（一）根据当事人诉求定位法条研读范围

当我们接到当事人的委托，首先要了解委托人的诉讼目标，根据当事人提供的事实和诉求锁定我们将要适用到的基础法律规范，缩小法条精读范围。对于检索基础规范的方法，首先，确定基本权利类型，是物权、债权还是知识产权，这为寻找基础规范提供了大方向。其次，确定当事人的诉讼类型，根据当事人的诉讼类型确定可能的具体权利类型。最后，根据当事人提出的

权利类型的指引，寻找到可能支持的法律条文。如，以大宗货物买卖过程中时常发生的标的物质量纠纷为例，当买受人主张货物质量存在问题并委托我们处理相关纠纷时，第一步就是要找到可适用的基础法律规范。首先，解决该纠纷的法律规范应属于《民法典》“合同编”的内容；其次，应属于“合同编”项下“买卖合同”这一章规定的内容；最后，通过买受人主张货物质量不合格，提取“质量”这个关键词，我们可以将解决该纠纷的基础规范定位在《民法典》第六百一十五条至第六百二十四条，它们作为一个规范群涉及标的物质量瑕疵的认定标准、权利义务、法律责任等规则。此时的法条检索只是对于某一规范群的大范围查找，案件实际能否适用以及适用哪些法条作为请求权基础规范或抗辩权基础规范还需下一步结合具体案情详细分析。

（二）体系理解规范群，厘清权利义务责任

当我们检索到规范群之后，需对规范群有一个整体的把握和认识，对于如何体系地理解一个规范群，我们可以通过制作下图的方式，将规范群中的法条内容通过划分区域归类的方式呈现，同时也能够将这些法条在法庭上动态的攻防运用过程展现出来。我们可使用两条线划分出四个区域，左上方的区域是权利人可以向对方主张的权利或称请求权；左下方对应的是权利人欲行使该种权利时所应当满足的构成要件；右上方对应的是具有效果阻却要件的情形；右下方是对左下方的构成要件的否定要件。

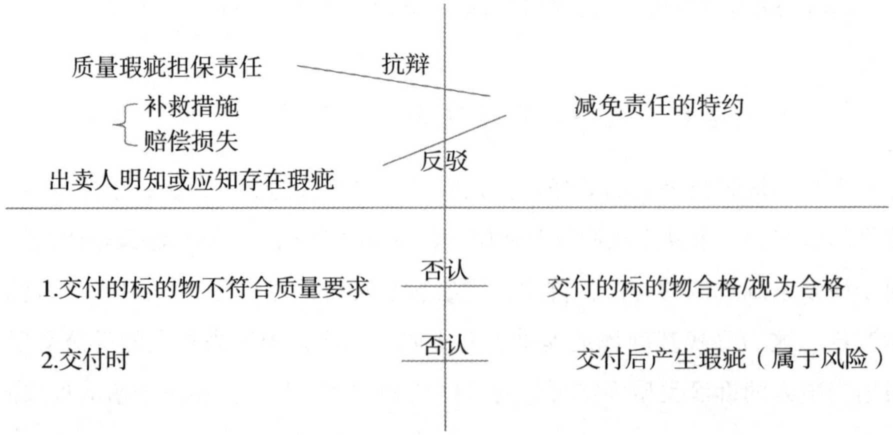

同样以买受人主张货物质量存在问题为例：在买卖合同中，出卖人的合同义务是应当向买受人交付质量合格的标的物。如图所示，（左上区）→若出卖人交付的货物质量不符合要求，买受人享有的权利是依据《民法典》第六百一十七条规定要求出卖人承担物的瑕疵担保责任。（左下区）→买受人向出卖人主张承担该责任需满足两个要件（《民法典》第六百一十五条、第六百一十六条）：1.交付的标的物不符合质量要求；2.质量瑕疵的判断时点在交付时。（右上区）→同时，出卖人有可能具有阻却责任承担的抗辩权，即《民法典》第六百一十八条规定的当事人之间存在减轻或免除承担标的物瑕疵责任的约定。（右下区）→此处涉及对标的物质量是否符合要求这一要件的认定，对于交付的标的物属于合格的情形，存在一种“视为合格”的拟制规定。这需要结合《民法典》第六百二十条至第六百二十三条的规定，考量买受人是否履行检验通知义务、质量异议的通知应当在多久期限内完成、这种质量异议通知期限的长短是否合理等。通过这样一个图就可以将《民法典》第六百条至第十五条至第六百二十四条关于出卖人质量瑕疵担保责任部分的法条做一个整体的梳理。

（三）结合具体案情动态运用法条

结合上图，当买方当事人委托我们代理一起货物质量纠纷案件时我们便可以依据上图制定诉讼策略。

首先，确定权利请求规范，明确当事人权利。买受人主张案涉货物存在质量问题，我们可以告知其享有向出卖人主张物的瑕疵担保责任予以救济的权利，即《民法典》第六百一十七条的规定，依照《民法典》第五百八十二条至第五百八十四条规定要求出卖人承担修理、重作、更换、退货、减少价款等补救措施和赔偿损失等违约责任。这样我们便确定下来买受人主张权利的请求权核心基础规范。

其次，条文解锁构成要件，分析要件是否满足。当我们检索到买受人有权向出卖人主张承担责任的法律依据后，我们还要考虑买受人需要满足何种构成要件才有权向出卖人主张上述责任，也即买受人需要完成何种事实要件证明责任，这也将涉及举证责任的分配问题。这一步骤需要我们在思维中将法条的构成要件拆解，并结合案件事实一一确定是否满足要件的要求。依照《民法典》第六百一十五条至第六百一十六条的规定，若要出卖人承担瑕疵担保责任，我们可以解构出第一个构成要件是出卖人交付的标的物质量不符合要求；第二个构成要件是标的物存在质量瑕疵的判断时点是交付时。因此，当买受人能够举证证明满足了上述构成要件，那么买受人的请求权就可以发生。

与此同时，出卖人可能会通过否认买受人请求权的构成要件以阻止买受人的请求权发生。其中，对第一个构成要件的否定，出卖人可以通过举证证明货物是合格的或者在法律上已经被拟制为合格了，此时就要结合《民法典》第六百二十条至第六百二十三条的相关规定，认定买受人是否在约定的检验期限内或者未约定检验期时是否在合理期限内将标的物的质量问题通知于出卖人。对第二个构成要件的否定，出卖人可以通过证明标的物在交付时是符合质量要求的而免责。因为若货物的质量瑕疵系产生于交付后，那么货物质量则属于风险负担问题，货物的风险于交付时便转移于买受人承担，此后货物产生的质量问题出卖人无需再承担责任。

同时，识别抗辩权基础，提前有效防范应对。诉讼是一个动态的过程，被告为了不承担责任，也可以通过举证证明原告的请求权存在权利消灭的事由，以此进行抗辩。例如，当买受人请求出卖人应当对货物质量问题承担责任时，出卖人可以依据《民法典》第六百一十八条抗辩双方之间存在关于货物质量瑕疵责任减轻或免除的特约，出卖人的质量瑕疵担保的责任便因此特约而减轻或免除。此处的抗辩是针对该请求权所能产生的法律效果而言的。

但是，一方当事人的抗辩权有时并非不可反驳，例如，若出卖人主张双方之间存在关于标的物瑕疵责任的减免特约而进行抗辩，此时，买受人并非无法继续请求出卖人承担责任。依《民法典》第六百一十八条规定，因出卖人故意或者重大过失不告知买受人标的物瑕疵的，出卖人无权主张减轻或者免除责任。只要买受人可以举证证明出卖人对于出卖的标的物存在瑕疵在主观上是故意或者因重大过失而未告知的，仍可依第六百一十七条请求出卖人承担责任，有效反驳其抗辩。

可见，我们在办理案件过程中一定要注意与当事人及时沟通，尽可能全面了解当事人之间是否有对各方责任减免的特殊约定以及可能使对方产生抗辩权的事实等情形，才能提前做好应对。

最后，进行类案检索，寻找司法支撑。同案同判、法律适用统一是现代司法的基本价值追求，因此类案的裁判对于法院在法律适用上有重要的参考和指引作用，尤其是关键事实近似或相同的案件，对于我们理解法条、预判案件有极大价值。在案件办理的每一个步骤中，我们都可以结合最高院已有的裁判案例检视和验证自己对某一制度或某个法条的理解正确与否。我们可以把对类案的学习结果制作成案件检索报告（详见天同诉讼圈《手把手教你如何制作一份合格的案件检索报告》一文）。一方面，可以通过以类案检索的结果作为支撑，增强法官支持我方胜诉的可能概率。另一方面，也可以预设诉讼过程中原、被告可能提出的主张及抗辩理由，有助于我们形成完整的诉讼思维，为我们处理同类案件积累经验。

读懂法条是每一个法律人必须掌握的基本功和必修课，正确地理解法条有助于排除各方之间的对话和交流障碍，使法官和律师可以在同一思维体系内讨论问题，提高案件审理的效率和质量。只有经由我们深刻地认识、学习法条并能够实际运用，解决一个个错综复杂的法律问题，才会真正地将纸上的法律转化为社会的法律，我们才能成为一名合格的法律人。

复盘：律师精进的不二法门

沈　一　马　波

周伯通说道："那黄裳逃到了一处穷荒绝地躲了起来，那数十名敌手的武功招数，他一招一式都记在心里，于是苦苦思索如何才能破解，他要想通破解的方法，然后去报仇。也不知过了多少时间，终于对每一个敌人所使过的招数，他都想通了破解的法子。黄裳的几十个仇人，个个都是好手，武功包含诸家各派，何等深奥，何等繁复？他要破解每一个人的绝招，可得耗费多少时候心血。原来他独自躲在深山之中钻研武功，日思夜想的就只是武功，别的什么也不想，不知不觉竟已过了四十多年，想出了包含普天下各家各派功夫的武学。咱们说了半天，说的就是九阴真经的来历。"——金庸《射雕英雄传》。

复盘一词最早来源于围棋术语，是指棋手对弈结束后对下棋的全过程进行回顾，以检查对局中对弈者的优劣得失。在复盘中，下棋的人要想一想当时下棋的情形，回想对弈时双方的攻防，争取发现自己的错误，尝试理解对手的思路，研究最妥善的走法。经过复盘，棋手分析总结棋局中双方对错得失从而积累经验，逐渐精进棋艺成为高手。

诉讼亦是一场对弈，诉讼律师只有勤于复盘才能发现以往工作中的优点和不足，进而为未来的工作和计划做好准备。一个卓越的诉讼律师应当遵循这样的真理，每个案件结束后的第一反应不是庆祝或者沮丧，而是要进行冷静客观的复盘，放下得失心、胜负心，以一个旁观者的客观角度对比赛进行回顾，分析自身和对手各具的优劣。简单来说，复盘就是把当时的情况、过程重复多遍，思考为什么会这样发展，下一步如何设计，揣摩比对双方的心理思维，最终总结出经验，当经验熟稔于心，自然会逐渐成长为律林高手。

一、复盘意识不可或缺

复盘的本质是以目标驱动的学习经验总结，是对假设方案进行的校正，是对行动目标、行为过程、实践结果进行再认识的反思过程，通过回溯、反思与批判使得原有的认识产生提升。复盘的目标在于总结经验，既包括优势和经验的总结，也包括不足和缺陷的总结，且后者更加难能可贵。

无论是组织体还是团队、个人，无论是合伙人还是普通律师，均应通过复盘对自身工作进行定期、持续反思，不断总结经验；通过复盘规划未来，明确后续工作目标和工作方法，进而推动工作状态进入良性轨道。复盘无疑是个体、团队、组织体提升认知并进行自我完善的有效途径。而且，团队复盘对于解决复杂问题具有重要意义，团队复盘能够总结出更有深度的问题，引发团队内部的思考，群策群力解决问题，同时也对提升团队凝聚力和作战能力具有重要意义。

要充分发挥复盘的作用，复盘即应当贯穿工作流程始终，既可以开展定期复盘，比如即将到来的年终总结；也可以对具体工作事项和工作方法进行复盘，比如针对每个案件办理、庭审，乃至材料整理、工作方法等。只要有复盘意识，复盘可以发生在工作的方方面面。正如天同合伙人在辅庭律师进行培训时指出的："团队内部除了办案之外，还要定期复盘，无论是案件准备、开庭过程、市场活动等都需要及时总结，找出利弊得失，积累经验。"在天同，复盘始终遵循高频、持续、有深度的原则，着实已经渗透到天同律师工作的方方面面。可以说，复盘在天同律师的培养和经验传承过程中，已经成为一种非常重要的方式。推而广之，复盘意识对于诉讼律师的成长，必不可少。

二、复盘之道：GRAI复盘法

常用的GRAI复盘法在律师复盘时同样适用。所谓GRAI复盘法，也叫四步复盘法，即Goal（回顾目标）、Result（评估结果）、Analysis（分析原因）、Insight（总结规律）。

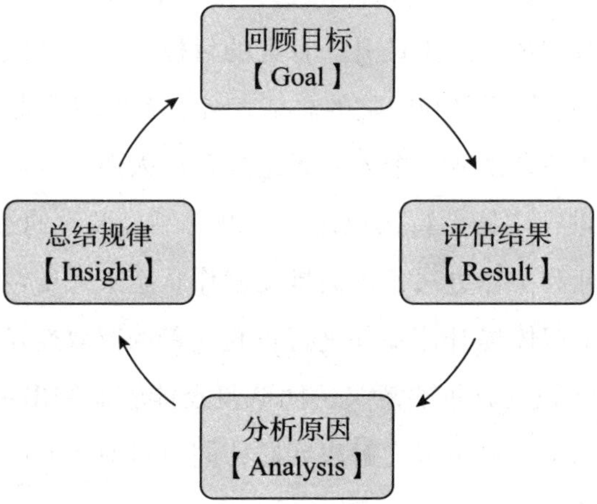

1. 回顾目标

基于身份、地位差异，不同个体对同一事件会有不同的目标和期待，由此导致复盘时的关注重点有所差异。有时候我们走得太快太远，以至于忘记了为什么出发。因此在复盘时，我们一定要先问问自己，我们最初的目标是什么。

例如，就同一次庭审，律师助理的目标可能是保证案件材料完整，确保出庭律师开庭顺利，能够及时找到所需材料；而对于出庭律师，目标或许就是促使法官关注到某个容易忽视的关键问题，或是力争说服法院采取某个法律观点，以求实现客户的最大利益。

再如，就同一次客户会见，低年级律师的首要目标可能是借此机会全面了解案情；而对于高年级律师和合伙人而言，核心目的或在于与客户达成合适的代理方案并发展长期合作关系。

故而，在进行复盘时，首先要清晰重现既定的工作目标，由此方能将最初目标与最终结果进行比较，方便后续评估和复盘。

2. 评估结果

既定目标与最终结果比较，是复盘分析的基础。一般而言，结果和目标之间可能会存在如下几种关系：（1）结果超越目标；（2）结果达到目标；（3）结果未达到目标；（4）在过程中新增或放弃了部分目标。

评估结果的目的在于使复盘人意识到差距或优势，从而为后续的原因分析提供一个相对客观的基础，因此需要如实比较和评估。还需要说明的是，我们在评估时不能只看到差距，对于完成度高的部分，即我们的优势，也应当予以充分关注，一并作为原因分析的基础。至于差距或优势的大小，并非复盘关注的重点，故在评估结果时也无需过于关注。

3. 分析原因

分析原因是复盘的核心。分析时，我们不能停留于表面，而应尝试通过不断追问发现背后的根本原因。同时，我们可以尝试从以下不同维度去考虑差距或优势产生的原因：

· 自身努力和外在因素

比如，庭审效果未达预期，一方面，我们可能需要自省：庭前准备工作是否充分，证据材料是否熟稔于心，法规和案例检索是否穷尽，等等；另一方面，我们也要去分析外在因素：法官个人观点是否带有明显倾向性，案件证据本身是否有所欠缺，等等。

· 横向和纵向

纵向维度，如同一案件在一审和二审代理阶段出现了不同结果；横向维度，如同类案件在甲地法院和乙地法院审理时出现了不同结果。通过横纵维度的对比，或许可以分析出更深层次的原因。

· 自我和对手

庭审活动具有对抗性，因此除自我分析外，还可观察、分析对方律师表现，取长补短。

比如，就证据呈现而言，对方律师提交的证据册或证据呈现方式更符合法官的阅读习惯，能够更精准地体现案件争议焦点。再如，在证据收集方面，对方律师通过一些我们此前不熟悉的合法途径获取了足以影响法官判断的关键证据。

对于这些长处，我们在复盘时应当及时吸纳，化为己用。而对于一些对方表现不佳的地方，如对于案件事实掌握不透彻、语言表达不够精简，也应该引以为鉴。

4. 总结规律

分析完原因，我们还需要提炼和总结概括规律或经验，从而对之后工作进行指导。需要注意的是，总结出的规律和经验不可过于宽泛，否则即会欠缺针对性和指导性；也不可过于狭窄，否则亦会因缺乏重复适用性而不具意义。

比如，律师助理在庭审准备时遗漏了某份材料，如果总结出下次准备还需更加细心这一经验，则并不足以指导之后的庭审准备工作；如果得出下次要特别注意核对某份材料，亦可能会因此疏忽其他材料。相反，如果能够就此归纳总结制作一份详细的庭审材料清单，并确立至少核对三遍的原则，那么这样总结的规律才有助于个人成长和提高。

此外，总结务必要以书面形式记录并留存，时时翻阅和提醒自己。若疏于记录，这些优良的经验就会随着时间推移与我们渐行渐远。

三、复盘讲求时效性

天同律师事务所高级合伙人彭卿律师在一次内部交流时曾经说过，庭审复盘一定要在庭后立即开展，哪怕饿着肚子也要先完成复盘，更不可隔天进行。其实，不光是庭审复盘，诉讼律师对任何工作的复盘，都应尽快进行。

复盘需要对工作进行完整回顾，而由于律师工作较强的亲历性，很多东西无法通过书面或影像形式记录，只能靠大脑回忆。随着时间的推移，这些记忆逐渐模糊，一些重要细节也会慢慢被遗忘。

如果工作之后立刻复盘，大脑就能够像放映机一样完整回放整个工作环节。相反，当我们在一天或更长时间之后回忆时，那些真正具有指导意义的情节，或许就会被掩埋在作为茶余饭后谈资的情节之下，再也找不到了。

四、复盘重在分享

一个人走得快，一群人走得远。相较于个人自省，以办案团队内部或律所内部分享的形式进行复盘，更有助于团队共同成长。

一者，如上所述，不同人对同一活动的看法和视角可能不一样。采用团队内部分享的形式进行复盘，可以了解到不同层级律师对同一问题的不同想法，有助于低年级律师“向上补位”，也便于高年级律师对低年级律师指导和反馈。

二者，在律所内部分享复盘，能够将本团队办案过程中归纳总结的经验教训和其他团队进行知识共享，共同提升。

三者，本办案团队遇到的问题和困惑，其他团队在此前办案过程中可能已经遇到。不同团队之间相互交流，同样能够碰撞出思维的火花。

复盘技能可以习得，善于复盘者，能够获得快速成长、持续精进。

案结事了？客户还需要这样一份结案工作报告

张卫涛

一、前言

当接到法院专递时，笔者相信每个律师的心情都是极其忐忑的。这像一份被批改的考卷，用以检视我们的代理成果。“考卷”成绩如何更攸关客户的切身利益，及时通报是当然之义。但客户在大多数情况下无法达到律师对案涉法律问题的研究深度，故案件结果无论是胜诉还是败诉，客户都期待律师对案件走向给出进一步的指导，也希望通过此次案件的经验规避未来更多的法律风险。因此，在及时通报案件结果的前提下，我们需要一份结案工作报告给客户全流程的法律服务体验。

如何通过文字让客户在代理工作接近尾声时仍感觉到初步接触时的关怀与温暖，笔者在此抛砖引玉，与各位同仁共同探讨、进步。

二、内容的构建：回顾与展望

（一）引言：简洁概述

不同于常规在案件进展过程中产生的工作报告，结案工作报告通常篇幅较长，故需通过开篇陈述给予客户整篇文章的体例感。一般情况下，简要概括本案的委托时间、案件办理总时长以及法律文书所确定的裁判结果，并告知客户我们将在下述中就主要代理工作、生效文书、未来的路径以及可借鉴的经验等做以汇报和分析。

【示例】

就本案，我们于××××年××月××日正式接收贵司委托后，立即全面展开了工作。在分析原审裁判文书的基础之上，明确了本案的核心争议焦点，并进行了深入研究。为提高本案再审申请的成功率，我们多次与贵司就案件相关事实沟通核实，以尽可能使我们的主张翔实可信。令人欣慰的是，我们的再审申请材料引起了法院的注意，使其组织双方询问以调查事实，案件最终得以提审并改判，我们的代理工作也圆满结束。现将我们主要的代理工作、我们对再审判决的分析以及贵司应予借鉴的经验等向贵司汇报。

（二）案件主要代理工作：案件关键节点呈现

客户将案件委托后，大多数情况下并不会深度参与案件的办理工作。在案件结束后，若能通过结案工作报告将代理的主要工作做以汇报，则便于客户更清晰地了解我们为案件办理所付诸的努力。

1.素材来源

在承办案件大多疑难、复杂的情况下，案件整体耗时必将较长，单凭回忆很难完整地复述在案件每个节点的主要工作。且在团队办案的情况下，案件全流程并非每个律师都亲身参与。因此，一份完备的代理大事记显得尤为重要。

代理大事记无需拘泥于格式，除可以在笔记本、电子表格以日记形式记录外，也可以通过无讼提供的天工办案系统进行记录。若有使用滴答清单等电子备忘录的习惯也可通过APP进行。但在内容上不应草率记录，如："2020年12月23日与客户举行电话会议"的内容则较为模糊。即使有此记录，在将来回忆时也无法明确当时会议为何召开？参会人为谁？主要讨论结果为何？因此，记录时应如"2020年12月23日，××律师、××律师与××公司王经理举行电话会议就再审申请中所提交证据是否存有原件进行核实，王经理确认证据1、证据2存有原件，证据3因已递交给对方仅留存有复印件。”

2. 代理工作筛选

由于代理大事记记录较为详细，若完全呈现则显得较为繁杂。

在时间条线上，我们可以以案件不同阶段作为分类，如将代理工作分为：正式委托前（评估、磋商签约阶段）、委托后进入诉讼程序前（案件准备阶段）、诉讼程序（诉讼阶段）。根据案件的具体代理情况，也可将诉讼阶段进一步细分为一审、二审、再审等。

在内容选择上，我们应当以诉讼发展进度为主线。在可能的前提下，评估阶段突出我们的评估结论，与后续的法院判决、裁定加以对比，彰显预判准确性；在案件准备阶段突出为评估风险点的防备或为改变原审事实认定、法律适用所作努力。需要注意的是，客户所关注的核心应为诉讼阶段。在此阶段代理人有无积极推动案件进展，是否积极向法官了解案件动态，是否积极回应法官关注的问题等都应在代理工作中予以明确。

同时，鉴于案件的多样性，我们在推动案件进展的同时或亦曾协助客户通过其他手段主张权利，也应当在我们的结案工作报告中有所体现，如：协助客户向对手方主管机构反映问题，协助客户尝试与对手方和解谈判等。

此部分内容并不涉及再创造的情况，仅是将曾经所为结合裁判文书以更系统的方式呈现，具体可根据案件情况灵活处理。

【示例】

背景：在一起海上货物运输合同纠纷再审案件中，客户希望我们能够维持二审判决。我们在初步评估判断后认为，二审结果虽正确，但在法律适用方面确存在一定程度的不周延，故案件本身存在一定程度的风险。该案在再审审查后最终提审，但通过我们的努力，法院最终维持了二审判决。

在阐述代理该案工作时，我们并未采用传统的时间条线路径，而是根据案件进展走向拟定了不同的小标题，客户阅读体验更佳，亦能在简单文字中体现我们对案件节奏的精准把握。该结案工作报告的各小标题为：1.风险之下，委以重任；2.提审——意料之外，情理之中；3.剑走偏锋，根据对方陈述变更策略；4.连类比物，从“常识”入手击破对方所谓“通行做法”；5.有惊无险终取胜。

（三）法律文书分析：客观与主观

就一份法律文书而言，其核心内容主要由法院认定的事实以及说理部分构成，故我们所应分析的重点即在裁判文书的事实认定是否有误、法律适用是否错误。

首先，从客观方面我们应该将法律文书中事实认定及说理部分所载的内容做以提取，但在提取时应当避免简单复制粘贴。具体而言，就事实部分应当主要突出事实认定与双方举质证情况以及事实情况是否相符，说理部分则应明确法院进行审查判断的焦点。

其次，从主观方面结合我们的代理工作进行分析。具体而言，我们在代理过程中，就法院所确认的焦点举示的证据、阐述的观点是否得到采纳，未予采纳的原因为何。

【示例】

背景：在一起保险纠纷二审案件中，我们作为被保险人的代理人向法院提起上诉，强调案涉免责条款因未经提示说明而不发生效力。但法院并未对该事实予以明确确认，仅是通过推论的方式认定案涉免责条款若未经协商不合常理。

我们在摘取法院说理部分的基础之上，结合我们的代理工作与本案实际情况，呈递如下结案工作报告：

综合上述内容，我们看到二审判决基本沿用了一审思路，结合案件证据以及对证人证言的分析，认定案涉条款并非格式条款，免除了××保险公司的提示和明确说明的义务。对此，我们在代理过程中即已判断其为主要风险，并在上诉材料中着重进行了强调。我们从司法判例对于特别约定中免责条款的认定出发，主张特别约定中的条款并非均由双方当事人协商确定，不能完全排除保险人对其中条款进行提示和明确说明的义务。其后，我们从格式条款的构成要件分析，案涉免责条款符合格式条款的构成要件，一一说明案涉免责条款符合《合同法》第三十九条规定的格式条款应同时具备的“预先拟定”“未经协商”“重复使用”三个要件。同时，我们还通过对方提交的证据向法院强调：通过调减免赔限额证明条款系经协商，进而免除自身提示说明义务是××保险公司的一贯做法。（结合法律文书具体回溯代理工作）

二审法院在本案说理时曾连用三个“不合常理”，也即在作出上述判断时，其是基于对案件事实综合考量所作出的内心推断。若事实确无法查清，如此认定本无可厚非。但在本案中我们已经举示相应的通话记录，可以证明案涉条款未曾经对方所述进行电话沟通，事实认定确存在一定的错误。况且，保险公司与投保人相比，其本就应当承担较重的举证责任，在事实真伪不明的情况下，应当认定条款未经协商，保险公司对该条款仍具有提示说明义务。（具体分析法院未予采信的原因）

（四）路径指引：期望与风险

若案件结果不尽如人意时，客户所期待的是更多的可能性。

程序上，如案件代理范围仅为一审、二审，我们可建议客户考虑再审程序；若案件已进入再审程序败诉，我们则可建议客户考虑检察监督程序；若案件已经进入检查监督程序而未被支持，或需根据案件情况建议客户通过行政、刑事以及协商等方法解决。但同时需要提醒客户注意，在二审终审制的背景下，通过上述手段争取成功的概率较低，后续程序中本身即存在固有风险。

实体上，若通过分析裁判文书认定判决、裁定存在一定程度的不周延，则可向客户明确应予努力的方向。如认为有继续代理的必要，也可进一步向客户阐述我们的代理方案。但若案件本身存在固有的事实缺陷或法律适用方面的不利倾向，我们也应将相应的风险向客户明确提示，由客户自身判断并及时止损。

若取得较为满意的代理效果，客户所希望的则是结果最终落地。

相对应地，对手方也可能会将已生效力的判决带入审判监督、检查监督程序。因此，若通过对裁判文书的分析发现对手方尚有可予争取的空间，则需建议客户在相应方面完善证据链条。在代理工作不包括执行的情况下，若判决存在对方应予给付的内容，需建议客户尽快走入执行程序。

（五）结语：经验总结

本案的代理工作虽已结束，但客户的经营或生活工作仍需继续。事实上，多数案件得以产生的原因自在日常中积累的风险质变。本案虽得以处理，暂不论结果，我们或许更应从专业角度给予建议以便客户不再出现同类型的疏漏或遗憾。

【示例】

就一起保险合同再审纠纷，某省高院采纳了××公司证人×××的证言，认定××保险公司未履行免责条款明确说明义务，从而判决××保险公司承担赔偿责任。客户认为此举会将导致保险公司免责条款告知义务现有履行方式被全面打破，行业运作将受到较大挑战，故而希望再审本案。通过我们的努力，案件最终取得了提审并调解结案的圆满结果。

本案代理工作结束后，就客户应予从本案中吸取的经验教训我们呈递如下结案工作报告：

仅凭投保人在免责条款告知书等投保材料上加盖了公章，并不能当然证明投保人已认可保险人履行了免责条款明确说明义务。一旦投保人举示相反证据证明保险公司未向其明确说明和告知，法院会格外关注此类证据，并结合其证明力确认保险公司未履行相应义务。

我们提醒贵司在此后的业务人员培训和投保材料修订中，更加具化免责条款提示和告知义务履行的手段以充分证明提示说明义务已妥善完成。如此，即便再出现×××这样作出对保险公司不利陈述的代理人，贵司也可有足够证据否定其证言的可信度。

具体可从以下方面入手：

1.注意核对签收单文件的落款时间，勿出现落款时间早于保险单、投保单、免责事项、明确告知书等投保文件形成时间的情况，从而被投保人作为否认贵司已交付相应材料，进而否认免责事项已明确告知的把柄。

2.要求投保人不仅在免责事项明确告知书、投保人声明书最后一页加盖公章，还可以添加以下步骤：1）要求投保人或投保公司的授权代表手写“已知晓上述免责条款内容、含义及法律后果”等文字；2）对免责条款告知书、投保人声明书等材料如存在多页，要加盖骑缝章；3）办理业务的业务员、代理人或经纪人签名，并注明何时在何地签署等。

三、尾声

结案工作报告其实不仅仅是给予客户的反馈，更多的是我们对整个代理过程的总结与回顾。在复盘过程中，我们应当结合代理结果，反思代理工作中是否存在疏漏。具体而言，应当与法律文书的论理部分做以对比，判断我们是否已将案涉法律问题及风险全盘考虑。

此外，结案工作报告仅是结束代理工作中的一环，我们还需在案件结束时向客户返还已经收取的证据原件、未使用完毕的授权材料，如有需要还需向客户呈报我们所制作的完整卷宗。

亦需要注意的是，结案工作报告具有一定的时效性，应当在案件结果明确后，团队及时复盘、撰写，提交客户以体现法律服务的高效性。

注：本篇办案手记的成稿同时参考借鉴了曹玉龙律师、范耀鲜律师、蔡幸杉律师所作的结案工作报告。

CHAPTER XII

第十二章

心路历程篇

从法学院到律所——谈谈身份与方法的转变

虞震泽

韩世远老师在其著作《合同法总论》的前言中，曾引用高鸿钧先生之语来描述我国近几年来合同法的研究和著述，称之为这是一个“学者多如毛、著作涌如潮”的时代。其实，然非学术领域之百家争鸣，在我国司法实践中，律师与案件的数量也均呈现爆发式的增长。①在案件数量急剧增长的同时，裁判观点间的冲突与矛盾，学术理论与司法实践间的抵牾，不可避免地存在于法律实务行业之中。作为一名刚刚告别理论洪潮，转而又踏入实践巨浪的“菜鸟律师”而言，如何顺利地度过这一转化阶段至关重要。无论是从认知法律的视角，还是运用法律的方式，抑或是自身法律价值观的转变，浸染于学术浪潮之下的学生时代与初涉实务行业的律师阶段，两者之间虽难谓南辕北辙，但也一定不会殊途同归。面对身份转变而引发的前期不适感及压力，作为一名初入职场的律师，笔者以半年来的律所工作经历谈谈自己在这一阶段的感受，简而言之归纳为，内心接纳身份的转变，正视法律方法的转化。

---

① 选自司法部:《2018年度律师、基层法律服务工作统计分析》:“截至2018年底，全国共有执业律师42.3万多人，比2017年底增长了14.8%。”

选自最高人民法院:《2019年最高人民法院工作报告》:“2018年各级法院审结一审商事案件341.8万件，一审民事案件901.7万件，同比上升8.7%。”

一、接纳学生身份到律师身份的转变

从学校走向律所，转变的不仅仅是工作的状态、学习的重心，更多的是心态的转变、自我价值的认同以及能力提升的侧重。面对需要转变的种种方面，经历—总结—积累的过程必不可少，在不断的循环往复之后，最后形成一套适合自己的经验与方法，而他人之法始终只得可资借鉴。

1.以自我导向的观念转移到以客户利益导向的观念

法国思想家帕斯卡在其著作《思想录》中曾言："思想形成人的伟大。人只不过是一根苇草，是自然界最脆弱的东西；但他是一根能思想的苇草。"法学作为一门科学，其耀眼之处并不完全在其可证伪性，而在于人类思想不时的闪光与碰撞。作为学生，思想的自由与创新一定是被极力推荐与赞许的，对某些问题的新看法、新观点，只要在逻辑上能够自圆其说，在价值判断上能够权衡利弊，无论思维多么发散，都不会涉及对错之别。然而，当你正式迈入律师行业，思维发散的能力固然可取，但其观念应转变为以客户利益为导向。初入律师行业，很难做到的一点便是如何在内心真正地说服自己。在接受长时间公平与正义价值理念的法学教育之后，面对实践中完全的利益偏向，一时间或许很难在内心之中完全接受。但是律师行业的独特性质决定了对自我导向观念的束缚，对公平正义需要进行合理化的职业解读。要想说服裁判者，一定要使自己具有足够的内心确信，既要以裁判者的视角思考案件，又要在此基础上全力最大化己方诉讼利益，而这种说服自己的能力也正是身份转变最为基础也是最为重要的一步。

2.交流能力的延伸与拓展

当我们作为法学专业的学生在学校与同学以及老师进行学术观点的探

讨、交流时，“法言法语”总是一个时常被提及的话题，法学术语的专业性可以更为便利地减少交流的障碍，减少解释某些概念的“交易成本”。然而，作为一名律师，与之打交道的客户千差万别，有出身法律行业的专业法务人员，亦有普通业务部门的技术人员，还有只进行最后决策的高层人员。此时面对不同人群，交流能力的延伸与拓展就显得格外重要，“法言法语”的重要性就会降低，而“深入浅出”的重要性将会提升。

举一个笔者在实践中会谈客户的例子，对于法学专业的学生来说，合同法所规定的“约定解除权”以及“法定解除权”一定是合同法课程的重中之重，随之产生的合同解除的行使、期限与效力等问题，一定也是要必然掌握的重点。而对于某些非法学专业出身的客户来说，合同解除权的概念对他们来说是陌生的，在他们的思维之中，并没有形成完整严密的合同解除权体系，向他们汇报具体的合同解除法律方案时，先要为他们搭建一个通俗易懂的合同解除框架，例如运用“合同解除在法律上可以分为两种情形”“一种是双方在合同中约定了解除的事项，当约定事项发生时，当事人可以解除合同”“另一种是双方虽然没有在合同中约定合同解除的具体事由，但一方存在根本违约的情形，致使双方合同的目的已经完全不能实现时，另一方也可解除合同”等通俗易懂的话语，来先行为其解释约定解除权和汇报案例中具体运用到的法定解除权概念。在深入交流之前消除双方因专业知识差异而造成的预设障碍，使客户能够明白律师讲解的基础，这样也避免了因双方交流维度差异而造成交流效果的弱化。切记不能完全陷入自己的思维体系，与人交流并不是把自己所想的说完，而更多的是让听众理解所讲的内容。

当然不得不提的是在与客户交流过程中，律师提炼框架的能力。交流框架的搭建能更为有效地提高客户理解法律思维的效率，也有助于其消化复杂的法律方案。其实构建框架在学生时代书写论文的过程中就是一项极为重要的能力，而与客户交流过程中的提炼总结能力则是上述能力口语化、即时化的拓展。在学生时代多多锻炼框架构建、逻辑理顺、层次划分的能力，对今后无论是与客户或者裁判者口语化的交流还是书面文件的撰写都助益无穷。

3. 迅速弥补自身学科的短板

研究生阶段，往往是进入某一学科专业化学习的过程，也往往易造成其他学科学习的弱化与忽视。以笔者自身的经验为例，笔者研究生专业为民商法学，而笔者自己又侧重于民法总论的意思表示与公司法的公司治理方向研究，除此之外，虽对民商法学的其他学科也有关注，但始终不及上述两项那么热爱。至于民诉法学、仲裁法学、与民商交叉的刑法学则表现得更为疏忽。但是自从进入天同之后，天同对于律师不仅在民商专业素养方面要求极高，并不限于传统的民商事业务，更及于信托、资管、银行非标业务、融资性贸易等传统民商教学较少触及的新兴商事领域；而且在程序方面也要求律师能够熟练运用，执行异议与执行异议之诉的提起、诉前与诉中保全的操作、民刑交叉案件的处理都是先前笔者较少接触的要点。如果将笔者的各项能力比作众多木板箍成的木桶，那么高板与低板之间的差异在进入天同之前格外明显。而进入天同之后，大量案件不得不使我迅速地、有目的性地弥补上述领域或学科的缺陷，缩短短板与长板之间的差距。天同丰富的学习机会也使笔者能够全方位地提升自我综合能力。总之，在身份过渡的前期阶段，一定要着力弥补先前基础学科的漏洞，强化并拓展民商事领域的专业技能，永远不要让你的短板拖了后腿。当然如果能在学生时代完成短板的补足，将会更有利于过渡阶段的顺利转变。

二、正视从知识输入到知识输出的方法转化

作为学生在学校更多的是进行知识储备、知识归纳、知识深化的以输入为主、输出为辅的学习过程；而进入律所之后，面对复杂疑难的案件，知识输出成为主导，而以案件为导向的知识输入则成为辅助提升的方面，如何顺利衔接两种过程的转化，也成为过渡阶段一个重要的问题。

1. 在知识输入的过程中建立紧密化的网状知识结构

想要做好知识输出，除了规范化的知识管理外，扎实的知识输入必不可少。广泛的阅读基础搭配精细化的阅读选择，才能够最有效率地提升知识储备。广泛的阅读相当于建立一座脑海图书馆，决定了今后输出知识的范围，而精细化的阅读相当于进行图书编码，准确定位你的优势领域，方便今后进一步拓展与深化。

在做好基础化的知识储备工作后，如何规范化地进行知识管理，就成为一项区别工作效率的关键因素。在这里，笔者个人的建议是建立知识的网状结构，加强知识与知识之间的连接，尽量不要使输入的知识成为一个孤立的知识点，否则过多独立的知识输入将会造成迅速的遗忘与无效率的学习。当然具体的连接方式可以自主选择，可以是某个办理的具体案例，也可以是某种相关联的理论，甚至可以是某位学者一系列成熟的观点等。知识点间的连接可以视自我习惯确定，目的是使知识能够紧密地联系起来，提升运用的效率，以及深入钻研、再次向外拓展的概率。知识网越编越广、越编越密将会极大促进知识输出的速率与效率。

以《九民会议纪要》中热议的“公司担保”为例，其所涉及的知识点并非仅为《公司法》第十六条，不能将其简单地定位于公司法领域，其所涉及的知识点诸如表见代理、公司意志的判断规则、相对人形式审查的义务、相对人信赖的判断等，这还将会涉及公司法上的信赖外观及善意的范畴、合同法中的无权代理/表见代理以及民法总则意思表示等多方面的问题。如若将其仅定位于单一的法条，不仅局限了知识输出的多条路径，更会造成今后案件研判能力的单一化与片面化。

2. 建立以案件为导向的判断筛选能力

作为一名好的律师，对案件初期筛选能力的培养也至关重要，能够一眼识别出一个好案子，代理并获得最后的胜利，定会激发一名律师的职业荣誉感。不同于学生时代对知识的渴求，对学生而言，一本好书就是自我能力与学识进化的重要通道，识别好书也是学生阶段必不可少的一项能力。笔者时常对身边的人提起自己最爱的两本学术书籍，一本是邓峰老师的《普通公司法》，一本是朱庆育老师的《意思表示解释理论——精神科学视域中的私法推理理论》，它们扩充了笔者认知法律的视角，让笔者在知识输入的过程中体验到更多的可能性，意识到学术研究方法的多样性与趣味性，也决定了笔者今后在民商事领域的研究方向。

而作为一名以知识输出为主的律师，一个好案件同样是自我能力提升的重要途径。要将识别一本好书的能力转化为判断一个好案件的能力，其实两者在本质上具有共通性，都需要基础（知识/案件）的积累，经验的丰盈以及能力的进化。但如何在接触案件较短的时间内判断案子的质量，这是初期律师需要不断学习深化，总结运用的过程。在笔者目前接触的几十个案例中，笔者总结出好案件的几个共同特征，一是一眼无法找出确定性的法律或法规适用；二是案件事实可能很复杂，但是主线明晰，争议焦点清晰；三是案件焦点问题学理上有讨论，但是涉及的要点并不会很多；四是对于争议焦点，双方皆存在合理的立论根基，不存在一方完全压倒一方的情形。以天同代理并胜诉的公报案例“周某海与汤某龙股权转让纠纷一案”为例，[①]该案判决之后，学术界对于股权转让合同约定分期支付股权转让款，是否能够参照适用《合同法》第一百六十七条[②]规定的分期付款买卖中出卖人的合同解除权引发了一阵热议。而据笔者观察，该案就符合上述好案件的四个特征，一审与二审、再审法院裁判的差异，二审与再审法院说理的差别，都验证了该案的价值与光芒。

3.从理论思维到案例思维的转换

在学生时代，我们大多数时候总是以理论书籍为牵引，从一个知识点拓

---

① 最高人民法院，“周某海与汤某龙股权转让纠纷申请再审案”，案号：（2015）民申字第2532号，来源于裁判文书网。

② 现《民法典》第六百三十四条。

展到另一个知识点，在图书馆里不断翻阅书籍，也正是最为常见的知识连接深化过程。不同于理论牵引理论的学术思维，实践中以案例牵引理论的案件思维，使得初入职场的笔者一度感受到巨大的信息量。尽管在目前的法学院，实证研究已经成为法学研究方法的热点，但是与真正接触实务的律师行业相比，无论是案件数量还是案件类型抑或是接触深度，学校的学习都很难望其项背。

就案件数量与类型而言，自无需多言，在接触深度方面，作为一名初阶律师可能无需面临案件的后期工作（如庭审、书写诉讼文件等）。但在案件初期阶段，对证据的理解与选择，对案件事实的梳理，对法律规定、案例的研读，一定较之理论学习要更为深入。在此笔者仅以案件前期同类案件裁判文书的归纳研读为例，在法学院的学习过程中，我们关注的重点往往是裁判主文的法院认为部分，但是对于一名律师而言，诉讼双方的立论基础与逻辑，所举证据链的严密性，法院裁判的视角与关注重点，都值得借鉴思考。更为深入地挖掘裁判文书资源，也是一名初期律师快速成长的关键一步。

并且，通过细致的案例研读，可以发现很多理论不曾关注的有意思的话题。在笔者刚进入天同的时候，接触了一个客户想要申请再审的案件，该案事实简化为A公司申请冻结了B公司用于偿还C公司贷款的资金账户，二审法院认为B公司账户属于银行系统中的贷款账户，A公司无权对其进行冻结，从而B公司的款项全部用于清偿C公司对B公司的债权，而在先申请保全的A公司一无所获。该案的一个焦点问题便在于“贷款账户能否冻结”。其实经过常规的法规检索，最高人民法院对此问题曾作出《关于银行贷款账户能否冻结的请示报告的批复》，其主要观点为“贷款账户数额属于贷款银行资产，并非被执行人资产，冻结贷款账户无法实现控制被执行人财产的目的，并且侵害银行的合法权益，因此不能冻结户名为被执行人的银行贷款账户”。一般检索到这里，考虑到涉案账户在银行系统中已经明确登记为贷款账户，许多律师或许对本案已有所定论。

但是在研究类似案例的过程中，检索到一份判决书中的审理法院提出了以时间划分贷款账户的标准，其认为，在法院尚未划扣资金前，该笔款项仍为账户人持有、支配，且法院冻结账户于银行划扣前，所以该笔资金并非为银行所有；当银行划扣之后，资金才归属于银行。[1]在继续检索的过程中发现还有法院通过区分内外账户的方式来判定贷款账户，[2]上述司法判例都未简单地以银行认定的贷款账户作为判断贷款账户的依据，并且也未简单适用最高院的批复，而选择对账户资金的所有权归属一探究竟。一个小小的贷款账户的认定竟有可能使一个案件迎来新的转机，不得不说实务导向与理论导向的知识输出方向与路径存在很大的区别。虽然很可惜最后没有办理这个案件，但是案例思维的知识深化的确有着非同凡响的路径与体验。

三、结语与期望

在人生的不同阶段，注定将会经历许多不同的身份，从学生到律师的这一转变，在起初的不适与茫然中慢慢摸索，到如今初有收获，在反复总结中不断提升自我，似乎笔者也慢慢地摸到了些许门道。正如苏轼之名言“人生如逆旅，我亦是行人”，在经历更多的事物，接触更多的人群，获得更多的能力之后，既希望自己能怀有“长风破浪会有时，直挂云帆济沧海”的豪情壮志，又期望收获“驾一叶之扁舟，举匏樽以相属”的淡然与平静。

① 内蒙古自治区包头稀土高新技术开发区人民法院，“包商银行股份有限公司包头明阳支行与杨某娥、张某鹏等借款合同纠纷一审民事判决书”，案号：（2017）内0291民初847号，来源于裁判文书网。

② 河南省周口市川汇区人民法院，“河南太康农村商业银行股份有限公司、赵某借款合同纠纷执行审查类执行裁定书”，案号：（2018）豫1602执异111号，来源于裁判文书网。

论“菜鸟律师”的自我修养

俞　雯　马　波

律师以自身专业为客户服务。有人说，律师的使命就是用尽所有合法的手段实现客户利益的最大化；而律师为当事人提供优质服务时所凭借的最重要的资源即自己的专业知识，选择了律师作为职业，也就意味着选择了终身学习。作为初入职场的“菜鸟律师”，我们所面临的角色转变是大多数刚刚步入律师行业的同行所共同面临的问题。在图书馆悠闲度日的时光不再，现在必须要与层出不穷的实务难题周旋，不少人都会面临知识储备入不敷出的窘境。在此，我们结合自己成长中的经验，从知识获取、知识内化两个方面谈谈入职以来律师学习方面的感悟，以期和初入职场的小伙伴们共同进步。

一、知识获取：从法学院到律所

从法学院跨入律所无疑是学习道路上一个转折点。法律虽然一直是我们的学习对象，但不可否认的是，角色的转换带来了学习渠道、方法甚至内容侧重点的明显变化。

1.“菜鸟律师”第一课——角色切换

民事诉讼以对抗制为原则而展开，律师作为一方当事人的代理人必然要从当事人利益最大化的视角去考虑问题。如果把民事诉讼比作一场拔河比赛，那么只有当对抗的双方都用尽全力，居中裁判的法官才能得出最公允的结论。基于律师在民事诉讼制度中扮演的角色，律师思考问题必然围绕当事人利益展开。可是，法学院的训练更多地教导我们以中立者的视角去看待问题，得出公允的结论，而且这种训练往往不涉及证据的收集和评价，以至于我们在面对证据收集和证据处理时往往茫然不知所措。

伴随角色切换带来的不仅仅是视角的转换，还有学习内容的转换。如果说法学院的学习主要是苦练内功，那么实务工作中我们则要更重视内功心法的运用和一招一式的搭建。已故著名民法学家谢怀栻先生曾经谈及民法的学习方法时就说，做学问要像建金字塔一样，基础要广而且要高。

在法学院，我们不断强化基本概念和基础理论的掌握，这对于我们从事法律实务工作当然至关重要，如果对基本概念和基础理论的掌握浅尝辄止，那么遇到重大疑难问题往往就会手足无措找不到方向。张谷老师曾告诫学生，“今后但凡遇到所谓的疑难问题，首先应该回到基本理论上去，在基本理论方面去开拓去挖掘，就一定可以解决这些问题”。笔者在办案过程中也始终把这一教诲奉为圭臬。

但是，案件事实不会按照教科书的编排方式展开，许多实际的操作问题也并不能通过逻辑的推演来解决，实务工作中我们遇到的问题大多数时候都不可能容易地找到现成的答案。尽管如此，正如法官不能以法无明文规定为由拒绝裁判，律师也不能以没有学过为由拒绝客户的要求。这时候律师必须用尽各种方式对自己的知识查漏补缺。

2. 以问题为导向的学习方式

生活在互联网时代，面临信息大爆炸的社会，我们可资利用的渠道无比丰富。基于不同的学习目标，在法学院养成的学习习惯不可能完全适用于工作场景中，正因为法学院更强调打牢知识的地基，所以彼时的学习更侧重于法律体系结构的掌握，而对于判例的研读、实务技能的培训则难免有所欠缺。

在工作中，我们的学习是通过具体问题的牵引以及对判例学说的整理获得的。法律是实践的学科，绝不是单纯靠苦读就可以成功的。“问渠那得清如许，为有源头活水来”，交易实践中的难题正好能触发法律人的思考。通过案件的办理，笔者尝试着思考许多解释论和立法论的问题，例如同时履行抗辩权与双方违约的关系、合同联立在司法实务中的应用、法定保证期间立法上的失误等。

在问题指引下进行的学习往往更强调效率和可操作性。作为律师，我们必须亲自去处理案件，去解决各种繁难的问题：小到诉讼管辖的确定、财产线索的查询、证据收集的保全等，大到法律观点的敲定、文书的写作等。这时候实务文章和各级法院的裁判观点往往能提供更快捷的答案，实务人士办案的心得也往往能提供解决具体问题的指引。这些知识不仅仅有赖于经验的积累，更在于保持一颗乐于求知的心，像海绵一样随时准备悦纳知识。

当然，律师快节奏的工作方式也不太可能给学习留下大段整块的时间，对问题进行精准的定点打击就成为办案必备技能。法学院的学习系统而全面，但实务中的学习却是由广博到精深的过程，对于诉讼实务中小点的精挖也成为诉讼律师决胜的关键。伴随着律师行业的精细化分工，这一趋势渐为明显。为及早占据细分蓝海领域的高地，律师有必要带着问题和目标进行学习。自然，即便是点对点解决问题，有时也并不容易，有人说对一个法条的应用就是对整部法典的应用，此言非虚。但点到点的学习也绝非无序，从一个问题可以引申出许多关联的问题，将思考纳入个人体系，这样从点到面，新的知识体系又在办案过程中形成。

3. 增强实际解决争议的能力

律师虽然以法律为业，但是只懂法律并不能使我们成为一个合格的律师。诉讼律师面对纷繁复杂的世界和形形色色的客户，要想提出客户满意的争议解决方案，必然得让自己先成为这一领域的专家。如果致力于成为解决建设工程纠纷的专家，必然得先了解建工领域的知识；如果想成为解决金融纠纷的专家，对于金融市场茫然无知肯定不行；如果想成为解决公司纠纷的专家，也不能不了解财务会计的相关知识。在专业分工日益细化的当下，我们应当结合兴趣找准自身的主攻方向。作为一名商事争议解决律师，抓紧补上自己在经济金融、财务会计等方面的知识漏洞很有必要。

即使就自己的老本行法律专业而言，作为争议解决律师如果对最高人民法院的裁判观点茫然无知，对审判实务的发展动向漠不关心，就没办法最大限度地维护客户利益。关于案例研读，笔者多以最高人民法院的判例作为学习素材，因为该类案件在法律适用上往往会有所争议。研读案例时，笔者将自己想象为法官，结合法院查明事实给出自己的判断，再与裁判观点两相对照，若有判断上的出入则进一步思考，或修正己见，或明了裁判思路的缺漏。由此，法律不再是干瘪的、枯燥的条文，而成为发展着的、变化着的、动态的规范。

除却总结自身办案经验，通过阅读我们亦能尽可能多地吸收前辈律师宝贵的办案经验。事实上，许多可操作性强的步骤就是通过一点一滴的积累，慢慢成为自己在办案过程中可资利用的方法。

二、知识内化：从碎片到体系

如前文所述，与法学院系统化的知识教授有异，法律实务中的学习更具碎片化与实践性的显著特征。然法律知识浩如烟海，宝石碎片分散不同角落，走马观花地匆匆一瞥断难形成深层记忆，为此需要构建个人的知识体系。只有将知识内化成能力、输入整合成体系，才能在将来为个人所用，否则知识将终究只是杂乱的外部信息。功夫在诗外，律师的时间宝贵，故而更需要我们在平时的工作与学习中注意固化，还可巧妙借助各种工具。

1. 工作与学习时注重知识的固化留痕

律师在办理案件和平时的自我学习过程中，需注重知识的整合、留心收集。具而言之，可通过案例检索报告、法规摘要等形式记录学习成果。制作案例检索报告时需要有具体的信息列明其中，如案名、案号、合议庭成员、争议焦点、法院认为等重要内容。为方便团队内部的知识管理，我们以问题为检索报告命名，日后团队成员面临相同问题时只需输入相应的关键词即可查询到该份检索报告。法规摘要则注意法律法规的效力层级、是否现行有效、是否已被修订等。知识整合是自我思考与积累的过程，学习成果的固化亦能方便将来的查阅和检索。

办案时律师会遇到具体的实务问题，如此进行的研究具备明显的目标性。例如，笔者曾遇到仓储合同纠纷案件中跌价损失的计算依据问题，需对此进行案例与法规检索。检索之后，笔者不仅对于这一问题有了更为专业的认知，相信今后再遇到同类问题时也能及时调取曾经的案例检索与法规检索报告进行详阅，而无需重复劳动。工匠精神于律师而言同样适用，天才不常有，但我们却能以工匠精神要求自我，将诉讼实务视为璞玉珍珠般的艺术作品，而非流水线产品，细心雕琢、打磨钻研。

另外，律师在办案时所做学习和研究的目标性往往较强，如果仅研究具体问题，而缺乏对其背后体系的理解和掌握，恐怕是只见树木，不见森林，甚至可能会在进行法律判断时走入歧途。因此，我们同样有必要在办案时或案件办结后，对问题背后的体系进行深入学习，或将一个个具体问题有机串联形成知识体系。否则，当我们下次遇到问题变种时，仍需花费大量精力从头研究，费时费力。

就平时的学习而言，目标性或许并不明显，但仍有内化之必要。以公众号或者期刊的文章阅读为例，随手选择将其加入收藏往往并不会在脑海中留下印象，惰性使然之下，我们再次打开的概率依旧很低。故此，强迫当下的自己即刻阅读，并将有用的内容信息攫取到自己的知识储备库中，尤其是将相应的知识存放于已经形成的知识体系中，以期在将来进行有效输出，才可谓真正做到知识内化。

工欲善其事，必先利其器。律师最宝贵的是时间，而好的工具能让诉讼律师工作事半功倍。平时的案卷整理中便需注意将知识点进行拍照收集，遇到好文章也需要及时摘抄留存。互联网时代律师还可借助幕布、XMind等实用工具建立思维导图，搭建个人的知识体系。建立案例检索报告时也可直接借助数据库的生成功能，更方便省事。以幕布为例，幕布有网页端与客户端，且记录可随时保存，使用方便，在使用幕布编辑时可采用分级标题的形式，通过一级级标题实现知识树的搭建，笔记完成后更可切换思维导图的界面，从而具备更好的视觉体验。

2. 及时管理和更新个人知识体系

诉讼律师的知识管理可以参照记忆宫殿法，构建自己的知识树体系，以防杂乱无章，需要时便可依循路径找到理论知识点所在位置。律师学习初期可对部门法或业务领域进行分类，通过建立总文件夹、增设子文件夹的方式进行管理，如可以“法规名—章节—法条—知识点”的方式进行层级递分。苹果电脑的MacOS系统亦可对文件夹以不同颜色加贴标签作分类区别，不失为一种巧妙方法。

律师的工作具有保密性，但一家律所内部的信息则往往能在律师之间共享，律师在个人知识的管理过程中也可互相借鉴。如甲律师遇到融资性贸易案件，而同所乙律师恰有相关的办案经验，则甲律师可从乙律师处借鉴办案经验，向乙律师进行讨教，方便时还可借来书籍与检索资料。资料有形，但知识与经验无形，分享中的交流有助于思维火花的碰撞迸溅，打破律师常有的惯性思维。新入职的“菜鸟律师”经验不足，尤其要注意请教自己的带教律师和其他前辈。以人为师，是我们快速成长的不二法门。

知识内化的工作在初期或许耗费较多时间，甚至会有不断推翻修改乃至重建之可能，但习惯的城堡亦非一日建成，唯有夯实的地基方能矗立长远。个人的知识框架形成之后，所要做的便是用知识点作为砖瓦进行填充。自然，随时代变化，法律法规不断推陈出新，司法实践中的处理做法亦可能有所变化。以《公司法》第十六条公司对外担保的相关规定为例，早期法院的裁判思路注重于该条规定的性质究竟为效力性强制规定还是管理性强制规定，但《九民会议纪要》却另辟蹊径，从交易相对人是否善意的角度出发，统一了裁判思路。此外，亦要注重个人知识系统的更新，隔一两月便需及时整理，一来可温习，二来可对结构进行优化。苟日新，日日新，法律人为何学习的秘密正在于此，唯有终身学习方为安身立命之根本。

经历了法学院七年的学习后，我们终于从法学生成为律师，但身份的转变并非一朝一夕即可完成。学生思维与律师思维有极大差异，法学院的学习大多是系统化的被动学习，是夯实地基的过程，进入律所后“菜鸟律师”则更需要学会主动学习，在地基上构建自己的知识体系。如此，将来才能决胜于高手林立的律界武林。

论“菜鸟律师”的自我修养：会客篇

俞 雯

律师以法律为业，凭专业立身，但律师业亦为服务业，与人交往的技能亦是不可或缺，非诉律师尤其如此。对于诉讼律师而言，主战场虽为庭审，但从了解案情、评估案件开始，诉讼律师就已经开始和客户打交道。展现良好职业形象，合理把握客户期待，是律师需要掌握的能力。张爱玲曾经说过，“人性”是最有趣的书，一生一世看不完。与人交往自然是门学问，提成制律所内执业律师需要直面客户，公司制律所内和客户打交道向来是高年级律师乃至合伙人层面主要考虑的问题，但能力的培养绝非一朝一夕即可，对于初入门的菜鸟律师而言，如何在高年级律师与客户会见时做好辅助工作，以及如何在高年级律师不在场的情况下，与客户进行恰当的交流，均是需要有意自我培养和掌握的技能。

一、以人为师：快速成长的不二法门

从法学院毕业后，距离成为执业律师还有一年的实习期，在此期间很多实习律师称自己的带教律师为“师父”，实际上不仅是带教律师，对于还未完全适应角色转变的律师而言，律所的合伙人和高年级律师都是我们的师父，除了专业问题外，待人接物方面也可向他们虚心请教。具体而言，在客户来访时，如果是办案团队的成员之一，低年级律师往往陪同会见，这时候便可以抓住时机，在实践中向他们学习。

1. 提前做好准备

一般客户来访均会提前告知，作为低年级律师，需要先将所有已掌握的案件材料装成卷，此处推荐活页方式，方便后续补充材料，如果客户之前没有主动提供材料，则最好让客户事先提供，从而提前了解案情。在时间允许的情况下，最好还能提前撰写一份案件大事记，梳理案情脉络，一方面，可以节省高年级律师阅卷的时间；另一方面，如果某些案件准备时间或者诉讼周期过长的，案件大事记可以快速让办案团队的所有人及时回顾案情，避免因对案情生疏而导致与客户交流不畅。

客户来访时，低年级律师需要提前询问行政人员以确保会议室空缺可用，也要嘱咐行政人员提前准备好茶水。作为律师，会面时也要身着正式的西装，而非休闲的职业装。同时也要提前十分钟将案件材料放在会议室内等待客户，切忌迟到。客户进来时也需要起身相迎，若事先已经知道客户姓名，则可以直接称呼“×总，你好”，时间允许的前提下，也可事先对客户进行背景调查。如果是再审或二审的案子，则可以将原审判决额外打印一份，与案件大事记放在一起供合伙人随时翻阅。自然，客户来访也要请业务秘书或自己做好会议记录，留存备查。细致的准备工作会给客户留下良好的印象。

2. 随时准备起辅助作用

在有合伙人或高年级律师在场的情况下，一般由他们进行控场，低年级律师坐在一旁参与会谈，但绝对不能因此就毫无参与感。一方面，对于会议中提到的细节事实和证据问题，低年级律师要根据前期阅卷的情况及时提示与会人员注意，或者对需要补充的问题进行提示；另一方面，低年级律师也可以学习高年级律师如何与客户进行交流，如何巧妙地回答客户的问题，比如客户有时会急切地问有多大把握可以赢得诉讼，又或者会提出方案报价太高，相信高年级律师的回应都值得我们学习。因为在他们的回应中，凝结的不仅是多年办案的经验，更是多年与人打交道的经验。

如果是在综合性的律所，由于案件类型的不同，则可能会接触到来自不同类型企业的客户，他们往往会体现不同的特点，各自的诉求也可能会不同，譬如国企客户可能会更关注国有资产是否流失、负责人是否需要担责，民企客户则没有这方面的顾虑，可能更多的切入点还是在于其利益是否能够保障，当然，相较于民企客户，国企的内部合规性也可能要求更高，协议审批流程也可能更长。又譬如开发商客户可能更看重律师的专业能力，如果没有建设工程领域的专业知识，轻易露怯，或许很难得到客户信赖，同时由于建工领域问题的复杂度，律师需要提前深挖细节，准备好相应图表和检索报告，在正式代理案件后的会谈中可能还需要一一就工程量进行核算。因案制宜，展现专业能力，是我们赢得客户信任的基石。

除了专业性问题外，会谈过程中还有一些细节需要细心留意，譬如客户的茶杯中茶水如果减少，需要及时让行政人员添加或自己及时添加；又譬如需要把控时间，关注是否已经快到饭点，最好能提前半小时私下向合伙人询问是订外卖到所里还是外出就餐。一般来说，如果客户并无中止会谈的意思，建议点外卖，一般点商务午餐即可，但需提前询问客户是否有忌口。如果是外出就餐，若下午还需继续会谈，则一般就近选择安静餐厅食用简餐即可，方便回所及时继续会谈，若是晚上或已无需继续会谈，那么后续时间便可灵活宽松安排，可以选择较为舒适的地方餐厅就餐。

3. 独自会客的原则：真诚为本

通常情况下，公司制律所内不会由低年级律师直接会客，但也不排除会遇到一些突发、临时的状况，譬如会谈时合伙人或高年级律师刚好出去接听法院电话，这时候客户突然抛出一个事实问题或法律问题询问低年级律师看法，如果是简单的事实问题或者就这一问题之前已经经过团队内部讨论、有一致意见的答案，则可以直接向客户表明。但如果是无法把握或者无法做主的问题，切记不要逞能，也不要虚与委蛇，可以婉转地表示这个问题比较复杂，需要等高年级律师来一起讨论。对于职场新人而言，对于案件细节的精准把握和法律问题的深入研判会给自己的专业形象加分，但不懂装懂的表现则无疑会降低客户对自己的信赖和期待值，得不偿失。律师与客户之间或许不需要成为朋友或家人那样的亲密关系，但保持真诚、保持共情却是需要遵循的基本原则。

二、内外兼备：学会把握会客技巧

对于初入职场的菜鸟律师而言，能在办案过程中接触形形色色的客户是很难得，也很幸运的一件事，因为这意味着你或者你所在的团队、律所有大量案源。办案经验也是律师的底气。更多的实习律师或许没有这样多的实践机会。当然，律师的成长不仅体现在实践中，有意识地自我学习同样可以快速提升能力。

1. 以客户需求为导向思考问题

作为诉讼律师，阅览完案件材料，着手开始分析法律问题时，脑海里会条件反射般地弹出法律关系图，会着手分析请求权基础、分析合同效力、分析过错责任。对于学习了多年法律的法律人而言，这已成为习惯。

然而，在面对客户时，我们首先要考虑的，其实应是客户的需求。经济学也是律师需要掌握的学科。资本本身具有逐利性，在处理民商事案件时，律师需要具备商业思维，即应明白为什么当初要采取这种商业安排，以及客户的诉求是什么。以融资性贸易相关案件为由，如果客户是提供借款的企业，充当的是出借人的角色，当初为了提高贸易量、赚取差价，通过闭合型融资性贸易的方式给借款人提供借款，现在借款人资金断裂，无法偿还借款，出借人起诉第三方企业要求还钱，这时候律师在制作诉讼策略时，以借贷作为起诉的案由便不再适合，而是往往采用以买卖为由起诉，至于最终法院如何判决已是后话。同样地，在处理婚姻家事案件时，如果客户出于财产分割的顾虑不愿离婚，律师也应尽量从双方感情尚未破裂的角度出发制定诉讼攻防策略。如果法律人运用自己的理性去运用法律，那么在与客户沟通交流时体现的则更多是律师感性的一面，换位思考，充分运用共情能力，厘清商业逻辑后再思考问题，会更有利于明白客户的内心真正所想。

2. 多积累、多揣摩、多总结

如果说在把握客户需求的基础上运用法律专业知识是与客户沟通的内核，那么我们还要掌握一些沟通的小技巧以提升客户的好感度。知识输入的最好方式，一是实践，二是阅读。实际办案中，我们的客户虽然可能是公司，但我们与之交往和接触的往往是公司法务，甚至是公司老总，这时候一些与人沟通的细节便需要掌握。现在市面上以沟通、交流为内容的书籍亦是繁多，比如马歇尔·卢森堡所著《非暴力沟通》、凯瑞·派特森等人所著《关键对话：如何高效能沟通》、莉尔·朗兹所著《遇谁都能聊得开》，这些书中都提到过不少与人沟通的小技巧，譬如进行适当的夸赞有利于促进交谈的展开。当然，夸赞需以事实为基础，不可过度夸大，否则会适得其反。对于诉讼律师而言，通过阅读进行快速学习是我们所掌握的技能，但与人沟通更在于实践，阅读完相关书籍后我们就可以拿朋友和同事来“练手”，实际上，运用沟通小技巧和同事交流反而会促进彼此黏合度的提升，长此以往地刻意练习，提高沟通能力便指日可待。

曾有人将律师分为专业型律师和人脉型律师，即专业型律师专注自身专业能力，而人脉型律师则擅长与人交际，实则两者分类并非如此泾渭分明。功夫在诗外，对于律师而言，提高自己的专业能力固然重要，掌握良好的沟通技巧则会起到事半功倍的效果。沟通能力的提升是一个漫长的过程，初入职场时如能有意识地进行积累和自我训练，长远来看不仅有利于展现良好的自我形象与谈吐，对于提高客户复购率和满意度，乃至打造个人品牌价值，都大为裨益。

律师养成记

马　玉

律师是一个厚积薄发的职业，需要时间、经验的积累和沉淀，更应具备精细化的工匠思维。法律更新速度快，新法规、新司法解释层出不穷，整个法律环境、商业环境甚至是政治环境的变化，都深刻地影响着律师工作，因此需要更多的律师通晓法律行业，以及客户所处行业的最新信息，即我们说的“懂行”。因此，法律工作者除了在专业上要跟进变化之外，还需要保持对商业环境、技术发展和政策导向等信息的跟进，可以说终身学习是我们这个时代对法律工作者的一个基本要求。

一、好方法是夯实基础的充分又必要条件

法学基本功就是对法学理论知识的现行法律规定的掌握程度，是一名律师从业最基本的知识。而对知识的掌握又分为几个层次的“懂”“会”“专”“精”“深”，实际上在大量汲取后，若不能内化已有的知识，实现理论知识的反向输出，学习得再多也是别人的知识和能力，无法为己所用。因此，日常工作中，应当注意文字及口头表达能力的培养和锻炼，所谓“写作的时候才能真正地看清自己”，规划写作和演讲等固定形式进行定期分享便是内化知识的最佳方式，也是作为律师的一个很好的营销手段。

（一）学习方法中的MVP

“Cone of Learning”（学习金字塔理论）是美国学者Edgar Dale提出的现代学习方式理论，其中提到的学习有两种方式，一是被动学习，二是主动学习。被动学习包括四种方式：一是听讲；二是阅读；三是视听；四是演示。主动学习包括三种方式：一是讨论；二是实践；三是教授给他人。通过这三种方式学习，知识保留的效果也是逐渐递进的，比被动学习方式中知识的保留度高很多。“Cone of Learning”中效率最佳的学习方式是讲授即演讲，属于主动性学习的最好方式，准备演讲的过程是一个全方位的学习过程，演讲的过程又是一个沟通交流最直接的过程，能够提高效率、增强自信心。

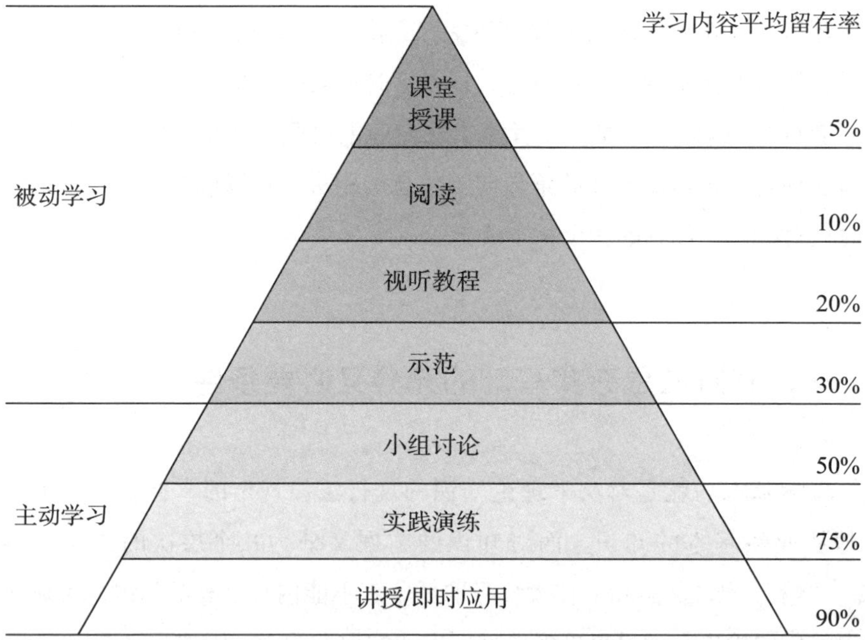

无讼的在线直播与巡回大讲堂是无讼学院的知识分享活动，会定期邀请学术、审判、争议解决等一线优秀法律人，就时下法律界热点、难点、重点业务问题进行高密度、饱和式的讲解。沈阳分所除密切参与以上活动外，在日常工作中对于知识分享度也有着非常高的要求，首先即体现于所内培训。合伙人针对时下热点抑或是直播课程中的遗留问题组织集中研讨，并抛出更深层次的思考方向。因新型冠状病毒肺炎疫情影响，如今我们采取整体远程办公的形式，以线上办公软件、会议软件为依托，仍然能够保证沈阳分所业务部门的成员对于所内集中学习的高度参与。另外，以团队为单位进行专门的课题研究随之并行，轮流对经办案件或宝藏案例进行高密度的深度解读和分享，获得积极反馈的同时，使每一位团队成员在研究过程中能够主动地自我学习并有所输出，达到主动性学习阶段的最高效状态。

（二）最理性的百老汇

很多人都梦想着逃脱周而复始的单一生活，体验不同的角色、人生。在笔者眼中，诉讼法宝之一的模拟法庭，就是天同版的The Sims，需要整个团队甚至更多的小伙伴一同参与、协作。在案件经过前期评估，形成办案思路后，通过模拟的庭审可以评估案件风险，也可以为正式庭审提供充足的准备。法律工作者是法律服务的提供者，应当更注重过程与服务体验，在办案过程中有确定的标准办案流程相辅佐，而在庭审中也需要图表、有说服力的说理、有表现力的律师来让过程更完整、更精彩。

在庭审中有天然的地位和立场，而在庭审模拟中，则需要掌握不同诉讼地位的不同立场。因此，有时要克服自己的天然立场，转而捍卫对手方的主张，戏精的笔者会告诉自己，“你不是卧底，你是真的叛变了”。在这种心理暗示下，想尽办法，站在对手方的角度，找到团队先前形成的诉讼路径有哪些不可行之处，对诉讼策略进行修改和补充。有时站在裁判者的角度，又需要抛弃先入为主的观念，充分考虑对手方主张的合理性，进而准备具有针对性的抗辩/答辩意见。模拟法庭的整个过程都是以一种看得见摸得着的真实的对抗方式进行，在切磋和摩擦之间无限接近法庭庭审，甚至能够为参与者带来无比真实的压迫感、紧张感。经验丰富的合伙人以裁判者的思路引导模拟法庭的走向，对于表达的疏漏、表现力的不足实时予以提醒，使整个模拟庭审着实像一场百老汇表演，可以让每一位参与者在角色中过足戏瘾的同时提高应诉能力，学习诉讼技巧。

（三）搭乘案例指导的便利快车

案例指导制度是我国司法实践特定历史阶段的产物。《最高人民法院关于案例指导工作的规定》于2010年11月26日发布，为总结审判经验，统一法律适用，提高审判质量，维护司法公正，开展案例指导工作。案例指导制度是对现有司法体制架构的继承和发展，能够更好地发挥司法的多种功能，可以使我们的司法解释体制消除掉一些自身的弱点。案例指导制度的核心是指导性案例，那么指导性案例所具有的功能即为案例指导制度应该具备的功能。以案入法、以案释法、以案普法，指导性案例实质是最高人民法院以看得见、摸得着、生动具体的案例形式，对审判工作中具体应用法律问题作出的形象解释。为了规范指导性案例的写作和发布、提高指导性案例的地位和实际使用效果，最高院在2015年5月下发的《〈关于案例指导工作的规定〉实施细则》中，对指导案例的写作、发布以及使用都作了较为详细的规定。指导性案例具有不可替代的权威性，从案例的征集、遴选、审查、发布到研究和编纂都有着极为严格的程序。推荐案例的工作也不仅仅限于法院内部，人大代表、政协委员、人民陪审员、专家学者、律师以及社会上各界人士，只要发现有符合指导性案例条件的案例，都可以进行推荐。截至2019年12月26日，最高人民法院已发布第24批指导性案例。

案例检索是律师的高频工作，对于指导性案例，不能等到收案后再来查询，而是平时就要勤于学习，对这些案例体现的精神和适用的范围应当了然于心，这样在接待客户帮助预判案件时就有极大的优势。最高院强调在办理案件过程中，承办人员应当查询指导性案例。法官在作出裁判时应当将指导性案例作为裁判理由引述，但不作为裁判依据引用。也就是说，法官在裁判案件时依据的仍然是法律法规和司法解释，而不能是指导性案例。但是，律师在办理案件过程中，需要对具体的类案进行分类检索，为了提高案件评估、定位的准确性以及为达到日后能够让法院实际参考使用的效果，作为已经发生法律效力的指导性案例是最佳选择，其裁判说理充分，具有良好的法律效果和社会效果，对今后审理类似的案件具有普遍指导作用。

二、今天比昨天更博学了吗?

价值需要在一点一滴的积累中积丘成山。我们虽然不用像杨奇涵一样每天问自己今天比昨天更博学了吗？但也可以问一下自己，每天是不是有一些思考，有一些总结，有一些收获，对自己专业的发展动态、市场变动是不是有了更多的掌握，这些指标都是学习的一部分。关于“法律人的乐趣到底来源于何处”的问题，我觉得，法律的魅力之处就是在一个不确定的世界里尽力去寻求确定性和可预期性。可能在拼智商之前，先拼的是体力与韧性。

法律界存在两大阵营，“善良的管理员”和“狭隘的守门人”，前者更愿意为法律建立桥梁，后者则更希望法律业务围起樊篱，作为法律工作者，应当为它的发展寻找并探索新的出路；作为律师，需要将自己的法律服务尽可能地专业化，找到自己所提供服务的个性化内容，将无法替代的部分作为核心竞争力；作为相应接卸工作的年轻人，要时刻保持学习的状态，不断挖掘潜能，拓宽知识领域，将知识广度和对法律知识掌握的深度结合，成为一名优秀的“法律人”。

确定方向、树立自信、持之以恒、勇往直前、认真对待，笔者相信，没有什么知识和经验是不可复制的，只是时间长短的问题，与君共勉。

初入职场：如何快速成为一名成熟的辅庭律师

叶一丁

从法学院步入职场，每个人都面临身份的转变及由此产生的思维方式的变化。如何在较短时间内褪去书生气，适应律所快节奏、高标准的工作，是我们在初入职场时关注的首要问题。因此前本栏目已有多篇文章涉及思维模式及研究方法的转变，今天我们主要从角色定位及具体工作事项展开，从技术层面向各位分享如何从毕业生快速成为一名成熟的辅庭律师。

在合伙人、出庭律师、主办律师、辅庭律师的四位阶团队配置体系下，辅庭律师是基础性工作的主要承担者，需根据出庭律师或主办律师（以下统称出庭律师）的指示完成相关辅助事项，虽非核心力量，但在案件办理过程中的作用举足轻重，不可或缺。一名成熟的辅庭律师能够在较大程度上减轻出庭律师的案件承办压力，保障办案流程规范化，在个别情形下亦可能影响案件代理方向。

一、基本工作原则

基于协助案件办理的功能定位，辅庭律师在具体工作中应以以下标准进行自我要求，检验个人工作的完成度。

第一，作为事实材料的随时提供者。合伙人及出庭律师因在客户沟通、文书起草、庭审准备等方面负担较重的工作，除查阅具体案件材料外，为尽快掌握案件事实，需要辅庭律师进行汇报并协助梳理。在内部讨论、会见客户或庭审过程中，辅庭律师应注意即时提供论及的案件材料。此类工作不仅要求辅庭律师事先制定完善详尽的案情大事记，而且要求其对主要材料烂熟于心。

第二，作为法律研究的主要承担者。就疑难案件，法律研究对于案件处理结果在一定程度上具有决定性作用，在内部讨论确定诉讼/仲裁或答辩策略时往往需要以法律研究结论为支撑。一方面，辅庭律师应当在保证质量的前提下高效完成合伙人及出庭律师布置的法律检索任务；另一方面，从解决纠纷、最大限度维护客户利益的角度，辅庭律师应主动思考与此相关的待研究问题，尽量做到考虑在合伙人及出庭律师之前。

第三，作为细节问题的最终核查人。细节决定成败，律师工作尤为如此。一方面，一份法律文件定稿发送前会经过办案团队多位成员的反复修改，难免出现错别字或因修订模式混乱导致的语病，对于该类细节瑕疵，辅庭律师应进行反复核查，保证发出的法律文件不存在低级错误。另一方面，在进行客户会见或庭审前，辅庭律师应详细核查相关材料设备是否已准备妥当，避免因忘带重要文件或其他辅助性工具影响后续进展。

此外，辅庭律师的自我角色定位不应局限于案件办理的协助者，宜尽快完成从被动接受工作向主动承揽工作的转变，积极参与制定诉讼/仲裁或答辩策略，承担法律文书写作、客户沟通等工作，有意识培养个人职业技能及独立办案能力，为将来完成主办律师的工作奠定基础。

二、具体工作事项

诉讼/仲裁案件的办理通常包括案件评估、案件磋商及案件代理三个阶段，基于前述原则和定位，在案件办理过程中辅庭律师应当做好以下工作。

（一）背景调查

商事纠纷往往涉及复杂的交易模式及各方主体之间的利益博弈，诉诸法院/仲裁机构并非最佳解决路径，即使进入诉讼/仲裁程序，如何设计诉讼/仲裁或答辩策略，也在一定程度上取决于当事人之间的商业背景。因此，商事争议解决绝非仅是法律人士在领地内的自我耕耘，尚需与商业考量联动。背景调查对象主要包括对方当事人基本情况及案涉交易模式。

1. 对方当事人情况

对于客户诉请实现债权类的案件，对方的偿债能力是客户权利能否顺利实现的决定性因素，将直接影响财产保全申请，乃至诉讼/仲裁策略的制定。因此，辅庭律师在拿到案件后，应当首先对相对方的资信状况及执行情况进行调查，明确其是否有充足资产偿还债务。

此外，有时我们代理的可能只是串案中的一个案件或客户所涉纠纷中的一个环节，通过对相对方涉诉情况的检索，或许可以从关联案件中获取与在办案件有关的关键事实。

2. 案涉交易模式

形式上简单的法律关系可能背后涉及复杂的交易模式，辅庭律师应当对案涉交易模式进行调查研究。在我们此前评估的一例案件中，虽然双方当事人之间是简单的买卖合同关系，但因属外贸交易，采取临时点价的结算模式，该等交易背景将影响我们对案件标的额及对方可能抗辩的预判。

（二）事实梳理

事实梳理是辅庭律师承担的最为基本的工作，任何案件的处理都不是脱离事实情况的纯粹法律探讨，尤其在基础材料较多的案件中，体系化的事实梳理有利于办案团队成员快速掌握基本案情，并便于在后续代理过程中回顾事实细节。

事实梳理通常以案情大事记为表现形式，包括序号、时间、文件名称/事件、主要内容、备注等几项要素。在需要对比双方履约情况的情形下，可另行以时间轴的方式进行可视化呈现。例如，在我们处理的一例投资合作纠纷非诉案件中，双方陷入合同僵局，通过可视化方式可以清晰展现系因对方迟延履约导致项目无法继续推进，从而为客户在商务谈判中提供有力支持。同时，该案客户前后提供了多轮补充材料，因谈判进展缓慢历时久远，在案件办理长期搁置后，我们可以通过此前整理的案情大事记迅速回顾案件情况，找到分析所需的案件材料。

（三）案件汇报

案件汇报是天同律师的必修课，也是辅庭律师在案件评估阶段的重要工作之一，清晰全面的案件汇报有利于合伙人及出庭律师快速掌握案件基本事实，从而作出准确的法律判断（代理可行性）和商业判断（代理价值）。辅庭律师在进行案件汇报时应秉持聚焦关键、逻辑清晰、表达凝练的基本准则，通过简化当事人名称、摒弃时间要素等方式，减轻听众的理解负担，同时应当注意保持语速适中及与听众的眼神交流。在事实或法律关系较为复杂的情况下，可以绘制图表作为辅助工具。案件汇报的内容、体系如下：

第一，简要概括案由、案件标的额、当事人法律地位、案件阶段、管辖等基本信息，使合伙人及出庭律师对案件概况有所了解，以便在后续倾听中有针对性地摄取关键信息。

第二，按照时间顺序简述案件事实，以合同纠纷为例，具体包括合同核心条款、合同履行情况、违约事实、当事人在合同履行过程中及纠纷发生后的重要往来函件等。如果案件涉及特殊交易模式，应在事实陈述前予以简要说明。

第三，对于已经过审理程序的案件，另需介绍原审法院对争议焦点的归纳、认定及理由，同时应关注双方当事人在原审程序中的表态，便于合伙人及出庭律师掌握对方诉讼/抗辩思路，并避免在设计己方策略时出现与原审主张相悖之处。

第四，明确客户诉求，以此为基础从程序、实体两个层面归纳诉求实现障碍，并提供个人分析意见。例如，启动诉讼/仲裁的前置程序是否满足；依对方目前资信状况，客户债权实现有无困难；案件所涉争议法律问题的主流观点等。因案件汇报通常发生于收到案件材料后的当天或次日，不一定有充足时间开展深入检索工作，对于疑难法律问题可先给予个人基本判断，嗣后再进行补充研究。

法庭是诉讼律师的主战场，全面充分的书面准备工作只有通过良好的输出才能最终转化为胜利成果。除前述作为合伙人决策的依据，案件汇报亦为辅庭律师锻炼个人输出能力提供了重要契机。通过案件汇报，辅庭律师可以从语速、节奏、精准度等多方面优化语言表达，为将来在庭审过程中参与陈述、辩论积累经验。

（四）法律检索

法律检索是辅庭律师承担的最为核心的工作，贯穿于整个案件办理过程。案件评估阶段，法律检索是判断案件是否具有代理可行性的基础；案件磋商阶段，充分详尽的法律检索有助于形成优质的法律分析意见，增强客户对我们专业能力的认可；案件代理阶段，法律检索则是我们确定代理思路、说服法院/仲裁庭的有力武器。

1.法律检索范围

法律检索范围一般包括法律规范、政策意见、理论观点（立法释义、理解与适用、实务文章、学术文章等）和司法案例。通常情况下，类案是辅庭律师重点检索的对象，但在案件所涉争议政策性较强的情况下（如矿业权价款的评估缴纳问题），需着重检索相关法律法规及地方政府文件。

较为高效的检索方式是，先在微信平台上查找与问题匹配度较高的实务文章，此类文章往往包括法律法规、典型案例、法官观点等，可以快速帮助我们初步获得待研究问题的结论，并打开检索思路。在此基础上，通过精准设置关键词开展系统化案例检索工作，并就疑难问题查阅学术文章。

2.法律检索报告

除简单问题外，辅庭律师进行法律检索需要形成书面报告，以供他人参考。法律检索报告主要包括：（1）检索日期；（2）检索工具；（3）检索目标，即待研究的法律问题，在表述上应当清晰明确，对于合伙人或出庭律师布置的研究任务，辅庭律师应及时沟通确认需检索的核心问题，避免因理解偏差导致检索方向有误；（4）检索结论，检索结论是辅庭律师对既有检索结果的概述，为便于阅读者快速掌握，宜置于法律法规、理论观点、司法案例等具体检索情况之前，在表述上应当逻辑清晰、客观中立，如附加个人主观理解，应特别注明；（5）检索结果之法律法规，罗列相关法律法规时应当注意其时效性，注明发文机关及生效时间，并标注出重点条文；（6）检索结果之理论观点，法律检索以解决具体问题为导向，在理论观点的选取上应以立法释义、理解与适用及法官文章为主要对象，对于争议较大的疑难法律问题，可同时列明权威学者的法理分析及学术观点；（7）检索结果之司法案例，判决先例虽非我国正式法源，但具有事实上的规范性，在施行案例指导制度、要求“类案及关联案件强制检索”的背景下，①案例检索可以帮助我们探明司法观点、预测裁判结果。在进行案例检索时，应当注意全面详尽，考虑到同一问题可能出现的全部司法观点。案例整理时按照不同观点进行分类编排，除列明裁判要点外，对于案例所涉关键事实也应适当截取。

此外区分发送对象，法律检索报告在内容设置上应有不同：供团队内部使用的法律检索报告应当全面客观，充分展示多种可能的情形，避免因以偏概全等情况误导案件评估和策略制定。提交法院/仲裁庭的法律检索报告应以支持己方观点为导向，一方面，要以列举权威实务观点及类案裁判观点为核心，避免纯粹理论性的探讨；另一方面，要单一呈现对己方绝对有利的观点，避免出现裁判观点模棱两可的案例。

---

① 2010年，最高人民法院发布《关于案例指导工作的规定》，确立案例指导制度，明确各级法院审判类似案例应当参照指导性案例；2018年最高人民法院印发《关于进一步全面落实司法责任制的实施意见》，进一步提出要建立“类案及关联案件强制检索”机制，以统一法律适用、保证裁判质量。

（五）草拟法律文件

辅庭律师一般负责呈报文件（投标文件）除“初步法律分析意见”部分的整理制作，涉及梳理代理业绩、突出类案代理优势、更新奖项荣誉及调整其他模板性文件等，工作内容较为机械简单。但在出庭律师同期办理案件量较多，或所涉案件难度不大的情况下，辅庭律师亦会承担部分法律文件的起草工作，文件类型可作法律分析意见（向客户呈送）及法律文书（向法院/仲裁机构提交）之分。

1. 法律分析意见

一份优质的法律分析意见，是我们在案件磋商阶段打动客户的重要筹码，亦可在案件办理阶段让客户对案件结果产生合理预期、提高对我们服务的满意度。基于前述目的及以客户为受众的特性，在撰写法律分析意见时应把握以下两点：

第一，行文结构以问题解决为导向。作为一名诉讼律师，我们先天性地具有立场预设，以帮助客户实现诉讼目标为工作目的，因此法律分析意见应侧重于提供切实可行的纠纷解决路径，而非进行客观中立的理论阐述。在结构安排上，首先需明确客户可采的具体诉讼/仲裁主张及依据（主诉方）或抗辩事由（被诉方）；其次在各个主张或抗辩项下提示可能存在的法律风险及应对方案。

第二，措辞表达以凝练易懂为基准。不同于论文写作在保障研究深度及创新性的基础上，强调辞藻华丽与用词考究，法律分析意见应尽量减轻阅读难度，毕竟客户关注的是该份文件是否提供了切实可行的纠纷解决路径，而非其语言的精美程度。据此，撰写法律分析意见时应当：（1）少用长句、被动句，改用短句、主动句；（2）减少不必要的辞藻粉饰和情感渲染；（3）内容尽量置于正文陈述，减少不必要的脚注，以免影响阅读流畅性。

2. 法律文书

法律文书的措辞表达同样要求精准凝练，在行文结构上应当逻辑清晰，从核心观点展开论述，遵循结论先行、以上统下的金字塔原则。此外，在起草法律文书的过程中应特别注意两点：其一，保持己方观点的一致性，避免出现前后或与此前庭审表述相矛盾的主张；其二，有选择地呈现案件事实情况，避免出现对己方不利的表达。

（六）协助客户会见/庭审准备

辅庭律师亦需要在会见客户及庭审方面承担重要的辅助性工作。

1. 协助客户会见

客户会见大致包括两种情形：由我们主述的方案介绍会议及由客户主述的问题核实会议。会见客户时，辅庭律师除要做好会议记录外，基于不同的会议目的，尚需承担他项工作内容。

在方案介绍会议中，一方面，针对我们陈述的诉讼/仲裁或答辩策略，客户可能会从权利实现角度提出各类法律或实践操作问题，对于我们此前未重点关注研究的问题，辅庭律师应及时进行概括检索，以便合伙人及出庭律师能够当场参考回复。另一方面，在与客户沟通的过程中可能涉及对案件事实细节的讨论，辅庭律师应快速定位相关文件并提供给合伙人及出庭律师，保障会议顺利高效地进行。

在问题核实会议中，虽然我们会事先拟定问题清单，但在双方具体沟通讨论过程中不排除会有新的事实问题出现，对于此类问题辅庭律师应及时记录下来提供给合伙人或出庭律师，或在适当的时机自行补充发问。

2. 协助庭审准备

在庭前准备过程中，除纸质材料的打印整理等基础性工作外，辅庭律师应主动审查出庭律师起草的庭审提纲。庭审提纲是对庭审过程中所有有效信息的体系化整理，是诉讼律师开庭时的主要参考依据，主要包括涉案主体信息、案件基本事实、己方核心观点及论证理由、对方可能的抗辩、对仲裁庭问题的预测、需向对方发问的问题清单等内容。对于出庭律师准备的庭审提纲，辅庭律师应当基于对案件事实的详尽了解及此前的法律研究工作，站在客观中立的立场上对双方主张及抗辩进行核查，避免因我们此前囿于己方逻辑而遗漏庭审中可能出现的问题。

在开庭审理过程中，一方面，辅庭律师应准确记录仲裁庭关注的问题及对方当事人的主要论证理由，以便在庭后代理意见中有针对性地进行说明；另一方面，对于庭审时出现的此前未考虑到的事实或法律问题，辅庭律师应当快速协助查找，以便合伙人和出庭律师能够及时回应。

（七）其他事务性工作

1. 案件评估阶段

我们承办案件的前提是代理相关案件不存在利益冲突，因此在拿到案件材料后的首要工作即提取当事人信息、安排进行利益冲突检索，并在确认不存在利益冲突后，即时向客户发送无利益冲突及保密承诺函。严谨的专业态度是获取客户信任的第一步。

2. 案件磋商阶段

部分案件在磋商过程中需进行现场述标，述标以合伙人及出庭律师为核心进行，辅庭律师在此事项上的主要工作如下：

第一，准备述标所需的材料设备。具体包括电子版投标PPT（内含法律分析、报价、律所及办案团队简介等）、按照参会人数事先打印的纸质版投标PPT、律所宣传册、投影转换器、翻页笔等。此外，辅庭律师应提醒合伙人或出庭律师事先与客户确认述标现场有无投影设备、客户方参会人数等基本信息。

第二，落实案件推进的实操情况。相较于对疑难法律问题的分析处理能力，客户往往更为关注我们在案件实操方面的优势。例如，管辖法院的判断、财产保全的时间、仲裁前置程序的满足、涉外因素的判断、仲裁员的选择、执行程序的推进等。对于此类实操性较强的问题，辅庭律师应事先通过案例检索及询问有权机关的方式予以落实。我们曾经代理一起在贸仲审理的买卖合同纠纷，该案虽不具有典型涉外因素，但经与贸仲沟通，在目前涉外因素认定宽松化的趋势下仍有适用涉外仲裁程序的可能性，该等判断将直接对保全法院、仲裁费用、审理期限等关键问题产生影响。

第三，记录客户关注的重点问题。因前期评估阶段掌握的案件材料有限，再详尽的分析意见也可能无法覆盖客户关注的所有法律及实操问题。对于客户提出的我们事先未作准备的关键问题，辅庭律师应全面准确地记录下来，以便会后进行检索研究，并向客户出具针对性的补充分析意见，增强客户对我们服务态度和专业能力的认可。

3. 案件代理阶段

第一，系统记录案件代理大事记。在案件承办过程中，办案团队与客户、法院/仲裁机构之间会持续进行多次沟通。一方面，并非每次沟通全部承办人员均会参与；另一方面，沟通可能通过会面、微信、电话、电子邮件等多种形式进行，存储介质不一且信息较为琐碎。为便于办案团队其他成员及时了解案件进展、代理后期快速回顾既有工作情况，辅庭律师需做好案件代理大事记的记录整理工作。

第二，妥善保管纸质案件材料。纸质案件材料包括提交法院/仲裁机构的签署版文件，对方当事人提交的诉讼/仲裁文书及证据册，法院/仲裁机构送达的程序性文件及最终裁判文书等。鉴于国有企业较为严格的案件管理制度，在案件审结后，辅庭律师需将前述纸质案件材料连同律师工作文件等整合为结案卷宗，一并发送于客户归档。

第三，及时跟进委托协议签署、文件邮寄、开票付款等事宜。向法院/仲裁机构寄送文书通常有期限限制，辅庭律师在邮寄相关材料后应及时追踪物流信息、关注文件是否按时妥投，以便在出现丢件、错投等突发状况时能够及时联系法院/仲裁机构说明情况、采取补救措施。虽然“诉讼文书在期满前交邮的，不算过期”，但辅庭律师应将此类预期外事件的不利影响最小化，以免阻碍案件进程。

好的指导者犹如迷雾中的一缕阳光，引领我们在四顾茫然的职业环境中走上正确的道路。所幸，初入职场时，笔者的合伙人是对工作成果要求极高的完美主义者，笔者的出庭律师以极大的耐心给笔者以指导帮助。路漫漫，唯愿数年之后的我们仍能抱守初心，在诉讼律师的道路上，乐于解他人之惑，而不为繁重工作所累。

学习民法典要买什么书？

杨骏啸

2020年，因为新冠肺炎疫情的影响，很多律师同行近期突然进入了“报复性工作”的状态，法院的传票、当事人的召唤应接不暇。就在此时，立法者又天降大礼。2020年5月28日，我国第一部以法典命名的法律——《民法典》正式通过。一瞬间几乎所有法律人的朋友圈被民法典所霸屏，各种解读文章、培训信息等内容在我们的朋友圈里层出不穷。6月1日，民法典全文正式发布，使得律师们在焦头烂额的工作中获得了一份节日的礼物。大家在办案之余心里又多了一次挂念——学习民法典。在民法典实施以前，还有7个月左右的时间可以让大家把这1260条的新中国第一部法典好好学习一下。当时笔者就接到很多同行朋友的询问，学习民法典应该从哪些书籍入手？笔者本人为了学习民法典，一直也在跟踪各大出版机构的出版计划，当时很多针对民法典的书籍已经上架预售，但是因为需要根据民法典正式文本再进行修改，所以很多书籍尚未正式开始销售。笔者根据本人的经验体会，介绍一下个人选择民法典学习书籍的一些心得，供有相同需求的律师们参考。

民法典单行本

大家去新华书店的法律图书柜台时，几乎都能看到一个体现法律柜台特征的明显标志，就是一排排白色或者红色封面的各类法律单行本陈列在柜台中。鉴于民法典有1260条，在学习民法典的时候常备一本或者几本法典的单行本是非常有必要的。笔者已经订购了三本单行本，办公室、家中和书包里都常备一本，抓紧一切时间熟悉、学习民法典。而且大家可以想象，无论是地铁里还是高铁上，当别人都在滑手机的时候，你能够掏出一本民法典埋头苦读，这是一种什么样的精神？

单行本：

在民法典全文发布之后，各个出版机构出版的民法典单行本均已经开始上市销售。目前市面上出售的民法典单行本，除了中规中矩的公报版单行本之外，还有几种在印刷上有一定特点的版本。第一种是大字版，顾名思义就是印刷字体比较大，每一页还会留有一定的空隙供读者学习使用时随时做笔记。法律人们大部门常年紧盯电脑屏幕，双眼常年饱受摧残，看大字版的法典要比盯着密密麻麻的文字舒服一些。当然因为民法典字数很多，所以大字版的单行本厚度比普通单行本要大，比其他一般法律的单行本更是要厚重很多，厚度在1.8厘米左右。第二种是便携本，以64开纸张印刷，类似于新华字典大小，厚度也在1.8厘米左右，便于随身携带学习。

条旨版：

就是在民法典的每一条条文具体内容之前，会加入该条的主要意旨，供读者阅读该条文时加深对该条文意思的理解。比如《民法典》第一条的条文是“为了保护民事主体的合法权益，调整民事关系，维护社会和经济秩序，适应中国特色社会主义发展要求，弘扬社会主义核心价值观，根据宪法，制定本法”。该条是针对立法目的的规定。条旨版单行本在第一条条文之前以【 】方式注明该条的主要意旨，即“第一条【立法目的】”，便于读者理解。但是这些条旨都是出版机构根据条文内容自行归纳总结的，不是民法典的一部分，当然也没有法律效力。

实用版、注释版：

有的出版机构还计划出版民法典的“实用版”或者类似版本，主要就是在每一条民法典条文之下加上简单注解，链接部分与该条文相关的司法解释、指导性案例或者其他实务见解。这就在原有单行本基础上增加部分释义性质的内容。但是考虑到民法典生效之前，最高人民法院可能也要对历史上所有的民事司法解释做全面清理，所以很多现在可以与民法典关联的司法解释和实务见解，在民法典生效之后可能发生变化。因此，建议大家在民法典生效前后的时间段购买类似图书，确保内容的有效性。

对比表：

此外，还有一种在单行本的基础上，利用表格方式将民法典各分编与原有民事单行法进行逐条对照的图书，适合大家学习民法典时关注新旧法之间的区别。这一类表格式样的对比文件，其实早期也有很多法律界同仁已经自行制作并在自媒体上发布，主要针对民事单行法和民法典草案的对比。民法典颁布之后也有一些具有自动对比功能的小程序等可供大家使用。如果希望详细了解民法典与民事单行法的区别的，还是建议买一本纸质的对比表详细研读。

法律释义书

大家知道，我国的法律解释权归属于全国人民代表大会常务委员会，但是立法法意义上所指的法律解释一般不是立法机关针对已有法律条文的解释，而是在法律适用出现问题时针对特定法律的解释。全国人大常委会在颁布法律同时，一般只会公开法律在最后一次审议时的提请立法机构审议的报告文件，公众难以得知每一个法条的立法原意与立法者指定该条法律时所考虑的方面。而在实践中，法律出版社出版的“中华人民共和国法律释义丛书”在一定程度上可以让我们了解立法者指定法律时对一些问题的态度和思考的过程。

早期的法律释义丛书都是在一部新的法律颁布之后出版的，而且注明

“全国人民代表大会常务委员会法制工作委员会编”的字样，因为全国人大常委会法工委可以称为立法机构中的立法者，由法工委编写的法律释义书当然是最能反映立法机构制定法律所考虑的问题以及对法条的理解。

目前市面上正在预售的这套民法典释义有两种版本，一种是分为上中下三册，另一种是按照不同的分编单独成册，一共七册，分别命名为“总则编释义”等。相较而言，分别出版的释义书更方便使用。

但是需要提醒大家，这套法律释义书虽然作者来源于全国人大法工委，但是从性质上来说仍属于学理解释而非立法解释。在以往的民事单行法施行过程中，对于某些法律问题，最高人民法院也不认同该释义书中的观点，例如《合同法》第六十四条规定的向第三人履行的合同对第三人是否生效的问题，释义书与最高人民法院关于合同法解释二的理解与适用的观点就不一致。所以大家引用该书观点的时候，不宜声称这就是立法机构对法律的解释。

司法机构理解与适用

随着民法典的颁布和实施，立法机构的工作就告一段落了。接下来的重头戏在于法律适用问题，而在我国解决法律适用问题的机构主要就是最高人民法院和最高人民检察院。其中最高人民法院作为最高审判机关，其对于民法典内容的解读当然会成为律师们，尤其是诉讼律师最为关注的内容。而且最高人民法院也深度参与了民法典的立法过程，民法典中很多条文就是由原来的最高人民法院制定的司法解释转化而来。所以大家都很关注最高人民法院针对民法典的解读。目前可以查看到最高人民法院将仿照对于司法解释的理解与适用一样，针对民法典编写一整套理解与适用，人民法院出版社也已经刊发了出版预告。从预告的图书情况来看，该套理解与适用是按照民法典的各分编编写的。其中总则编、物权编均为两册，合同编三册，人格权编、侵权责任编和婚姻家庭编各一册，全套共计十册，这一体量在目前上市的民法典图书中算是非常庞大的。而且从各分编的容量来看，该套理解与适用的内容应该是根据民法典的每一条来编写的，其中除了对条文本身的解读以外，更会加入司法实践中对于重点条文的适用方法和注意事项。尤其是部分条文如何与原有司法解释和裁判意见相衔接，也是这套图书中必然会涉及的问题。从图书预告中对于作者的介绍来看，理解与适用的作者主要是最高人民法院参与民法典立法工作的同志和资深民商事法官，撰稿人的身份也决定了该套图书在司法系统内部的权威性。目前该套理解与适用的具体上市时间尚无法确定。但是可以想象几乎与民法典一样会掀起新一波热潮。

值得注意的是，最高人民检察院在民法典颁布的第一时间也发布了图书信息，由最高人民检察院第六检察厅厅长冯小光主编的《最高人民检察院民法典学习读本》已经在预售中。最高人民检察院在民事法律方面以自己名义出版图书，还是比较少见的。根据该书的简介，作者主要是由最高人民检察院参与民法典立法工作的人员组成，还特别注明贴近检察人员。主编冯小光原来长期在最高人民法院工作，曾任民一庭、第二巡回法庭副庭长，也是一位资深的民事法官。而最高人民法院第六检察厅就是负责民事检察监督的部门，所以该书能够体现最高人民检察院对于民法典内容的理解。如果有需要办理民事检察监督案件的律师，不妨读一读该书的内容，也许对案件本身更有帮助。

其他图书

除了上述图书以外，目前市面上出现的图书也主要分为以下几种：

第一种是合著，即各部门参与民法典立法的专家学者就民法典整体的解读；第二种是某一领域的专家学者就某一分编的内容单独编纂的解读性质的图书；第三种是社会上的学术机构和研究机构对民法典的解读。以上三种图书的“官方性”没有前三种图书来得强，但是民法典的编纂本身也是一个非常庞大的工程，很多专家学者和机构也深度参与了立法工作，他们的著作可以在官方性质解读以外，更多以批判性的思维对民法典内容提出更为深度的思考，有助于读者在理论上认识民法典的成果与不足。

笔者本人还有一个体会，就是这次民法典立法的理论性是比原有单行法进一步提高的。比如在合同法通则中，很多原来只在民法理论书籍中看到的一些债法总论的规则，现在都成为法律规则，例如多数人之债，选择之债，债的保全等。有些规则之前没有在民事单行法中出现，所以在以往的实务书籍中难以找到与这些新规则直接相关的内容。如果大家想深入了解这些新规则的理论基础和适用方法，可能要求助于一些债法总论的理论书籍，比如王洪亮的《债法总论》，王泽鉴的《债法原理》，孙森焱的《民法债编总论》等。这些图书对于民法债编的理论介绍比较详细，又结合有关司法实践加以说明，可读性较强，可以帮助大家短时间内理解某些债法总论制度的含义。

律所新人如何快速实现角色转换与身份认同

龚思伟

初入职场，每个人都需要完成身份的转换。如何尽快地褪去青涩，适应律师这一新的职业身份及其工作方式，是我们首先需要解决的问题。鉴于本栏目此前已有多篇文章对此进行论述，故本文仅从个人经验出发，谈谈在此过程中如何实现身份重构与角色转换。

任何角色转换的前提都涉及对新身份的认同，这种认同为我们提供一个自我在角色中的定义，包括和角色有关的目标、价值观、信念、规范、时空和角色间相互作用模式的认知。而身份认同包含三个层次：一是对身份认同的认知，包括对自我身份的确认和对归属群体的认知。二是对自我归属于某一角色身份或群体的情感。三是主体在这些认知和情感基础上形成的一定的行为模式。①因此，笔者主要从两方面入手，以适应律师这一新的职业身份。即首先在角色及情感上正确认知职业定位，其次在认知基础上改变自身行为模式，并通过行为模式强化身份认同。

一、心理切割——认同自己的律师身份

路径依赖是阻碍我们实现角色转换的最大拦路虎。

我们并非孑然一身地踏入职场，事实上每个人总是带着过往岁月的痕迹开始新的生活，而这些经历并不总是能够助益我们的发展。笔者刚入职时即面临着这样的问题，如完全比照处理案例分析题的方式处理手头的案子，刻

① 张淑华、李海莹、刘芳：《身份认同研究综述》，载《心理研究》2012年第1期。

板的操作下很难有效地达成目标；如单纯考虑案件的法律问题，对背后涉及的交易模式不求甚解，而离开交易模式，如何能够准确理解合同目的，进而在解释合同条款时避免出现偏差?

以上问题，一方面固然是由于职场小白缺乏经验，如对实践中的各种交易模式一知半解；另一方面也是由于我们在长期的求学过程中过多地关注理论本身，一旦理论落到实践的土壤中，我们便不知所措。而要摆脱这种路径依赖带来的问题，首先需要从心理上做出切割，丢掉学生身份的包袱，以一名律师的身份严格要求自己。

1.完成心理切割，积极进行心理建设

摆脱路径依赖的第一步，即需要在心理上与过去的自我进行切割。而在以往身份缺位的情形下，应通过积极的心理建设来弥补身份认同关系中的短暂空缺。

初入职场的新人，总是带有鲜明的学生时代的印记。而当我们不能快速适应律师这一新的职业时，便只能向前以学生身份寻求心理的稳定，加之行为惰性，使得我们更难在职场中快速做出调整。

为了避免不由自主地溯及既往身份，有必要及时进行心理切割，并时时敦促自己学会用职业的思维方式处理问题。这种心理切割以往多半通过固定的形式进行，以学校的毕业典礼，师门的告别仪式最具代表性。但受疫情影响，很多2020届毕业生可能没有参与这种仪式的机会，“稀里糊涂”就毕了业成为常态。而为了尽快适应新的身份，每个人都应该在心里给自己下场雨，给自己办一次毕业典礼。

而在完成了上述心理切割后，需要快速地取得新的身份认同，此时若不能尽快进入律师的角色，极易陷入被动局面。为了避免该种风险，我们应该进行积极的心理建设，强化内心对律师身份的确认。同时，伴随角色转换，应该同步转换自己的思考方式与工作方式。如除了对基本概念及法学理论进行学习之外，更应注重该制度如何在中国法下落地，从实务角度出发对既有知识体系进行解构重建，完成从法学生到法律实务工作者的转变。

2. 建立新的安全感来源

对于职场新人来讲，切断心理联系后的最大问题可能在于，如果不能迅速实现身份的转换，自身价值无法体现，将出现极大的安全感危机。而解决该种危机的方式，恰是利用身份转换带来的机遇。因为律师生活远比想象的要精彩，而通过付出劳动获得成长，真正实现一个人的人格独立，所带来的安全感更加浑厚真实。

窃以为律师的最大乐趣在于，在具体个案的处理中，可以体味横岭侧峰的法律理解与适用；在类案处理中，可以体察类型化的强大生命力。具体案件处理带来的丰富体验增加了课堂学习难以获取的乐趣，而在一次次的经验积累中，我们也终将能够寻找到属于自己的一方天地。在这个过程中，个人价值逐步得到实现，也就能褪去稚嫩，走向成熟。

对于诉讼律师而言，以最大化实现当事人的利益为目标，就该目标而言，仅仅局限于单个法律问题的分析极易一叶障目。诉讼律师的一粒灰，落到当事人头上，就是一座山。因此，代理每一个案件都应尽最大努力，寻求最全面科学的诉讼方案。对于刚入职的律师而言，能够参与诉讼方案的制定，可以极大地增加团队归属感与个人价值的满足感。如若热爱这份工作，所思不过如何更优地完成各项事务，何愁不能实现身份的转换。

3. 取精用宏，既有行为模式的保留

如前述，对于急需转换身份的职场新人而言，切断既往的心理依赖是十分必要的。但是此种切断仅是一种“术”的处理，却不必将以习得之“器”一并丢弃。所谓他山之石，可以攻玉，学生时代的诸般武艺恰可以被运用到律师事务的处理程序中。

（1）基础理论的理解与适用

学生时代注重基础理论与基本概念的学习，而律师需要更多地从实务出发考虑法律问题，甚至因委托人的利益而具有明显的倾向性。且实务中所涉案例多半在逻辑上杂乱无章，案情展开亦不可能像教科书那般条分缕析。而

正是该种情形，使得基础理论与基本概念的抽象与提取显得尤为重要，越复杂的案情越需要做该种基础法律关系的归纳，于抽丝剥茧中才能更精确地识别案件争议焦点。

由此，即使是更倾向于实务操作的律师，也应保持对理论的敏感并及时学习更新。对于职场新人来讲，更多的可能是需要寻找其中的结合点，快速实现理论与实践的融合。

因此，保持理论的敏感性，能够帮助我们更快地寻找案件争议焦点、更全面地评估案件风险、更全面地设计诉讼方案。如若抛弃该部分，径直寻找案件处理之方法，无异于缘木求鱼，事倍功半。

（2）实用技术手段的继承与发扬

除却已学理论的运用之外，我们尚有诸多技艺可帮助快速适应律师工作。

如利用文献检索之技术，可以帮助我们形成一份尽可能全面的法律检索报告。这其中检索平台的选取，检索关键词的选择均至关重要，具体内容可见本栏目相关文章，本篇对此不赘。

除却文献检索之外，在学生时代的写作过程中总不可避免要对各种学说加以探讨。而不同理论的探讨，恰是合理评估案件风险，制定多样化的诉讼方案所必需的。只有从更多角度，更加全面地考虑案情，才能更好地维护当事人的利益。就此而言，多角度考虑问题之思维习惯应当被保留。而且这种对既有习惯的选择性保留，交织着历史与未来，对于个人的心理过渡亦有裨益。

以上，通过心理切割与积极的心理建设可以快速完成身份角色的转换。而既有经验能够帮助我们更高效地处理律师工作，使我们更快地进入角色。

二、标准化——身份重构中的认同与强化

由上所述，角色转换的结果是要在身份与情感认同的基础上形成一定的行为模式。若无该种固定的行为模式，意味着身份转换与角色认同是失败的。而反过来，若是形成了特定身份下的行为模式，其又可以强化我们对身份的认同。

1.标准化工作模式——认知基础上的行为改变

对于新入职的律师而言，如果能够快速形成一套固定的工作模式，处理案件就能稍显从容，而且固定的工作模式在一定程度上也能够强化自己的身份认同，更快地沉浸到角色中去。在流程化的案件处理过程中，新手律师也能够最快地参与到案件中去，体现参与感，增加归属感，获得认同感。

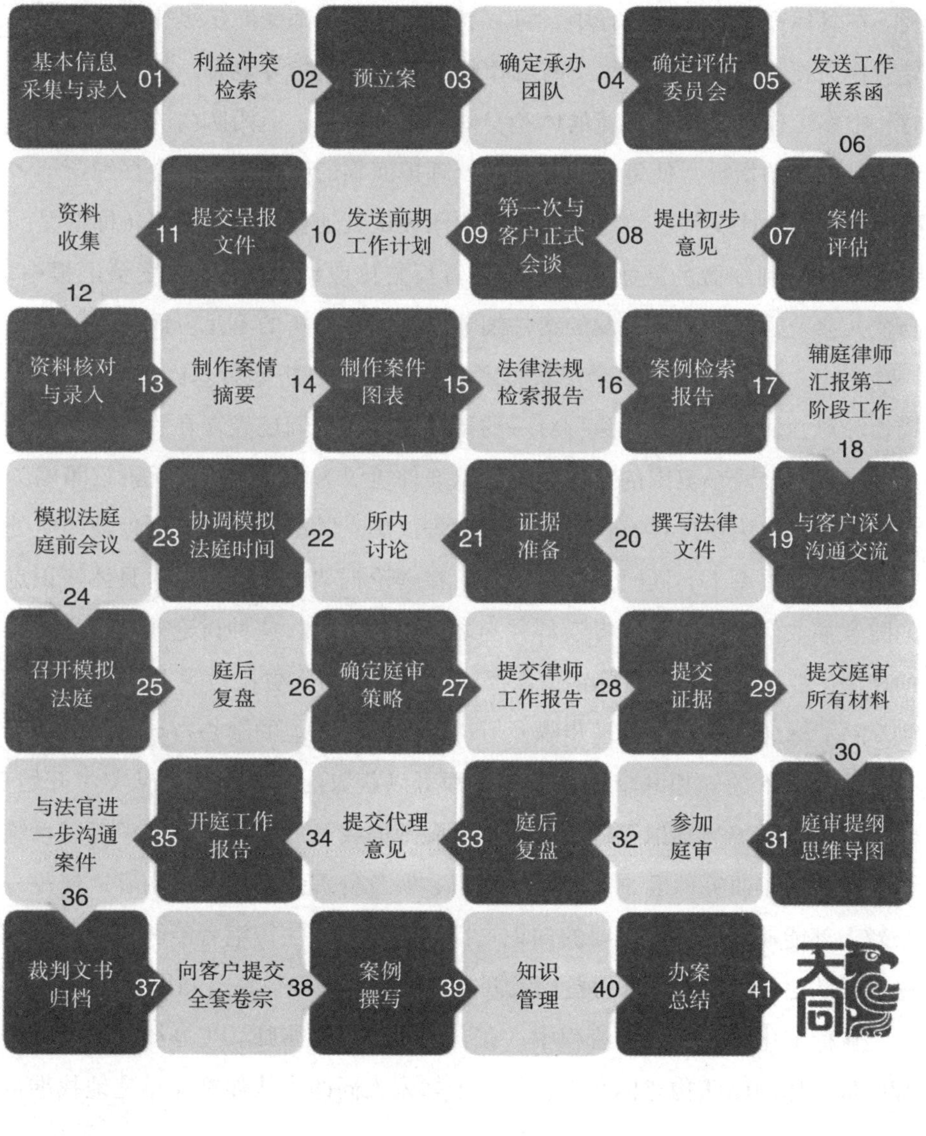

天同的案件办理始终遵循严格的标准化流程，从利益冲突检索、案件评估开始，至庭审结束、办案总结，每一步都追求极致。天同力求将代理的每一起案件都雕琢成最精美的工艺品，展示于中国法制进程的历史长廊。

幸运的是，每个初入天同的律师小白，都能快速从前辈那里获取这套经过无数实战案例淬炼的绝学，使每一个新手律师都能够做到有的放矢。而除却这套上乘的武功招式之外，对于支持招式的内功心法，团队亦是倾囊相授。在具体案件的办理过程中，每一名低年级律师都受高年级律师的直接指导。作为新人，几乎团队里所有的律师都是笔者的指导老师。初次处理案件时，很多工作内容都是全新的体验，内心十分彷徨，但团队内的律师给了笔者极其详尽的指导，使笔者能够及时处理掉面临的问题。他们会仔细帮笔者批改每一份法律文件，对笔者的可视化图表认真地提出修改建议（即使是颜色搭配等特别细微的问题都会指导笔者反复修改调试），而在案情汇报中，合伙人会及时提醒笔者遗漏的案件细节以及法律分析的不足。而笔者每完成一项工作，指导律师等都会带着笔者进行复盘，分析笔者暴露出来的问题，提出针对性的改正建议。除一对一的指导之外，我们还经常在团队内部就某一疑难问题展开小范围的集体讨论。以案件争议为焦点，以最优诉讼策略为目标，使得讨论更加具有针对性。而对争议焦点的准确把握又能保证团队处于同一话语体系下，同时更具发散性。在理论框架的基础下，对具体知识点的随意抽取使用始终是笔者崇拜并为之努力的方向。这种讨论兼具了学院派的理论论战，又能结合实际案情需要，可以帮助新人更快地融入群体。

除了标准化的案件处理步骤及所内前辈随时随地的细心指导之外，基于一体化建设下的知识共享也是新人律师可以获取的宝贵财富。从实习开始，天同的办公系统与知识管理系统便不设限地向我开放。特别是知识管理系统内保存着历年研究课题、所内培训资料、实务处理技巧丰富的内容，使每一个新人都能够随时获取需要的知识支撑。这一切，使得笔者能够比较快速地融入团队中；而以上，都得益于天同成熟的案件处理体系与知识管理体系。

在标准化的案件处理流程中，在合伙人、出庭律师、主办律师、辅庭律师四位一体的团队构建体系下，每一个初入天同的小伙伴都能迅速地找准自己的定位，肩负起其应该承担的职责。在心理预设与工作模式转变的双重影响下，实现小白的蜕变与成长。

2.个案处理——行为模式下的强化认同

在标准化的案件处理过程中，新人律师能够快速实现身份转换。反之，在个案处理中对标准模式的运用，又强化了新人律师的职业身份认同。

做到极致是每一个天同人的追求，这种追求正是在无数个案的处理过程中实现的。对于新人律师而言，在每一个案件的处理过程中都能感受到这种极致的追求。进入天同的案件大概似庖丁刀下的牛，必得是要被拆解得条分缕析，即使毫无诉讼经验的律师也能够充分理解。尤其令笔者记忆深刻的是，在某案件汇报过程中，合伙人先是就案件争议进行详细的讲解，帮助笔者进一步理解案情，其后又抽出时间指导笔者反复陈述诉讼方案。在这样一次次的重复之中，笔者感受到了自己哪怕渺小但踏实的进步，进一步增强了笔者对律师这份职业的认同与热爱，也使得笔者能更快跟上团队的步伐。

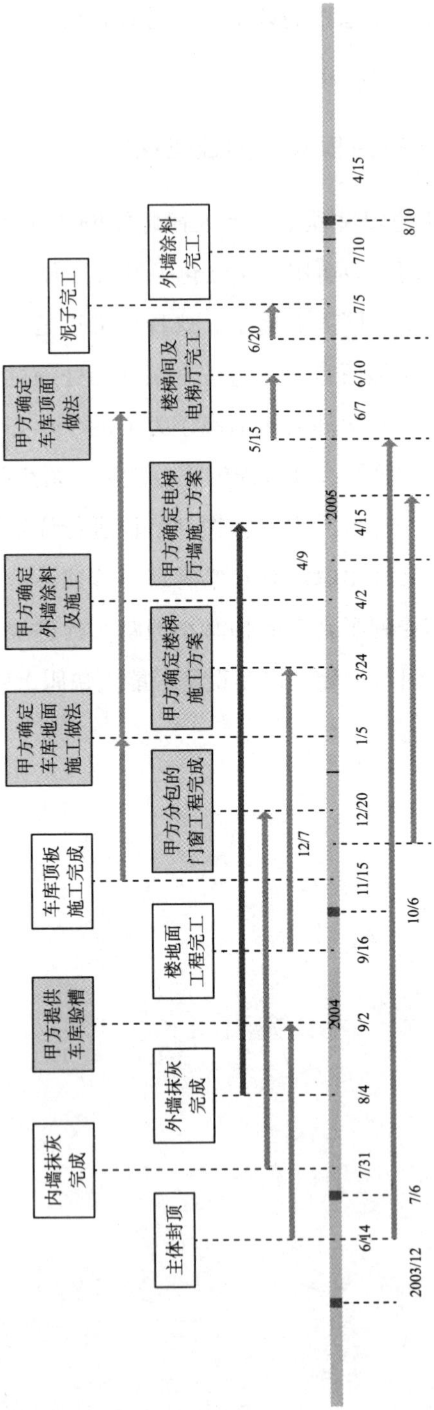
主体封顶
内墙抹灰完成
外墙抹灰完成
甲方提供车库验槽
楼地面工程完工
车库顶板施工完成
甲方分包的门窗工程完成
甲方确定车库地面施工做法
甲方确定楼梯施工方案
甲方确定外墙涂料及施工
甲方确定电梯厅墙施工方案
甲方确定车库顶面做法
楼梯间及电梯厅完工
泥子完工
外墙涂料完工
2003/12
6/14
7/6
7/31
8/4
9/2
2004
9/16
10/6
11/15
12/7
12/20
1/5
3/24
4/2
4/9
4/15
2005
5/15
6/7
6/10
6/20
7/5
7/10
8/10
4/15

在一次次的个案处理中，能够更加深刻地理解律师这个职业的工作特点，理解并融入天同这样一群近乎疯狂的律师当中，在极致的诉讼案件处理中找寻属于自己的价值与人生定位。正是个案的处理使得律师能够对所掌握的知识，以及技巧运用更加得心应手，得以强化身份认同。而对于法学生而言，大概每一个法科生心中都有一个忒弥斯，而个案处理正是我们实现对正义的理解与追求的最好契机。该种吸引力，笔者想对于新人律师而言是无法抗拒的。

三、兴趣是最好的老师

兴趣是最好的老师，这是笔者小时候经常听见的一句话，现在笔者深深体会到了这句话中蕴藏的力量。

从2013年进入大学开始法学学习，至今7年以逝。而人生所有不过10余7年，幸运的是这7年里笔者始终坚持着自己成为一名诉讼律师的梦想。大概每一个怀揣这一梦想的法学生都幻想过在庭审中激昂雄辩，实现自己对正义的追求。更幸运的是，笔者能够在毕业之际加入天同，寻找到一群志同道合的发烧友，帮助笔者更快地实现成长。

来天同已有数月，笔者也由实习生转变为这个团体正式的一员。这段时间里，笔者并非每时每刻都处于最佳的战斗状态。笔者会因研究不透案子、不能准确把握争议焦点而焦虑，因工作出错而气馁。但更多的时候，当这些情绪被消解之后，笔者逐步意识到这正是笔者走向一名成熟律师所要面对的。这些压力、委屈与情绪不过是笔者必须跨越的一个个小山丘。

而笔者有幸，能够与这样一群优秀人为伍，能够在当下环境中找到一份自己喜爱并愿意为之付出的工作。像导师在毕业之际告诫我们的那样，保持谦虚和踏实、保持自信和希望、保持理想和信念，这样一份工作使笔者能够沉下心来，踏实求学。每一位律师都能够实现这种快速的蜕变，因为我们爱这份职业并愿意为之奋斗，凡心所向，素履以往。

诉讼律师如何讲好一个故事

程园园

在诉讼案件中，案件事实与法律规范像桥梁一样连接着法官、律师和当事人，其中法律规范通常是明确而具体的，虽偶有争议，但终究可以通过司法解释，学理学说找到所谓“通说”加以解决。相较之下，事实则显得飘忽不定，难以捉摸。究其原因，莫过于事实的发现、梳理、表达差异极大，而这种差异往往成为一起诉讼案件的胜负手。因此对于诉讼律师而言，如何讲好一个故事显得十分重要。本文便以此为视角，为读者分享讲好一个故事的些许心得。

一、为什么要讲好一个故事

接触的案件越多，越发体会到案件事实的重要性，而事实梳理更是疑难复杂案件处理的深层次瓶颈[①]。从初次会谈中听客户讲故事，到案件准备阶段重新架构案件事实，再到向法官呈现一个可以支撑我们结论的“小前提”，回归案件的基本面，案件事实一定是决定判决结果的重要因素。

初学民法时，我们即掌握了“法律事实”这个概念，这让我们保持着一个法律人的理性与逻辑。工作后，我们的行话更多表述为“如何讲好一个故事”。法律事实也好，讲一个故事也罢，其本质都是在为判决书中的“经审理查明”做准备。从律师工作来看，无论是制作证据册，还是起草法律意见，

① 齐昕：《回归案件研究的基本面》，载《天同诉讼圈》2018年10月27日。

本质也是在协助法官梳理、还原案件事实，并引导法官进一步去探寻案件的“小前提”，最终争取我们主张的“结论”。

二、故事素材的获取

律师获取案件事实主要有三个途径：客户讲述、现有材料、商业背景调查[①]，故事的素材也多来源于这三个方面。客户的故事主观，但可以尽快掌握案件梗概；现有材料客观，却容易忽略当事人的真实意思及情感；商业背景调查有限，也足以在一定程度上查漏补缺。

我们经常说，听客户讲故事，不仅要听他说了什么，更要听他没说什么。一般情况下，客户来自各行各业，对于法律知识的掌握十分有限，甚至完全不了解，在向律师讲述案件经过时，受自身立场、记忆力、商业考量等诸多因素影响，或是出于各种不愿意直接表明诉讼目的等原因，导致客户讲述的故事并不一定是客观事实，更非案件的法律事实。因此，律师在获取故事素材时，不仅应尽可能地穷尽一切方式去全面掌握案件事实，还需要对故事素材的真伪进行甄别、筛选，以便为故事的重构打好基础。

三、故事的打碎、重构

多方收集到故事素材后，案件经过基本可以还原，下一步，便是打碎、重构“新故事”。

1.“最小事实切割”

参照天同在制作证据方面的经验即“最小证据切割原则”，我们同样也

① 尹亮：《通过案件背景调查，在处理商事纠纷时做到知己知彼》，载微信公众号《天同诉讼圈》2018年11月17日。

可以对案件有关事实进行最小化切割。如积木一样的最小化切割，既可以加深对每个事实的印象，又便于后期的重新组合，可以在不遗漏每处细节的前提下，游刃有余地去架构故事。

2. 事实与法律适用的穿梭

从"法律事实""法律适用"的概念，到"三段论"的应用，看似"事实"与"法律"泾渭分明，实则，二者之区分是审判实务中的重大难题。正如黄茂荣教授在《法学方法与现代民法》中所言："法院事实上必须经历多阶段的法律适用过程，亦即前阶段之适用的结果，构成后阶段所据以开始的事实基础。"

因此，律师在构建故事的过程中，还需要在庞杂的事实与法律规范中来回穿梭，而非将二者完全割裂开来各自研究。

3. 重构的方法

故事重构的方式多样，视案件的案由、审级、法律争议等不同，最常见的方式是按照主体、时间顺序、法律关系构成的要件等，如涉及疑难复杂案件，还需要从不同角度多维度地去重构案件事实。如笔者代理的一起涉煤矿的股权转让二审纠纷，因案件背景事实复杂，历时长且关联案件较多，因此，在案件研究过程中，我们多维度重构了该案的事实：

（1）按照时间顺序重构案件背景事实

时间	事件	具体内容	备注
甲煤矿的创办与采矿权的取得过程			
1992.8.8	某村委会向某乡申请开办甲煤矿		××号判决查明事实部分
甲煤矿第一次联并，与乙煤矿、丙联并为新的甲煤矿			
2001.8.8	某省政府下发×号《关于××的通知》	该通知载明："……"	一审证据卷
甲煤矿第二次联并，与丁煤矿共同成立目标公司			
2012.8.8	目标公司登记成立	注册资本、法定代表人、股东……	工商档案

（2）重构一审裁判情况

<table>
<tr><td colspan="4">××诉××股权转让纠纷案</td></tr>
<tr><td colspan="2">当事人</td><td colspan="2"></td></tr>
<tr><td colspan="2">案由</td><td colspan="2">股权转让纠纷</td></tr>
<tr><td colspan="2">诉讼请求</td><td colspan="2"></td></tr>
<tr><td>2018.12.12</td><td>陕西高院作出×号民事判决书</td><td colspan="2">判决结果：</td></tr>
<tr><td colspan="2">争议焦点</td><td>法院认为</td><td>裁判结果</td></tr>
<tr><td colspan="2">争点一：</td><td></td><td></td></tr>
<tr><td colspan="2">争点二：</td><td colspan="2"></td></tr>
</table>

（3）重构关联案件

关联诉讼情况

<table>
<tr><td colspan="3">i. ××诉某煤矿企业出资人权益纠纷</td></tr>
<tr><td>案由</td><td colspan="2">企业出资人权益纠纷</td></tr>
<tr><td rowspan="2">当事人</td><td colspan="2"></td></tr>
<tr><td colspan="2"></td></tr>
<tr><td>主要诉求</td><td colspan="2"></td></tr>
<tr><td rowspan="7">一审情况</td><td>案号</td><td></td></tr>
<tr><td>法院</td><td></td></tr>
<tr><td>判决时间</td><td></td></tr>
<tr><td>认定事实</td><td></td></tr>
<tr><td>判决理由</td><td></td></tr>
<tr><td>适用法律</td><td></td></tr>
<tr><td>判决结果</td><td></td></tr>
<tr><td rowspan="6">二审情况</td><td>案号</td><td></td></tr>
<tr><td>法院</td><td></td></tr>
<tr><td>判决时间</td><td></td></tr>
<tr><td>认定事实</td><td></td></tr>
<tr><td>判决理由</td><td></td></tr>
<tr><td>判决结果</td><td></td></tr>
<tr><td>执行情况</td><td colspan="2"></td></tr>
</table>

可见，重构案件事实的方式并不唯一，视案件的复杂程度，律师有时需要从多个角度去架构案件事实，方能更好熟悉案件。

四、故事的呈现

经历了重重打磨的故事，更值得被输出，而面对不同的对象，呈现的故事也有不同的侧重。

1.给合伙人呈现的故事

天同汇报案件有个“五分钟规则”的惯例，简单来说，就是用五分钟的时间讲一个大家都能听得懂的故事。给合伙人讲的故事，应当做到“厚底稿、精裁剪”，逻辑清楚，并能随时应对合伙人的提问。可参考本书第五章“庭前准备篇”的《案件汇报：如何在五分钟内讲好一个故事》。

2.给法官呈现的故事

最终的故事，是要讲给法官听。法官从律师处获取案件事实主要来源于庭审表达与提交的书面文件，这就需要律师在有限的时间充分使用有限的文件去呈现：

（1）庭审表述：实际上，庭审中的每个流程都有呈现事实的机会，除当事人陈述、法庭调查、证据交换等常见环节外，笔者想要重点说明的是，向对方发问，及最后的当事人陈述，是很多律师容易忽视的环节。

向对方发问环节中（如有），可以将庭前设计好的有针对性的问题向对方进行发问，通过发问的方式，能够最大限度地将问题放大，提示法官注意，因此发问也是向法官传递事实的重要途径；而最后陈述，也是很多律师容易忽略的表达机会，且实践中最为通用的陈述版本是“坚持诉讼请求/请求驳回原告的诉讼请求”，实际上，最后陈述作为庭审的最后环节十分重要，但也不宜将案件的辩论意见、法律观点再次复述，笔者认为，在庭审的最后，将故事的中心思想简要、真诚地讲给法官，才能更好地打动法官。

（2）《大事记》：事实复杂的案件，如有必要，可以整理一份书面《大事记》呈交法官，尤其是涉及多起关联诉讼的案件，可将另案的诉讼主体、案由、案号、主要诉求、法院查明与裁判情况及执行情况等基本事实进行梳理（见前文《关联诉讼情况》表），以便法官更快地掌握案件事实。《大事记》对事实的梳理应客观准确，避免进行主观演绎。

（3）《证据目录》：证据在诉讼案件中的重要性不言而喻，尤其是针对证据的证明对象及证明目的，需要律师在庭审中进行详细说明，并由对方进行质证。然而，证明对象和证明目的只能去证明法律关系或指向诉讼请求吗？笔者认为，核心的案件事实，尤其是有争议的事实，应该充分利用证明对象与证明目的进行呈现。

（4）可视化图表：目前，可视化在诉讼案件中的运用已非常成熟，本文在此不予赘述，想要说明的是，作图是为了使复杂事实简单化，且更为可读、易懂，而非其他，要让可视化成为故事输出的技术加持，而非阅读者的鸡肋。

诉讼律师对于呈交法院的每一份文件，都有一份期待：除了文件中的法律观点可以被法官采纳，还希望文件中的文字可以直接被引用至裁判文书中，尤其是对所涉案件事实的表述可供作为裁判文书的“经审理查明”使用，这就要求文件用词精准，并进行精雕细琢。

案件事实虽然像雾像雨又像风，但仍无须失落失望失掉所有方向，讲好故事才是唯一的答案。

“令人心动的细节”——律师工作中的加分项

王夕文 朱 赫

天下大事，必作于细。律师是一份追求极致的工作，在办案过程中，律师不论是对待法官、客户还是自身工作，都要做到精益求精。把握好一些小细节，不仅能彰显律师的专业度、为形象加分，还可能赢得更多信赖，使得案件办理工作锦上添花。

一、令法官好感倍增的小细节

在与法官的相处过程中，律师的一言一行都可能会影响法官对代理律师的印象。同为法律共同体，若律师注意一些小细节，不仅可以彰显精益求精的办案态度，也会让法官的办案过程更顺利，树立较为专业的执业形象。

（一）在法律文书的页眉处注明案号及提交人的信息

众所周知，法院的工作节奏较快，法官每天会收到繁多的案件材料，经常会遇到难以区分对应案件材料的情况。为避免此类问题，律师在工作时可以在文稿的页眉处注明“提交人（名称、诉讼地位）”及“案号”，以便法官查阅。以我们曾经参加的一次系列案件庭审为例，法官收到双方提交的多组文书、证据，便向双方询问对应材料分属于哪起案件。经我们提示看到页眉处标注的提交人及案号后，对我们的案件准备工作表示了认可，称律师的细致态度会给法院工作带来很多便利。这些文稿上的小细节看似微不足道，却可以借此给法官留下严谨、认真的良好印象，是一个值得留意的加分项。

（二）给法官打电话之前准备谈话提纲，简明扼要地表达观点

办案过程中，律师经常需要与法官进行电话沟通。在拨打电话之前，律师应事先明确通话目的，并列好需要沟通的问题提纲，使得谈话始终围绕重点，避免遗漏要点或偏离中心。此外，冗长的谈话会消磨法官耐心，影响其对于信息的接收效率。建议简明扼要地传达观点，切忌在无关紧要的问题上浪费时间。

（三）提交篇幅较长的法律文书时，准备简版，便于传达观点

当律师在处理法律关系较为复杂、争议焦点较多的案件时，往往想借提交文书的机会尽可能详尽地传达观点、陈述事实，导致文书篇幅过长。但考虑到法官需要同时处理许多案子，办案精力有限，较长的文书在观感上会使得阅读者产生内心抗拒，影响对信息的有效接收。在这种情况下，律师可以额外准备一份简版文书，以期在观点表达的详尽性与信息传达的有效性之间寻得平衡。简版文书一般需要涵盖完整版文书的一级、二级标题，通过标题内容将论证部分进行高度概括，以快速传达主要观点。法官在阅读简版文书时，如有想深入了解的问题，也可以翻阅完整版文书进行对应查看。两种版本文书并行，一方面为法官节省了宝贵的办案时间，另一方面为律师的观点表达提供了有力支撑。

（四）对需要重点呈现的证据作出标记，便于法官查阅

律师向法院提交证据时，需要保证证据的完整性。但在这种情况下可能面临的问题是，某一份证据页数较多，无法快速定位与案件相关的主要内容。过多的证据材料会增加法官翻阅的时间，也可能会淹没重点，使得法官对证据的关联性产生误判。实践中，除了将对应内容在证据目录中进行引用、摘抄之外，还可以用浅色的荧光笔将重点内容作出标记，同时将对应页码折页，使得法官可以快速找寻到相关内容，节约办案时间。

（五）提前准备好法律文书的电子版，且格式要素尽量与法院文书保持一致

庭审准备过程中，许多法院需要当事人提交法律文书的电子版，例如起

诉状、答辩状、质证意见等，以便书记员完成庭审笔录的制作。事先准备好对应文书的电子版，并将格式要素与笔录模板保持一致，可以为书记员直接复制、粘贴对应部分的内容提供便利，使得律师的主要观点可以被准确地记录在庭审笔录中，法官也得以将注意力更多地倾注于律师的庭审表达上，提高庭审效率。

（六）庭审中控制语速，便于法官倾听及书记员记录

在庭审过程中，律师需要准确传达案件的核心观点，同时也要注意控制发言语速。面向法官，不疾不徐地发言，一方面，能够使得法官仔细倾听，充分地理解我方观点；另一方面，有助于书记员记录律师的发言内容，避免记录错误。目前部分法庭采取语音识别记录的方式，这种情况下就要配合语音识别软件的识别和转化速度，用清晰、标准的方式进行表达，减轻书记员的纠错负担。

二、令客户青睐有加的小细节

在案件代理过程中，律师与客户的沟通是贯穿始终的。注意下面这些小细节，将有助于建立信赖、获得好评，为下一次的合作奠定基础。

（一）以专业而共情的方式面对初次会见的客户

当客户初次带着案件前来会见律师时，他的心情普遍是较为急切的，因此律师在会见客户时不仅要展现专业的办案能力，也要体察客户的情绪。在不了解案件全貌时，应首先认真倾听，指引客户对案件进行介绍，收集关键信息。在交流的过程中，可以将专业能力与共情思维相结合。当客户提出一些看似不可行的诉讼目标时，不应急于否定，可以采取先扬后抑的话术策略，例如委婉地表达“我理解您的心情”“我明白您想表达的意思”等，再将客观法律分析娓娓道来。以使得客户感受到虽然自己的诉讼目的在法律上不可行，但律师切实理解其需求，并在专业角度给予回应。

（二）在办案关键时间节点向客户发送工作联系函

建立委托代理关系后，因案件与客户的利益密切相关，客户会十分关注案件的进展。考虑到此种心情，律师应在案件办理的关键时点及时向客户进行反馈，并尽可能采取书面方式汇报，便于客户理解与留存。一般而言，我们会以工作联系函的形式向客户汇报案件进度，便于客户了解案件代理过程中的重要细节，也便于有需要的客户基于此向上级领导汇报案件进展。本文仅选取两种较为典型的工作联系函类型进行介绍。

1. 庭后工作报告

庭后工作报告是一种在庭审结束后，用于向客户还原庭审过程，方便客户了解案件进展的工作联系函。其主要结构分为三部分，第一部分写明在客户委托律师代理本案后，代理律师于何时何地参与了法院庭审并记录庭审合议庭构成及书记员等相关信息。第二部分写明庭审的主要流程，着重阐述庭审过程中代理律师的发言内容以及法官的提问内容，使客户可以关注到律师的主要观点及法官的对应反馈。第三部分写明庭后的工作内容，如法官在庭审过程中提出补充证据或核实问题等要求，律师便可在该部分写明，便于客户视需求进行协作。庭后工作报告有助于未旁听庭审的客户快速了解庭审工作，传达法官态度，调节客户预期，对案件的代理工作大有助益。

2. 结案工作报告

律师收到生效裁判文书后，应就案件的审理结果和代理情况向客户作终局性总结，结案工作报告便可起到如此效用。结案工作报告的结构同样可以分为三部分：第一部分为律师工作概要，主要写明从首次与客户进行案件代理事项的接洽到案件办理结束，律师为该案所做的具体工作。第二部分写明裁判文书的主要内容及对裁判内容的分析。如若裁判结果对客户不利，则需在此部分重点分析相应观点未获法院支持的具体原因，并为客户提供可以继续争取合法权益的法律程序建议，如提起上诉、申请再审等。第三部分为工作总结，感谢客户的信任与支持，表达对代理工作的回顾与体会，及开展后续合作的愿望等。结案工作报告是案件代理工作的句号，以此收尾，可以总结并回顾既往工作，并为后续合作奠定基础。

（三）与客户沟通方式的小细节

1.同时使用微信与邮箱向客户发送文件

代理工作中，律师经常会使用微信向客户发送文件。但微信对于文件设有查阅时限，不利于保存及记录。超出时限后，客户需要联系代理律师重新发送，势必降低工作效率。因此，在向客户发送文件时，建议同时采用企业邮件与微信方式。一方面可以通过微信使得客户更快地接收到提醒，另一方面通过邮件记录便于客户进行重复下载。多种发送渠道并行的小细节，可以更好地体现律师工作的认真负责与思虑周全。

2.与客户建立微信办案团队工作群

与客户建立微信办案团队工作群，不只是为了客户每一次的沟通能迅速得到回应，也可以有效提高律师团队内部的工作效率。如果客户只与团队中的某位律师单线沟通，该名律师收到相关信息后再向其他成员传达，会增加不必要的沟通环节，拖慢客户获取反馈的进程。建立微信办案团队工作群可以使客户的想法与案件相关材料及时同步至团队中的各个成员，提高团队内部工作效率，同时使得客户第一时间关注到律师的工作内容，形成双向反馈。

三、对律师工作大有裨益的小细节

除了对法官及客户需要注意的一些细节，同时也要留心我们自己工作中的细微之处。细节决定成败，律师的工作更应从细节处着眼，为案件的顺利推进奠定基础。

（一）建立案件登记表及案件进度表

做案子需要精雕细琢。在日常工作中，建议引进案件登记表与案件进度表记录制度。每当新接洽案件时，首先将案件信息录入案件登记表，对当事人的基本信息、案由、案件标的、案件办理情况、委托代理协议的基本内容等进行记录。通过案件登记表，在进行工作回顾的时候，可以清晰地看到承办案件的基本信息。此外，每当案件发生了新的进展，第一时间将信息录入案件进度表。通过案件进度表，不仅可以准确掌握案件的办理进展，提醒律师在关键节点及时与法官、客户进行沟通，对于时间跨度较长的案件，还可以快速拾起进度，节省不必要的回溯时间。

（二）养成记录工作日志的习惯

古人云："不积跬步，无以至千里；不积小流，无以成江海。"工作中的进步离不开点滴积累，建议对每日工作完成的内容进行记录，便于日后回顾和复盘，累积经验、更进一步。

以我们的办案团队为例，团队在线上共享文档中建立了"团队工作日志"，团队成员需要每天更新日志。该日志主要分为三个部分，分别为"已完成工作""今日工作思考"及"明日工作计划"，每天只需要几分钟便可以完成。通过工作日志，一方面，团队成员间能够知晓彼此的工作内容，提高团队凝聚力、保持团队信息畅通，也便于后续工作的合理分配；另一方面，通过记录日志，有助于律师对工作进行总结与反思，能够迅速回顾起某一阶段的具体工作内容，并从复盘中收获点滴经验。线上共享文档可以切实提供许多工作便利，亦可在团队协同撰写、修改文稿时使用。

成大业若烹小鲜，做大事必重细节。与法官、客户相处以及律师工作本身的小细节，处处彰显着律师的专业性，可以成为工作的加分项，做好这些也会使得律师的执业生涯走得更加稳健。这些令人心动的小细节，你get到了吗？

年轻律师如何从个案办理中思考

杨骏啸　马　波

大家好，笔者是《办案手记》栏目主持人、天同律师事务所合伙人杨骏啸。作为《办案手记》栏目的主持人，笔者也想借这个平台与广大年轻律师交流分享自己在执业过程中的体会，这次和大家分享的是在个案办理过程中需要思考哪些问题才能更好更快地让自己成长。

每位律师的成长必然有一个从生涩到成熟的过程，尤其是年轻律师在执业初期或多或少会面临许多迷茫并且承受较大压力，在此笔者想从与客户沟通、具体案件办理的思考、与法官沟通以及总结经验这四个方面的思考与各位做个分享。

一、与客户沟通

首先，笔者想说说在与客户沟通过程中的感想。我们都知道，任何案件都不可能凭空出现，尤其是在法律服务市场竞争日趋激烈的当下，许多年轻律师都面临来自案源的压力。律师是一个与人打交道的职业，与客户的沟通贯穿案件办理始终。在正式办理案件之前，我们总是要与客户进行接触、沟通，待与客户确定委托代理关系之后方才进入正式办案的环节。当然有些授薪的年轻律师们初期可能不用具体参与案件谈判和与客户沟通的具体过程，但是随着资历的增长，几乎所有律师都或早或晚必然要面对这一课题。因此，每一次与客户的沟通都是一次难得的机会，年轻律师要利用每一次与客户在办案前沟通、磋商的机会，思考如何更好地与客户交流。

笔者在律师执业初期，也经常遇到与客户交流效果不佳的情况。例如，笔者自认为就法律问题已经分析得非常全面，为什么客户还是觉得不满意？明明笔者对某一个特定事实和证据的处理对于案件结果来说是最佳的，为什么领导还是对这种处理方式提出反对？某个论点确实对案件没有什么实质性帮助，为什么经办人员还是坚持要求我们提出？这些问题经常困扰着笔者，而且因为彼时年轻气盛有时甚至免不了要和客户发生一些小摩擦。随着资历的增长，笔者慢慢意识到一个问题，就是我们与客户交流的目的，是让客户理解、信任我们对个案提出的解决方案，并且接受我们的法律服务报价，最终让客户愿意将案件委托给我们。这个过程不是像新闻报道一样，单向地将我们的方案传递给客户，而是需要通过双方的反复沟通来使得彼此之间将各自的想法和需求都表达清楚，在此基础上让双方对“什么是最好的方案”达成共识，进而才能进行报价的磋商。

因此，在与客户交流过程中，年轻律师要学会设身处地去思考客户想要什么，什么样的表述更能获得客户的理解和认同，个案结果对客户整体决策的影响是什么。年轻律师切不可只简单地停留在个案的法律分析和判断上，切不可对客户的需求和目标置若罔闻，须知在纷繁复杂的商业世界中，客户有着远比个案胜诉更重要的法律服务需求。例如，个案结果不同的时候，律师要去思考这可能会对与个案有关系的其他权利义务事项构成何种影响；律师在与金融机构客户就个案进行交流的时候，还需要关注个案中提供的证据或者对事实的表述会不会带来行业监管的风险。这些与客户有关的问题，表面上与案件办理没有直接的关系，但却是客户在寻求法律服务方案时必然要考虑到的问题。当我们提出的方案未全面考虑到由此引发的相应后果或者不能够统筹解决客户关切问题的时候，客户对这样的方案必然感到不满意，我们提出的方案也就无法满足客户的需求，虽然该方案可能对个案本身是有效的。

笔者的经验是，每次与客户沟通之后团队内部都应当进行简短的复盘，回顾客户在沟通过程中的表态，还要更进一步分析有没有其他个案以外的因素需要我们在提出方案时一并考虑的，并且要就该问题及时与客户进行再次沟通与磋商。当客户对我们的方案或者某一事项提出不同的意见时，要避免仅从自身的角度去看问题，更不能武断地否定客户的观点，而是要再从其他角度想一想有没有可以兼顾客户需求和法律意见的方案或主张。这样才能够更有效率、更有价值地与客户沟通，并且真正让客户理解、认可我们所提出的方案。

二、具体案件办理的思考

然后，笔者想说说具体办案过程中需要思考的问题。律师在个案办理过程中需要思考事实问题与法律问题两个方面，这当然无需赘言。但是，思考深度不同也决定了办案的质量有高低，更决定了年轻律师能不能在个案办理过程中积累更多的经验。比如法律关系较为简单的民间借贷纠纷，当事人手里一张借条似乎就可以说明一切问题。但是我们不能简单地就下判断说这个案子事实清楚，证据确实充分。随着法律和司法解释的不断发展和完善，可能影响借款合同法律效力的因素越来越多。在判断一个借贷案件的风险时，需要思考的角度和问题就要非常全面，进而律师应当向当事人了解更多的事实问题。比如，出借人当时有无银行贷款尚未还清？案涉贷款是什么类型的贷款（生活消费贷款/经营性贷款）？出借人在过去一段时间内有无其他借贷行为（可能构成职业放贷人问题）？这些问题在我们出具法律分析意见或者设计有关诉讼方案时均需要通盘考虑。

除了案件涉及的法律问题以外，事实层面挖掘的广度和深度也影响着办案质量和年轻律师的成长速度。年轻律师在个案办理过程中，或许因受法学院教育的惯性影响，或许因执业经验的缺乏等，往往会将案件关注点聚焦于法律适用和分析层面，对于案件事实则较为漠视或缺乏主动探索精神。例如，仅满足于客户提供的案件材料，并借此拼凑所谓完整的案件事实，这显然是远远不够的。以笔者个人观察来看，对案件事实缺乏足够的关注和高度的敏感性，是制约大多数年轻律师成长的一大障碍。笔者的经验是，最能打动裁判者的是案件事实，以及隐藏在事实之后的常理，所以案件事实的调查和收集应当作为年轻律师执业的基本功来训练。

年轻律师调查事实、收集证据应当秉持发散性、开放性思维，切不可陷入固化、想当然的状态，应保持头脑的开放，尝试更多的可能性。当然，这种发散和开放并非毫无根据的天马行空。事实的调查和收集首先应当以客户主张所依据的法律规范的构成要件为主要依托。年轻律师在面对事实调查和收集时，常感慨脑袋一团浆糊，不知从哪里着手。通常来说，律师主张的基本立场所依据的具体法律规范及其内含的构成要件就是事实调查的起点和逻辑线。如前所述，如果我们想要论证民间借贷合同无效，可以根据法律、司法解释的指引着重调查出借人是否存在高利转贷、是否构成职业放贷人等事实，再顺着高利转贷、职业放贷人的认定标准和构成要件去挖掘案件事实。简言之，律师调查的事实和证据应当围绕基本主张，应被整合在基本立场之下，形成有机整体。这是年轻律师掌握案件事实的基本功，但仅做到这点，可能还不够。

年轻律师还应当刻意训练和提高自己对法官可能关注和可能影响法官心证事实的捕捉能力，这更需要开放的心态和头脑。例如，在证明某个自然人是某家公司实控人的问题上，如果没有查询到公开的直接或间接持股事实是否就此放弃，是不是可以再深入调查该自然人与该公司的法定代表人、大股东之间的关系，该自然人设立或控股的公司和该公司之间是否存在关联关系或高度紧密合作关系、是否存在使用相同字号的情形，该自然人是否代表该公司签署过协议或者参加过项目谈判或案件诉讼，以及该自然人及其控股的公司和该公司之间是否存在资金往来，等等。这些事实中，可能单个事实无法影响案件走向，但多个事实的结合论证却可能影响法官心证，并进而产生由或然转向必然的价值。此外，律师还应当注重结合社会生活经验进行推断并展开证据收集工作，从生活常理出发反向挖掘事实和证据，更容易影响法官心证，更容易被法官接受。而且，所有的行为必定会留下痕迹，利用社会生活经验虚拟行为流水，很有可能会有所收获。

总之，在具体案件办理中，律师既要把控大方向，也要关注和思考细节，在切实掌握案件现有材料的基础上善于从中发掘更多有用信息。法律观点需要建立在扎实的事实基础上，同时事实的收集也离不开法律的指引，年轻律师应该明白，事实问题和法律问题其实是案件办理的一体两面、缺一不可，而挖掘的广度和深度不同带来的经验和成长自然也不同。

三、与法官沟通

接下来，笔者想谈谈在与法官沟通过程中的感想。作为诉讼律师，与法官的沟通必不可少。年轻律师在执业初期可能会对与法官沟通这个事情产生紧张、害怕或焦虑的心理，毕竟初期认知就是法官握有个案命运走向大权，若沟通不畅恐招致不利结果。实际上，随着沟通实践的增加，这种忐忑或焦虑的情绪会逐渐得到缓解或消除，但是如何能够与法官进行高效、有效的沟通，却不必然会随着沟通次数增加而自然达成，仍需要年轻律师进行更多的复盘和思考。

可能很多年轻律师在开始执业时，会遭遇与法官沟通不顺的经历，会抱怨和感慨：都是学法律的，为什么法官就听不明白我的意见？对方的某个论点明明没有任何依据，法官居然还重视？为什么法官不能耐心地倾听下我方的观点和心声？本案明明有在先案例，法官却不参考，没有天理！这些抱怨和感慨的背后实际上是年轻律师把自己以及自己的观点看得太重。律师有自己的立场，可法官也有自己的立场和观点。相信很多年轻律师之后会越来越明白，律师和法官属于法律职业共同体，应该说，律师和法官的沟通是能够做到顺畅、高效的，而且作为法律职业共同体，更需要互相理解和尊重。

笔者的执业感受是，在与法官沟通的过程中，律师首先应对法官保持足够的尊重，在此基础上，去思考与法官开展高质量沟通的方法，达到说服目的。沟通方法的核心也是换位、共情，律师应当设身处地地站在法官的角度去思考，法官需要什么，如何获得法官的支持和认同，如何更好地解决争议。

律师的年度办案数量肯定远不及法官年度审案数量，所以律师应当尽可能提供服务协助法官梳理案件事实，并提供清晰的法律论证供法官参考，简单来说就是通过律师的工作和律师成果的分享让法官减负。例如，对于事实较为复杂的案件，提供清晰的可视化图表或专项大事记，就是为了方便法官用最少时间快速掌握全部案情。又如，起草再审申请书时，为了便于法官在调卷前就能理解案件概貌，以简明扼要的语言在文书开篇交代案件主要事实和争议问题，就是一个不错的选择。为使法官获得最佳阅读体验，律师在内容表达上应清晰、简明，在提交文书的字体、字号、间距等方面亦可作设计。笔者想面对这样周到的服务，法官很少会拒绝沟通，而且通常也会给予同样的理解和尊重，这有利于律师和法官建立起良性沟通的渠道，有利于推动法律职业共同体的健康发展。

年轻律师还应谨记，与法官沟通的最终目的是说服法官接受自己的观点和方案，法官和律师都是法律出身，为了实现这个沟通目标，年轻律师可以尝试做这样一种训练，就是把自己设想成个案法官，不断地思考并问问自己，如果我是法官，个案审理方向怎么去确定，我会关切哪些事实和问题，会有哪些担忧、做哪些考虑，追求的判决效果是什么，等等。然后在这些假设性问题的指引下，为法官理顺和澄清案件审理方向，向法官提供事实，提供法律，提供事实与法律对应的解决方案，消除法官下判的担忧。如果年轻律师能够经常进行全方位的此类思考，并在个案办理中反复训练，不仅有利于促进与法官之间形成高效率、高质量的沟通，也应该能够实现加速成长。

四、总结经验

最后，笔者想谈谈律师如何从个案办理中总结经验。许多年轻律师在执业之初都会面临办案数量不足的问题，但是年轻律师仍然可以从有限的个案中积累宝贵的经验。经验的积累需要有意识地训练，否则一年又一年只是年岁徒增、动作重复。年轻律师在团队办案过程中往往从事基础性工作，但是并不意味着年轻律师就可以安于现状，年轻律师应该多留心、多思考，通过每一个案件的办理，向身边有丰富经验的优秀律师和其他优秀的同行学习。更何况，在科技和互联网发达的今天，公开的裁判文书、庭审视频、其他同行的知识分享等都可以成为年轻律师快速成长的资源。例如，多观摩庭审视频，虽不能亲自坐上法庭，但可以将自己带入法庭，在各方当事人交锋时想一想如果法庭上坐着的是自己要如何应对，自己和资深律师还有哪些差距，应该怎么去努力和改进。另外，年轻律师在个案办理过程中不应当将眼光仅仅局限于个案，应通过一个案件的办理延伸到一类案件的办理，如果每一个案件都能够做到触类旁通、由点及面，随着经验的积累，年轻律师在处理各式各样案件的时候必然能够应付裕如。

年轻律师的成长可以说是一个精益求精、永无止境的过程，需要经过千锤百炼，需要潜精研思。对于年轻律师如何思考、如何成长的课题，笔者也在不断思考和探索，希望笔者的分享能够给年轻律师带来帮助。

后记

Postscript

作为《办案手记》栏目的主持人，当我审阅这些文稿时，惊讶于这个栏目在不知不觉中已经积累了那么多原创文章。现在这些文章结集出版了，而且按照文章的内容进行了系统的分类，相信可以给读者带来更好的阅读体验。

我自己也是大学毕业后从学生直接投身到律师行业里，最大的感受是律师确实是一个需要实践的行业。年轻律师如何弥补自身经验的不足？我的经验就是吸收别人的经验，把资深律师在办案中的经验教训为己所用，深入思考前者在办案过程中考虑了哪些，没有考虑哪些，最终结果又是哪些因素造成的。这样在面对新案件新问题的时候，就能够像“老律师”一样快速了解问题症结所在。

时光荏苒，我从大学毕业到现在已经十来个年头，也已经从律师新人变成了老律师。但是我看到天同的青年律师总结的办案经验时，感觉这些后浪律师们的思想仍有我进一步学习的地方。而我这个前浪律师，也不甘于被拍在沙滩上，需要继续与他们战斗在一起。我也希望广大的年轻律师们能够从这些文章中有所收获，结合自己的工作总结出更多更好的经验。也许未来《办案手记》也可以成为更多年轻律师们分享交流的平台。

天同律师事务所合伙人

《办案手记》栏目主持人

杨骏啸

图书在版编目(CIP)数据

天同办案手记 / 天同律师事务所编委会编著 . —北京：中国法制出版社，2021.12（2022.11重印）

ISBN 978-7-5216-2322-2

Ⅰ. ①天…　Ⅱ. ①天…　Ⅲ. ①律师业务—中国　Ⅳ. ①D926.51

中国版本图书馆CIP数据核字（2021）第246179号

责任编辑：赵　燕　　封面设计：周黎明

天同办案手记

TIANTONG BAN'AN SHOUJI

编著 / 天同律师事务所编委会

经销 / 新华书店

印刷 / 河北华商印刷有限公司

开本 / 710毫米 × 1000毫米　16开　　印张 / 40.25　字数 / 595千

版次 / 2021年12月第1版　　2022年11月第6次印刷

中国法制出版社出版

书号 ISBN 978-7-5216-2322-2　　定价：128.00元

北京市西城区西便门西里甲16号西便门办公区　　传真：010-63141852

邮政编码100053

网址：http://www.zgfzs.com　　**编辑部电话：010-63141669**

市场营销部电话：010-63141612　　**印务部电话：010-63141606**